图书馆发展变革与服务转型

初景利　著

國家圖書館出版社

图书在版编目(CIP)数据
图书馆发展变革与服务转型／初景利著.—北京:国家图书馆出版社，2012.6
ISBN 978－7－5013－4812－1

Ⅰ.①图…　Ⅱ.①初…　Ⅲ.①图书馆工作—研究　Ⅳ.①G25

中国版本图书馆 CIP 数据核字（2012）第 136488 号

责任编辑：王涛

书名　图书馆发展变革与服务转型
著者　初景利　著

出版　国家图书馆出版社(原北京图书馆出版社)
（100034 北京市西城区文津街 7 号）
发行　010－66139745　66151313　66175620　66126153
66174391（传真）　66126156（门市部）
E－mail　btsfxb@ nlc. gov. cn（邮购）
Website　www. nlcpress. com→投稿中心
经销　新华书店
印刷　北京佳顺印务有限公司

开本　710×1000(毫米)　1/16
印张　22.75
字数　400 千字
版次　2012 年 6 月第 1 版　2012 年 6 月第 1 次印刷

书号　ISBN 978－7－5013－4812－1
定价　78.00 元

目　　录

一、图书馆管理与发展战略

二、国外图书馆学及其借鉴

三、图书馆服务与评价

四、开放获取与学术信息交流

一

图书馆管理与发展战略

从传统图书馆到数字图书馆：趋势与变革

1 数字图书馆发展的必然趋势

数字图书馆，又称电子图书馆、虚拟图书馆、无墙图书馆或网上图书馆，尽管这几个概念表达含义的侧重点不同，但人们通常在使用上互换。数字图书馆起源于1993年9月，至今也不过5、6年的历史。但由于其不可比拟的特性，赢得越来越多的图书馆员和图书馆用户的欢迎，正呈现出一种强劲的发展势头。以美国国会图书馆为首的数字化图书馆的研究和实验方兴未艾。其他如英国、法国、德国、澳大利亚、新西兰、日本等发达国家都在进行数字化图书馆的实验，并取得了相当的进展。数字图书馆的迅猛发展应归功于因特网的出现，尽管因特网早在1969年就已问世用于军事目的，到了90年代随着因特网的商业化，特别是万维网（WWW）的出现，因特网才迅速走向民用。今天，因特网成为一种通过服务器将小型网络联接起来的错综复杂的网络结构。目前，因特网上的网页已达5000万页，全球与因特网联接的主机近2000万台，上网用户约1亿人。国外有人估计，如果以目前的速度发展，到2000年，上网人数将达到10.5亿人。[1]

我们高兴地看到，我们国家的数字图书馆研究和实验已经起步。1997年由文化部组织申报、经国家计委批准立项的国家重点科技项目“中国实验型数字图书馆”正式立项。该项目由文化部科技司和图书馆司领导，中国国家图书馆、上海图书馆、深圳图书馆、中山图书馆、辽宁图书馆、南京图书馆联合开发研究，以建立一个多馆协作、互为补充、具有国际先进水平的中国实验型数字图书馆模型，标志着我国数字图书馆建设开始走向实用阶段。有人预测，到2010年，中国也将出现数字化图书馆。文化部图书馆司近期的工作重点之一就是以文献信息资源的开发、利用为重点，建设“中国图书馆信息网络”，即“金图工程”。1998年7月，北图远程图书馆开通，可通过Sohoo利用。它将电子图书提供网上阅览，目前上网的图书资料约300万页，是目前国内最大的在线（联机）图书馆。计划到1999年底，提供3000万页共15万本图书供网上阅读。这是一项具有划时代意义的工作。1998年6月，上海市7所高校在上海市高校虚拟图书馆在上海教科网开通。1993年，中国教科网（CERNET）的建立，为高校图书馆踏上信息高速公路的快车道奠定了坚实的基础，至今上网的高小图书馆已有上百所。此外，许多大型公共图书馆也都在网上提供联机书目查询(OPAC)等服务,在馆内建立电子阅览室的图书馆不下几十个。国家图书馆1996年建立了第一电子阅览室,提供软盘和光盘数据库服务,1997年建立了第二电子阅览室,开展多媒体数据和网上信息服务。

用户的需要是图书馆发展的动力。在当今信息爆炸的时代,任何人都面临着如何才能得到及时、准确的信息的问题。数字图书馆的建设,极大地增强了图书馆的服务功能,缓解了图书馆收藏不足与用户需求旺盛的矛盾。根据北京图书馆(国家图书馆)的一项统计,读者对传统的图书馆服务方式(如外借、阅览)需求较高,同时对光盘检索、数据库检索、电子期刊的利用等现代服务方式有较强烈的需求。[2]1998年,有80个国家和地区的1080万名读者通过国家图书馆的网上服务利用国家图书馆的图书资料,充分显示了网上服务的巨大需求和能力。在美国,目前已建立的实验性数字图书馆较有影响的是美国华盛顿大学的电子图书馆,几乎每个专业图书馆都连通了Internet,在公共图书馆中有72%有Internet。据ALA的一份调查,87%的有博士学位授予权的大学图书馆通过网上主页提供对电子信息的利用。[3]纽约公共图书馆馆长Paul LeClerc曾说过:"图书馆是人们免费利用计算机和所有各种资源的唯一场所"。[4]据对美国Seton Hall大学图书馆的网络用户的调查结果,多数师生(40.2%)每天使用网络,每周和每月才使用一次的分别占调查总数的38.3 %和10.7 %,只有大约10 % 的人说很少或从不使用因特网。该项调查同时显示,用户对因特网查询结果的满意程度较高,若1级为最高、5级为最低,多数人回答为2级(36.4%)和3级(37%)。[5]根据加拿大图书馆协会主持的一项用户调查结果:(1)公共图书馆是公共查询的首选场所;(2)70%答复者认为,实地利用Internet是图书馆应承担的责任;(3)66%的人主张由图书馆培训用户使用Internet;(4)60%的人认为公共图书馆应提供当地的Internet内容。[6]由美国图书馆与情报科学全国委员会主持的一项全国性的调查认为,图书馆与因特网相联,三个最重要的益处是:(1)图书馆能够提供对基于因特网的电子信息的存取;(2)与其他专业人员、图书馆和公众进行沟通;(3)加强了参考服务的能力。[7]我们完全有理由相信,随着传统图书馆的数字化和因特网功能的完善与普及,数字图书馆在21世纪将占有越来越重要的地位,产生越来越重要的影响。

2 21世纪图书馆的格局

21世纪的图书馆将是什么形态?不少人认为,未来的图书馆就是数字图书馆,传统图书馆将走向解体。兰开斯特先生早在70年代末、80年代初就断言"计算机技术的发展,必然导致图书馆的消失"。英国的汤普森认为,图书馆的结果可能是采取博物馆的形式并告别印刷时代。英国的阿姆斯 1992 年在一次会议上说，21 世纪将不会修建新的图书馆。[8]荷兰阿姆斯特丹市图书馆前馆长舒茨先生不认为图书馆会演变成一种像“电脑 + 电话”之类的图书电话亭。他说：“明天我们照样会像今天一样需要图书馆建筑。在那里，我们照样向读者提供数字化的信息，我们照样需要经过专门训练的图书馆员去服务于读者。公共图书馆作为一种社会文化设施将永远存在。”[9]

也许关于图书馆的存亡之争还会继续下去，但有一点可以肯定，那就是 21 世纪的图书馆将会发生重大变化，数字图书馆将作为一种新的图书馆形态浮出水面。关键的问题是，数字图书馆与传统图书馆将并存还是取而代之？最近，武汉大学黄宗忠先生提出：“21 世纪的图书馆既不是虚拟图书馆代替传统图书馆，当然也不可能是传统图书馆一统天下，而是两种图书馆共存互补，共创 21 世纪图书馆的新时代。”[10]国外也有人持类似的观点。Marilyn Gell Mason 提出：“这种变革更像电视的发明，电视尽管起主导地位，但与电影、收音机、和报纸共存，而不像汽车的发明，汽车作为交通工具完全取代了马车。”[11]

我们必须看到，一方面，随着 20 世纪走向尾声，传统图书馆面临严峻的挑战。很明显，图书馆不再是可以利用大量信息的唯一场所。Internet 每周 7 天、每天 24 小时开通，成为通过个人计算机在办公室或家中利用信息的首选。信息技术正在实现知识的交流和存储从纸张转移到网上，印刷资料将失去其中心地位，传统图书馆的优势地位正在丧失。

另一方面，在可以预见的未来，传统图书馆仍将存在，主要的依据是：(1)出版物不会完全电子化。出版商是否出版电子化图书，受市场利润的驱动。(2)利用数字图书馆必须以计算机的普及为前提，尽管计算机的价格一降再降，但实现让每个家庭或个人均拥有计算机还是一个美丽的梦想。(3)电子图书、网上图书馆对用户来说，不便性显而易见，纸质图书就可随时随地阅读，无须任何外部设备。(4)阅读习惯难以彻底改变。(5)费用对中国的绝大多数家庭来说是制约上网的主要因素。按现行的收费标准，一个月上网 30 个小时的费用为 168 元。这对工薪阶层来说不是一个小的数目。此外，还有美学问题、版权问题以及长期使用网络所可能带来的心理疾病(美国心理学会称“网络综合症”)，等等。对此方面的许多内容，英国 sheffield 大学信息学系的 Tom Wilson 教授在《电子出版物与图书的未来》一文中作了较为全面的分析。[12]

我们必须看到，传统的图书和图书馆存在很多缺陷，尤其是传统的图书馆收藏的资源有限，用户必须亲自造访，资料查找困难，服务效率低下，服务质量不高等。

传统图书馆与数字图书馆各有优势，又各有劣势，这就决定了在相当长的一段时间内，传统图书馆与数字图书馆将共存互补，并达到一种平衡状态。也就是说，未来的图书馆将会以何种形态存在，绝不仅仅取决于技术因素，还必须考虑历史的延续性、社会经济发展状况、用户心理、阅读习惯以及用户需求的多样性等多方面的因素。

虚拟图书馆是信息空间，不是独立的物质实体，依靠传统图书馆不断收集、补充、更新数字化信息，因而传统图书馆是虚拟图书馆的信息平台，虚拟图书馆是传统图书馆系统的信息网站。没有传统图书馆，虚拟图书馆将无法承担起图书馆所应承担的全部历史使命。但这绝不意味着我们就可盲目乐观、高枕无忧，相反，我们倒应多增加些忧患意识、危机意识和紧迫感，充分意识到我们面临的将是更为激烈的竞争环境。如果我们不思进取，抱残守缺，不能适应变革的形势，无异于自掘坟墓。

3　转型期图书馆工作的重点与策略

与发达国家相比，我国图书馆在基础设施、资金投入、人才资源等方面都比较落后。但是如果我们能认清形势，抓住机遇，就有可能最大限度地缩小差距，甚至由于信息资源的国际共享而受益。在全球信息电子化、网络化的大环境下，对图书馆的评价标准将不再是拥有的藏书量、到馆的读者数、图书借阅量，而是能否尽一切可能提供方便、快捷、准确的文献信息服务，尤其是网上服务的能力。因此，图书馆必须变革。在这个变革过程中有许多问题需要解决。有人对英国 6 所大学图书馆网络化经验和教训进行考察，认为态度、基础结构、工作人员技能、图书馆形象和工作模式是首要需要变革的。[13]就我国的现实而言，变革的方向是：增大电子化信息资源收藏和提供利用的比重，服务模式从“以本馆为中心”向“以网络为中心”转变，通过一切手段(特别是网络)千方百计的满足用户的需求。有鉴于此，今后图书馆工作的变革应着眼于三个目标：(1)管理从书刊文献资源型到电子、网络资源型；(2)服务从文献借阅到网络信息服务；(3)馆员从文献加工传递者到知识组织者和导航员。

围绕上述变革方向和目标，我们应努力做好以下几方面的工作：

3.1　转变观念

数字图书馆带来许多新的思想，只有彻底转变观念才能将图书馆的发展引上健康发展之路。如服务对象不仅包括到馆读者，也应包括网上看不见的用户，馆藏体系应根据本馆主要服务对象的需要追求系统和特色，更加注重对馆外电子资源的引介和利用,充分利用馆内外一切资源(印刷本、电子版、网络)提供服务,将信息满足度作为衡量图书馆好坏的尺度。

3.2 培训馆员

培训馆员是一项十分急迫的任务。没有一批懂得图书馆学、外语熟练、计算机及网络知识精通的人才,图书馆就谈不上变革和发展。在现阶段,资金不是大问题,缺乏人才是最主要的障碍。只有图书馆员知识完备、技术熟练,才能与计算机技术人员合作,共同攻关,才能指导用户,成为合格的导航员。在国外,目前对馆员招聘的要求是,具有管理电子环境的经验,有使用计算机和TCP/IP的经历,懂得计算机结构,提出图书馆员应是网络管理员。[14]培训用户利用因特网是图书馆员的职责已为更多的人所认可。据对中国国家图书馆读者的调查,读者对培训的要求从高到低依次是:因特网使用、国内数据库、国外数据库、微机上网、数据检索、微机操作。[15]

3.3 确立目标

当前图书馆的发展应立足于高起点,着眼于网络化,确立以数字图书馆为目标。对于目前尚未应用自动化系统的中小型图书馆,应考虑将它们建成大型图书馆网络的信息接转中心。数据库是发展网络的基础。要本着“合作建库、资源共享、共同发展”的原则,采用国家或国际标准和规范建设整体化数据库。要着眼于全国范围内对信息资源的公共检索,面向用户提供公共信息的网络化服务。同时,还要考虑和解决与其他系统乃至国际网络的互联问题,以便实现最大范围的信息资源共享。

3.4 建立电子阅览室

随着电子图书、电子期刊、全文数据库和网络版电子出版物的大量出现,图书馆应通过建立电子阅览室,收藏不上网的数字化资源,并提供电子化的阅览服务。清华大学图书馆1994年建立了多媒体光盘阅览室,1996年4月扩建为多功能电子阅览室,国内建立电子阅览室的图书馆越来越多。对于那些还没有条件连通校园网(或其他局域网)的图书馆,不妨从电子阅览室起步,向用户提供电子化信息资源服务,然后逐步发展,既增强用户的电子信息利用意识,也使我们积累提供利用电子资源的经验。

3.5 尽快上网

开辟专门阅览室,将若干台计算机与ChinaNet连接,向用户提供对网络资源的利用,投资少,见效快。图书馆必须迈开为网络用户服务这一步,使用户享受到网络服务所带来的收益。但不熟悉搜索引擎、网上资源分类特点及路径，用户就会望网兴叹。特别是网上搜索每分每秒都要花钱的。如果得不到及时有效的帮助，用户就会失去兴趣和热情。因此，馆员能在多大程度上帮助用户掌握查询技巧，事关上网服务的成败。

3.6 创建和完善图书馆主页

自从万维网（WWW）问世以来，在一些发达国家，大部分高校和相当数量的公共图书馆都建立了自己的网页。通过 Internet 实行网上服务，缩短了服务时间，扩大了服务范围，极大地 便利了读者。在国内，已有不少图书馆建立了网页，但面临着如何创建高质量、有特色的主页的问题。[16]图书馆的主页是用户查询文献信息的基本入口，对吸引读者、提高访问率具有重要影响。从国外图书馆网页设计的经验看，图书馆网页应从基本信息（图书馆概况、利用指南、意见反馈、电子公告）、导航特征（与内部及外部的链接）、实用性（图像、背景、色彩、声音、视觉、媒体、内容）及视觉特性（简洁、有条理）三个方面加以完善。[17]

3.7 调整机构设置，强化信息服务职能

设立什么样的部门，直接关系到能开展什么样的工作，提供什么样的服务。受清华大学图书馆机构重组的启发，我认为，必须建立与现代图书馆新型服务相适应的组织机构，理顺各业务环节的关系，为读者提供综合系统的服务。清华大学图书馆在 1997 年进行了一次较大规模的机构改革，其中将原来的工具书阅览室、文献检索室、文检课教研室以及期刊部等归并为新的由 40 多人组成的信息参考部。新的信息参考部凭借着图书馆丰富的馆藏资源、坚实的自动化基础、开放式的网络环境、雄厚的人力资源，兼容了从用户教育到参考咨询、从信息检索到文献提供、从定题服务到查新服务等多种职能。读者在查找和利用文献信息过程中遇到的各种问题和困难都可以从这个部门获得有效的帮助。[18,19]清华图书馆的这种改革是否可认为是现今图书馆机构改革和服务改革的一种方向？

21 世纪是信息时代，是知识经济时代，同时也是图书馆和图书馆员面临考验的时代。图书馆能否延续有过的辉煌，图书馆员能否有新的更大的作为，不仅关系到我们自身职业的生存，而且关系到对社会的进步、国家的建设能产生怎样的推动作用。在当今图书馆的转型时期，作为一名图书馆工作者，尤其是年轻的一代，必须把图书馆的发展置于网络环境之中。不懂外语、不懂计算机、不懂网络的知识，就不能担当起比尔·盖茨所说的“知识组织者和导航员”的责任。图书馆美好的未来靠我们每个人去创造。

参考文献

[1] Wendy Shaw. The Use of the Internet by English Academics. Http ://www. shef. ac. uk. / ~ is/publications/infres/isic/shaw. html

[2] 富平. 转变服务观念,改变服务格局——北京图书馆读者调查报告. 北京图书馆馆刊,1998(2):7 – 12

[3] Xue-Ming Bao. Challenges and Opportunities：A Report of the 1998 Library Survey of Internet Users at Seton Hall University. College and Research Libraries,1998,59(6)

[4] Michael Rogers. New York Public Library Joints Growing Hypernet Set. Library Journal,1998,123(18)

[5] 同[3]

[6] Michael Rogers. Canadian Survey：Libraries Are Top Internet Access Points. Library Journal,1999,124(1)

[7] 同[3]

[8] 霍国庆. 未来的图书与图书馆综论. 图书馆理论与实践,1999(1):1 – 5,16

[9] 吴建中. 21 世纪图书馆展望——访谈录. 上海科学技术文献出版社,1996

[10] 黄宗忠. 论 21 世纪的虚拟图书馆与传统图书馆(上、下). 图书馆理论与实践,1998(1)、(2)

[11] Divid W. Lewis. What if Libraries Are Artifact-bound Institutions. Information Technology and Libraries,1998,17(4)

[12] Tom Wilson. Electronic Publishing and the Future of the Book. Http://www. shef. ac. uk/academic/I-M/is/publications/infres/paper39. html

[13] K Flatten. Five Things to Change First When Academic Libraries Embrace Web Access. Http://www. shef. ac. uk/ ~ is/publications/infres/papers40. html

[14] Dan Marmion. Facing the Challenges：Technical Training in Libaries. Information Technology and Libraries,1998,17(4)

[15] 同[2]

[16] 王倩. 如何创建有特色的 WWW 主页. 江苏图书馆学报,1998(2):37 – 39

[17] John D'Angelo, Sherry K. Little. Successful Web Pages：What Are They and Do They Exist?. Information Technology and Libraries,1998,17(2)

[18] 承欢,林佳. 谈谈图书馆转型期的期刊服务工作. 大学图书馆学报,1998(3):69 – 71

[19] 高曼. 以读者为中心,以主动服务为目标. 大学图书馆学报,1998(3):42 – 44

(原文载:《中国图书馆学会 1999 年论文集》,北京图书馆出版社,1999)

图书馆的生存挑战与变革

图书馆的产生可追溯到上古时代，至今已历经数千年历史。图书馆的创立是人类文明史上的最重大事件之一。几千年来，图书馆一直成为人类生活的一部分，是推动社会进步的重要力量，给社会的发展带来了重大影响。

然而，当人类即将步入21世纪，图书馆的发展却困难重重，步履维艰。国内学者惊呼图书馆陷入“低谷”、“功能下降”、“职能萎缩”；在西方，80年代中期起以兰开斯特为代表的“图书馆消亡论”一直烟云未散。今天在英美，有的图书馆确实关门了，甚至连拥有4个研究图书馆、81个分馆的纽约公共图书馆也发出“关门”的警告”。[1]马里兰巴尔的摩县公共图书馆馆长查尔斯·罗宾逊最近著文指出：“或早或晚（也许是前者），我们必须改变职业的名称”，他甚至告诫：“如果你40岁出头，还不必担忧；如果还不到40岁，那么将在职业选择上面临严峻的挑战。”[2]

西方学者的断言也许言过其实，但从图书馆目前的困境及新技术的冲击来看，人们的担心与忧虑不是没有理由的，也许英美图书馆界的反应更为敏感一些。西方图书馆的今天就是我国图书馆的明天，这似乎已成规律。综观中西方图书馆的现实，虽然图书馆整体上还没有达到四面楚歌的地步，但已是危机四伏。的确，图书馆自创立以来似乎还从未如此窘迫尴尬，岌岌可危。

图书馆存在与发展离不开内在和外在两方面的条件。考察世纪末的图书馆，可谓“内忧外患”。可以说，图书馆面临着严峻的生存挑战。

首先，从经费上看。经费是图书馆的命脉，是立馆之本。但是经费短缺已成为世界图书馆事业普遍存在的问题。日本是个经济大国，但经费不足已成为制约其公共图书馆发展的重要因素。在西欧，经济萧条已严重影响对公共图书馆的投资。在美国，图书馆最大的问题就是经费的困扰。由于书刊涨价及联邦预算的减少，许多图书馆的财政一直处于入不敷出的拮据状态。[3]《美国图书馆界》杂志曾对全美50个州的图书馆进行过一次调查，结果表明，在一些州因经费不足，图书馆已到了严峻的地步：缩短开馆时间，削减购书经费，关闭分馆，流动书车闲置，冻结人员招聘，砍掉继续教育资金，取消差旅费报销，抑或关门或濒临关门的危险。[4]各地拯救图书馆的游行示威时有发生。在我国，经费短缺更加严重。就连北京图书馆的经费都严重不足。有人发表文章将北京图书馆喻为“瘦死的骆驼”。[5]在《文汇读书周报》题为《公共图书馆步履维艰,341 个图书馆全年未购一本新书》的报道中,一连串统计数字让人倍感心寒。[6] 众所周知,经费不足的后果是严重而可怕的,它是造成图书馆恶性循环的最重要原因。

另一方面,经费本来不足,可是由于图书馆自身决策不当或失误,而使有限的经费造成浪费。建馆、购书、买设备,资金投入巨大,但发挥了多少效益?以建新馆为例,美国许多城市正不惜巨资建造市级公共图书馆。例如,旧金山市公共图书馆耗资 5000 万美元,菲尼克斯市中心图书馆耗资 40 万美元,而芝加哥市为新建中心图书馆发行 1.5 亿美元的债券。美国学者指出,这些建筑与真正的公共图书馆(街道和社区分馆)相比,利用率极低。例如,芝加哥中心图书馆严格按照规定时间开放,晚上和星期天均闭门谢客。用这些钱本可建 5—10 个分布全市的大型地区级图书馆。作者指出:"不错,这个新建的中心图书馆可谓世界一流,但与其说是世界一流的图书馆,倒不如说是世界一流的白象。"投入大而效益低的"白象症"并非美国独有。在我国,多年来,我们不是也一直在饲养着类型不一的"白象"吗?近年来,我们建了许多耗资百万的市级新馆舍,购买了 100 多部流动书车,重复购进多卷集的中、外文版巨著,但作用有多大?王波和张建平在《图书馆的"白象症"探析》[8] 一文中所揭示的问题不能不令我们深思。

图书馆是社会公益性事业,它的发展需要政府和社会的支持。我国政府一贯重视图书馆事业,从政策上、财力上给予了必要的保障,但还显得不够,如至今还没有颁布《图书馆法》,国家对公共图书馆的投资(购书费)每年以 500 万元的速度增长,但全国公共图书馆的年入藏量却以 100 万册的速度在递减。社会的支持既体现在道义上,也体现在物质上,但支持都很不够。社会公众还少有为图书馆呼吁呐喊的人;企业和个人也没有像赞助体育、文艺那样显示出巨大的热情;在关系公众切身利益的图书馆政策制定方面,反应也极为冷淡。美国近些年几乎历届总统和地方政府,每当经济衰退时,便总在教育、图书馆身上开刀。公众对图书馆的支持率也不很高。1991 年,伊利诺斯州立大学图书馆研究中心(LRC)对全国 1181 位公民进行过一次电话采访。在问到"为支付必要的费用,你赞成下列哪种可能的解决办法"时,只有 44% 的人赞成增加税收,41% 的人赞成收费,还有 8% 的人支持减少服务项。[9]

图书馆存在的基础与发展的动力是社会需求。在我国,由于"读书无用论"的影响、商品经济冲击,以及卡拉 OK、舞厅和录像厅等文化消遣场所的大量涌现,促使图书借阅需求形成总体上的滑坡趋势。《中国广播报》关于首都图书馆"门可罗雀"及雍和宫"游人如织"的对比,恰恰是社会需求状况的真实写照。[10]

图书馆的生存挑战还表现在人才方面。当今社会的行业竞争,归根结底,是人才竞争。哪个行业能留得住、吸引来人才,那么,这个行业就必定会发达和兴旺起来;否则,人才匮乏,即使拥有充足的资金、先进的设备,也将失去发展的动力。80年代美国的一项调查表明,在18.7万大学新生中竟无一人想读图书馆学专业。而以哥伦比亚大学、芝加哥大学图书馆学院为代表的十几所图书馆学院的关闭,使图书馆人才来源面临更为艰难的形势。优秀的年轻人不愿学图书馆学,而原有的图书馆学人才又流失严重"。在我国,由于图书馆的社会地位和待遇等因素的影响,人心不稳、人才流失现象也较严重。以工作条件较为优越的北京图书馆而言,1987—1991年共调出275人,平均每星期就有1人离开。据说,北图人事处一位领导曾走遍4个省市17所高校,历时1个月,最后才要来1名大学生,还有许多附加条件。近些年,培养专门人才的图书馆学教育,与80年代初的大发展时期相比,可谓日落千丈。招生难,改行易。不少毕业生改换门庭,到银行、公司就职。强烈的压力迫使以北大为首的国内图书馆学系从80年代中期起纷纷改名为图书馆学情报学系,相继又改名为信息管理系。

同样,各地雨后春笋般的读书社、剪报公司和信息中心,以其更专业化的创办宗旨、拥有最新的资料、开展更快捷周到的服务、采用现代化资料处理和通讯手段,正在吸引属于图书馆读者群中的部分重点读者,提供图书馆也可提供(但效果不很理想)的服务,从而取代了图书馆的部分功能。它们与图书馆之间"竞争",对图书馆的生存无疑也是一种挑战。

这就是图书馆面临的严峻现实!

21世纪已近在咫尺。图书馆在本世纪末是如此境地,在21世纪又将如何?结果可能有两种:一是迎来新的发展,这是我们的期望;二是成为历史弃儿,正好应验了西方一些学者的预言。

何去何从?出路只有一条:变革!其核心是重塑图书馆的社会形象,在新的世纪中找准自己的最佳位置,重整旗鼓,再度振兴图书馆事业。变革的方向是:

(1)真正树立"读者第一,服务至上"的服务宗旨

图书馆是为读者而存在的,没有读者也就没有图书馆。因此,要把为读者服务放到一切工作的核心,置于突出的位置,千方百计满足读者需求。从现实出发,图书馆应做到:

第一,赢得更多的读者。顾客就是上帝,这是市场经济的一条朴素的真理。谁拥有了顾客,谁就拥有有市场,谁就有了发展的可靠保证。图书馆也是这样。21世纪是充满竞争与挑战的时代。图书馆能否赢得更多的读者,能否取得社会公众

的信任与支持,能否将满足读者需求置于高于一切的地位,所有这些是决定图书馆存亡的关键因素。将失去的读者找回来,把潜在读者变为现实读者,让图书馆服务使更多的人受益,这是我们面对的重要课题。

第二,提高服务质量。在计划经济体制下,图书馆的资源配置由国家包揽。即使图书馆坐等用户,不问服务效果,国家也照样投资。但在市场经济下,服务效果低劣、社会作用有限的图书馆必然被抛弃,遭淘汰。适者生存。以质量求生存才是上策。

第三,方便读者利用。图书馆要想把竞争劣势转为优势,很重要的一点就是要改变旧的服务模式,尽可能方便利用。情报学著名的穆尔斯定律认为:“一个情报检索系统,如果对用户来说,他取得情报要比不取得情报更伤脑筋和麻烦的话,这个系统就不会得到利用。”如果人们能免费、容易地从图书馆中借到所需书刊,谁还会从书店买书,从书摊租书?某储蓄所的玻璃窗上写着这样一句话,“宁可我们麻烦万千,不让储户稍感不便”。图书馆应多学其他行业的服务精神。拒读者于千里之外,不能算现代意义上的图书馆。

(2)积极采用新技术

自60年代以来,以电子计算机为主体的信息技术得到突飞猛进的发展,同时也给图书馆带来生机和活力。在西方,图书馆应用信息技术已经达到了很高的程度,图书馆的自动化、电子化是大势所趋。更多的图书馆除收藏传统文献外,还大量收藏录音带、录像带、光盘等多种媒体。在美国,大学生可利用自己的计算机在宿舍里检索到图书馆的所有资料。超介质、多媒体技术将越来越多地应用于图书馆。在21世纪,随着电子图书的大量出版,许多图书馆将变成电子图书馆。新技术将彻底改变图书馆的面貌,并使图书馆在参与社会的竞争中立于不败之地。

(3)强化以信息服务为主的多种职能

1982年,美国学者奈斯比特在《大趋势》一书中认为,美国已从工业社会转变为信息社会。他指出:今天的战略资源不是资本,而是信息。从全球范围看,21世纪将是信息时代,信息将成为比资本更重要的资源。它是一种更强大、更有效的竞争武器。谁拥有信息,谁就将拥有财富和力量,拥有发展的主动权。10年前,邓小平同志提出,“开发信息资源,服务四化建设”。图书馆是文献信息最重要的集散地,图书馆要充分利用这种资源,开展多种信息服务,在信息产业中形成优势,发挥更大的作用。

在21世纪,图书馆的信息职能将与保存文化遗产、开展社会教育等职能并存。任何其他社会机构都不可能取代图书馆。图书馆应该而且一定会经得起时间的再度考验。

参考文献

[1] Susan Goldberg. Community Action Now Defying the Doomsayers. Library Journal, 1993 (5): 29 - 23

[2] Library Charles Robinson. The Public Library Vanishes. Library Journal, 1992(5):51 - 54

[3] 邓飞. 略论美国图书馆界的危机. 图书馆学刊, 1993(3):63 - 64

[4] Gordon Flagg. The Recession and Public Libraries. American Libraries, 1991(5):381 - 384

[5] 徐宁. 北京图书馆:瘦死的骆驼. 光明日报, 1993 - 06 - 28(2)

[6] 公共图书馆步履维艰. 文汇读书周报, 1993 - 10 - 02(1)

[7] 同[2]

[8] 王波, 张建平. 图书馆的"白象症"探析. 图书馆理沦与实践, 1994, (2):3 - 4

[9] L. Estabrook, C. Horak. Public VS Professional Opinion on Libraries: the Great Divide?. Library Journal, 1992(4):52 - 55

[10] 国子监的叹息. 中国广播报, 1992 - 02 - 11(4)

(原文载:《中国图书馆学报》,1995(1))

我国图书馆公共关系的研究与实践

80 年代中期,我国企业界从国外引进“公共关系”(public relations)这一新鲜事物。从此,公共关系培训班便应运而生并产生了异乎寻常的作用和影响。图书馆界亦敏感地意识到公共关系对图书馆管理和图书馆事业发展的价值。1987 年,《黑龙江图书馆》发表了初景利的《公共关系是图书馆管理的重要环节》。论文首次将“图书馆公共关系”论题介绍给我国图书馆界,从此,图书馆公共关系成为我国图书馆情报界的一个新的研究热点。

图书馆公共关系最早产生于本世纪初的美国。1910 年前后,约翰·科顿·达纳(John Cotton Dana,1856—1929)率先开展了一系列的图书馆宣传活动.被公认为是图书馆公共关系的先驱。[1]1939 年,美国成立了图书馆公共关系委员会,旨在推动图书馆公共关系的调查、讨论和发展。在 1943—1945 年卷的《图书馆文献索引》中,“图书馆公共关系”首次作为主题标目出现。1946 年,威尔逊公司和美国图协共同设了一年一度的“达纳图书馆公共关系奖”。1958 年 3 月 16—22 日,美国出版商和图书馆员发起第一届全国图书馆周,并在 1975 年被定为法定纪念日。1966 年,英国也发起第一届图书馆周。丹麦、澳大利亚、新西兰、加拿大等国家也都设立了图书馆周。1981 年,美国图协还发起“给你的图书馆打电话”运动。我国的台湾也将每年 12 月 1—7 日定为图书馆周。

在国外图书馆界,公共关系已成为图书馆管理工作不可缺少的一部分,甚至认为公共关系能够“决定图书馆的命运”。[2]许多图书馆设立了公关部,并对管理人员进行公共关系方面的在职培训,一些馆长则把公共关系视为图书馆员所应具备的第一位技能。有的馆还聘用专业新闻记者、艺术家、摄影师和播音员来协助开展工作。时至今日,公共关系依然是国外图书馆学研究的热门话题之一。

我国图书馆公共关系的引进有着其深刻的社会背景和内在原因。从外部看,企业及餐饮服务行业公共关系所造成的声势无疑对图书馆界是个震撼,启发人们对公共关系在图书馆中的应用进行思考。从内部看,80 年代中期,我国图书馆事业发展遇到了一定困难,队伍不稳,经费拮据,书刊利用率低,图书馆员地位低下。这一切迫使图书馆界有识之士极力寻找契机,寻求出路,公共关系因而被认为是摆脱困境的良丹妙药。但是从根本上看,人们对图书馆公共关系的重视是由于公共关系作为一种理论与方法也是现代图书馆组织管理与事业发展不可缺少而十分有效的手段。然而更重要的是,信息社会的到来给图书馆工作提出了新的更高的要求。图书馆自我完善,自我封闭的消极被动心理已受到强大的改革浪潮的冲击,图书馆员正以科研、生产与文献“中间人”的身份主动参与社会的科研与生产活动。这样就迫切要求图书馆与其外部环境进行沟通与协调,运用公共关系手段,来适应这种新的服务模式。

图书馆公共关系是一种客观存在。在图书馆的实际工作中,图书馆与读者、与上级主管部门、与大众传播机构、与出版发行机构等所发生的联系已经构成了图书馆的公共关系,也就是说只要图书馆与社会有交流就一定存在着公共关系问题。同时,长期以来,我们也在自发、无意识地运用协调自己与环境之间的关系。所不同的是,今天意义上的图书馆公共关系无论从涵义、范畴,还是从运用的技术和听起的作用来看,都已不是传统意义上的这方面工作所能比拟的。图书馆公共关系正在经历着由简单到复杂、由零散到系统、由无意识到有意识、由目标模糊到目标明确的转化。

近几年来,公共关系在我国图书馆从理论研究到实践都有了很大的发展。据笔者的不完全统计,截止到 1992 年 9 月底(从 1987 年开始统计),我国共有 46 种学术刊物发表 153 篇图书馆公共关系论文。

这些论文大体上分为两部分:一部分是在其标题中直接带有图书馆公共关系字样;另一部分是在其标题中虽然没有图书馆“公共关系”字样,但其内容属于图书馆公共关系的范畴。

第一部分论文(83 篇)主要论述以下几个方面的问题:(1)介绍国外图书馆公共关系的历史与现状;(2)图书馆公共关系的涵义;(3)图书馆公共关系与图书馆事业发展的关系;(4)公共关系在图书馆管理中的作用;(5)公共关系与科学研究的关系;(6)图书馆公共关系机构与人员问题;(7)图书馆公共关系的对象、活动方式;(8)图书馆公共关系的技术方法问题。此外,有的论文还专门就某一类型的图书馆(如高校、公共、少儿图书馆)以及情报机构的公其关系进行论述。还有的论文提出创立“图书馆公共关系学”[3]和“公共情报学”[4]两种学科,并提出“公关情报活动”[5]的概念。

第二部分论文(70 篇)谈论最多的是图书馆宣传。这一方面说明公共关系与宣传密切相关,公共关系离不开宣传,另一方面也说明图书馆宣传问题具有重要的现实意义,而宣传也是图书馆公共关系的重要方式。从发表的文章内容看,主要从图书馆宣传的一般意义,图书馆自我宣传、目录宣传、图书宣传、读者宣传及图书馆服务宣传周等几个方面进行论述。特别有人提出应加强图书馆的文学宣传，[6]包括创作反映图书馆人物和活动的文学作品和影视作品。《云南图书馆》1992 年第 3 期特开辟“图书馆文学”栏目，发表了一组以图书馆为题材的诗、散文、散文诗和小说。为了更好地起到宣传图书馆的作用，有人还建议设立“中国图书馆节”。[7]除宣传以外，论述较多的还包括图书馆社会形象、人际关系、语言艺术和沟通等问题。

在我国，图书馆公共关系的研究还存升温。《图书馆论坛》1992 年第 1 期以“图书馆公共关系问题讨论”为栏目，同时发表 3 篇文章，开展对图书馆公共关系的探讨。《图书馆学研究》1992 年第 3 期也开辟“图书馆公共关系研究”专栏，刊登了一组探讨图书馆公共关系职能和应的文章。近年来，已有人以图书馆公共关系为硕士论文选题。中山大学图书情报学系编写出《公关信息学导论》讲义，并开设了相应的课程。此外，一些图书馆学专著、教材也有专门章节论述图书馆公共关系。还有许多其他论题的文章从不同角度谈到图书馆公共关系问题。我国第一部由国内十余所大学的图书馆学情报学系和图书馆联合编著的《图书馆公共关系概论》也已由安徽人民出版社出版。图书馆公共关系正经历从介绍引进到应用研究这样一个逐步深化的过程。

在进行图书馆公共关系研究的同时，其实践活动也已相应展开。1986 年，广东省中山图书馆在国内图书馆界率先建立了公共关系部，使中山图书馆的社会知名度大增，因而使其与丰富的地方藏书及先进的现代化设备一起被誉为中山图书馆的三大特色。目前广东省佛山市图书馆、深圳市图书馆已设专人负责公共关系工作，海南大学图书馆还聘请了公关顾问。佛山市图书馆通过开展公关工作，使该市将 1990 年定为“图书馆年”，其意义非同寻常。

近些年，图书馆公共关系的一大举措是图书馆服务宣传周活动。1988 年 5 月 23—29 日，天津市文化局在全市范围内率先举办“首届图书馆宣传服务周”活动。这项在国内具有开拓性的活动，为图书馆走向社会，并向社会展示图书馆树立了成功的范例。1989 年，文化部下发文件提出将每年 5 月最后一周定为全国公共图书馆服务宣传周。这是国家政府部门第一次明文规定的全国性统一时间的集中宣传活动。此后一年一度的图书馆服务宣传周活动越搞越红火，福建从 1991 年 5 月 26 日开始开展了图书馆服务宣传月活动。各地开展的主要活动内容有：在闹市区设立宣传点、散发传单、敞开办证、就地借书、解答咨询业务，举办展览会、报告会、研讨会、联谊会、座谈会，组织征文、演讲、读书竞赛，出动流动书车、设直书市，组织书刊交换、与新闻媒介联办图书馆专题讲座等。

图书馆服务宣传周期间，党政领导的亲自参与、新闻媒介的宣传报道引人注目、影响很大。一些省市领导也给予了支持和帮助。有的领导在本地发表电视讲话，宣传图书馆的作用、图书馆事业的发展、图书馆服务方式和内容以及对广大市民的希望等；有的给来赠书的作家颁发证书；有的则给读书竞赛的优胜者颁奖。1990年广东省中山图书馆在《广州日报》以一版的篇幅刊登宣传周服务项目和介绍该馆情况的专稿。1992年5月23日，《文汇报》第四版通栏刊出上海市第四届公共图书馆服务宣传周的祝贺广告广告中，上海市图书馆、上海市少儿图书馆以及29个区县级公共图书馆活动的特色内容吸引了众多读者，特别是文化部门领导的重视。他们纷纷向本地图书馆了解整个活动周的动态。图书馆服务宣传周，还被《图书馆杂志》组织读者评为“七五”期间我国图书馆界十项大事之一。为迎接第四届全国图书馆服务宣传周，辽宁省图书馆还将与《辽宁日报》等单位举办“我爱图书馆”东药集团杯有奖征文活动。

图书馆服务宣传周对于图书馆与社会建立密切的联系，更好地为社会服务起到了重要作用，获得了不可低估的社会影响，是图书馆公共关系史的里程碑和重要转折点。

图书馆公共关系的开展离不开新媒介的宣传。近几年来，国家及其他地方性报纸都刊登了一定数量的有关图书馆方面的文章，对宣传图书馆产生了积极的效果。1989年10月10日，《广州日报》第6版以整版篇幅宣传报道了广州图书馆，生动反映了广州图书馆的发展新貌和开展多渠道服务、优质服务的事迹。1990年2月28日，《光明日报》在第一版也以显著位置对广州图书馆卓有成效的服务进行了报道。湖北省仙桃市图书馆组织了一次有全市1/3农民参加的农民读书读报活动，市委副书记为此还写了一篇《一项振兴农村经济的好措施》的文章，予以肯定。1990年，辽宁省朝阳市图书馆全市各工厂厂长发出公开信，欢迎利用馆藏并为此提供热诚的服务。上海徐汇区图书馆馆长的论文《关于区图书馆功能、作用和发展目标的思考》则被区文化局以政府文件下发。上海黄浦区图书馆的办馆模式在《文汇报》亦有过报道。中央老干部局一位领导参观了宝钢，又参观了该厂图书馆后大为感慨地说：“我们需要钢铁，也需要图书馆。”[8]可以预见，随着图书馆服务水平的提高，人们观念的转变及公共关系职能的加强，图书馆的社会声望必会进一步提高，从而使读者真诚地感到他们“像离不开衣食住行一样，离不开图书馆的服务”。

尽管我们在图书馆公共关系方面已经迈开了一大步，但从总体上说，今天我们社会的图书馆意识、情报意识还很淡薄，图书馆在人力、经费等方面还有许多困难，图书馆的性质和作用还不被人们所完全认识，图书馆的形象和地位有待于进步改善,这一切都离不开运用和借助公共关系这一手段。因此,需要从理论研究上,系统地总结国内外图书馆及其他行业公共关系的经验,从具体实践上,则要大胆改革,勇于探索,走出一条适应本馆特点的新路来。就目前来看,我国图书馆公共关系发展还不平衡,各地区、各类型图书馆差异较大,公关活动范围较窄,力度不够,计划性差。图书馆服务宣传周还只限于公共图书馆内,应扩大到所有类型的图书馆中,形成浩大的声势。公关机构的设立应因馆制宜,但公关工作必须有领导、有计划地加速推行,保持与图书馆事业同步发展,相互支持,互相促进。各级图书馆学会要统一指导和部署,发挥学会在开展公关方面的桥梁作用。我们也应认识到,公共关系是图书馆事业发展的手段,是图书馆管理的重要职能和环节,但不是全部。改善服务方法、深化服务内容、提高服务水平才是根本。正如有人所说"公共关系百分之九十靠自己做得好,百分之十靠宣传",我们切不能走形式、搞花架子;否则势必背离我们工作的宗旨。我们图书馆界的每个人,也要争取社会的方方面面都来关心、宣传和支持图书馆事业,实现"内求团结,外求发展"这一公共关系的根本目的,并为此做出持久不懈的努力。

参考文献

[1]Public Relations. ALA Work Encyclopedia of Library and Information. 1980:460

[2]Lowell A Martin. Organiztional Stracture of Libraries. The scarecrow press. Inc. 1984:140

[3]傅鸣,孙凯. 浅谈创立图书馆公共关系学的设想. 冶金高校图书馆学通讯,1988(3)

[4]罗式胜. 公关情报学的概念. 情报理论与实践,1990(2)

[5]曾宪云,湛向军. 公关情报活动在情报工作中的地及作用. 情报学刊,1992(3)

[6]余作富. 关于图书馆文学的思考. 图书馆杂志,1997(4)

[7]于安义. 建议设立中国图书馆节. 中国图书馆学报,1992(3)

[8]黄恩祝. 读者学的春天. 图书馆杂志,1992(3)

(原文载:《中国图书馆学报》,1993(4))

论图书馆管理思想的八大变革

对现代图书馆进行管理,首先必须具备现代的管理思想。管理思想是贯穿于管理工作中的一套观念体系,是对管理的哲学认识。管理思想决定管理的方式方法,从某种意义上说,有什么样的管理思想,就会有什么样的管理。管理的变革,首先是管理思想的变革,正如恩格斯所说:"历史从哪里开始,思想进程也应从哪开始。"(《马克思恩格斯选集》第 2 卷第 122 页)

我们都承认,与发达国家的图书馆相比,我们不仅在技术手段上落后,而且更重要的是管理思想僵化、保守。技术手段可以引进,然而先进的管理思想却是无法直接移植的,也绝非一朝一夕就可形成。多年来我们一直是在保守、狭隘、封闭的思想指导下管理图书馆的,这种管理必然也是落后的管理。

控制论的创始人维纳说过:"现代科学成就,与其说是技术上的突破,毋宁说是思想上的突破。" 同样,如果我们不能冲破传统管理思想的束缚,就难以取得管理上的突破,就谈不发挥现代图书馆的职能。

从国内外图书馆的现实和发展趋势来看,图书馆管理思想正在经历着一场变革。主要包括以下 8 个方面:

1　由单纯的业务管理到全面的组织管理

图书馆无疑是一个以向读者提供文献情报服务为目的、业务性很强的部门。就现代意义的管理而言,图书馆的管理除对采、编、阅、服务等基础业务工作的管理外,还包括全面的组织管理。也就是说,除业务管理外,还包括人财物、学术研究、与外部环境的协调等工作的管理。由于组织的功效取决于对每一项输入的控制,所以馆长必须具有并有效地运用行政上的一切决定权,如业务上的指挥权、人事上的任免权、经费上的使用权、奖惩上的审定权、对内对外的代表权等。

所有这些,都要求馆长从过去那种埋头于业务工作和业务管理之中解脱出来,在宏观管理业务工作的同时,从全馆的角度,对影响各项工作的种种因素进行有效控制,从而保证图书馆工作的顺利开展和更好地为读者提供服务。

2 由单项管理到系统管理

传统的图书馆管理思想往往注重专业分工，忽视整体配合，重视上下关系，忽视横向协作，重视内部工作，轻视外部环境，结果造成工作上的条块分割、各自为政。这种单项管理的做法显然不适应今天的图书馆管理，而必须以系统的思想方法，即将图书馆始终看成是一个内部相互联系、内外相互作用，为着一定目标运转的有机整体来进行管理。

运用系统的思想方法进行管理包括系统哲学、系统管理和系统分析三个方面。系统哲学是基于系统观点的一种思想观念，强调系统是一个有组织的整体和各个组成部分之间的联系，主要适用于图书馆管理中的战略规划分系统，把图书馆与环境联系起来，使二者一体化。系统管理是一种管理方法，它把图书馆作为一个系统的要求进行组织和运行，主要适用于图书馆管理中的协调分系统。它从重实效的观点出发，采用综合的方法，强调相互关系，协调组织内部的各项活动，使它们一体化。系统分析是解决问题或决策的方法和技术，它包括对一个问题的认识，确定有关的变量，分析和综合各种因素，并确定一个最优的解决方法或行动计划。系统分析主要适用于具体业务分系统，它根据最优化或解决问题的观点，判定模式，以达到有效地利用各种资源，完成既定的目标。

因此，作为图书馆的主要管理者馆长，要确定全局观念，把图书馆放在系统之中，用整体、联系的观点去考察和处理各方面的因素，对问题进行综合治理，追求全馆整体管理的最佳效果，达到整个系统的最优化，而不是子系统的次优化，从而收到“整体大于部分之和”之功效。

3 由任务管理到目标管理

任务管理主要指现场指挥管理和整个工作的监督管理。这种管理的特点是严密监视，使职工失去充分发挥自己才干和主动性、创造性的机会，因而不能收到良好的效果。这是传统的图书馆管理的又一特征。1954 年，美国管理学家彼特·德鲁克首创的目标管理（MBO）是一种新型的、十分流行的现代管理方法，曾被誉为 80 年代管理的新趋势。美国图书馆界也较早正式采用了目标管理。他们认为，对于管理来说，目标管理的理论是结合许多基本的管理理论和思想流派的成就而形成的一种最适台于当今现代图书馆特点的理论。

任务管理是从人“只需要有体力就可以”这一观点出发，而目标管理则首先确立人的主动性。两者差别如下：

任务管理　体力→不思考→不需创造性→别人安排好一切

目标管理　体力加能力→思考→需创造性→自己发挥主动性

目标管理的核心是以科学预定的最佳最终效果为目标,使各项工作都围绕目标的实现而统筹运动。其中目标的判定是关键,要让管理者和职工都参加目标的制定,并使目标层层分解,工作中通过自我控制,明确各自的责、权、利,最后以成果为考评依据。

近几年,国内一些图书馆也在尝试应用目标管理,有的很成功,有的效果还不十分明显,还需进一步总结和探索。目标管理方法的使用将不仅调动职工的工作积极性,也将使馆长避免陷于琐事之中,使管理工作纳入正轨,投身于战略计划等重大工作中。正如管理学家米勒所说:"真正的管理者不是事必躬亲,而在于他要指出路子来。"

4　由经验决策到科学决策

决策,是对行动方案的选择和决断。管理就是通过一系列大大小小的决策实现的。因此决策是管理中的重要问题,也是管理者的中心工作。

图书馆以往的决策更多的是凭管理者个人的知识、经验、直觉,而没有建立在一个经过科学论证的基础上,不免造成决策的失误,给图书馆的人、财、物力资源带来损失。图书馆的科学决策就是要运用决策理论和其他有用的技术,充分收集和掌握相关的信息资料,依据一定的程序对问题作出正确的判断。比如部门的设置、经费的投向、人员的配备、计算机的引进、新馆建筑计划、馆舍搬迁方案等等,每一个问题都需要做出科学合理的决策。预先没有细致、周密的决策,就难以达到预期的效果。

决策的科学性强调:第一要依靠专家学者乃至本馆每一位职工的智囊作用,发挥他们的聪明才智,集思广益,群策群力;第二要多方论证,并尽可能应用定量的分析和研究,提供有说服力的证据。

5　由定性管理到定性定量相结合的管理

就图书馆管理而言,定性、定量的方法各有利弊,只能互补,不能相互代替。我们从前的图书馆过分地依赖定性管理,而很少利用量化手段,这不能说不是一大缺陷。

定性管理只适用于制约因素较少、关系较为简单的情境之下,同时对管理者的学识,经验、判断能力都有较高的要求。这种方法不讲求科学,主观随意性较强。

现代图书馆的发展，规模越来越大，工作越来越多，制约因素越来越复杂。在这种情况下，仅仅靠定性进行管理已不够，还应更多地借助于数学、计算机等工具进行精细准确的定量管理。

作为管理手段，数学和计算机已越来越多地进入图书馆领域，并且有着广阔的应用前景，在管理的实践中也产生了明显的效果。图书馆应加强这方面的工作，实现管理手段的科学化。另一方面，任何管理，管理者本身的能动作用是十分重要的。定量管理虽然重要，但只是一种辅助手段，而馆长本人的素质，分析问题、解决问题的能力，在管理中起着关键性作用。因此，我们强调定性与定量相结合的管理方法。

6 由封闭式管理到开放型管理

古代图书馆（藏书楼）那种封闭式的管理思想一直影响到今天的图书馆，譬如重藏轻用、闭架借阅、对读者的限制太多、囿于阵地服务，馆际缺乏协调、资源不能共享等等。

然而，我们的一些管理者常常不想法给读者创造更方便的借阅条件，不积极开发馆藏，提高文献的利用率，反而寻找各种托辞借故反对开架，协作、共享等。图书文献是社会的财富，是人类共同的资源，解除禁令限制，打破清规戒律，让更多的读者更方便、更有效地利用馆藏资源，是对现代图书馆的迫切要求。

实行开放型管理，主要包括：

（1）办馆思想的开放：创造一切可能的条件方便于读者，服务于读者，图书馆的一切工作都要有利于读者。

（2）服务方式的开放：打破闭架制，采用开架制，突破阵地服务，开展社会服务，更多地参与社会、政治、经济生活。

（3）馆藏资源的开放：要与本地区，本系统及全国其他图书馆进行联合和合作，形成网络，实行馆际互借，互通有无，实现资源共享。

（4）管理方式的开放：吸收馆员和读者参与管理，建立由各方人士参加的图书馆委员会及其他咨询、协调机构，参与对图书馆管理中重大问题的讨论和决策。

7 由服务型管理到服务经营型管理

传统的图书馆管理思想是强调图书馆的服务性和社会效益。但是随着商品经济社会的发展、经济学理论的引入、图书馆的财政困境、图书情报的知识信息产业化形势、有偿服务与以文养文的现实与趋势，都要求图书馆管理者增强经济效益的观念，强化经营意识，力争以尽可能少的投入（人力、财力、物力），实现最大的输出（社会效益和经济效益）。

1987年2月，文化部、财政部、国家工商行政管理局联合颁发《文化事业系统开展有偿服务和经营活动的暂行办法》，就是承认和鼓励包括图书馆在内的文化事业单位开展有偿服务和经营活动。我国是一个经济还不发达的国家，这就决定了国家对图书馆的投资总是有限的。因此，作为图书馆管理者，必须改变过去那种等，靠、要的旧意识，通过自身管理体制和管理方式的改革，将经营思想引入图书馆，广辟财源，改善经费来源结构，增强经济实力，在继续争取国家支持的同时，寻求自我发展。这样，图书馆才会走出困境，才会有生机和活力。

当然图书馆的服务性是根本的。图书馆的经营要与服务密切结合，最终以改善服务为目的，性质上属于服务与经营兼备，而不是纯粹经营型的经济实体。因此，图书馆的经营只是一种辅助手段，其自筹资金是国家投资的有益补充。那种认为一讲经营就会歪曲或削弱图书馆服务性的观点是不对的。近几年国内许多图书馆的实践已证明了这一点。

8 由单纯的行政管理到以激励为核心的行为管理

行政管理是我们许多图书馆人员管理常用的方法。行政管理是指依靠行政机构和领导者的权力，通过强制性的行政命令直接对管理对象发生影响的管理方法。其最大特点是具有权威性和强制性，便于集中统一。缺点是管理效果受领导水平的影响，不利于发挥职工的积极性，局限性较大。

行为科学的引进，使得图书馆人员管理更重视行为管理，要求管理者在了解被管理者个人和群体的需求特点和喜好的基础上，采取相应的激励方法，对其行为进行引导和控制，达到组织的目标。激励的实质在于有效地调动起每个职工的积极性，最大限度地发挥每个人的潜能。

图书馆管理从单纯的行政管理转变为以激励为核心的行为管理，是有效地进行人员管理的必要条件。为此，要研究职工在工作情境下的行为特点和行为规律，了解影响其工作行为的各种因素及其强度，并采取有针对性的措施，充分发挥每个人的积极性和主动性，从“要我干”变成“我要干”。行为管理是图书馆管理中亟待加强的工作之一。

管理思想的变革并非一蹴而就，将现代管理思想全面地应用到图书馆中亦非一日之功。图书馆管理者应尽快适应这一转变。对新的管理思想的认识、吸收、消化和运用是对每一位管理者、特别是对每一位馆长的挑战。

参考文献

[1]黄宗忠. 图书馆学导论. 武汉:武汉大学出版社,1988

[2]沃伦 B. 希克斯,阿尔玛 M. 蒂林;李新乐,汪少敏译. 现代图书馆管理. 北京:书目文献出版社,1989

[3]刘中荣,张碧晖. 管理史话. 华中工学院出版社,1984

[4]况能富. 我国图书馆学思想的发展及其影响初探. 图书馆学通讯,1985(1):39-50

[5]蒋永福. 试论图书馆从服务型向服务经营型的转变. 黑龙江图书馆,1989(5):4-8

[6]A. Mole. The Development of Library Management Concerns,1870-1950. In:A Vaughan. Studies in Library Management. vol. 6. Clive Bingley,1980

(原文载:《中国图书馆学报》,1993(4))

论制订"图书馆员职业道德准则"

任何职业活动都存在着人与人之间以及人与社会之间诸多的道德关系,规定和指导人们的职业行为。同教师的师德、医生的医德、演员的艺德一样,图书馆员也有自己的职业道德同题。正如恩格斯所指出的——"实际上,每个行业,都各有各的道德"。[1]

图书馆员职业道德是由图书馆的性质、职能、服务方式和工作规律所决定的对图书馆员思想和行为的特殊要求,是图书馆员在职业活动中所应遵循的道德原则和道德标准,我们统称为道德规范或道德准则。

1 充分认识制订"准则"的重要性和紧迫性

由于从业者的修养和素质上的差别,不同的人可能具有不同的职业道德意识。如果一个职业的道德意识尚未外化或内化为一些具体的、禁止性的或义务性的道德准则,那么这种道德意识就不能被人们普遍遵守。

任何职业的从业者既要具有一定的专业技能,同时也必须接受职业道德的约束。"没有相应的道德规范,职业就不可能真正担负起它的社会职能,也就不可能长久存在。"[2]

在我国,图书馆员职业自形成以来,关于业务、技术方面的"条例 "、" 规程"等出台了不少,但至今没有一部完整意义上的道德"法典"。人们过于看重图书馆员职业的技术特点,而忽视职业道德的建设。在我国现代图书馆事业蓬勃发展的今天,如果没有一部权威性、强有力的"图书馆员职业道德准则",无疑是图书馆理论建设的缺憾,也必然制约图书馆事业的健康发展。

党和政府历来十分重视道德(包括职业道德)建设。党的十四届六中全会通过的"中共中央关于加强社会主义精神文明建设若干重要同题的决议"特别强调职业道德建设,要求各行各业,都要根据自身特点,对职工普遍进行职业责任、职业道德和职业纪律的教育。这是包括图书馆员在内的一切职业当前工作的重大任务。职业道德水平决定着一个行业的文明程度,影响着社会风气的改善。图书馆界加强职业道德建设,就是贯彻六中全会精神的具体体现。作为文化机构的图书馆,不仅要为社会传递人类文化和科技成果,本身也应该成为有高尚职业道德的文明行业，成为社会主义精神文明的模范。制订“图书馆员职业道德准则”是图书馆创建文明行业的必然要求，是促进行业精神文明建设的重要举措。

近年来许多行业在职业道德建设上，特别是在制订职业道德准则方面，取得了令人瞩目的进展，如“中国出版工作者职业道德准则”、[3]“中国新闻工作者职业道德准则”、[4]“中国信息咨询服务工作者职业道德准则的倡议书”等等。有些行业还实行承诺制或社会监督制度等。“准则”的制订与实施，对内加强了职业本身的凝聚力，提高了从业者的敬业意识和职业素质，对外则树立了行业的美好形象。

制订“图书馆员职业道德准则”，从根本上说，是图书馆事业发展的内在要求。没有明确的规范，图书馆员的职业行为会缺乏强有力的约束和监督。“准则”的作用就在于引导、规范、保证和制约图书馆工作者的职业行为。

制订明确的职业道德准则，是职业发展到一定阶段的必然要求。“没有规矩，不成方圆”。职业道德直接影响到职业目标和社会责任的实现。职业道德从无意识到有意识，从低层次到高层次、从强制教育到自觉履行，是一种职业成熟的标志。制订和实施“图书馆员职业道德准则”是图书馆事业进步和发展的具体体现。

现时人们对图书馆和图书馆员的一些非议并非由于图书馆藏书量少、先进设备不足、服务手段落后，主要的是我们的道德有失规范，特别是在市场经济冲击下道德建设出现了某些“滑坡”。如果不采取坚决措施，必将进一步危及图书馆员的职业形象和地位。

2 图书馆员职业道德问题的研究

有没有明确的职业道德准则，往往与职业道德水平有着重要的关系。我们常常赞赏美国图书馆界同仁的服务精神。其实，早在 1929 年美国图书馆协会就制订了职业道德准则，并于 1938 年、1975 年和 1981 年进行了三次修订。[6] 1976 年，约翰·贝克尔专门对图书馆员职业道德同题进行了详尽的研究，完成了长选 444 页的博士论文“职业道德及其在图书馆员职业中的应用”。[7]许多学者也积极参与这方面的研究，发表了不少文章，出版了《职业道德与图书馆员》(A. Lindsey, A. E. Prentics, 1985)、《图书馆员职业道德的挑战 》(R. Hauptman, 1988)等论著。

在我国，近些年来，图书馆员职业道德问题得到了越来越多的关注与重视。许多刊物发表了大量的论文，呼吁加强图书馆员职业道德建设，对图书馆员职业道德的含义、内容、职业道德建设的意义和具体措施进行了广泛的讨论和较探入的研究，提高了从业者对职业道德的认识. 增强了图书馆员职业责任感和使命感，这些都为制订一部适于图书馆员的道德准则提供了理论上的准备。

国家有关部门颁布的一些业务法规也都涉及职业道德方面的规定。1979年中科院颁布的“中国科学院图书情报工作暂行条例”(试行草案)中提出,图书情报工作者“必须懂得党的政策,热心图书情报事业”(第20条)。1982年文化部颁布的“省(自治区、市)图书馆工作条例”提出“要文明礼貌服务”(第7条)。1987年国家教委颁布的“普通高等学校图书馆规程”提出,高等学校图书馆工作人员要“热爱图书馆事业,有高尚的职业道德和全心全意为人民服务的精神”(第23条)。1982年,全国高等学校图书馆工作委员会制订了“高等学校图书、资料、情报工作人员守则”,这可以认为是一部最早的适用于全国高校图书馆员、具有职业道德准则性质的规范,最近,辽宁省文化厅制订了“辽宁省公共图书馆文明服务规范”,作为全省各公共图书馆开展文明服务的基本标准。其中具体规定了思想规范、行为规范、语言规范和环境规范,并附有服务敬语和忌语以供参考[8]。无疑,此举对推动全省公共图书馆职业道德建设具有十分积极和深远的意义。

3 “图书馆员职业道德准则”的基本内容

由于时代的不同,社会价值观念的不同,以及人们认识水平和角度的不同,对图书馆员职业道德包括哪些内容,自然就会有不同的看法。

1976年贝克尔提出的“图书馆员职业行为指南”的要点是:图书馆员的作用在于为人类优化文献信息。为达此目标,应遵循以下行为规定:①图书馆员应运用职业技能代用户作出对文献信息的最佳判断;②图书馆员应尽其所能帮助改善图书馆和图书馆系统;③图书馆员对本职工作应职尽责;④图书馆员应为人师表,忠于职守;⑤图书馆员职业以外的活动尽可能不与本职工作相冲突;⑥图书馆员在职业活动中不可行为失当;⑦图书馆员应帮助建立与维护良好的学术氛围:自由查寻、自由思考、自由表达。

1981年6月30日美国图书馆协会通过修订的图书馆员职业道德准则,提出:①图书馆员必须提供高水平的服务,为此,馆藏要规模适宜,组织合理,制订公平合理的流通和服务政策。对所有的求助都要熟练、准确地给予解决,不存偏见,彬彬有礼;②图书馆员必须阻止团体或个人对图书资料的审查;③对于情报的查寻或接受,资料的查找、借回或获取,图书馆员必须保护用户的隐私权;④图书馆员在同事关系和人际交往中必须坚持办事公道、机会均等的原则;⑤图书馆员在其言行中必须明确个人观点和态度与机构(或专业团体)的观点和态度;⑥图书馆员不得以损害用户、同事或所属机构的利益为代价,满足个人的私利。国内学者对此也发表了不少高见,比较有代表性的有:李致忠先生认为,图书馆从业人员的总体职业道德观念应该是“读者第一，服务至上”。具体包括：①热爱本职工作，甘当配角、甘为人梯；②珍惜文献；③热情周到，极端负责。[9]黄宗忠先生提出：① 高度的社会责任感，强烈的事业心；② 渊博的科学知识，熟练的业务技能；③谦虚诚恳的服务态度，严谨细致的工作作风；④顾全大局的整体观念，团结互助的协作精神；⑤文雅大方的仪表风度，洁净整齐的卫生习惯。[10]谭祥金先生则提出：① 对工作，忠于职守，精益求精；②对文献，爱护备至，积极利用；③对读者，满腔热忱，千方百计；④对同事，严于律己，顾全大局；⑤对外部，精诚合作，公平竞争。[11]“高等学校图书、资料、情报人员守则”则提出了 8 个方面的要求，即，坚定正确的政治方向；热忱主动的服务精神认真；负责的工作态度；严谨细致的工作作风；勤奋刻苦的学习精神；自觉严格的纪律观念；团结友爱的同志关系；文明礼貌的道德风尚。并且，对每一个方面的内容作了具体的阐述。

职业道德准则通常由行业主管部门或专业团体制定颁布，以体现职业道德准则的严肃性、规范性和权威性。建议主管图书馆事业的部门（文化部、国家教委等）或中国图书馆学会尽快制订“图书馆员职业道德准则”，并制订落实措施。

职业道德准则通常被归纳为简明的宣言或戒律文字。它具有纲领性、抽象性和概括性的特点。贝克尔提出职业道德准则的要求是：① 简短；②简明一致；③合理、可接受、实用、强有力；④全面完整；⑤积极。他还提出现代的职业道德准则应阐明同事、职业、机构、用户、国家、社会几方面的职业义务，并认为按重要性排序应该是：社会和国家、用户、职业和同事、机构和个人。他还认为道德应面向外部，而不是内部。

图书馆员职业道德包括哪些内容需要不断总结与完善。“中共中央关于加强社会主义精神文明建设若干重要问题的决议”提出的“爱岗敬业、诚实守信、办事公道、服务群众”，是包括图书馆在内所有行业都应当遵守的公共性职业道德准则。有人提出，职业道德规范系统至少应包括四个层次：第一个也是最基本的层次，是作为职业道德核心的为人民服务原则；第二个层次是某一职业的共同道德规范；第三个层次是某一职业内部不同行业或部门的特殊道德规范；第四个层次是各部门的各种工种和岗位的个别岗位责任或道德细则。[12]

我们认为，“图书馆员职业道德准则”应以阐述第一和第二层次的职业道德为主，兼顾第三、第四层次的职业道德。有鉴于此，“图书馆员职业道德准则”的中心内容应规定：

- 关于图书馆员职业道德的核心。任何职业道德的核心都是为人民服务，这是由社会主义国家这一根本性质决定的。为人民服务是一切职业的宗旨和哲学，是社会主义道德及其观念的灵魂，是职业道德的最终体现，揭示了职业的本质和价值导向。具体到图书馆行业,图书馆员职业道德的核心和第一位要求就是读者第一(一切为读者)、服务至上(全心全意为读者服务)。

• 关于事业心和敬业精神。不同的职业、不同的岗位,工作性质可能不同,从业者的知识水平和业务技能有高有低,但每一位从业者必须具备高度的事业心、强烈的责任感,敬业、爱业、乐业、勤业,忠于职守,无私奉献。这是做好本职工作的重要前提。作为服务性行业的图书馆,由于条件差、待遇低,对此更应加以倡导、加强教育。

• 关于服务态度和服务质量。主动热情,彬彬有礼,态度和蔼,语言文明,耐心细致,服务周到,往往是判定图书馆员职业道德水平的第一把尺子。对此必须明确要求,不断改进。另一方面,在良好服务态度基础上提供高水平的服务,是图书馆员职业活动追求的最高境界。为此,图书馆员必须在业务上努力钻研、精益求精,不断改进服务质量,提高服务能力。良好的服务态度和高质量的服务工作必定赢得读者的赞誉和社会的认可。

此外,"准则" 还可规定以下内容:政治思想,员工关系,遵纪守法,不谋私利,坚持原则,不循私情,热爱图书,珍惜文献,勤俭节约,提高效益,馆际合作,资源共享,等等。

但是一部职业道德准则要求简明扼要。首先,一般的社会公德内容(如正直、诚实)不必涉及,因为良好的职业道德是建立在良好的社会公德基础上的。其次,"准则"的要求只能是原则性、总括性的,既不能面面俱到,也不可能详尽细致。各馆、各部门、各岗位应遵循"准则"总的精神,制订具体、专门的职业道德要求,在工作细则或岗位责任制中体现出来。

4 全方位加强图书馆员职业道德建设

制订或颁布"图书馆员职业道德准则"并不是目的。有了"准则",更重要的还在于落实措施,强化培训,重视考核,完善职业道德建设的各种机制。整个图书馆行业及各个图书馆、每位从业者都要熟知、理解和遵守"准则"的每一条规定,把图书馆员职业道德建设落到实处。

——图书馆系统(或各图书馆)制订的"工作条例"、"业务规范"及其他各种规章制度,都要依据"准则"要求,加强职业道德条款的规定,使得业务要求与职业道德密切结合起来,在业务工作中同时体现出较高的职业道德水平。

——某些行为规范往往具有道德和法律双重规范的性质。因此,拟议中的"中国图书馆法"应像律师法那样,将某些职业道德要求上升为法律条款。这样,是否为读者服务、为读者提供什么样的服务就不仅仅是道德问题,更是法律上的强制性规定，以增加图书馆员职业道德的权威性和约束力。为保证律师更有效地遵守律师职业道德和执业纪律，司法部甚至还制订了"律师惩戒规则"，可供借鉴。

——编写出权威性职业道德教材或作为"图书馆管理"的重点内容，系统完备地对学生或从业者进行职业道德教育和培训，增强职业道德观念和自我约束。

——开展全国、系统或地区性图书馆服务竞赛，形成各馆之间、业者之间比业务能力、比职业道德的良好氛围，评选出"最佳馆员"、"服务标兵"，推出本行业自己的榜样。

——目前，我国十大窗口行业和部门已推出了300多个文明示范窗口单位，尽管不包括图书馆，但我们也应参照窗口行业和单位的标准，推出代表图书馆行业水准、具有良好职业道德和社会影响的文明示范图书馆。

——借鉴和推行服务承诺制度和社会监督制度，将服务内容、服务标准、服务程序和办事时限等公开向用户作出承诺，并接受社会监督（设立举报电话，公布举报机构）。这样，那些笼统、原则的服务要求由于具体化、规范化和量化，使职业道德准则和业务质量评价更具有可操作性。向社会作出服务承诺，公开接受社会监督，有利于从业者更自觉、更严格地要求自己，更好地为社会服务。

参考文献

[1]中共中央马克思恩格斯列宁斯大林著作编译局编. 马克思恩格斯选集（第4卷）. 北京：人民出版社，1972：5，236

[2]李顺德. 论职业道德. 人民日报，1906－05－07

[3]中华全国出版工作者协会. 中国出版工作者职业道德准则. 光明日报，199－01－30

[4]中华全国新闻工作者协会. 中国新闻工作者职业道德准则. 光明日报，1997－01－27

[5]中国信息协会. 中国信息咨询服务工作者职业道德准则的倡议书. 信息市场报，1995－03－18

[6]徐祥盛编译. 美国图书信界职业道德规范概述. 福建图书馆学刊，1992（4）：55－58

[7]Finks. L. W. Librarianship needs a new code of professional ethics. American Libraries，1991（1）：84－92

[8]辽宁省文化厅. 辽宁省公共图书馆文明服务规范. 图书馆学刊，1997（1）：2－4

[9]李致忠. 图书馆员的职业道德. 中国图书馆学报，1992（2）：15－21

[10]黄宗忠. 图书馆管理学. 武汉：武汉大学出版社，1992：464－465

[11]谭祥金. 图书馆职业道德论. 中国图书馆学报，1997（2）：5－9，4

[12]叶蓬. 职业道德建设的几个问题. 光明日报，1997－05－03

（原文载：《图书情报工作》，1998（11））

CI 与图书馆的发展

——上海市图书馆导入 CI 启示录

1996 年 12 月 20 日，上海市图书馆新馆建成并对外开放，新馆舍的雄伟典雅、庄重亮丽给人留下深刻印象，但留给人们更多思考的是上海图书馆实施的 CI 战略。实践证明，CI 不但可以引入图书馆，而且对推动图书馆的发展具有重要影响。图书馆需要 CI，需要研究 CI，导入 CI。

CI，本指企业形象识别(Corporate Identity)，是 60 年代初在美国产生的，后又派生出 CIS(企业形象识别系统)。最早正式导入 CI 的企业是 IBM 公司。IBM 将形象传播与经营战略相结舍，相辅相成，相互作用，促进了公司的发展，使 IBM 获得了极大的成功。于是，美国许多公司纷纷效仿。至今，可口可乐、柯达、万宝路、微软等任何一家著名公司的成功无不与导入 CI 有关。因为 CI 增强了企业的信誉、知名度和市场竞争力。在我国，80 年代末，广东太阳神集团成功地导入 CI 后，产生了轰动效应。可见，导入 CI 已成为许多企业竞争致胜的法宝。

反观图书馆行业，近些年来新馆舍盖了不少，新设备买了不少，高学历人员增加了不少，但却依然默默无闻、平平淡淡。似乎离公众太远，离社会太远，离火热的现实太远。各图书馆在办馆目标、服务方式等方面往往相差无几，没有创新；在低层次上开展工作，没有更高的水准；以卖方市场的观念指导工作，没有竞争，缺乏活力。造成这种状况，我们认为与图书馆没有完整的 CI 有关。经营管理上没有确立高品位的理念，没有严格高标准的行为规范，更没有在视觉形象文化建设上作过多少投入。因而图书馆社会认可度低，吸引力差，大大制约了图书馆的建设与发展。

上海图书馆新馆诞生于世纪之交。它的硬件系统堪称一流，无论是楼宇建设，还是设备购置、计算机网络配置，均属上乘。但上海市图书馆领导层认识到，作为现代化的图书馆，仅有好的硬件是远远不够的，还必须重视软件建设，构建有特色、有影响、有实效的图书馆文化。

当代管理学十分强调企业文化对企业经营管理的重要作用，并将企业文化推广到一切类型的组织中，形成各具特点的组织文化。近年来，一批图书馆学者将组织文化应用到图书馆领域，提出了“图书馆文化”的概念，认为图书馆文化是图书馆灵魂之所在。上海图书馆推行 CI，正是从实践角度致力于图书馆文化建设，重塑图书馆的社会形象。他们围绕着 CI 的三部分内容(MI、BI 和 VI),精心构造图书馆的文化建设蓝图。

在机构理念(MI)方面,他们认为,图书馆作为文化事业单位,同样需要有感召力和凝聚力,需要有精神风貌和努力方向。机构理念是机构的定位,展示机构的思想、灵魂、行为风格、事业个性。上海图书馆追求的理念是“把图书情报新馆建成上海的重要信息枢纽和精神文明建设的重要基地”(江泽民题词);“图情并茂、传播信息、方便读者、服务四化”(李鹏题词)。作为理念系统组成部分和进一步分解,上海图书馆还提出“国内先进、世界一流”的奋斗目标,追求“一流、文明、创新”的精神风貌。在读者服务方面提出 5 句话作为职工言行的指南:文明礼貌使您添风采,积极工作使您增信心,周到服务使您受尊敬,热情助人使您更快乐,勤奋向上使您永充实。

在行为识别(BI)方面,从信息枢纽和传播信息的目标出发,上海图书馆正在逐步实施数字图书馆计划,建立国内外电话号码的信息咨询中心,开发多个专题的剪报资料;从建设精神文明基地出发,拟定了建成上海市文明单位的奋斗目标,开展文明用语教育,每月推出一次文明教育主题活动,召开全馆教育工作会议;从用户第一、读者为本的思想出发,实行借阅对象的分流,一卡走遍全馆,全天开放,限时服务以及推出服务明星等许多改革措施,对全馆干部职工提出了 100 条行为规范的要求,并落实到岗,进行全员培训。

在视觉识别(VI)方面,上海图书馆舍得投入资金,导入机构形象识别系统,包括确定上海图书馆机构标志,系统办公用品的设计与制作,导引系统的各类标识,馆服、馆旗与馆徽,各类人员进入新馆的吊牌等,以及体现上述特征的标准字体、标准色等。

将 CI 导入图书馆,主要目的在于规范化管理,通过一体化的符号形式划分部门和个人的权力、责任和义务,调动每个职工的主观能动性,使每个人都积极参与机构的运作,提高部门和机构整体的工作效率,使管理走向条理化、规范化和科学化。同时,有助于改变图书馆的自我封闭状态,使图书馆融入社会的大环境之中,通过社会公众对图书馆的认识和关注,建立理想的图书馆形象,最终目的是更好地为读者、为社会提供高水平和满意的服务,提高图书馆的社会效益。创立叫得响的图书馆界自己的名牌。

CI 在企业的广泛推广和上海图书馆的初步实践,证明了 CI 在当代图书馆管理中的潜在而巨大的价值。CI 在上海图书馆尽管刚刚起步,但足以让人们领略到 CI 所产生的威力:导入 CI 以后的上海图书馆,馆内外面貌焕然一新,赢得了更为广泛的关注,知名度、美誉度和社会影响力大增,正在成为我国图书馆界的一张王牌。

在图书馆中导入 CI,既有具体策划问题,也有观念更新问题,既有时机、资金问题,也有统筹规划问题。我们认为,图书馆导入 CI,需注重以下策略:

1　上下达成共识,共同推进 CI 发展

CI 的导入是一项涉及图书馆方方面面的系统工程。只有管理层下定决心,提高认识,并动员、鼓励全馆人员积极参与,才能全面贯彻 CI 的精神,推动 CI 的顺利导入,保证 CI 导入的效果。

2　由内而外,注重实效

CI 作为形象策划的一门艺术,绝不是为了哗众取宠,追求一时的新闻效应。首先要练好内功,要求馆内每位职工必须对机构理念和行为规范有认同和深刻的理解,对导入 CI 热情支持,自觉参与,从自身做起,从每一件事做起。否则,只注重外观形象,而内部工作一如既往,则不是完整意义上的 CI,也必然达不到推动图书馆发展这一最终效果。

3　CI 要与图书馆的变革紧密结合

导入 CI 是一项长期、复杂的战略任务,不可急功近利,草率行事。要根据新确定的机构理念,调整组织结构和岗位设置,优化文献信息传递系统,改革人事管理制度和奖金分配制度,实行竞争上岗,推出业务能手和服务标兵,引入激励机制。

4　要系统策划,全面推动

导入 CI 要以 MI 为灵魂、BI 为重心、VI 为手段。机构理念(MI)是 CI 的“想法”,即以机构理念为出发点,将图书馆的办馆宗旨和社会价值通过战略目标、服务特色、工作信条、精神风貌、标语口号等沟通方式予以明确化,它是图书馆形象定位与传播的原点,也是 CI 的中心架构。行为识别(BI)是 CI 的“做法”,是机构理念的执行。对内而言是指业务工作的规范化、条例化,各部门岗位服务语言与行为的具体实施要求;对外 则是建立与外界的沟通联系,建立和维护良好的公共关系,参与和组织社会公益活动。它是图书馆实践机构理念和创造图书馆文化的准则。形象识别(VI)是 CI 的“看法”,即以视觉传播力作为感染媒体,将机构理念、文化特质、服务内容、服务规范等抽象语意,转换为具体的符号概念,将图书馆形象概念表达出来,传播出去,影响公众。VI 凸显图书馆个性,塑造机构独特形象。

5　以导入 CI 为契机,实施培训和教育

导入 CI 后的图书馆,对职工提出了新的、更高的要求,因而必须进行系统的培训教育，全面提高职工的素质，加强职工的责任感，提高服务质量，提高用户满意度，增强对自身职业的认同感、归属感和荣誉感，自觉维护图书馆的社会形象。教育培训主要包括导入 CI 意义教育、礼仪规范、语言规范、行为规范、环境规范培训等。

6 选择时机，做好规划

导入 CI 的时机要精心选择，一般可选在建新馆前后或建馆若干周年或其他重大日子，并为此制订计划，做好人、财、物的准备。导入 CI 需要一定的费用，既要量力而行，又要多方筹措资金，还要厉行节约，把钱花在刀刃上，使有限的财力投入发挥最大的作用。

在我国，图书馆导入 CI 还是一件新生事物，需要不断地总结与探索。上海图书馆导入 CI 所展现的深邃的管理智慧，长远的战略眼光，勇敢的创新意识和大胆的改革魄力值得国内同行借鉴与学习。CI 无疑是现阶段推动图书馆发展的有力手段。但愿上海图书馆导入 CI 及所追求的目标能给国内图书馆界带来一缕清风，提供有益的启示。

参考文献

[1]李志义. 图书馆文化研究练述. 图书馆论坛，1996(2)：13－15，36
[2]王世伟. 上海图书馆导入 CIS 纪实及其思考. 图书馆杂志，1997(1)：1－3
[3]上海图书馆精神文明专题调研课题组. 实施"CI"、"RS"战略. 图书馆杂志，1996(6)：14－16
[4]上海图书馆精神文明专题调研课题组. 进一步发挥上海图书馆精神文明建设基地的作用. 图书馆杂志，1996(5)：1－8
[5]陈燮君. 以科学管理方法营造世纪的新馆. 图书馆杂志，1996(6)：6－13
[6]孙黎. 企业形象策划. 中国商业出版社，1996

（原文载：《图书馆建设》，1998(3)）

论图书馆的名牌战略

1 名牌与名牌战略

名牌是企业界十分推崇的一个概念。名牌是指享有盛誉的产品、品牌或企业。名牌战略是企业通过创名牌，借助名牌效应，在环境分析的基础上，扬长避短，战胜竞争对手，抢占市场的总体谋划。随着市场竞争的加剧，实施名牌战略已经成为企业立于不败之地、谋取更大发展的法宝，是取得最佳经济效益和社会效益的有效途径。

图书馆发展到今天，面临着许许多多的挑战。图书馆要不要创立自己的名牌，运用怎样的名牌战略，应该成为新时期图书馆发展的重要问题之一。创名牌应当成为图书馆响当当的口号和不懈的追求。

计划经济体制下没有名牌，图书馆也不需要创名牌，经费由国家拨给，服务没有监督和制约，没有竞争的压力。而今天，市场经济给图书馆带来更多的是挑战，图书馆对社会和经济发展有多大的影响将成为评判图书馆存在价值的根本标准，如果图书馆抱残守缺，因循守旧，没有多大的作为，结果必然是自毁前程。

名牌图书馆就是被广泛认可、享有较高声誉的高品位的图书馆。名牌图书馆应拥有充足、有特色的文献资源，提供高水平、较完善的用户服务，拥有最大限量的用户，图书馆利用程度、知名度和美誉度均较高。名牌图书馆必须经得起时间的检验和读者的严格挑剔。

以这样的标准来衡量，真正称得起名牌图书馆的还屈指可数。近些年来，公共图书馆中以上海图书馆为代表、高校图书馆中以清华大学图书馆为代表的国内一些图书馆，敢于创新，善于创新，积极推行改革，加速现代化进程，重视 CI(企业形象系统)的运用，图书馆的知名度和影响力大大增强，正在成为图书馆界的名牌。我们既需要从实践上踏出名牌足迹，也需要勇敢地喊出“名牌”的口号，提升名牌形象，使图书馆上下形成一种向心力、凝聚力、为图书馆事业的整体发展而共同奋斗。

2 图书馆实施名牌战略的意义

创名牌首先是图书馆自身生存和发展的需要。图书馆生存和发展的基础不仅是社会需要，而且是用户对图书馆的认知，认知是可以诱导的。名牌战略正是追求一种高知名度和高美誉度的一种策略，图书馆通过确立和实施名牌战略，更大程度地唤起人们对图书馆的关注，唤起人们的信息意识，吸引人们更多地利用图书馆。图书馆实施名牌战略能够把更多的潜在用户吸引过来，变为现实用户。

创名牌又是竞争的手段和武器。图书馆正在面临着竞争的环境、竞争的压力。图书馆正在接受大大小小、各种各样的图书社、剪报公司、信息机构的挑战。文献信息市场正在由卖方市场向买方市场转变。如果图书馆不能以名牌赢得市场，那么图书馆传统的市场也可能渐渐失去，从而有可能被逼入绝境，甚至被淘汰。优胜劣汰是市场竞争无情的法则。

创名牌也是图书馆从数量型到质量型发展的客观要求。我国图书馆目前的发展最大问题不是图书馆的数量，而是图书馆的质量。图书馆的质量牵涉经费、资源和人才等多方面的问题，需要运用名牌战略来牵动。名牌就是质量，就是效益。无论图书馆处于哪个层次、何种类型，都应有名牌意识，实施名牌战略。全国应有国家级的名牌，全省应有省级名牌，全市应有市级名牌。名牌多少是一个国家或地区图书馆质量的体现。

创名牌能带来多方面的效应 名牌图书馆就是图书馆界的一面旗帜，就是推动图书馆发展的一种力量。创名牌所带来的效应表现为：一是优化效应。名牌图书馆的创立非一日之功。通过围绕创名牌活动，可不断地提高图书馆人员素质、技术水平和管理能力，从而使图书馆工作跃上一个新的台阶。二是社会文化效应。从社会文化角度来看，名牌是一种文化。一个图书馆能否创名牌，直接体现了这个图书馆的管理者及职工的奋斗精神 进取精神和创新精神。图书馆创名牌是企业精神在图书馆中的具体表现：三是导向效应。名牌昭示着发展的方向，是学习的样板，名牌图书馆使得其他图书馆学有目标，赶有方向，产生激励作用，带动更多的图书馆谋求更大的发展。

3　图书馆实施名牌战略的要点

图书馆实施名牌战略，是图书馆工作战略的新的部署，图书馆的一切工作都必须服从于这个目标。图书馆实施名牌战略要有一定的要求，必须遵循一定的准则。

3.1　实施名牌战略的基础是服务质量

在图书馆的诸种要素中，服务质量的弹性最大，用户最为看重，对图书馆的影响也最大。名牌图书馆必须首先是名牌服务。名牌服务就是要把读者需要置于最高境地，从物质上、精神上使用户满意。商业上有句名言，叫作“没有满足不了的服务”,图书馆也应该做到这一点。

3.2 强化管理是创名牌的关键

实施名牌战略是一项系统工程,图书馆的管理者必须制定出完备周密的规划,有效地将资金、技术、人才等项资源协调起来,这需要管理者具有战略的眼光,创新的观念,改革的气度,全方位的实施对全馆各项工作的改革,把注意力和工作重点转移到这方面工作上来,明确目标,同心协力,保证名牌战略的实施成功。目前尤其要重视现代化技术的应用,改进服务手段。“开拓、创新、信誉和效率”是名牌成功的真谛。

21 世纪近在咫尺,21 世纪的图书馆挑战与机遇并存,实施图书馆的名牌战略,创立名牌图书馆,是每个图书馆工作者义不容辞的责任。正如电子行业有“松下”、“摩托罗拉”,饮料行业有“可口可乐”、“百事可乐”,计算机行业有“微软”、“英特尔”,图书馆行业也应当有自己的名牌。图书馆的发展呼唤名牌。

参考文献

[1]尹芳平. 论出版社的名牌战略. 清华大学学报(哲社版),1998(1):73 – 76

[2]孙在国等. 商战与名牌. 西南财经大学出版社,1998

(原文载:《图书馆杂志》,1999(7))

图书馆实施创新简论

江泽民同志指出:“创新是一个民族的灵魂,是一个国家兴旺发达不竭的动力。”图书馆同样需要创新。创新是图书馆发展的重要保证,改革的实质就是创新。创新就是根据新形势的需要,确立新的战略目标,积极转变思想,运用新的管理方挂,采用现代化的技术手段,改变传统工作模式。不断推陈出新,寻求图书馆工作的新突破。

从目前图书馆的实际出发,图书馆创新要着重从观念、理论、组织、技术、服务五个方面着手,以观念创新为起点、理论创新为指导、组织创新为依托、技术创新为手段、服务创新为目的,全面完整地加以实施。

1 观念创新

观念创新即解放思想,运用创造性思维,打破传统观念的束缚,不墨守成规,敢于超越禁区,向旧的做法和习惯挑战,树立创新哲学,实现管理观念的现代化。观念创新是其他各种创新的基础和原动力。任何创新首先体现在观念创新,没有观念创新,就不可能有理论创新、组织创新、技术创新和服务创新;反过来,其他创新又是观念创新最后成果的集中体现,观念创新将带动其他创新的实现。从某种意义上说,创新,超越的就是观念。

观念创新要求确立现代图书馆观念,这就是开放、服务、竞争、信息、效益、改革的观念。开放,就是要学习、吸收、借鉴其他馆、其他行业先进的做法和成功的经验,取其精华,大胆尝试。服务,是由图书馆的属性所决定的,要在图书馆员中树立服务意识,奉献精神,强化服务职能。改善服务态度,提高服务质量。竞争,是图书馆面临的一种客观现实,也是一种压力和动力。竞争带来的是挑战,也是一种机遇。图书馆要积极寻求自我发展的途径,找好自己的定位,确立自己的优势地位,发挥其应有的不可替代的作用。信息,是现代社会的血脉,也是现代图书馆服务的重要内容。图书馆服务的重点应从书车型向信息型转变,即从提供文献单元到提供知识单元。这是服务的深化,是高层次的服务。图书馆工作必须适应用户对信息服务的迫切需要。效益,既包括经济效益,也包括社会效益。图书馆工作同样要讲求产出与投入之比,在节省资源(人、财、物)的同时,追求为社会服务的最大效是,即力争少花钱、多办事,不花钱、也办事。

2 理论创新

实践需要理论的指导。从某种意义上说,有什么样的图书馆学理论,就有什么样的图书馆实践。由于多种原因.我国真正完整意义上的图书馆学理论还没有建立起来,理论研究的基础还很薄弱,图书馆学理论还存在着某些不系统、不实用等问题,理论研究深度不够,尤其缺乏将现代科学理论方法应用到图书馆实际工作中加以总结研究的成果,针对图书馆这一特定机构下的问题研究总结得不够。反映了理论创新亟待加强。另一方面,自 80 年代中期以来,随着国外图书馆学成果的译介,特别是国内一批有识之士的热心探索,图书馆学理论得到不断丰富和发展。这些成果对推动图书馆实际工作的开展产生了积极的影响,理论的作用已得到越来越多的人的重视,理论的指导性意义也得到更多的人的认可。

没有自己的一套理论,学科就不算成熟,对实践的指导作用就是有限的。图书馆学理论的研究不应仅仅是少数专家、学者的事,每位图书馆实际工作者都面对着大量的理论问题,都需要从理论上加以探索总结,寻找切实可行的解决方案,并通过不断地总结进行理论上的升华。图书馆工作不是“工匠式”的艺术,不善于运用科学理论,不坚持进行理论创新,图书馆就难以有持续、稳固的发展。图书馆学理论研究需要在借鉴基础上创新。

3 组织创新

创新需要以组织创新为依托,通过科学的组织、调整来优化图书馆系统资源的配置。图书馆组织创新的要求是:建立效率高、效益大、应变能力强的组织机构,配备职位明确、人尽其才的人员队伍。图书馆组织创新的趋势是:减少内部业务工作的部门和人员的数量,充实和加强以新技术为基础的读者服务(特别是信息服务)部门的力量。清华大学图书馆为适应现代化图书馆的要求,前不久进行了机构重组和工作重组。新组建的信息参考部,综合了从用户教育到参考咨询,从信息检索到文献提供,从定题服务到查新服务等多种职能,收到了良好的效果。这样的组织创新很值得借鉴。

组织创新是由信息技术的应用和服务需求的特点所决定的。由于计算机、网络在图书馆中的应用,大大地改变了图书馆的业务工作模式和服务方式。以前需要多个部门、多人完成的工作,现在由一台或几台计算机就可代劳,许多体力性、事务性的岗位正在被智力型岗位所取代。纸质文献采编、加工工作量相对减少,光盘、数据库和网络信息成为图书馆文献资源的重要组成部分,读者在对文献载体的需求方面趋于多样化,特别是对数据库和网络的依赖明显增强。这些变化造成图书馆对技术管理、设备维护、导读、咨询、用户教育等岗位和人员的需求增多,传统图书馆(例如大学图书馆)典型的以文献加工利用的流程的“六部一室”(采访部、分编部、流通部、期刊部、现代技术服务部、参考咨询部、办公室)的基本格局正在被打破。例如,新建的大连理工大学图书馆新馆(伯川图书馆)大胆改革旧有的体制,建立了文献建设部、流通阅览部、期刊情报部、技术服务部、自动化发展部和综合办公室等部门,使馆运行机制更加适应现代化图书馆建设和当今读者服务工作的需要。

4 技术创新

我们生活在深受技术影响的信息时代,图书馆目前正在朝信息化、网络化方向发展,其中技术的应用程度将决定图书馆现代化的发展水平。近几年来,图书馆自动化集成系统、公共查询系统(OPAC)、光盘检索、计算机网络、多媒体阅览室等正在走进越来越多的图书馆,技术创新所带来的积极影响也渐渐明显地显现出来。但是,与其他一些行业相比。图书馆应用新技术速度往往比较滞后,对新技术的反应往往比较迟钝。目前不少图书馆基本上还是以手工操作为主,与信息时代对图书馆的要求极不适应。

没有技术创新,就没有现代意义上的图书馆。信息技术突飞猛进的发展为图书馆技术创新提供了基础。国内外关于电子图书馆(数字图书馆、虚拟图书馆)的实验和研究正在取得重大的进展。因特网(Internet)在图书馆工作中正起到越来越大的作用,可以预见,随着技术的进步,将会有更多更先进的技术应用到图书馆工作中来。新技术将给图书馆工作效率和服务水平带来质的飞跃,意义不可估量。

技术创新首先需要增强对信息技术的重要性的认识,跟踪信息技术的最新发展和动态,了解国内外其他图书馆技术应用的新进展、新趋势,洞察技术发展的方向。其次,要努力创造条件,进行技术人才的引进和培养。人才培养要立足于内部挖潜,积极引进技术拔尖人才,在政策上实行必要的倾斜,给予工作和生活上的优厚待遇,尊重知识,尊重人才。最后,还要千方百计获得必要的资金保障。没有经费购买技术设备,技术创新就无从谈起。购买设备不能挤占本已十分短缺的购书费,而是要另辟渠道。通过向各方争取专项资金支持,实行专款专用。

5 服务创新

为读者提供文献信息服务是图书馆的重要任务。读者的文献信息需求,只有通过图书馆所提供的服务才能获得满足。由于读者工作或生活上的需要对文献信息的需求总是不断变化、不断更新,这就要求图书馆的服务也要不断创新,保持与读者需求的一致。

服务创新是图书馆创新的核心,其他一切创新都为服务创新创造必要的条件和保障,并围绕着服务创新来进行,直接或间接地促进服务创新的开展。服务创新不是孤立存在的,没有观念创新、理论创新、组织创新和技术创新,服务也不可能有创新。

服务创新不是对传统服务的抛弃,而是在传统服务基础上的升华。服务创新的具体形式多种多样,要结合本馆实际灵活地进行。例如:扩大服务范围,拓宽服务领域。扩展资源类型,增加服务方式。改革服务格局,改善服务态度,开展特色服务,实行服务监督,等等。

创新是新形势下图书馆发展的必然要求,是一项任务艰巨又意义深远的工作。为此,图书馆工作者要学习和研究现代科学技术,对有关的科技发展,必须时刻地加以关注,并研究在图书馆中应用的可能性。要建立科研与应用的转化机制,及时将科研成果运用到图书馆实践中来。要做好国家及地方自然科学和社会科学基金项目的立项、研究和应用、推广工作,最大限度地把最新的科技成果用于提高图书馆的现代化水平和服务水平。同时,建立与完善创新机制,在馆内大力倡导创新意识和创新精神,形成创新的共识和动力,在政策上加以引导,要重视对创新人才的引进和使用,并为他们创造必要的条件。鼓励创新人才的成长并为之创造必要的条件。实行有力度的奖励制度,对创新成果给予高级别的奖励,激励人们创造性地工作。提倡创新竞争,形成人人想创新、事事求创新的良好局面。

参考文献

[1]文章代,候书森. 创新管理. 石油大学出版社,1999

[2]孟广均,徐引篪. 国外图书馆学情报学研究进展. 北京图书馆出版社,1999

[3]杨国明. 试论图书馆创新服务. 上海高校图书情报学刊,1999(2)

[4]R. A. Scherrei 著;爱米译. 北美高校图书馆的管理:过去的做法与革新方法的结合. 上海高校图书情报学刊,1998(1)

[5]杨艳. 创新是知识经济的灵魂——图书馆如何提高创新管理. 大学图书馆学报,1999(4)

[6]王世伟. 建立可持续发展的图书馆管理体系——知识经济带给图书馆管理的思考. 见:世纪之交:图书馆事业回顾与展望. 北京图书馆出版社,1999

(原文载:《图书馆杂志》,2000(7))

复合图书馆的概念及发展构想

图书馆将走向何处？对此人们提出了各种各样的设想。从70年代末兰开斯特(F. W. Lancaster)对无纸情报系统和电子时代的图书馆和图书馆员的愿望，到今天人们广泛谈论和研究的“电子图书馆”、“虚拟图书馆”、“数字图书馆”，逐渐地，人们似乎形成这样的认识：传统图书馆将很快被取代，图书馆将无须建新的建筑，无须购买印刷型的图书和期刊，甚至无须图书经费的投入，只要有Internet和数字图书馆(本文指纯粹意义上的数字图书馆)，用户的一切信息需求都可得到彻底的解决。事实果真如此吗？仅从图书馆发展的演进过程和现实基础来看，认为数字图书馆完全代替传统图书馆只能是一种美好的愿望。因此，对图书馆未来走向的探讨必须建立在客观现实的基础上。

1 复合图书馆的概念

从90年代中期英、美开始进行数字图书馆的建设以来，数字图书馆的轮廓日渐明晰，取得了显著的进展。随着数字图书馆的发展，人们越来越感到，非技术因素正在严重制约数字图书馆的进程，如经费问题、版权问题、安全性问题、效益问题、用户习惯问题，等等 但同时，数字图书馆的缺点也正是传统图书馆的优势。有鉴于此，国外图书馆界提出了“复合图书馆”(hybrid library)的概念，得到了学术界的认可，并在许多国家产生积极的反响。

“复合图书馆”是在近几年才在图书情报专业词汇中出现的。美国的图书馆专家苏顿(S. Sutton)最早使用“复合图书馆”一词。1996年，他在一篇题为“未来的服务模式与功能的融合：作为技术人员、著作者和咨询员的参考馆员”的文章中，将图书馆分成连续发展的四种形态：传统图书馆、自动化图书馆、复合图书馆和数字图书馆。在苏顿的“复合图书馆”设想中，印刷型与数字化信息之间的平衡越来越倚重数字型。他认为在复合图书馆中可以实现传统馆藏与数字馆藏并存，而且用户可以通过图书馆的服务器或网关自由访问跨地域的分布式数字化资源。[1]

苏顿提出“复合图书馆”的概念后，立即得到英国电子图书馆计划主任路斯布里奇(Chris Rusbridge)的赞赏，他在1996年11月修改了提交给电子图书馆发展计划工作小组的文件，采纳了“复合图书馆”的提法，并把这一概念介绍给广大的图书馆界,使这一术语得到推广。英国联合信息系统委员会(JISC,隶属英国高等教育资金委员会)在其(通报)(1997年第3期)中正式使用了这一概念。

国外的同行认识到,有关数字图书馆发展的一个最重要问题是必须对图书馆业已存在的非数字化信息作出决策。由于许多机构现在拥有与传统图书馆共存的数字图书馆成分,因此,它既不是纯数字的,也不是纯传统的,这样的图书馆就叫做“复合图书馆”,也有的称“门户图书馆”(gateway library)。穆里(R. Murray)发表的题为“世纪挑战——走向复合图书馆”的报告中,将复合图书馆定义为:在一个机构框架内,不依赖存放地点、载体形式和管理范畴,以集成的和因地制宜的方式提供对电子信息服务的利用的一种管理环境”。[2]路斯布里奇提出:“复合图书馆旨在将各种各样的技术引入图书馆,并探索在电子和印刷的双重环境下将系统和服务有机地结合起来”。[3]平菲尔兹(Stephen Pinfields)等人则认为:复合图书馆是传统图书馆与数字图书馆之间的连续体,在这个连续体中,既提供对电子信息资源也提供对印刷型信息资源的利用。[4]不久前,台湾的顾敏先生将这个概念引介给国内,并进行了深入的探讨。[5]简单地说,复合图书馆就是将传统图书馆与数字图书馆有机地结合起来,优势互补,信息用户在电子和印刷型资源并存的复合环境下查询信息。

西方学术界对数字图书馆的态度正从狂热到冷静。因为人们发现,技术并不能解决一切问题。兰开斯特曾被认为是“图书馆消亡论”的代表人物。但到了90年代中期以后,他“一改大胆放言的作风而变得谨慎起来”。[6]在最近的一篇题为“关于无纸社会的再思考”一文中,他说自己曾认为“从以纸为载体过渡到以电子为载体的交流令人神往。然而随着过渡的实际进行,我对其发展和意义则变得不再热情满怀,并且在过去的几年甚至变得彻底敌视”。他认为当前技术最严重的后果是非人性化趋向。[7]

尽管“复合图书馆”的概念出现较晚,但人们较早就认识到,只重视某一种载体是一个错误,因为信息存在于各种载体形式之中。德姆普斯(L. Dempsey)在一篇很有见地的文章中提出,作为建筑物和收藏地的图书馆是需要的,并论述了图书馆管理数字化信息空间的各种方式。他的结论是图书馆必须成为围绕物理场所和数字化信息空间进行组织的服务机构,因为图书馆作为信息集散地的作用仍将十分重要。[8]根据奥普恩姆(Charles Oppenheim)和史密森(Daniel Smithson)对多位有关专家的访问,比较一致的看法是:清晰而稳定地进入到完全的数字图书馆似乎不可能发生,特别是当存在图书馆控制范围以外的因素时。随着时间的推移,图书馆将逐步更多地数字化,尽管变化的速度无法预测。复合图书馆是从现在的基础上渐变的。也有人认为应当从"拓展"(expansion)的角度(认为复合图书馆是结合数字图书馆的优势而对传统图书馆功能的延伸)而不是从"演进"(evolution)的角度(认为复合图书馆只是图书馆从传统到数字化的一个过渡阶段)来认识复合图书馆。[9]数字图书馆成分用以拓展而不是取代传统图书馆。黄宗忠先生也对传统图书馆和虚拟图书馆之间的关系有过精辟的论述,并提出了"共存互补"的思想。[10]西方学者杨(P. H. Young)指出,未来的图书馆将不得不提供以各种形式存在的对用户最适用的信息,利用各种印刷、电子和光学手段,借助各种设备实现无缝隙存取。[11]这正是"复合图书馆"的思想基础。

2 我国复合图书馆发展构想

国外图书馆发展的经验教训特别是"复合图书馆"概念的提出,给我们以深刻的启示。我国图书馆处在不同的发展阶段,但电子化、数字化是大势所趋,图书馆的工作重心将向电子资源转移。但这并不意味着完全的数字图书馆将是必然唯一的选择,复合图书馆将存在相当长的一段时间。它不是从传统图书馆到数字图书馆临时性的过渡,在可以预见的未来,它是图书馆存在的基本形态。复合图书馆是传统图书馆当前发展的逻辑延续,是图书馆发展模式的现实选择。我们不仅仅是接受这样一种概念,更主要的是,应以复合图书馆作为我国图书馆发展的定位。复合图书馆作为图书馆的一种发展形态,有其自身的特点和要求,有许多值得研究的内容。

2.1 应当有明确的发展目标

提供文献信息服务是图书馆存在与发展的先决条件。之所以人们对数字图书馆提出种种疑问,其中一个重要原因就是数字图书馆无法满足人们多样化的信息需求。复合图书馆的发展目标就是通过建立起将各种可用资源组织起来的结构环境,致力于充分满足用户的信息需求,以实现无缝存取(seamless access)。在这一方面,英国有一些复合图书馆的成功尝试,例如Agora、[12] BUILDER、[13] HEADLINE、[14] HYLIFE、[15] MALIBU[16]等。

尽管复合图书馆强调电子资源的存取,但电子资源不会取代一切。只要有出版商出版印刷型书刊,只要用户有阅读印刷文字的需要,图书馆就得收藏它们,但必须改进查询手段。有证据表明,如果改进检索指南和工具,传统资源也会得到有效利用。因此,对各种类型的信息资源进行集成,建立起友好、完整、顺畅的用户导航和查询界面具有十分重要的意义。

随着科技和社会的发展,只会造成信息更大规模的爆炸。在这样的环境之下,用户迫切需要信息的质量过滤。用兰开斯特的话说就是“将小麦从麦壳中分离出来”,[17]从而保证用户真正得到最好的信息服务。因此,更有效的信息组织将变得十分重要。在英、美等国,信息门户(information gateways)被证明是行之有效的手段。例如SOSIG(社会科学信息门户)、[18]EEVL(基于工程学科的信息用户),[19]提供对经图书馆工作人员遴选和接学科组织的因特网资源的利用。

2.2 要注重成本效益

图书馆一直面临着经费的压力,我国的图书馆尤其如此。国外的研究表明,电子资源的成本并不一定比印刷资源的成本低。在复合图书馆中,我们既要保持对传统印刷资源的必要订购,又要在电子资源的获取上保证相当的投入,必然加剧图书馆的财政负担。为此,我们应树立成本效益的观点,科学地处理好两者的关系。从经济学的角度关注复合图书馆面临的多种资源成本效益,至少有三个问题需要认真地加以研究和考虑。

第一,如果图书馆获得电子版是否还应保留这些资源的印刷版。对于一些类型的文献资料而言(如历史)、印刷型仍将在未来占据主体的地位,有许多资料将只以印刷形式存在。但随着电子出版物的增多,图书馆收藏电子资源的比例也将上升,而且可能有相当数量的资料将以电子和印刷两种形式出版。另外,随着网络的拓展普及,传统检索刊物(如CA、BA等)的电子版、网络版因其良好的易用性,大有取代印刷版之势。更有一些新近出现的没有相应印刷版的网络数据库(如Elsevier公司出版的包括1100余种高品位学术期刊的Elsevier全文数据库)在满足用户需求方面也在发挥着非常重要的作用。为此,图书馆传统的采访政策必须作相应的调整,要在研究特定用户群需求和利用特点的基础上作出合理的决策。

第二,对网络资源的依赖程度。随着因特网的普及和信息资源的丰富,将会有越来越多的人转向使用因特网资源。但我们同时发现,因特网上的资源越有价值,其使用的费用(通讯费、租用费等)就越高。如果用户抛开图书馆的印刷版文献资源和电子信息资源,仅仅依赖网络获取信息,将在经济上不堪重负。

第三,寻求积极的资源共享之路。在国外复合图书馆的实践中,很少有单枪匹马、各自为战者,而是组织起来,形成图书馆联合体(consortium),例如,英国曼彻斯特大学图书馆联合体(CALIM)。[20]联合才有规模,才有优势,才有成本效益。

2.3 提高服务水平

复合图书馆同样需要完备的用户服务。然而国内外数字图书馆的发展表明,人们似乎忽视了这个问题。斯隆(Bernie Sloan)指出:学术界对数字图书馆中人的交互(interaction)问题讨论很少。人们几乎得到这样的印象:物理图书馆的服务系统在数字图书馆环境下是不必要的和多余的。他建议如果数字图书馆想真正有益,数字图书馆倡导者必须考虑人(用户和信息提供者)的作用。技术和信息资源本身不能构成有效的数字图书馆。[21]

在复合图书馆条件下,对图书馆服务的要求是:①建立完备的服务系统,提供充分的、个性化的服务。用户的任何需求,都能最大限度地在这个系统中得到满足。② 在设计复合图书馆系统时,要以用户而不是技术为龙头,要以服务而不是资源为导向。③ 对用户的服务应尽可能是"透明"的:界面友好,易于使用;少些障碍,多份热情;方便快捷,满意率高。围绕着用户的需求,设计复合图书馆的服务,就必须更多地了解用户懂得用户的信息利用行为,增强公共服务道德的意识,掌握用户服务的技能。图书馆的好坏,也将以服务于用户的好坏来判定。

2.4 优化人员配置

在复合图书馆中,由于技术的广泛渗透,往往导致工作人员的重新组织,但图书馆员作为中介者的角色不会改变,资源(传统的和电子的)选择将变得很重要,熟悉各种各样的媒体,懂得整个系统。网络资源编目的地位将增强,因为用户要求得到更好的信息。熟悉各种信息源、拥有学科专长的参考馆员的作用将越来越重要。正是各类图书馆员的协同配合,才架起图书馆与用户之间密切联系的桥梁。

对专业人员的要求也是复合型的,即每一个复合图书馆的信息人员都需要是复合型人才,具备传统图书馆员的技能和利用信息技术提供信息服务的技能,为用户创造最佳的信息空间。此外,信息人员还需要具备"促销"技能,善于把本馆拥有的和本馆不拥有的、但对用户有用的信息介绍出去,推广开来。

关于未来图书馆员应具备的技能,目前仍存在多种提法。其中有代表性的是美国《图书馆杂志》"数字图书馆"专栏作者特南特(Roy Ternant)提出的创建和管理数字图书馆馆藏和服务的9项技能:镜像技术、光学字符识别、标识语言、编目和元数据、标引和数据库技术、用户界面设计、程序编制、网络技术、项目管理。[22] 在复合图书馆中,这些技能同样是图书馆员的核心技能。

2.5 加强管理

建设复合图书馆是一个复杂的系统工程,因此对管理的要求是很高的。管理复合图书馆必须明确图书馆的发展方向,制定出科学详尽的发展规划和发展策略。其中包括对传统图书馆的改造,改革与现代社会发展不相适应的方面,同时积极寻求将现代技术手段运用进来,不断追求服务的创新和图书馆服务水平更上一个新的台阶。在复合图书馆中,基础设施的建设十分重要,它将在很大程度上制约复合图书馆的发展水平。在这一方面,苏格兰国家图书馆建设复合图书馆的经验值得借鉴。[23]

参考文献

[1] S. Sutton. Future Service Models and the Convergence of Functions: the Reference Librarian as Technician: Author and Consultant. In: K. Lowed. The Roles of Reference Librarians Today and Tomorrow. Haworth Press. New York, 1996, 125 - 143

[2] R. Murry. The Millennium Challenge—Toward the Hybrid Library. Fretwel L-Downing Informatics presentation at an Aslib seminar. London, 1998

[3] Chris Rusbridge. Towards the Hybrid Library. http://dlib org/dlib/July98/Rusbridge/07rusbridge. html

[4] Stephen Pinfield, Etc. Realizing the Hybrid Library. http://www. dlib. org/dlib/october98/10/pinfield. html

[5]顾敏. 千禧年初复合图书馆的服务与发展策略. 图书情报工作,2000(3)

[6]徐引篪,霍国庆. 现代图书馆学理论. 北京:北京图书馆出版社,1999

[7] F. W. Lancaster. Second Thoughts on the Paperless Society. Library Journal, 1999(15):48 - 50

[8] L. Dempsey. Afterword: places and spaces. In: L Carter S. Shaw and A Prescott(eds), Toward the Digital Library The British Library's Initiatives for Access Programme. British Library Board, London, 1998:234 - 241

[9] Charles Oppenheim, Damel Smithson. What is the Hybrid Library. Journal of Information Science. 1999, 21(2)

[10]黄宗忠. 论 21 世纪虚拟图书馆与传统图书馆. 图书馆理论与实践,1998(1 - 2)

[11] P. H. Young. Visions of academic libraries in a brave new future. In: F. W. Lancaster. Libraries and the Future. Essays on the Library in the Twenty-First Century. Haworth Press, London. 1993:48

[12] Agora. http://bosted ukoln. ac. uk/agora/scope. html/

[13] BUILDR. http://www. builder. bham. ac. uk/

[14] HEADLINE. http://www. ukoln. ac. uk/services/

[15] HYLIFE. http://www. unn. ac. uk/ - xcu2/hylife/summar. html

[16] MALIBU. http://www kcl. ac. uk/hurmmities/cch/mallbu/

[18] SOSIG. http://www sosig. ac uk/

[19] EEVL. http://www. eevl ac. uk

[20] Consortium of Academic Libraries in Manchester. http://rylibweb. Man. ac. uk/calim/

[21] Bernie Sloan. http://alexia. lis uiuc edu/-stoan/e-ref. html

[22] Roy Tenant. Skills for the New Millennium. Library Journal, 1999(1)

[23] Robin Frederick Gay. Developing the Hybrid Library: Progress to date in the National Library to Scotland. The Electronic Library, 2000, 18(1)

（原文载:《中国图书馆学报》,2001(3)）

复合图书馆建设目标与实施策略

自1996年美国图书馆学家苏顿(S. Suton)提出复合图书馆(hybrid library)这一概念以来,图书馆界关于传统图书馆与数字图书馆关系的讨论渐趋明朗。图书馆的发展既不是单一的传统图书馆模式,也不是纯粹的数字图书馆模式,这不仅仅是图书馆发展的现实选择,而且是图书馆发展的战略方向。国内外图书馆建设的实践证明,在图书馆战略规划和实际建设中,如果不能将物理的图书馆与虚拟的图书馆有机地结合起来,充分发挥二者优势互补的特点,都将是失之偏颇的。因此,确立复合图书馆的建设目标,并通过各种不同的策略加以实施,是复合图书馆发展必须解决的问题。国外图书馆的实践也为此提供了很好的佐证。

1 复合图书馆建设目标

复合图书馆是一种适应用户需求并能充分体现信息技术变化的一种图书馆模式。在复合图书馆条件下,图书馆将发生一些重要的变化:图书馆将演变成为一种功能,而不仅仅是场所;图书馆将以用户为中心,而不是以馆藏为中心;用户将变得更为分散,需要我们对他们有更多的了解;图书馆将使信息增值,提供更适宜的资源;组织信息的核心业务将转变为建立以用户为中心的、个性化的处理各种信息的系统;图书馆的日常工作将是提高用户的信息素质。

复合图书馆的建设与数字图书馆建设或传统图书馆的建设有很多不同之处。建设复合图书馆,比单纯地建设数字图书馆要复杂得多。英国BUILDER复合图书馆项目的Stephen Pinfield指出,要保证向复合图书馆的有效过渡,必须着重解决以下问题:信息专业人员需要掌握新的技能;决策者需要认识到这些新的发展在支持教学、学习和研究中的潜能;商业性的信息提供者必须继续提供更多的开放、定制的产品。[1]

建设复合图书馆也带来许多前所未有的挑战。第一个挑战是建立新的电子服务,如网上参考咨询、网络导航、学科门户等等;第二个挑战是网络化。网络关系到馆藏建设、服务和能力建设;第三个挑战是能力建设。多数图书馆员的专业基础是在信息技术高度发达之前建立的。因此,需要足够的专业继续教育和远程学习。但由于发展很快,充电式的学习是远远不够的,必须建立终身学习的理念。必须把能力建设纳入到图书馆的组织结构中,也就是建立学习型图书馆。更重要的一点是,复合图书馆需要比现在更加亲近用户,需要更加充分地了解用户的需求,甚至要先知先觉。

总之,复合图书馆的建设目标应体现在:发挥图书馆的空间效能;建立结构合理的信息资源体系;建立基于资源集成与无缝存取的一站式服务。本文将结合国外图书馆的实例分别予以论述

2 发挥图书馆的空间效能

2.1 图书馆作为空间意义

从表面看,在数字化的未来,图书馆作为物理空间是最不可能存在的。总的说来,图书馆到馆读者的人数在减少,原因是教师和研究人员越来越多地依赖网络资源,而学生在其他地方学习或利用其他的资源。由于网络条件的改善,由于移动通信越来越大的影响,用户可以在很多地方获取网络服务,数字图书馆可以不受限制地传递各种文献资料。

尽管如此,用户仍然需要图书馆空间,供小组或个人使用。图书馆是一个舒适的适合思考和工作的地方。但图书馆空间的传统的作用在降低,而转变成为具有多功能的学习中心,从利用 IT 到提供求职帮助,从对学生的指导到解决他们的特殊需要。

E. Ranseen 在“作为场所的图书馆”一文中,指出:当人们可以从网络获得所需要的一切,为什么还要到图书馆? 这是因为网络并非应有尽有。人们到图书馆既为了获取所拥有的馆藏,也在很大程度上为了在那里的亲身体验。[2]在西方,人们认为,没有图书馆,社区将失去灵魂。[3]

2.2 多功能信息中心

图书馆馆藏将继续存在,但对它的揭示将以不同的方式,物理馆藏将变异成为多功能的空间。知识管理将变得越来越重要。大学图书馆中提供的由图书馆和计算机方面双重支持的公共计算机中心,为探索在用户层面图书馆和计算机服务的全面和无缝集成提供了最好的机会。[4]这类设施通常称为 information(learning/knowledge)commons,本文称多功能信息中心(IC)。

Minnesota 大学 Wilson 图书馆 2004 年夏天开始建设 IC,当年秋天完工。该中心将融图书馆参考咨询、写作指导、计算机帮助为一体,学生在这里可以自始至终完成其研究论文。[5]2004 年秋天,Missouri 大学图书馆 IC 建成开放。IC 提供个人

的和小组的学习空间，集最新的联机信息资源、丰富的传统印本资料和图书馆以及信息技术人员的专业技能于一体。新空间的设计以学生为中心，起到学生们促进交往、交流思想、探索知识的功能。新的空间将配备300个人以上的舒适的座位，既开放又可封闭的学习（会议）场所，以及100台固定的计算机终端。该空间可支持笔记本电脑和其他移动设备无线上网，可进行高速因特网连接、电子邮件、激光打印和扫描服务。

提出这一思想的目的是重新设计现有的图书馆空间，给学生们创造一个安全的、舒适的、可激发学习热情的、可与同学交流的环境。这种空间设在图书馆不仅用户可以方便地利用书刊和计算机资源，而且有图书馆和信息技术人员帮助，他们知道怎样利用所有这些资源。

3 建设合理的信息资源体系

图书馆无论什么形态，资源都是最重要的，是开展一切工作的基础。在电子环境下仍然需要信息资源以满足用户的需要。在过去的几年里，电子资源异军突起。无论电子资源存在什么样的不足，如阅读问题、打印问题、收费问题等等，但有一点可以肯定，物理的图书馆藏不再是知识传递的中心。建设印本资源、电子资源、开放获取资源和隐性网络资源互补的合理的资源体系对复合图书馆的发展具有决定性的意义。

3.1 从印本到电子资源

根据国外的调查，用户对印本信息资源仍十分看重，主要原因是人们对他们熟悉，知道怎样获取和利用，并被认为比电子信息资源更具有权威性。对印本期刊和电子期刊的重视程度，不同的学科情形是不同的。在一些学科领域，数字化资源比印本资源更有用。在许多学科领域，研究生似乎比本科生或教师更多地利用和看重电子资源。随着电子资源利用的增多，电子资源的价值将逐渐增大。但与此同时，印本资源的价值也将提高，特别是作为人文领域的研究工具。

加拿大的不列颠哥伦比亚大学（UBC）在制订的“向联机期刊过渡”的计划中提出，图书馆致力于扩展电子期刊馆藏，转向采购只出联机版的期刊，同时如果有可靠的、稳定的联机版存在时，就取消印刷本。[6]

除了上述资源外，图书馆还应着力于本地资源、数据资源和因特网资源的搜集、整理、开发和提供利用。本地资源包括本机构在科研、教学过程中形成的工作报告、管理文件、分析用的样本数据、本机构员工撰写的文章等。数据资源提供的是空间数据、数值数据和统计数据的利用。肯塔基大学图书馆将因特网资源按照学科加以整理，形成“网络资源主题目录——因特网资源指南”。路易斯安那州立大学图书馆把因特网搜索引擎作为一种重要的研究工具提供给用户。在它的网页上，向用户推荐：综合性搜索引擎、不同学科的搜索引擎、检索技巧、搜索引擎比较图表。

3.2 开放获取资源

开放获取（open access）是国外学术界、出版界等发起的一种新型出版模式和信息传播模式。它有别于传统的建立在订购基础上的出版模式，而是利用网络实现科研成果在网上自由传播的一种机制。一些机构专门致力于开放获取期刊的出版，如 BioMed Central（BMC）。开放获取主要包括机构知识库（如 D-Space、Euclid、D-Scholarship、KU ScholarWorks）、学科知识库（PubMed Central、arXiv. org 预印本资源库）和开放获取期刊。

机构知识库的特点是获取和保管一个和多个机构的知识成果，改变了学术交流系统，拓展了对研究成果的存取，重新由学术机构控制了学术，增强了竞争，弱化了期刊的垄断地位，给机构带来了经济上的解脱，提高了机构和图书馆的作用。同时，作为机构质量的有形指标，表明其研究活动的科学、社会和经济意义，因此增加了机构的显示度、地位和公共价值。

除了机构和学科知识库外，开放获取期刊的影响也越来越大。根据 Directory of Open-Access Journals（http://www. doaj. org）提供的数字，该目录目前收录免费的、全文的、高质量的科技和学术期刊 1657 种，其中 413 种可检索到文章，目前已收录75 658篇文章。目标是囊括所有的学科和语言。

3.3 隐形网络资源

研究表明，搜索引擎的搜索能力是有限的。国外有人考察了 11 种搜索引擎，发现最好的是 Northern Light（www. northernlight. com），对所考察的页面的覆盖率为 16%，最差的是 EuroSeek（www. euroseek. com），覆盖率只有 2. 2%，11 种搜索引擎的覆盖率大约 42%。[7] 另外一个问题是隐藏的链接。搜索引擎不能标引其无法直接获取的页面。如果网站有密码保护，或者数据是由数据库动态生成的（这是一种用的越来越多的网站设计方法），那么，搜索引擎就不能检索到这些相关的资源。

所谓隐形网络资源（Invisible Web）就是普通的搜索引擎由于技术限制或故意选择的未能对网页进行标引的文本、文件或其他网络上的常常是高质量、权威的信息。有时也称为“深度网络”（deep web）或“黑色资料”（dark matter）。[8] 这个定义故意很宽泛，因为普通搜索引擎总是在不断地增加新的特性，改进服务。今天是隐形的,明天可能一下子就变成显形的。

搜索引擎没有搜索到的网页有两个方面的原因,一是技术原因,二是非技术原因。

一些文件格式仍然为搜索引擎所忽视,如 Flash、压缩文件(zip、tar 等)。标引这类文件存在的问题是它们不是由 HTML 文本所构成的。从技术上讲,这些文件格式是可以标引的。例如,AlltheWeb. com 近来开始标引 Flash 文件的文本部分,Google 可以跟踪嵌入到 Flash 文件中的链接。

搜索引擎不愿意为某些文件类型做标引的主要原因是商业上的考虑。比如,用户对这些文件类型的需求比 HTML 要低。这些文件格式也难于标引,需要更多的计算机资源。例如,一个 PDF 文件可能由上百甚至上千个页面所组成,所以即使那些标引 PDF 文件的搜索引擎一般也忽略超过 100K 比特左右的文献。标引非 HTML 文本文件格式往往成本较高。

隐形网络资源占网络空间很大一部分,提供了非常宝贵的资源,是严谨的检索者所不容忽视的。尽管搜索引擎技术仍在改进,隐形网络资源基本上在今后的一段时间是我们所难以处理的问题。信息专业人员应像对待传统的检索工具一样对待这些类型的资源。要知道有些什么样的资源并能随时提供。对检索者而言,获取隐形网络的最好的办法是建立个人资源书签,将他们作为个人"参考馆藏"来对待,需要时加以利用,而不是依赖搜索引擎。

4 建立基于资源集成与无缝存取的一站式服务

复合图书馆的核心概念是集成与无缝存取,即"一站式"服务。一站式服务将集成图书馆的资源和服务,使用户用最少的步骤,就能获得他所需要的多种分散的服务。一站式服务大大节省了用户的时间,提高了查询和利用的效率,给用户提供了最大限度的方便。这意味着所有的资源和服务都必须相互配合,拥有同样的地位和待遇。复合图书馆利用数字技术形成新的以用户为中心的信息资源存取范式,不管这些资源在哪,以什么方式传递,也不管用户在什么地方。无缝存取目的在于使用户意识不到物理的和数字资源的差别,但这种差别对图书馆具有重要的管理上的和资源上的意义。资源在选择和确认上的差别以及经费分配、采访、获取、存储、保存和传递,要求在一个组织实体内建立一个统一的机构。

4.1 开放链接

我们都有这样的经历:当你找到了一种数据库,发现一篇文章的引文正是你需要的,通常你不得不再次检索这一期刊得到这篇引文的全文。有了开放链接

(OpenURL),你现在只需要点击特定的图标,如 SFX,就会弹出一个新的窗口,链接到你所需要的全文。如果没有全文,再点击,就指向期刊的图书馆目录记录。开放链接所提供的链接是动态的,并且对文章是情境敏感的(context sensitive)。也就是说,不同的引文会出现不同的选项。国外已开始有越来越多的图书馆热衷于建立这种一站式服务系统,如东北大学图书馆。

链接的信息源可能包括:直接链接到文章的全文、链接到文章的文摘、链接到期刊的某一期的目次、链接到图书馆目录(印本或电子馆藏)、链接到馆际互借需求单。

开放链接一种链接机制,将研究人员从一篇期刊文章的引文引向该文章的全文,或提供对相应的资源的链接,使用户轻而易举地获得所需的资料,减少了用户用于信息查找的时间,提高了科研的工作效率,提高了资源的利用率,给用户带来了最大的便利。

4.2 跨库检索

跨库检索(federate searching)是国外一些图书馆十分热衷建立的另外一种一站式服务。2000 年,美国研究图书馆协会(ARL)建立了学者门户工作组,以探索怎样才能更好地在网上建立协作式的研究图书馆。2002 年 5 月,ARL 宣布发起由 ARL 成员馆和 Fretwell-Downing 公司(FD)合作的"学者门户项目"(Scholars Portal Project)。[9]项目的目标是为学术界拥有网络资源检索点提供软件工具,找到高质量的信息资源,并最大限度地将信息和相关服务直接传递到用户的桌面。

项目最初的重点是利用 FD 公司的 ZPORTAL 和若干相关产品作为基础,利用 ZPORTAL 对各学科领域和多个机构许可的和公开的资源进行跨库检索。门户将聚合和集成检索结果,并支持将内容传递给用户。未来的阶段将向门户增加其他的服务,改进用户对信息资源的获取和利用。例如,在本地联机学习环境下,对课程的检索工具进行集成,并与 24/7 数字参考咨询相连,向参考馆员提出咨询。

跨目录检索(Cross Catalog Search)是一种资源发现工具,能够检索一个学校或一个地区所有的异构目录。这一系统的目标是向研究人员提供一个学校或地区范围内有关某一主题都有哪些资源,包括资源的数量。

哈佛大学图书馆正在引进跨目录检索作为一种演示系统。[10]美国国家农业图书馆(NLM)设有馆藏目录和文章引文数据库,馆藏目录包括图书、期刊、视听资料和其他资源。引文数据库包括期刊文章、图书章节、短报告和预印本。可以分别检索,也可以实现一次检索。美国东南研究图书馆协会(ASERL)现在已提供组合目录(Combined Catalog)KUDZU。这一系统连接东南 14 个研究图书馆的联机目录,向18万名师生提高对2300万件资源的利用。[11]研究图书馆中心拥有一个新的集成检索页面Catalog Search,[12]将该中心的目录、数字馆藏、和检索工具以一种易于使用的方式结合在一起,大大地缩短了用户查询资料到实际获取资料所花的时间。

4.3 个性化定制(MyLibrary)

个性化定制(MyLibrary)是一种用户驱动的、定制的信息服务,确定想显示的内容,提供对网络资源的利用。用户只要填写必要的情况介绍,MyLibrary就可以为用户创建一个可移动的网页,列出图书馆所能提供的信息资源。MyLibrary的技术基础是关系数据库、网络服务器和提供二者中介的一套脚本程序。

不同的图书馆所提供的MyLibrary略有不同,但趋势是针对某一方面的业务向着更加个性化的方向发展。康乃尔大学图书馆的MyLibrary系统称为MyLibrary@Cornell。这是康乃尔大学图书馆开发的个人电子服务系统,可定制反映用户自己的兴趣和研究需要。[13]包括五部分:MyLinks、MyUpdates、MyContents、MyCatalog、MyDocumentDelivery。Illinois大学Chicago分校图书馆的MyLibrary@ UIC是一个可定制的图书馆网络门户,使图书馆用户建立自己个性化的图书馆网页。[14]Texas A&M大学图书馆的MyLibrary称为My Portal,可使用户定制图书馆的一部分网站,适应自己的需要。[15]其特点是:用户检索环境的个性化;保存最喜欢的电子期刊、电子图书、数据库或网站;获取本人的用户信息;自动填写图书馆的各种表格,当续借、借出或咨询时节省时间和精力。

4.4 用户主导的馆际互借

传统的馆际互借是用户提出请求,由图书馆员来查找联合目录,并将所需图书从另外一个图书馆借到本馆,由读者到本馆取阅。国外现在开始在改变这种模式,允许用户直接参与馆际互借的过程。这样减少了因为以图书馆员作为中介所带来的时滞,体现了用户的主导作用,减少了不满。具体有三种形式:通用借阅、教师互惠借书、直接借阅。

通用借阅(general borrowing)是美国阿拉巴马州若干个大学图书馆提供的新的服务。任何一个参加馆的用户都可以从其他图书馆借阅资料,无论是到馆(须带照片的ID),还是通过本馆的目录提出请求都可以。教师互惠借书计划(Reciprocal Faculty Borrowing Program)实现参加机构的教师拥有当地获取北美一些最重要的研究图书馆馆藏的特权。这是美国若干大学图书馆建立的一项计划。该计划适用于参加机构主校园的教师。主体机构决定谁有权享有教师互惠借书计划卡。借出的图书馆决定该计划卡是否被接受用于到馆或借阅。该项目目前已有上百个图书馆参加。直接互借(Borrow Direct)是另外一种意义上的用户主导的馆际互借服务，是美国东部7所大学开展的服务。用户自己查询联合目录，联机提出索书请求，在几个工作日内，将图书送到图书馆流通台。

4.5 自助(self service)

自助是一种新的服务趋向，其理论基础是用户对“非中介性”的需求。所谓非中介性(disintermediary)，就是由于不想等候以及隐私等原因，用户不经过图书馆员的中介和帮助，直接获取图书馆的资源和服务。包括馆内自我服务(自动借书机等)、联机自助服务等。

自动借书机(3M Self-Check System)是MIT图书馆、东北大学图书馆和Alabama大学图书馆等设立的。当流通台人多或用户觉得更方便以及保护自己的隐私的时候，该借书系统给用户提供了自己借书的选择机会。根据亚利桑那(Arizona)大学图书馆的预测：在5年之内，75%的外借业务将由机器来完成。[16]

随着网络技术的发展，图书馆服务实现联机自助服务也应运而生，适应了用户自我服务的需要。在Arizona州立大学(ASU)图书馆，提供的联机自我服务有[17]：建立自己的图书馆账号、直接文献服务登记表、电子邮件通知、图书馆快递(文献传递服务)、教师指定参考书提交表、馆际互借、预约图书、续借图书、向图书馆推荐采购图书、查看自己的借书记录。普林斯顿(Princeton)大学图书馆提供的自助服务(24/7 Library Self-service)有：网上参考咨询，预约已被借出的图书，联机续借图书，通过馆际互借借书或索要文章，要求从各院系图书馆传递资料，从布朗、哥伦比亚、康乃尔、达特茅斯、宾大或耶鲁通过Borrow Direct借书，对尚未上架的新书，要求快速加工，建议图书馆采购书、刊、录像带等，利用Trace Request表报告遗失的图书，以便图书馆采购另外一个副本，核查自己的借阅记录。

参考文献：

[1] Linda Banwell. Report to UKOLN—— Managing Organisational Change in the Hybrid Library (1999). http://www.ukoln.ac.uk/services/elib/papers/ukoln/hybrid-moc/hybrid.html

[2] Emily Ranseen. The Library as Place: Changing Perspective. Library Administration and Management, 2002(4):203-207

[3] Emily Ranseen. The Library as Place: Changing Perspective. Library Administration and Management, 2002(4):203-207

[4] Charlotte Crockett, Sarah McDaniel, and Melanie Remy. Integrating Services in the Information Commons: Toward a Holistic Library and Computing Environment. Library Administration & management, 2002(4):181-186

[5] UM Wilson Library Information Commons Construction Project. http://wilson. lib. umn. edu/reference/infocommons. html

[6] The Transition to Online Journals: A Second Phase. http://www. library. ubc. ca/collections/transition_online2005/

[7] Marilyn Deegan, Simon Tanner. Digital futures: Strategies for the Information Age. New York, Neal-Schuman Publishers Inc, 2002

[8] Chris Shema, Gary Price. The Invisible Web: Uncovering Sources Search Engines Can't See. Library Trends, 2003, 52(2): 282

[9] The Scholars Portal Project. http://www. arl. org/access/scholarsportal/

[10] Havard Cross Catalog Search. http://popeye. harvard. edu/V/PXQSL2XKFJME349DLH5LUHCT4KRN73F7QMMHL7398MNDY6AVPY-23734/file/find-0

[11] KUDZU: Southeastern (ASERL) Libraries Combined Catalog. http://webvc. library. vanderbilt. edu:8110/WebZ/KUDZUDEV: sessionid = 0

[12] CRL Catalog. http://www. crl. edu/catalog/index. htm

[13] MyLibrary@ Cornell. http://mylibrary. cornell. edu/MyLibrary/Main

[14] University of Illinois at Chicago. MYLIBRARY@ UIC. http://mylibrary. lib. uic. edu/home/?cmd = about&id = 39

[15] Texas A&M University Libraries presents My Portal. http://library. tamu. edu/

[16] 2003 Annual Report of the University of Arizona Library. http://dizzy. library. arizona. edu/aboutlib/annual_report/2003. doc

[17] Self services at ASU libraries. http://www. asu. edu/lib/resources/moreserv. htm

(原文载:《图书情报工作》,2005(11))

对复合图书馆若干问题的再认识

复合图书馆能否作为一种图书馆的形态存在,学术界对此还存在着一定的争论。目前,数字图书馆的发展方兴未艾,势头迅猛,而传统图书馆仍然拥有相应的生存空间,但两者之间不仅不是取代的关系,而是正在寻求结合点和依存关系,是作为一种图书馆的形态而不是两种形态存在和发展,必然走向一种复合的状态。无论是作为一种战略,还是一种策略,传统图书馆与复合图书馆不能相互割裂开来,而必须作为一种图书馆形态——复合图书馆来加以认识和建设。为此,需要我们对复合图书馆有一个清晰而完整的认识。

1 用户需求是复合图书馆发展的动力

传统图书馆(现代图书馆)之所以能够存在上百年,是因为它适应了用户对终身教育、知识传播和信息获取的需要。OCLC2003 年的报告指出:图书馆借书证的数量是亚马逊用户数量的 5 倍。在美国,图书馆的数量比麦当劳连锁店的数量多,全世界每 6 人就有 1 人是图书馆的注册用户,全世界有超过 100 万个图书馆和 70 多万名图书馆员。[1]这些数字足有证明图书馆在社会和用户中的影响力。

数字图书馆(项目建设)在中国有十年的历史,它的产生和发展也是适应了用户对方便、快捷、有效地获取信息和知识的需要。无论图书馆是何种形态,无论图书馆的任何发展,如何离开了用户的需要,都难以产生和发展下去。

我们注意到,技术的变化和时代的变化正在深刻影响用户。今天的用户考虑和处理信息与他们的前辈完全不同。Prensky 将今天在 Internet 环境下成长起来的人称为“数字土著人”(digital natives)。[2] Beloit 大学的报告,总结这一代人的特点是:[3]“Ctrl + Alt + Del”就像“ABC”那样基本;他们从未能够找到“return”键;计算机总是塞在背包里;商店出口处总有扫描仪;他们总是拥有注册号码;方便胜过质量;他们不记得什么时候“cut and paste”与剪刀有关。这些特点显然是其前辈所没有的,因此也决定了其信息行为的变化。

复合图书馆能够很好地将传统图书馆的优势和数字图书馆的优势结合起来,在一体的环境下为用户提供服务,适应了用户的不同需要,为用户提供了利用信息的多样化的选择。对于习惯于利用物理图书馆和印本资源的用户而言,图书馆仍然提供了良好的建筑和物理设施，配备了高素质的图书馆员，为用户提供全方位的到馆服务。即使在馆内，也提供网络资源检索以及 Information Commons 的服务环境和设施，为利用数字图书馆的资源和服务提供便利；对于习惯于利用网络和数字图书馆的用户而言，图书馆则提供了不受时空限制的资源和服务。图书馆将印本资源与数字资源、传统服务与网络服务有机结合起来。用户不仅在家中、办公室、出差途中利用数字资源和所提供的各种网络服务（如学科导航和门户、各种网络自助服务），而且可以通过文献传递请求印本资源，接受图书馆员提供的网络参考咨询，实现了网络与传统图书馆服务的融合。

从更好地满足用户的需求角度，任何单一的图书馆形态和服务方式，都不能适应和满足用户越来越多样化、螺旋式不断上升的需求。传统图书馆与数字图书馆不能长期并行发展，各自为战，按照自己的模式建设和发展下去。其结果，也许对图书馆自身是有利的，但并不符合用户的利益和需要。数字图书馆目前基本上是以项目建设的方式在推进，但这种建设必然以传统图书馆为基础，与传统图书馆有机融合。传统图书馆的发展也必须充分地利用各种新的信息技术，不断改变服务的方式和手段，不断朝着数字图书馆的方向发展。因此，二者的发展必然是殊途同归，最终走向复合图书馆的形态。

2 技术进步将推动复合图书馆的发展

技术的发展日新月异。在今天的社会环境下，谁都不能忽视技术的价值和作用。更重要的是，如何更有效地利用技术解决我们想解决而不通过技术就无法解决的问题。一个不容忽视的事实是：在当今社会，应用信息技术的速度和效果，与该领域的发展成正相关。反之，则可能很快被淘汰。因为信息环境的变化，用户的需求和行为也在变化。即使是传统的行业或领域，也必须加快技术变革，来适应用户在新的信息环境下的新的需求。

图书馆一直是信息技术积极的探索者和应用者。上个世纪 60 年底，美国国会图书馆最早将计算机用于图书馆的编目而产生 MARC。随后图书馆的技术应用一直没有停止过。今天人们又在热衷于将 Web2.0 引入图书馆，建立 library2.0。图书馆也正在将技术的不断创新性的应用中，更好地满足了用户新的需求，自身也不断焕发新的生机。但是，技术应用的一个根本前提是适应用户的需要。任何与用户需要不相适应的技术应用，都将是短命的。传统图书馆和数字图书馆都不能逾越技术的应用而盲目发展，技术的推动力对图书馆的发展将产生越来越显著的作用。

复合图书馆如果能作为一种图书馆的形态而存在,也必须在技术的应用上有更多的重大的突破。目前,图书馆的文献传递系统、网络参考咨询系统、期刊集成目录、跨库检索系统、开放链接技术(OpenURL)等等,都已经实现了传统图书馆的资源与服务与网络技术的结合,一些问题正在解决的过程之中,比如不同载体资源的整合问题,融合不同类型资源和服务的用户知识环境建设问题,虚拟空间的模拟现实问题等等。信息技术解决我们需要解决的问题的能力超乎我们的想象。当然,在很多方面还需要技术上的更大的突破。只有在技术应用上有更大的发展和突破,复合图书馆才会显现更大的效果和作用。

3 建设复合图书馆是图书馆的内在需要

复合图书馆的建设不仅来自用户的需求和技术的驱动,还在于图书馆自身的创新发展的内在需要。图书馆必须因应而变,不断地超越自己,不断地运用新的技术满足用户需求的同时,加快自身发展的速度,反过来更好地适应用户的需要。图书馆必须具有自身创新变革的强烈愿望,确立适应未来发展需要的战略规划,调动各方面的力量,努力实现既定的目标。

在可以预见的未来,复合图书馆是图书馆发展的战略选择和发展方向。从逻辑的意义上,复合图书馆是介于传统图书馆与数字图书馆之间的一种过渡。但这样一种过渡可能足够的漫长,而有可能固化为图书馆的一种形态。可以说,完全意义上的数字图书馆还是一个遥远的梦,而且这个梦的实现,取决于许多制约条件,比如网络的普及、用户的阅读习惯的彻底改变、印本的彻底消失和现有印本资源的完全数字化、知识产权问题得到彻底解决等等。显然,这些问题都不是短时期能够解决的,在遥远的未来能否解决,都将悬而未决。这绝非主观情愿的事情。

从现实的需要出发,图书馆应将复合图书馆的建设作为自己的战略重点。正如 Reg Carr 所言:复合性仍将是未来多年图书馆发展的核心要素,尽管“复合”的形态、性质和水平将继续随着时间变化而变化。[4] 数字图书馆的建设不能抛开传统图书馆,而必须从建设复合图书馆的战略定位上进行设计,为用户在一种复杂的信息世界中创建“一站式”集成的信息获取与利用环境。为此,要明确用户真正的需求是什么,满足需求的路线和方法都有哪些,如何更有效地组配人力、技术和财力,保障复合图书馆建设的建设方向和目标的渐进。这不仅是图书馆的发展之路,更是图书馆的生存之本。如果图书馆不朝着复合图书馆的方向去发展,那很可能就将越来越边缘化,与用户的需求越来越远,而最终失去自己存在的价值。

4 复合图书馆是一个循序渐进、不断发展的过程

复合图书馆的概念出现不过十余年,其实践上的探索也还刚刚开始,还没有一个得到普遍接受的复合图书馆模型。复合图书馆本身的复杂性和性质上的不确定性,决定了复合图书馆的建设将会是一个长期的过程,需要在理论上不断总结和凝练,在实践上不断地探索和推进。重要的不在于复合图书馆的概念多么完美,而在于复合图书馆的理念和方向是否正确。只要我们认定并把握了复合图书馆的发展方向,寻求实现方向的路径可能会多样,循序渐进地不断地逼向既定的目标。

即使人们理念上完全认同,但由于经济、技术和社会环境的差异,不同国家、不同地区、不同类型、不同规模的图书馆在复合图书馆的实现程度上也会有很大的差异。有些图书馆在复合图书馆的建设上会走得快些,而有的图书馆则会走得满一些,这些都是正常的现象。复合图书馆的进程也是图书馆客观环境状况的一种反映。我们需要一些图书馆在复合图书馆建设方面成为领跑者,也容许一些图书馆根据自身的实际选择跟随的战略。环境的变化似乎总是异乎寻常。复合图书馆的发展也必然会有更大和更快的发展。不论我们是否称之为复合图书馆,但传统图书馆与数字图书馆有机融合的方向是不容置疑的。

传统图书馆和数字图书馆只有复合,成为既有传统图书馆也有数字图书馆的图书馆(实质上是复合图书馆),才能共赢,才能相得益彰,才能在网络化时代与因特网、与搜索引擎各自占据应有的市场。OCLC 的报告显示,用户获取信息的首选往往是搜索引擎。[5]因特网在与图书馆竞争用户群。但网络与图书馆之间是一个共存互补的关系。因特网(包括搜索引擎)需要图书馆提供资源,而图书馆也需要因特网提供新的信息环境。国外有学者就提出“因特网不能代替图书馆的 10 个理由”,阐述了图书馆的存在价值。[6]最近,国外又有学者进一步阐述了仍然极为重要的 33 个理由,[7]其中包括:网上并非应有尽有;数字图书馆并非因特网;因特网并不是免费的;因特网对图书馆形成补充,但不是取代;数字化需要假以时日,并且时间很长;图书馆到馆率不是下降,而更多是虚拟形式;如同商业,图书馆仍需要人员配备;取消图书馆将中断文化的重要演进过程;图书馆是稳定的,而因特网稍纵即逝;并非每个人都能利用因特网;并不是每个人都能买得起书;图书弥久愈香。这些观点充分论证了图书馆与因特网的关系和图书馆在网络时代所具有的不可替代性,也从另外一个角度证明复合图书馆存在的价值。

参考文献

[1]OCLC(2003). Libraries: How they Stack Up. OCLC,Dublin

[2] Prensky, M. Digital natives, digital immigrants. On the Horizon, 2001, 9(5)
[3] Beloit College(2006) Mindset Lists. http://www. beloit. edu/publicaffairs/mindset
[4] David Baker. Combining the Best of Both Worlds: the Hybrid Library. in: Earnshaw, Rae, Vince, John. Digital convergence-Libraries of the Future. springer: 2008
[5] OCLC. Perceptions of Libraries and Information Resources(2005). http://www. oclc. org/reports/2005perceptions. htm
[6] Mark Herring. 10 reasons why the Internet is not a library substitute. http://www. libraryspot. com/lists/internetandlibraries. htm
[7] Will Sherman. 33 Reasons Why Libraries and Librarians are Still Extremely Important. http://www. degreetutor. com/library/adult-continued-education/librarians-needed

（原文载:《图书馆论坛》,2011(6))

图书馆的未来与范式转变

——IFLA 2011 年大会侧记

2011 年 8 月 13—18 日，我作为国际图联（IFLA）“图书馆理论与研究”专业委员会（Library Theory and Research Section，LTR）的常设委员，参加了在波多黎各（Puerto Rico）首都圣胡安（San Juan）召开的世界图书馆与信息大会（WLIC）暨国际图联 2011 年第 77 届年会。会议的主题是：超越图书馆的图书馆：集成、创新与信息共享（libraries beyond libraries：integration，innovation and information for all）。今年的会议规模虽然不大（250 个国家的 2000 多名代表参会），但仍然秉承了国际图联大会的一贯传统，交流主题热烈而广泛，交流内容多样而新颖，交流方式积极而活跃。我参加了专业委员会的工作会议，旁听了多场所感兴趣的大会或专题会议交流，参观了大会举办的展览等。关于图书馆的未来和范式转变是讨论的热点，也是我关注的一个问题。

自 8 月 14 日大会正式开幕到 8 月 18 日大会闭幕，5 天的正式会议讨论了多个主题和众多的分主题。根据会议日程，会议研讨副主题（track）分为：开放获取与数字资源；政策、策略与宣传推广；用户驱动的利用与服务；工具与技术；创意、创新、预期。所有报告内容所涉及的问题十分宽泛，对不同的国家、不同类型图书馆和不同研究兴趣的人各有裨益。我主要参加了有关图书馆未来和范式转变相关论题的分会场，感受到国际图书馆界对图书馆未来发展的关注和所采取的积极的行动。

1 未来的图书馆建筑

新馆建设与对图书馆未来的规划与设计密切相关。新建的图书馆应符合图书馆未来的定位与功能需求。为此，要将建筑问题与图书馆的未来功能设计统筹加以考虑。IFLA 前主席 Claudia Lux 在“引领未来的图书馆——挑战与机遇”的发言中，[1]分析了其所在的图书馆将于 2018 年建造新馆的机会和所面临的问题。新规划的新柏林市图书馆，建筑面积 60 000 平方米，花费 2.7 亿欧元。图书馆面临着在馆舍规划、馆藏、服务、组织结构等方面强大的变革需求，要求图书馆在搬迁之前就必须做好规划和设计。为此，提出了图书馆应是知识园区（knowledge park）的起点,包含四个要素:网络(越来越关键的因素)、员工、馆藏、服务(用户第一)。所面临的挑战是:新图书馆如何才能成为所有人的指路明灯(guiding star),如何成为知识的实验室,如何便利用户的自助,如何支持打破人们从出生到死亡的惯常生活模式。

新馆建设还需要考虑的是可持续性问题。图书馆作为公共建筑,应在建筑设计的环保、节能、低耗等方面起到示范的作用。美国代表 PETER GENOVESE 和 PATRICIA ALBANESE 在"可持续的图书馆,可持续的服务:全球视角"的发言中,[2]倡导绿色、可持续的图书馆建筑项目。他指出,所谓绿色和可持续,包括可持续的馆址选择和发展,节水、能效、本地资源、资源节省和减少废物、室内环境质量以及设计创新。主要目的是从构想和设计一开始就认识到,建造物理的建筑需要实现资源消耗的最小化,最大限度地降低环境在建筑的整个生命周期的影响。

2 图书馆未来的规划

图书馆的未来发展是一个渐进的过程,馆长的作用尤为突出。而未来充满不确定性。如何对图书馆的未来作出规划需要的是智慧和对趋势的把握能力。芬兰代表 Jaana Tyrni 认为,[3]重新思考图书馆是图书馆馆长当前最重要的事情,但提前把一切都规划得很仔细是不可能的。管理层必须确定图书馆活动的方向,但不一定规划达到的路径。图书馆最重要的新价值就是勇气。勇气意味着挑战自我。犯错误需要勇气,而犯错误是图书馆最需要学习的东西。图书馆环境总在变化,这就为图书馆的走向提出了挑战。要积极探寻未来,而不是现在。要交流、交流,更多地交流。要从不同的观点看待事物,而不是非黑即白。要反对官僚主义作风。要重新思考图书馆,不仅仅从员工方面,而且是用户方面。只有用户才能最终告诉我们未来是什么样子。也并不是每个图书馆都是一个样子。他告诫我们:别把自己太当回事,每个人都会犯错,这也适用于图书馆。

无论我们承认与否,总的来讲,比较而言,图书馆是惰性较强、谨小慎微的一个机构,灵活性不够,应变能力较弱,而且改革意识不强,不敢承担风险,这与企业形成强烈的对比。尽管图书馆不可与企业相提并论,但今天的图书馆非常需要学习企业的创新精神和进取意识,有战略,有计划,有措施,有策略。在这种危机四起、竞争激烈的环境下,图书馆如何没有企业的精神,图书馆就不可能有活力,也不可能有更好的发展前景。

3 图书馆要有忧患意识和危机感

国际图书馆界对图书馆发展的忧虑意识和危机感非常强烈,这不是杞人忧天,而是我们必须正视和面临的挑战。生于忧患,死于安乐,同样也适用于图书馆。图书馆如果不能未雨绸缪,仍然怡然自得,无忧无虑,没有压力,没有紧迫感,没有竞争意识,缺乏战略与远见,图书馆就必然越来越边缘化,乃至消亡。另一位芬兰代表在 what and why libraries 的发言中,[4]警告说公共图书馆正在受到威胁,至少表现在预算在减少,而图书馆的利用率在下降。当我们听到这样的问题,我们的感受都是一样的:当所有的信息都能在网上得到,我们还需要图书馆吗?她提供了嬗变的图书馆的三个样例。一是思想库(idea store),完全改变了现有图书馆的陈旧模式,甚至不再叫图书馆,因为“图书馆”对居民而言既不了解,也有负面的含义;二是亲爱的图书馆(darling library),提出的战略是:你的生活,你的梦想,你的图书馆。其战略基础是城市图书馆的范式转变(paradigm shift),建立超现代的文化和知识中心,成为继家庭和工作之外的第三场所,从而改变人们对图书馆根深蒂固的认识;三是图书馆 10(library 10),这是赫尔辛基市图书馆系统 2005 年开放的第十个分馆。自开馆以来一直成为人们利用信息技术的聚集地。她在结论中提出图书馆的生存哲学是:开放的思维,以用户为导向,而不是以系统为导向,图书馆服务的重心正在从事务(transaction)转到关系(relations),强调图书馆是社交场所和活的有机体。她提出变革的共性问题是:Rethink(反思)、Redefining(重新定义)、Remodelling(重塑形象)、Restaffing(人员重新配置)、Restructing(结构重组)、Renewing(创新)。

4 图书馆的能力和贡献

简单地认为图书馆重要或不重要,或继续存在,还是消亡,都是形而上学的。在今后可以预见的时间里,图书馆如何发展取决于环境因素,更取决于我们自身的能力和贡献,取决于图书馆在社会中的价值和作用。加拿大的 JUDIT HARE 在“建立社会可持续的图书馆:市民参与图书馆的设计”发言中认为,图书馆的生存依赖于图书馆是否与人们的生活息息相关。很多人认为在电子世界里图书馆不再重要。而图书馆是否重要取决于图书馆能否嵌入社区,能否实现既定的目标,是否成为文化社交场所,是否拥有读者的空间(而不是文化遗产的储存地),是不是社会变革的推动力量,能否为社会、经济、环境的可持续发展做出贡献。

国外的图书馆十分重视人员的发展,通过设立继续教育项目支持图书馆员能力的持续提升。他们认为,[5]图书馆专业是知识密集型的,图书馆员的角色也变得越来越复杂。新的虚拟和物理空间对图书馆员提供新的服务和具备新的技能提出挑战。这种新的服务需要图书馆接受全面的训练。根据 PUSSADEE

NONTHACUMJANE 的总结,[6]新一代图书馆员应具备个人能力和综合能力。个人能力指的是相应的态度、价值观和个人特性,包括分析能力、创新能力、技术能力、灵活性、有见地、能与各式各样的用户打交道、情报分析、适应性、满足他人需求、热忱、自我激励。综合技能指的是跨学科的全面的技能,包括信息素质、沟通、理性思维、团队合作、伦理与社会责任、解决问题和领导力。图书馆员的能力问题成为影响图书馆未来生存和发展的最重要的因素之一。

5 数字和网络的影响和作用

数字化的影响是全方位,也将越来越深刻。数字资源,甚至是纯数字资源(e-only)将在资源市场上占据主导的地位。新西兰一所大学图书馆所设想的 2020 年的场景是,[7]数字范式(digital paradigm)将彻底改变组织文化、组织中的人及其工作方式、既定的学术传统以及支撑它们的系统和服务。长期以来,图书馆适应的是印本资源和物理图书馆,数字范式的影响还刚刚开始。但无论如何,数字范式都将对图书馆的性质、理念、模式、服务产生根本性改变。

关于未来,网络,特别是移动互联网的影响应得到图书馆界的高度关注。从某种意义上讲,网络至今对图书馆的影响是颠覆性的,而移动互联网对图书馆将继续产生深远而重要的影响。德国的 KLAUS CEYNOWA 在“移动互联网:大学图书馆的挑战与机遇”发言中,提供了全球手机 2011 年的数量和到 2012 年智能手机的数量,并提出了对大学图书馆的意义。他勾画了图书馆移动服务的框架:OPAC 和网站等基础服务的移动化,特色馆藏呈现的新场景,多种设备解决方案,获得在整个网络空间的显示度,拓展现实(真实世界的视觉表现),通过完全渗透性的互联网,实现日常生活信息的全集成,从而实现无处不在、无时不在的图书馆,实现图书馆范式的转变。

泛在性问题也引起国外同行的关注。泛在意味着通过不同的设备,可以在任何地点获取所需要的信息。随着网络技术和移动设施的不断完善,不受时间地点限制地获取信息,符合所有用户的需求和期望。图书馆今后也需要面向泛在性要求加强资源、服务、设施、政策上的保障。新加坡代表 NGIAN LEK CHOH 在题为“数字内容的泛在存取”的发言中,强调我们应该了解我们的用户的生活方式,他们对数字内容具有强烈的偏好。美国的 JIM O'DONNELL 描述了 25 年以后的泛在图书馆:当图书馆无处不在。[8]其目的是吸引人们需要关注的几个关键领域和问题,包括馆藏(当图书馆的场所越来越少而又越来越不相关时采访意味着什么)、服务(谁服务谁,就是说,什么类型的人和设施需要拥有什么样的技能和能力才能使得用户获得最佳的创新自由)和利用(主要反映的是未来的阅读模式),并为此提出了若干政策制定应该关注的领域。

6 图书馆的生存哲学

在 Derek Law 教授看来,[9]所谓未来,我们的任务不是去预见,而是去实现。他认为,如果图书馆不能提出其与数字化相关的新的生存哲学,图书馆将冒被废弃的风险。我们需要确定的是,我们到底能给用户提供什么,这是我们不与 Google 或微软竞争的独特卖点。我们必须提供与用户需求相关的服务和馆藏,而不是期待用户的改变来适应我们的先入之见。

我们在建立忧患意识的同时,也要有乐观向上的精神。事在人为。我们是图书馆命运的主宰者。要学会适应环境,也要学会驾驭环境,变消极因素为积极因素,化被动为主动,赢得图书馆发展的主动权。在新加坡同行看来,[10]今天、明天、甚至可能到 2020 年,图书馆的角色都不可能改变。图书馆和图书馆员仍将成为人与人之间、人与资源之间以及资源与资源之间的纽带。我们仍将扮演指导和培训的角色,帮助人们找到所需要的信息。改变的是图书馆可以利用的新的渠道的数量和新的环境,以及展现信息的方式,特别是数字化的方式。

图书馆的未来不是一个遥不可及的梦,她就在我们身边,就在我们每天的行为里。我们每天的所作所为,都是在朝着未来不断地迈进。从现在做起,从一点一滴做起,把握战略,顺应趋势,认准方向,敢于挑战自我,敢于不断超越,勇敢地承担起推进图书馆创新变革的使命。变化是永恒的(change is constant),不变是相对的。在变化的环境中,寻求图书馆更好的发展空间和发展机遇,在社会中扮演不可或缺的角色,是每个图书馆员共同的责任和使命。

7 一点思考

图书馆的未来是一个沉重的话题,也是一个无法回避、必须正视的问题。图书馆的未来不是一个遥不可及的梦,它就在我们的身边,就在我们的日常行为里,取决于我们如何对待它,取决于我们如何把握现在,取决于我们如何规划与推进未来。我们既不能盲目乐观,高枕无忧,也不能萎靡绝望,自甘暴弃。路是走出来的。只要我们善于思考,勇于探索,敢于竞争,敢于变革,图书馆的命运就仍会掌握在我们自己的手里,变劣势为优势,化被动为主动,驾驭信息环境的变化,适应用户需求与行为的变化,打破传统,挑战自我,建立一个适变性的新型图书馆。

国外同行不仅敏感地认识到图书馆变革的必要性，而且也在实践中不断地探索和推进图书馆的全面变革。IFLA 也将变革作为研讨的主题。2012 年在赫尔辛基召开的国际图联大会的主题是：Libraries Now！Inspiring，Surprising，Empowering。IFLA 候任主席 Ingrid Parent 的主席主题是：图书馆：变革的力量（libraries：a force for change）。为此确定了 2012 年 IFLA 的五个主要计划：数字内容；国际图书馆领导者培养；馆外宣传与促进；文化遗产灾难重建；多语种问题。

未来图书馆的范式必然具有其不确定性，因为从今天的观点看，信息环境的演变不可预测，信息技术的发展难以判断，用户需求与行为变化无法把握。但这不能成为不改革、不发展的理由。在变化中如果失去主动权，就会失去发展的机会。所以，我们要规划，但不要臆想；要自信，但不要盲目自信；要行动，但不要盲从。图书馆要通过改革，为自己趟出一条成功的道路，从而证明自己对人类的贡献，彰显自己对社会的价值。

参考文献：

[1] CLAUDIA LUX. Leading the library of the future-challenges and? opportunities. http://conference. ifla. org/ifla77/programme-and-proceedings-day/2011 - 08 - 16

[2] PETER GENOVESE and PATRICIA ALBANESE. Sustainable libraries, sustainable services: a global view. http://conference. ifla. org/sites/default/files/files/papers/ifla77/196-genovese-en. pdf

[3] Jaana Tyrni. It takes courage to make mistakes-how to get the staff involved in making the future library. http://conference. ifla. org/sites/default/files/files/papers/ifla77/123-tyrni-en. pdf

[4] MAIJA BERNDTSON. "What and why libraries?" -looking at what libraries might look like and why we still need them now and into the future. http://conference. ifla. org/sites/default/files/files/papers/ifla77/123-berndtson-en. pdf

[5] TEEMU RAUHALA. The essence of modern LIS professionals. http://conference. ifla. org/sites/default/files/files/papers/ifla77/97-rauhala-en. pdf

[6] PUSSADEE NONTHACUMJANE. Key skills and competencies of a new generation of LIS professionals. http://conference. ifla. org/sites/default/files/files/papers/ifla77/97-nonthacumjane-en. pdf

[7] PENNY CARNABY. Connecting the knowledge networks: reimagining academic libraries to 2020. http://conference. ifla. org/sites/default/files/files/papers/ifla77/122-carnaby-en. pdf

[8] JIM O'DONNELL. UbiLib: when the library is everywhere. http://conference. ifla. org/sites/default/files/files/papers/ifla77/122-odonnell-en. pdf

[9] DEREK LAW. As for the future, your task is not to foresee it, but to enable it. http://conference.

ifla. org/sites/default/files/files/papers/ifla77/122-law-en. pdf

[10] LEK CHOH NGIAN. Libraries of the future-what our users want: the NLB Singapore's perspective. http://conference. ifla. org/sites/default/files/files/papers/ifla77/122-ngian-en. pdf

(原文载:《图书馆论坛》,2011(6))

物竞天择，适者生存
——图书馆新消亡论论辩

1　引言

2011年1月2日，美国Alfred大学的用户培训馆员（instructional librarian）Brian T. Sullivan发表了《2050年大学图书馆尸检报告》[1]一文，重新燃起了70年代末曾鼓噪一时的“图书馆消亡论”的战火。这把“火”不仅烧着了美国图书馆界，同时也迅速波及到国内图书馆领域，不少人以不同的方式表达了对图书馆生存的忧虑。消亡论触及到了图书馆人最敏感的神经，所以该报告引起轩然大波不足为奇。但是，面对图书馆消亡论的再次兴起，我们不能简单地嗤之为“陈词滥调”、“哗众取宠”、“耸人听闻”，我们既不能盲目听信，没有自己的客观分析与判断，也不能居危思安，消极被动地等待消亡。我们需要以理性的思维看待图书馆的生存问题，客观地认知环境的变化，直面图书馆转型变革的挑战，积极地树立自身的忧患意识，进一步增强职业的危机感，前瞻性洞察发展趋势，能动地增强适变能力，这才是图书馆生存发展的关键所在。

2　图书馆消亡论的由来与涵义变化

图书馆消亡论由来已久，究其起源是因为受到技术决定论的影响。在20世纪中叶到世纪末的这段时期，随着计算机、通信和网络技术在图书馆领域的广泛应用，图书馆已经开始实现业务自动化、资源电子化、服务网络化。可以说，信息技术的出现改变了信息生产、组织、传递、存储与利用的原有格局，改变了人们获取信息的原有方式与阅读行为，从根本上改变了图书馆生存的信息环境。基于技术的颠覆性影响，美国著名图书馆学家兰开斯特（F. W. Lancaster）早在1978年就大胆提出“在下一个二十年（1980—2000年），现在的图书馆可能完全消失”。[2]随后，1988年“数字图书馆”概念的提出，则对图书馆消亡起到了推波助澜的作用。数字图书馆技术应用与建设成为20世纪90年代至今图书馆领域的“热点”。至此，技术决定论弥漫于整个图书馆学领域，很多人认为技术能解决一切。而由此引发的图书馆机构和教育的易名，以及传统图书馆的数字化，再加上网络与搜索引擎成为人们获取信息的首选,图书馆似乎越来越被推向边缘化,并面临着名实俱亡的危险。

新世纪十年来图书馆发展,证明图书馆似乎并没有如兰开斯特所预测的那样消亡,反而从某种意义上讲是传统图书馆和数字图书馆共同发展、相得益彰,复合图书馆成为广为接受的新图书馆形态。这一时期,随着人们认识上逐步走向理性和客观,学界也开始反思技术至上的危害,并试图借助于人文的视角解决技术所不能解决的问题,[3]甚至兰开斯特自己也在反思图书馆消亡论是否言过其实。[4]但我们必须接受用户市场在失去而带来的价值拷问,必须正视图书馆日益显现的危机与边缘化,必须应对信息环境变化给图书馆所造成的竞争现实,必须直面图书馆消亡的严峻考验与变革压力。

Brian T. Sullivan 提出的图书馆消亡论不能认为是危言耸听,他提出的大学图书馆消亡的依据主要是:(1)图书馆藏已变得过时;(2)图书馆用户教育已无必要;(3)信息素质教育完全融入课程之中;(4)图书馆和图书馆员并入信息技术部门;(5)参考咨询服务不复存在;(6)经济问题超越质量问题。这些也都是预测,但不全无道理。他所提出的很多观点值得我们深深地思考。现实中,大学图书馆消亡的一些迹象也不同程度显现出来。图书馆今后 40 年的发展很可能超乎我们的想象。Brian T. Sullivan 的观点和所谓的图书馆消亡论应给我们提出足够的警醒,引起我们的高度关注和主动适变。

消亡的论点不仅仅针对的是大学图书馆、专业图书馆等研究图书馆,还包括公共图书馆,乃至数字图书馆。芬兰学者在 what and why libraries 一文中,[5]警告说公共图书馆正在受到威胁,至少表现在预算在减少,而图书馆的利用率在下降。当我们听到这样的问题,我们的感受都是一样的:当所有的信息都能在网上得到,我们还需要图书馆吗?这不仅是上级领导、广大读者的疑问,而且就连我们图书馆员也常常在自问。在网络时代,图书馆存在的价值和影响力能否得到人们的公认不能不令人质疑。

在传统的物理图书馆的价值和相对作用日渐削弱的情形下,人们对数字图书馆则充满期待,甚至达到顶礼膜拜的程度,将数字图书馆视为救命稻草。最近,中国科学院国家科学图书馆馆长张晓林教授在《中国图书馆学报》上发表的文章"颠覆数字图书馆的大趋势",[6]则为盲目推崇数字图书馆泼了一桶冷水,也是对当前数字图书馆建设模式提出的质疑。他认为:"现在的数字图书馆的模式,仍然基本是传统图书馆模式的延伸,是传统服务价值和服务市场的简单能力提升和服务扩展,仍然依赖传统的文献类信息产品(information item)而不是依赖信息内容(information content)来提供服务……仅仅依赖或者局限于这些资源和服务,将把我们的未来置于危险的境地”。数字图书馆本身也许没有错,关键是建设什么样的数字图书馆。数字图书馆如果依然遵循传统图书馆的思维定势和业务模式,而不能对信息内容进行数据挖掘、情报分析、数据关联、集成融汇(mashup)、知识发现,为用户提供深度的集成的数字知识服务,图书馆将难以在数字环境中有自己的立足之地。

笔者在自己的微博中所做的一项“2050年大学或专业图书馆的命运”的小调查(55人参加)结果显示,27%的人认为:图书馆将继续存在,而且越来越重要;40%的人认为:图书馆将继续存在,继续维持其相应的作用;11%的人认为:继续存在,但其作用日渐衰落;18%的人认为:不复存在,图书馆的功能发生变异;有4%的人答复:不知道。可见,许多人(主要是图书馆员自己)对图书馆的未来仍抱有积极乐观的态度,对图书馆怀有深深的依恋和深厚的感情,不相信也不希望图书馆消亡或功能变异。图书馆将如何发展,取决于很多因素,不以我们的主观愿望而转移。

可以说,图书馆所面临的严峻形势已经把图书馆逼到了无路可退的境地。在这种情况下,我们不能再以“图书馆精神”作为理由来否定图书馆消亡论,图书馆不是无可取代的。我们也不能靠盲目乐观来代替日益临近的威胁和危险。我们应该敢于面对图书馆被替代和消亡的风险与因素,在“忧患”中寻求突破,把握未来的发展,在变革中,追寻图书馆新的价值和使命。

3 图书馆未来生存的影响因素

图书馆,特别是研究图书馆的发展正越来越多地受到信息环境、经济环境、教育科研环境的影响和制约。图书馆的发展与技术、经费、教学改革和科研模式等因素紧密相关。这些因素本身的变化和动态趋势,也给研究图书馆的未来带来很多不确定性。从某种意义上讲,图书馆未来的生存发展就是建立在对这些可能发展趋势的把握上。

3.1 信息环境

信息环境,特别是网络,对用户的需求与行为有直接的影响,也必然对图书馆的生存和发展带来根本性冲击。英国图书馆2009—2011战略规划指出:网络我们所处的环境在过去的二十年里发生的变化超过了过去两百年的变化,特别是技术发展的驱动。这种变化正逐渐改变着传统的学术研究对物理图书馆作为重要信息源满足研究需要的依赖,而走向复杂的有多种选择(不同的获取水平、权威性、深度)的网络。[7]

资源数字化促使图书馆形态转变和传统地位丧失。期刊和图书是大学图书馆主要的两类学术资源。电子期刊和电子书的大量采购与使用,使得图书馆印本资源不断压缩甚至是取消,从而使图书馆无纸化成为可能。国外“无书图书馆”(bookless library)已经成为现实。如斯坦福大学的工程图书馆正在将图书馆改造成无书图书馆,只在馆中提供电子参考桌、4台Kindle阅读器、电子期刊检索工具和28个数据库。[8]资源数字化也致使图书馆传统的资源中心地位逐渐沦落。一方面,许多图书馆与Google等合作,将馆藏印本资源数字化,用户可以绕过图书馆目录通过搜索引擎发现和获取信息;另一方面,大量的原生数字资源直接上传到网上,无需图书馆购买,而是以开放获取的方式直接使用。数字资源建设与采购主要是由数据库商主导,图书馆在资源购买中多处于被动地位。实际上购买者角色仅仅是图书馆的“背景”角色。[9]在这样的情况下,图书馆的资源中心地位逐渐被架空,并存在被取代的风险。

技术在学习与研究中的广泛使用促使图书馆传统服务功能日益减弱,服务模式受到挑战。人们在学习和研究过程中,正逐渐越来越多地使用数字资源,并且越来越多地通过移动设施(笔记本电脑、手机、IPad等)来获取所需要的资源和服务。人们转向各种网络技术和工具来发现、管理大量信息,而非图书馆传统发现途径。Ithaka的调查显示,[10]图书馆馆舍和图书馆目录作为研究出发点的趋势正在不断下降,教职工现在开始转向经常使用网络服务,包括通用的搜索引擎和专门针对学术界的信息服务。这些服务在教师中的使用比例不断增大,其重要性也在稳步增长。图书馆虽然积极开发和应用大量技术,改进图书馆目录、参考文献管理工具等,并以精确和有效性著称,但是在实际应用中,用户似乎并不买账。OCLC的一项报告显示,[11]面临巨大的工作压力,研究人员通常会选择那些操作简单、能简化其工作的信息工具和服务。研究人员利用Google检索各种信息,他们知道这类搜索引擎的检索结果既不精确也不全面,但在大多数情况下他们认为这样的结果已经很好了。如果信息工具复杂而且耗时,或者很繁琐(例如参考文献管理软件、机构知识库等),研究人员宁可弃用,抑或选择其他方式来替代。就算支撑服务还有缺陷,只要能够帮助研究人员节约时间、简化工作,他们都愿意尝试。

随着社会网络以及其他一些新兴技术的出现,图书馆的服务形式也受到越来越多的挑战。关于社会媒体与研究流程的一项报告显示,[12]社会媒体已逐渐成为众多学者的重要学术工具,他们通过社会媒体进行协作式写作、会议、图片共享以及其他一些与研究相关的活动;在具体工具的选择上,研究人员更喜欢使用类似于Twitter这样的大众型社会媒体,而并非一些专门的学术型社会媒体工具。《2011

年地平线报告》[13]以时间顺序列出了对教育、学习和创造性信息查询有潜在影响或用途的六项新兴技术:电子书、移动通讯、增强现实、基于游戏的学习、基于手势的计算、学习分析学。这些新技术在当前和未来学习与研究中的应用,都对图书馆的服务提出了新的要求。如果图书馆固守传统,就会失去对用户的支撑作用,而不得不被用户抛弃。

3.2 经济环境

图书馆是附属机构,对教学、科研等起到辅助和支撑作用,并不直接产生效益,其发展资金多来源于公共资助,包括政府经费、高校经费和慈善捐助等。因此,图书馆的发展受到所依附的机构的极大影响。图书馆在依附机构中的地位、作用、价值和所得到的投入,与依附机构的经济状况及其领导的重视有关,更与图书馆对依附机构的贡献力相关。

近年来发生的经济衰退严重影响了各机构对图书馆的投入,捐赠基金账户的收入也日益减少。为此,削减图书馆的经费成为保持收支平衡的一种方式,图书馆的生存与发展面临着严重挑战。《2011 年美国图书馆发展现状报告》[14]显示,许多大学图书馆面临预算削减和结构调整的压力,超过 40% 的美国大学图书馆声明要削减预算,有许多大学图书馆已着手制定缩减馆藏规模和裁员的计划。ARL 对 40 个成员馆 1982 至 2008 年的数据进行统计,[15]结果显示经费投入比例一直在下降。Ithaka 2010 年调查[16]则反映在高层战略与预算优先之间,存在大量十分重要的矛盾,图书馆馆长在某些情况下不能完全执行他们预想的图书馆战略方向。之所以出现图书馆经费下滑的现象,大学图书馆价值受到质疑是其中一项重要原因。Rick Anderson 警告说:[17]在我们的资助机构面临着越来越大的经济压力的时候,图书馆持续投入大量时间、精力和金钱所提供的,那些对我们的用户来说价值却在不断削弱的服务,将致使图书馆面临其任务从根本上被取消的危险。

随着在线信息的普遍应用,用户已经开始感到图书馆的相对作用越来越小,而资助机构和主管部门也要求图书馆提供更多的影响力说明,图书馆被评价和问责的压力陡然增加。馆藏量和图书馆用户培训、参考咨询的数量已经不能作为继续获得资金的有力说明。图书馆需要回答的问题是:图书馆的资源、服务以及专业知识在用户的科研与教学中起到了哪些不同凡响的作用。[18]如若不然,用户就会寻求更经济实用的服务途径,而非大学图书馆这种"奢侈品",图书馆也不可能得到持续的支持。

3.3 教育与科研环境

研究图书馆的主要功能是支撑教学与科研,图书馆必须为所依附机构的科研和教学提供有效的支持,也才能得到依附机构的支持。如果失去这种相互的支持,那么研究图书馆就真正失去了存在的基础。美国大学与研究图书馆协会(ACRL)利用情景分析法,对高等教育未来15年的发展趋势进行了预测,提出了26种可能情景。[19]其中所提出的教育与学习方式的变革,大学图书馆必须给予高度关注。

美国研究图书馆协会(ARL)同样利用情景分析法对2030年的科研模式进行了预测。[20]主要趋势有企业化研究、研究的合作化等,也值得研究图书馆关注。OCLC《研究生涯:美国研究人员所需的信息支持》报告[21]则提出了未来研究人员需要的科研支持项目,包括资助机会的寻求,知识产权管理和商业价值的开发,寻找潜在合作者,扩大自身被发现的可能,文件、数据集的管理与存储,大文本和数据文件的分析,提高信息检索与管理技能,参考文献管理,选择出版商或选择传播形式,对预印本、出版物和后印本的管理,对职业声望的支持等。结论指出研究人员对研究成果的存储、维护、检索和管理是一项急需的支撑服务。因此,大学图书馆面临着诸多科研模式与需求变化的风险因素,要求图书馆必须在业务模式与管理机制主动适应,积极调整自身的定位和服务能力。

4 图书馆未来的应对策略

图书馆的发展面临着各种不确定因素,这些因素既对研究图书馆的发展提出了挑战,同时也可能带来新的发展机遇。达尔文的进化论指出:物竞天择,适者生存。这一规律不仅适合自然界,同样也适合图书馆。如果图书馆不能适应信息环境的变化,不能适应用户需求与行为的变化,那么图书馆必然被抛弃、被取代,必然走向消亡。所以,图书馆必须通过确立融入数字化战略、嵌入教学科研过程、提供移动服务、创新学科服务,重新定义图书馆的发展战略,重新确立图书馆的职业特征,将知识管理与知识服务置于图书馆的核心业务,构建真正的以用户为中心的业务模式与管理机制,重构适应数字环境的新型图书馆范式。

4.1 融入数字化战略

数字化是信息环境变化的主要趋向,也是图书馆发展的必然结果。新西兰一所大学图书馆所设想的2020年的场景是,[22]数字范式(digital paradigm)将彻底改变组织文化、组织中的人及其工作方式、既定的学术传统以及支撑它们的系统和服务。长期以来,图书馆的核心概念是印本资源和物理图书馆,数字范式的影响还刚刚开始。但无论如何,数字范式都将对图书馆的性质、理念、模式、服务产生根本性改变。在Derek Law教授看来,[23]如果图书馆不能提出其与数字化相关的新的生存哲学,图书馆将冒被废弃的风险。我们需要确定的是,我们到底能给用户提供什么,这是我们不与Google或微软竞争的独特卖点。我们必须提供与用户需求相关的服务和馆藏,而不是期待用户的改变来适应我们的先入之见。

数字化浪潮势不可挡,这是技术发展和用户需求所共同决定的。为此,国外很多大学图书馆实行电子优先战略甚至e-only资源战略。Robert Darnto撰写的《"信息时代"的五种迷思》[24]提出"书籍已死"、"我们已进入信息时代"、"信息在网上应有尽有"、"图书馆无人问津"、"未来是数字化的"等观点发人深省,我们必须承认我们所处的信息环境在发生巨大变化,图书、图书馆的内涵也需要变化。在预算削减、用户对电子获取资料方式的偏爱、有限的物理空间以及财政上无法支持综合性资源收藏等因素影响情况下,图书馆的生存哲学由"以不变应万变"(just-in-case)转变为"因应而变"(just-in-time)必然成为未来大学与研究图书馆建设发展的重要选择。[25]

4.2 嵌入教学科研过程

图书馆员能否走出图书馆而嵌入教学科研过程中,是对图书馆能力的重大考验。德国马普学会数字图书馆馆长Frank Sander先生在中科院所做的"马普学会数字图书馆——机构发展战略与未来规划"中指出:本地图书馆员角色在今后的48个月之内将被信息管理专家所取代。信息管理专家的核心职能是为科研人员提供有关元数据的获取、数据规划、写作支持、出版指导等咨询服务。美国约翰霍普金斯大学医学图书馆馆长Roderer也提出:[26]我们的确不再真的需要拥有一个集中的服务点。到2012年,我们有望离开图书馆的大楼。这种分布式的服务模式不仅体现在每个科研人员的计算机能查询图书馆的网站及电子期刊文章和电子图书的内容,而且图书馆员还嵌入到各个院系,与科研人员所在的地方开展合作。约翰霍普金斯大学医学图书馆主要通过嵌入式信息专员(embedded- Informationist)的方式提供服务。信息专员服务的主要特点是:在用户的空间里,利用信息专员的专长,为用户提供深度的知识服务,成为用户在科研上和医疗团队中的信息专家。

嵌入式图书馆员(embedded librarian)服务已成为国外图书馆服务的主流模式和新的趋势。图书馆只有实施嵌入服务,才能充分挖掘信息资源的潜力,有效激发用户的信息需求,才能缩小信息与用户之间的"最后一公里",也才能实现图书馆的价值,提升图书馆的地位,增强图书馆和图书馆员在用户中的显示度和影响力,才会得到用户的认可和更多的支持。图书馆员必须走出物理的图书馆,到用户之中,嵌入用户的科研教学过程之中,才会拥有发挥才能的舞台,才会彰显自身的价值和贡献。

4.3 提供移动服务

移动互联网已经在用户中得到广泛的使用，其影响力在显著增强。图书馆也必须将移动服务作为业务的延伸和新的增长点，适应用户信息行为的变化，延伸图书馆服务的时空。加州数字图书馆《移动策略报告：移动设备用户研究》调查显示：[27]教员拥有上网移动设备者最多（63%），其次为研究生（53%），再次为大学生（41%）；最主要使用的移动设备是 iPhone（53%）或 iPod Touch（20%），其次为黑莓（10%），再次为 Droid（9%）。移动设施的使用在国内外都是一种普遍现象，适应的是人们随时随地的需求。图书馆也必须更加积极地适应用户行为的这种变化，实施图书馆资源与服务的移动战略。

德国的 KLAUS CEYNOWA 在 2011 年国际图联（IFLA）大会报告中，[28]勾画了图书馆移动服务的框架：OPAC 和网站等基础服务的移动化，特色馆藏呈现的新场景，多种设备解决方案，获得在整个网络空间的显示度，拓展现实（真实世界的视觉表现），通过完全渗透性的互联网，实现日常生活信息的全集成，从而实现无处不在、无时不在的图书馆，实现图书馆范式的转变。

将图书馆的资源与服务与移动设施结合，将顺应用户信息行为与需求的变化，极大地增强图书馆的服务范围与服务能力，有效增强图书馆服务的效果，实现图书馆的服务随时随地满足用户需求的理念，体现图书馆服务的泛在性，融入用户过程之中。随着移动设施的普及和功能的不断完善，图书馆必须在移动服务中占有重要的一席之地，在学术资源与服务中扮演十分关键的角色。因此，图书馆应重视移动服务战略，加快推进图书馆资源与服务的布局调整与重新定位，提升图书馆在移动互联网中的地位和影响力。

4.4 创新学科服务

Brian T. Sullivan 认为大学图书馆的参考咨询工作会被不断改进的搜索引擎和社会网络工具，以及相对便宜的信息技术帮助台所取代，从而销声匿迹。应该承认，随着时间与技术的发展，简单的参考咨询工作会逐渐被取代，但是以学科服务为代表的高级服务形式则应运而生。在科研过程中，有很多工作是需要通过人来完成的，是技术所不能取代的。以学科馆员为主体所开展的学科服务适应的是新信息环境与科研环境对图书馆创新服务的需要。学科馆员在用户的科研过程中起到联络、培训、咨询、研究方法指导、论文投稿、定题服务、情报跟踪、情报分析、信息环境优化的作用，成为科研伙伴和科研过程不可或缺的一部分。

学科服务在国外有几十年的历史，在我国的实践也有十几年。学科服务的模式正在由简单的联络服务向直接支撑科研过程的深度服务转变,学科服务的内容正在由提供文献检索、培训、咨询服务向知识管理与知识服务转变,学科服务的场所正在由馆内服务向融入科研一线、嵌入科研过程转变,学科服务的方式正在由学科馆员个人能力向学科馆员团队以及学科馆员与用户的团队协同转变。学科服务的变化及影响正在重新定义图书馆在大学或研究所中的地位和作用,改变人们对图书馆和图书馆员的认知。学科服务正在成为图书馆的主流业务模式,成为图书馆摆脱危机、重塑形象的突破口,成为新信息环境下图书馆创新发展的重要出路。为此,需要图书馆在岗位设置与迁移、业务重心调整、业务结构重组方面加强规划和设计。

5 结语

无论我们是否意识到,图书馆正处于一个转折点上,这就是从传统图书馆到新型图书馆的范式转移(paradigm shift)。根据德国的 Wilfred Suhl-Strohmenger 的说法,[29]传统图书馆(old-fashioned library)与新型图书馆的区别在于,前者是以馆藏为中心,为基本上是被动的图书馆用户提供咨询与信息服务;而后者是以用户为中心,为基本上是主动的、具有信息素养的用户提供对广泛的物理和数字资源和服务的利用。图书馆需要适应环境而不断地发展变革是大势所趋,应是一种本能,是一种自然行为。按照达尔文在《物种起源》(1859)中提出的进化论思想是:“能够存活下来的物种并非那些最强壮的,也不是那些最聪明的,而是最适应变化的”(It is not the strongest of the species that survive, nor the most intelligent, but the one most responsive to change)。因此,未来的图书馆从内到外都与传统的图书馆有很大的不同,[30]人们更确信图书馆角色的变化和对图书馆新的需求。“穷则变,变则通”。未来充满了不确定性,研究图书馆未来前景将是什么,谁也无法给出定论。但面对未来,研究图书馆需要做的是高瞻远瞩,前瞻地洞察其生存环境的变化趋势,以增强应变不确定性因素影响的能力。只有这样,研究图书馆才能走得更远。虽然 Brian T. Sullivan 以预言者的姿态提前为大学图书馆敲响了丧钟,但是我们更愿意将其视为一种警醒,增强自身的紧迫感、责任感和使命感,增强忧患意识、危机意识和竞争意识,知耻而后勇,在数字化环境中彰显图书馆新的价值、地位、影响力和贡献力。

参考文献

[1] Brian T. Sullivan. Academic Library Autopsy Report, 2050. http://chronicle.com/article/Academic-Library-Autopsy/125767/

[2]F. W. Lancaster. Libraries and Librarians in an Age of Electronics. Information ResourcePress,1982

[3]周进良,刘君君.未来图书馆是人文与技术的完美结合.图书与情报,2003(5):43-44

[4]兰开斯特著;吴冬曼编译.关于无纸社会的再思考.浙江高校图书情报工作,2001(2)

[5]MAIJA BERNDTSON. "What and why libraries?"-looking at what libraries might look like and why we still need them now and into the future. http://conference. ifla. org/sites/default/files/files/papers/ifla77/123-berndtson-en. pdf

[6]张晓林.颠覆数字图书馆大趋势.中国图书馆学报,2011(5)

[7]The British Library's Strategy 2008-2011. http://www. bl. uk/aboutus/stratpolprog/strategy0811/strategy2008-2011. pdf

[8]Stanford University library going "bookless". http://blogs. sacbee. com/mt/mt-search. cgi? blog_id=11&tag=bookless%20library&limit=20&IncludeBlogs=11

[9]Roger C. Schonfeld,Ross Housewright. Faculty Survey 2009: Key Strategic Insights for Libraries, Publishers,and Societies. www. ithaka. org/ithaka-s-r/research/faculty-surveys-2000-2009/Faculty%20Study%202009. pdf

[10]Roger C. Schonfeld,Ross Housewright. Faculty Survey 2009: Key Strategic Insights for Libraries, Publishers, and Societies. www. ithaka. org/ithaka-s-r/research/faculty-surveys-2000-2009/Faculty%20Study%202009. pdf

[11]Susan Kroll,Rick Forsman. A Slice of Research Life: Information Support for Research in the United States. http://www. oclc. org/research/publications/library/2010/2010-15. pdf

[12]Social Media and Research Workflow. http://www. ucl. ac. uk/infostudies/research/ciber/social-media-report. pdf

[13]NMC. The Horrizon Report(2011Edition). http://www. nmc. org/pdf/2011-Horizon-Report. pdf

[14] ALA. 2011 State of America's Libraries Report. http://www. ala. org/ala/newspresscenter/mediapresscenter/americaslibraries2011/execsummary. cfm

[15]Library Expenditures as a Percentage of University Expenditures Continues to Decline. http://www. arl. org/news/enews/enews-oct2010. shtml#8

[16]Matthew P. Long,Roger C. Schonfeld. Ithaka S+R Library Survey 2010: Insights from U. S. Academic Library Directors. http://www. ithaka. org/ithaka-s-r/research/ithaka-s-r-library-survey-2010

[17]Rick Anderson. The Crisis in Research Librarianship. The Journal of Academic Librarianship, 2011(4)

[18]Zsuzsa Koltay,Xin Li. Impact Measures in Research Libraries(SPEC Kit 318). http://www. arl. org/resources/pubs/spec/

[19]ACRL. Futures Thinking for Academic Librarians: Higher Education in 2025. http://www. ala. org/ala/mgrps/divs/acrl/issues/value/futures2025. pdf

[20] ARL. The ARL 2030 Scenarios: A User's Guide for Research Libraries. http://www. arl. org/bm ~ doc/arl-2030-scenarios-users-guide. pdf

[21] Susan Kroll, Rick Forsman. A Slice of Research Life: Information Support for Research in the United States. http://www. oclc. org/research/publications/library/2010/2010 – 15. pdf

[22] PENNY CARNABY. Connecting the knowledge networks: reimagining academic libraries to 2020. http://conference. ifla. org/sites/default/files/files/papers/ifla77/122-carnaby-en. pdf

[23] DEREK LAW. As for the future, your task is not to foresee it, but to enable it. http://conference. ifla. org/sites/default/files/files/papers/ifla77/122-law-en. pdf

[24] Robert Darnto. 5 Myths About the 'Information Age'. http://chronicle. com/article/5-Myths-About-the-Information/127105/

[25] ACRL. 2010 top ten trends in academic libraries. http://crln. acrl. org/content/71/6/286. full. pdf_html

[26] Roderer. http://www. insidehighered. com/news/2010/06/09/hopkins

[27] 加州数字图书馆《移动策略报告:移动设备用户研究》. http://catwizard. net/posts/20100901231802. html

[28] 初景利. 图书馆的未来与范式演变. 图书馆论坛,2011(6)

[29] Wilfried Sühl-Strohmenger. Libraries' futures, user needs and information. http://www. nb. admin. ch/aktuelles/ausstellungen_und_veranstaltungen/00726/01612/index. html? lang = en

[30] Kevin Roebuck. Library of the Future. http://www. sun. com/emrkt/educonnection/newsletter/0906insidetech. html

(原文载:《图书情报工作》,2012(11))

二

国外图书馆学及其借鉴

公共关系是图书馆管理的重要环节

1 图书馆公共关系的意义

现代社会中的任何组织都处在与环境不断地进行物质、能量和信息的交流之中而得以发展的。因此，建立与维持良好的公共关系是每个组织管理者的重要任务。

公共关系就是运用现代信息控制和传播的理论与方法，利用大众传播工具，建立起组织与公众相沟通的桥梁，从而更广泛地促进信息交流与相互了解。公共关系是现代管理强大而不可缺少的一环。

图书馆是提供文献的服务性组织，与公众有着广泛而密切的联系，所以图书馆的公共关系有着重要而特殊的意义。

首先，图书馆是为读者提供服务的。为此，图书馆仅仅满足于提高内部工作质量和效率是远远不够的。作为图书馆管理者必须想方设法让读者了解图书馆，接近图书馆，利用图书馆。实际在社会上还有很多人不了解图书馆的性质、作用，以及怎样利用图书馆。几年前，美国有人对图书馆的利用率作过调查，发现大多数成年人并不利用图书馆，有5%的人甚至不知道图书馆出借图书，20%的人不知道从哪里可以阅读到报纸杂志，而知道馆际借书等其他服务项目的尚不足35%。在我国情况可能更严重一些。

其次，良好的公共关系有利于在社会中扩大图书馆的影响，从而提高图书馆工作的地位。目前图书馆社会地位低，人员待遇差，工作不受重视，与图书馆忽视公共关系有关。试想，公众不知道图书馆可开展哪些服务，对他们、对社会有多大帮助，又怎能改变其对图书馆的传统观念呢？

第三，图书馆工作的开展往往受多方面的影响，如读者、出版发行系统，特别是上级组织在经费与人力等方面的支持。稳固而又完善的公共关系能够赢得公众多方面的支持与配合，环境的消极影响就会降低到最低限度，管理工作就将游刃自如，就有了应付一切外界变化的主动权。国外有人认为，公共关系“能够决定图书馆的命运”。这种提法并不过分。

2 图书馆公共关系的产生与发展

在西方社会,公共关系在工商、旅游等行业极受重视,出版了许多专门的著作,创办了专门的公司,如美国佛达公共关系公司,连高等院校为满足社会需要也开设了这方面的课程,成立了专业,办了学院。

在图书馆界,正式的公共关系活动始于美国。早在1889年,达纳(John Cotton Dana,1856—1929)在受命组建丹佛公共图书馆的过程中率先开展公共关系活动。他和同事们一起利用广告牌为图书馆作广告,通过广告牌向社会宣传图书馆的馆藏和服务内容。他把新建图书馆的消息送到当地出版的每家报社和全国的教育、宗教杂志编辑的手里。同时散发图书馆通报(月刊),邀请教育和文化名流在公共图书馆向公众作报告。他还亲自向商业、教育和其他专业团体作了许多场演说。据说他的一系列活动使当时丹佛图书馆的流通量猛增,每天读者数达一千人左右。1964年,美国图协(ALA)和威尔逊公司为纪念达纳在图书馆公共关系方面的贡献,共同设立了以他的名字命名的奖——“达纳公共关系奖”,一年一度表彰在公共关系方面做出优异成绩的各类型图书馆和组织。

为领导图书馆公共关系活动,美国还建立了各种机构。1939年成立了图书馆公共关系委员会,该委员会“致力于图书馆公共关系各方面的调查、讨论和促进”。1949年和1950年,大学和中小学图书馆类似的组织也相继建立。美国图协还下设了公共信息处和公共关系部两个分组织。

1959年,美国一些出版商和图书馆员发起了“全国图书馆周”活动,“全国图书馆周”成了让公众了解图书馆的重要手段,引起了其他各国的兴趣和效仿。

近年来,美国越来越多的图书馆学院开设公共关系课程,有的把这方面内容包括在总论性的图书馆管理课程中。还多次举办过全国和地方的研讨会。

公共关系虽然产生于西方,但完全可以为我所用。目前我国商业界和旅游界已开始重视公共关系活动。北京市百货大楼和广州的天鹅宾馆等都建立了公共关系部。

3 图书馆公共关系的开展

按照大多数专家的提法,通常把公共关系过程划分为四个基本步骤。以下就这四个步骤并结合我国图书馆的实际作一点阐述。

(1)研究。即是对本图书馆进行环境分析。内容包括熟悉党和国家以及上级组织对图书馆的方针政策,了解本馆的读者情况及其对图书馆的意见和要求,对图书馆的内部布局、规章制度以是否有利于读者为尺度进行一次全面的调查,找出影响图书馆活动的各方面因素,并分门别类地加以归纳整理,按其可能影响作用的大小加以排列,以分清主次和缓急。这些工作可以通过问卷、个人接触、现场考察以及对往年情况的分析来进行。

(2)计划。第一步研究完成后就要据此制订切实可行的计划,并形成文件加以保存。计划分长期计划和短期计划,要规定每一项活动的日期、人员、地点及经费。经费要有保证,国外图书馆中,这一项通常占全馆经费的1—10%。这就是所谓的公共关系活动能够“用百分之一搞活百分之九十九”。

(3)交流。交流指图书馆依据计划,开展一系列与外界交往的活动,包括:

①服务。在改进图书馆服务工作的同时,建立与上级机关、广播电视和出版发行等部门的密切而长久的联系,向这些部门提供各种服务,如为决策机关提供信息汇编,为出版发行部门提供书评,为广播电视提供历史材料,等等。

②联系。图书馆保持与各方面的信息畅通无阻,要开展多方面的联系活动,如馆员与读者的座谈会,设立读者意见箱,请上级领导参观图书馆,以及举办演讲会和报告会等。

③广告。可以通过报纸、广播、电视和海报等形式向社会宣传图书馆的性质、作用、利用方式与新的服务项目等,加强社会对图书馆的认识和了解。

(4)评估。交流活动完成后,要进行成效检验,决定交流活动是否达到了预定的目标,及时地总结经验,找出不足,为以后的工作提供借鉴。

总之,公共关系是图书馆管理的重要环节,尤其是馆长必须兼顾内外两个方面,轻视任何一方都会给整体工作带来影响。我们建议发起全国图书馆周活动,使全社会都来关心图书馆,利用图书馆,从而形成一股强有力的舆论力量,推动图书馆事业向前发展。

(原文载:《黑龙江图书馆》,1987(2))

西方图书馆管理研究述略

西方以英美为主的图书馆管理研究起步较早,特别是进入 20 世纪以后,由于管理学的引进,这方面的研究发展迅速,进入了一个全新的时期。据统计,到目前仅专著可达二百种左右。这些著作涉猎范围广泛,研究的角度多维,运用的方法多样,对西方图书馆管理活动起了积极的推动作用。

本文将西方图书馆管理的研究根据其研究的侧重点和著作的数量,划分为五个时期略作陈述。

1 自我总结时期

据考证,世界上第一本有关"图书馆的组织与管理"的著作于 1560 年问世。在德国,丹尼斯(M. Denis,1728—1800)在于 1774 年出版的《图书学引论》一书中,将所有科目区分为七个基本大类,其中包括图书馆管理学。[1] 这可能是"图书馆管理学"概念的最早提出。

早期的图书馆管理采取的是权威式的或保守型的管理方法。一个图书馆只是遵循自己过去的经验,至多还对其他图书馆的做法加以效仿、采纳,来开展自己的管理活动。反映在管理的文献中,图书馆管理基本上是图书的整理,是图书馆各项业务活动的总结,而没有作为独特的职能活动从具体业务中独立出来,缺乏对人的重视,也没有科学管理理论做指导。图书馆管理研究完全限于以物为中心的自我封闭系统中。

2 介绍、引进时期

19 世纪末,工业、商业上讲效率的管理方法日渐引起图书馆管理者的兴趣。再加上经济的紧张和各方面的压力迫使图书馆管理研究跳出旧有的圈子,把眼光投放到图书馆以外,寻找能使有限的资源,特别是有限的资金发挥出最大作用的管理办法。于是开始了对其他行业管理理论和经验的介绍和引进。

1887 年,圣路易斯公共图书馆馆长克鲁登提出:"图书馆主要行政领导人的职责和股份公司的经理决没有什么不同,图书馆馆长可以从商人的管理上方法得到益处。"1919 年,康奈尔大学副馆长奥斯汀明确提出,大学图书馆馆长要采用工业上用以获得高效率的那些方法。

1930年至1940年这段时间,芝加哥大学一直致力于把图书馆管理与公共管理的研究联系起来。研究的积极成果就是1935年琼克尔的《美国公共图书馆的管理》、1941年迈尔斯和马丁的《公共管理与图书馆》等主要著作的出版以及其他一些人的学术研究成果。

1938年,芝大又出版了琼克尔的又一部著作《当前图书馆管理中的一些问题》。同年八月该校图书馆学研究院以“图书馆管理目前的问题”为题举行讨论会,并于次年出版了这次讨论的论文集。琼克尔的论文认为,图书馆管理,同工业管理和公共管理一样,都是必要的。“图书馆管理者应很好地寻找与公共管理、商业、工业和教育领域进行比较研究的模式,”,“这些领域的文献是图书馆管理研究的肥沃土壤。”[2]

新的理论的引进给图书馆管理研究带来了生机和活力,探索了一条用新的方法、从新的角度来考察图书馆管理的道路,丰富了图书馆管理的理论体系。从此,图书馆管理理论研究就一直追随着一般管理的理论而发展,并且这种介绍和引进一直持续到今天。正如伊文斯(G. E. Evens)所说:“图书馆管理的发展基本上遵循与商业同样的模式(只是前后时间不同)”[3]与此同时,新的管理也给图书馆管理带来了如何消化吸收的问题。

3 科学管理研究时期

本世纪初泰罗等人的科学管理的思想和方法对各行各业产生了深远的影响,也把图书馆管理研究带到了一个新的天地。科学管理的核心是改进操作过程,消除无效劳动,提高工作效率。

1930年,康尼首先提出对图书馆实行科学管理。30年代末,一系列博士论文的产生标志着图书馆科学管理研究时期的开始。这时出现了对费用分析、技术服务、编目工作和边缘穿孔卡片的应用进行研究。图书馆员们开始考察科学的管理方法,试图证明是否某些技术适用于图书馆的管理。

在这方面,最引人注目的是美国Rutgers大学教授拉夫·肖所做的研究。1947年,他就积极倡导在图书馆中实行科学的管理。他指出:“满足不断增长的服务需求只有两条路可走:一是获得更多的资金,二是把科学管理的原理应用到可以开展的各项工作,以获得对现有资金和人力的更有效利用。”[4]1954年,他在《图书馆趋势》杂志上发表文章认为:“科学管理技术应用于公共图书馆的趋势,在于时间动作研究、标准化和管理调查。”

1966 年,第一部专门研究把科学管理的原理应用于图书馆的著作《图书馆业务工作的科学管理》问世。作者是拉夫·肖的学生多尔蒂和海因里兹。

但是由于图书馆工作的复杂性、标准化程度低以及对创造性的需要,而泰罗的原理适用的是重复性大、标准化强的工种,因而在图书馆工作中应用时间动作研究等方法还有一定的局限性。但是这种科学管理的思想对图书馆管理的影响却是深远的。值得一提的是,泰罗等人提出的“科学管理”与我们今天谈的“ 科学管理”无论在内容、依据的理论、还是运用的方法上都有很大的不同。

4 行为科学研究时期

随着社会的发展,图书馆员们在受教育程度、道德观点、价值观念等方面的变化越来越构成影响图书馆工作的完成的重要因素。许多人具有高学位、语言特长和研究技能。他们要求管理者重视他们的专长和个人需求。这种状况迫使图书馆管理向更为开放性的方向发展。梅奥等人的人际关系理论后来发展成为行为科学,成为人们研究图书馆工作人员行为的基础。

自 40 年代开始,是西方图书馆界探讨人的问题最热烈的时期。人们运用人际关系的理论,探索如何有效地激发馆员的积极性和主动性,研究的方面包括人的需求、动机、个性、情绪、激励、人群关系以及民主管理、馆员参与决策、充分发挥委员会的作用,等等。

1945 年 8 月,芝加哥大学图书馆学研究院召开了题为“图书馆的人员管理”讨论会,开始了应用人际关系理论对图书馆管理的研究。第二年,马丁的《图书馆人员管理》一书问世。美国图书馆协会还分别于 1950 年和 1953 年出版了费伊斯和麦考尔各自的关于“图书馆人员管理”的著作。

此后,人们对人员管理研究的兴趣有增无减。近几年,除探讨一般性图书馆管理的著作毫无例外地增加了人员管理的章节之外,还出现了专门研究某一类型图书馆人员管理的著作,如赫伯特的《公共图书馆人员管理》、默里斯的《高校图书馆人员管理问题》。

图书馆管理研究从以物、藏书、设备、资金为重点发展到以人为重点,是一次具有重大意义的转变。

5 现代管理研究时期

第二次世界大战以后,电子计算机以及信息论、系统论、控制论的广泛应用,给管理者提供了崭新的思想和有效的工具。图书馆管理研究也在这场革命中注入了新的内容,走向现代管理研究时期。

现代图书馆管理最基本的特征是系统的思想和方法的应用。系统是由相互联系、相互作用的各要素组成的,具有特定功能的整体。把图书馆作为一个系统进行管理就要求摒弃传统的那种“头疼医头、脚疼医脚”的管理方法,对图书馆各个部分、各种资源按照系统的要求进行组织和运行,讲求整体效果和整体利益,从而达到“系统功能大于各部分功能之和”。这方面的著述很多,如玻奥尔特的《大学图书馆系统分析案例研究》(1968)、莫尔斯的《图书馆效益系统的方法》(1969)、切曼等人的《图书馆系统分析》(1970)、史密司·大卫的《图书馆与情报管理的系统思想》(1980)。

与以前各时期相比,现代图书馆管理研究除重视系统的思想和方法外,在研究的内容、深度、方法上都有新的突破。如定量技术的采用、工作评估、计划与决策、管理信息系统都给图书馆管理带来了前所未有的进展。

由定性到定量,对图书馆管理来说,无疑是一场深刻的变革。它打破了多少年来图书馆管理凭经验、凭主观臆断的做法,而力图以科学的、精确的意义上来管理图书馆。美国西蒙斯大学图书馆学院副院长刘钦智教授编辑、撰写的著作,如《运筹学模型在图书馆中的应用:案例研究》、《定量衡定与动态性图书馆工作》等,在促进图书馆管理定量化方面起了积极的推动作用。

近年来,人们越来越感到计划、决策和评价的重要性。于是一些诸如 MBO(目标管理)、ZBB(零基预算)、PERT(计划评审技术)和 PPBS(计划规划预算系统)等技术方法也被引进到图书馆管理的著作中。

上面对西方图书馆管理研究做了一点整理和析。我们看到,研究者们在把一般管理理论应用到图书馆管理上作了可贵的探索。另一方面,令人忧虑的是,飞速发展的理论研究与图书馆管理实践之间正在产生一道鸿沟。有人抱怨,ZBB、MBO等并没有与图书馆有机地结合起来,管理理论的提出并没有给管理工作带来明显的变化,甚至有人有对管理理论抱排斥态度的倾向。

一位大学图书馆长认为:“管理系统的真正危险,是它提供机械模式处理复杂问题,使我们不能以实用、现实和常理的方式去思考和解决管理问题。”

笔者认为,西方管理著作中的理论与图书馆实践之间的差距不能归咎于管理学的引进。这是因为理论往往具有超前性,把管理学的成果应用到图书馆管理实践中,需要有一个吸收、咀嚼、消化的过程。引进本身无可厚非,问题在于怎样把管理学的理论有机地与图书馆的实践结合起来,而不是生搬硬套。排斥引进,只会使图书馆管理裹足不前,是不足取的。

另一方面同样重要的是,作为管理者怎样看待管理理论。实际上,做好管理工作是极为困难的,难以仅仅通过读书和研究就能获得到。相信和确认存在一成不变的管理原则,并且图书馆管理者只要学会并把这些原则应用到自己的图书馆,取代传统的方式就大功告成,那将是错误的。事实上,管理理论还没有达到这种终极的和普遍适用的程度。把抽象的原则或概念同实际情况联系起来是一项艰巨的智力活动。正如有人所说:“科学管理并不是灵丹妙药,它本身并不是目的,而被证明是一种只有灵活地运用才能帮助管理者实现图书馆目标的工具。”[5]

关于图书馆管理研究,印度著名的图书馆学家米陶(R. L. Mittal)教授有精辟的论断,他认为“图书馆管理可以从管理的角度,也可以从实践的角度进行研究。但是,要取得良好的结果,实际管理必须依据完善的理论原则,另一方面,要获得完善的理论原则,又应该以实际经验作为基础。”[6]

西方的图书馆管理研究,应该承认,尽管近年来一些人试图用案例研究(Case Study)、模拟(Simulation)、角色扮演(role-playing)等方法弥补理论上的空洞和缺陷,但仍有套用管理学理论的痕迹,而忽视了图书馆实践的基础,或还没有找到二者的最佳接点。这应引起我国图书馆管理研究者的深思。

参考文献

[1]周文骏. 文献交流引论. 书目文献出版社,1986

[2]Encyclopebia of Library and Information Science

[3]Evens,G. E. Management Technigues for Librarins(Second Edition). Scarecrow Press,1995

[4]Mole,A. The development of Library management Concerns 1870 – 1950. in:A. Vaughan. Studies in Library management,Vol. 6. Clive Bingley,1980:95

[5] Dougherty, R. M. , Heinritz, F. J. Scientific Management of Library Operations. Scarecrow Press,1966

[6]Mittal,R. L. Library Administration:Theoy and Practice. New Delhi:Metropolitan Pub,1978

(原文载:《图书馆学研究》,1987(3))

国外关于馆藏经济问题的研究

自本世纪60年代以来,由于图书出版量的激增、图书馆的财政困境以及经济学理论的广泛应用,美国等一些国家对图书馆藏经济问题有了越来越多的研究,试图提出一些能够指导将从图书馆采购中获得的益处。

换言之,对于图书馆购置的任何一本书图书馆活动的理论和方法,从而解决如成本及效益等问题。一批经济学家也参与了这种研究,将现代经济学方法引入图书馆经济分析之中,推动了图书馆经济学的发展。

1　图书的选择

选择图书一向被视为图书馆的一项最重要的工作。美国经济学家纽豪斯(J. New house)和亚历山大(A. Alexander)于1972年发表了《公共图书馆工作的经济分析》的研究报告。在报告中对"图书馆应该购买什么样的图书才能从经费中收益最大"进行了讨论。结论是,图书馆应购买能给读者带来最大益处的那些图书。那么怎样衡量这种益处?他们解决的办法是,如果图书馆没有收藏这本或那本书,读者将付出多大的代价,然后依此制定购书准则。为此,他们制定了几条假设,首先假定就任何一本书而言,都可以把读者分为三类:①若图书馆未收藏,则自己购买。②自己不想购买,但若图书馆有收藏则想借阅。③既不购买也不借阅。

他们说,如果图书馆收藏那本书,前两类读者得到某种益处。第一类读者将得到与书价相当的益处,将由于图书馆采购的直接结果而把那笔钱节省下来。第二类读者得到的益处则有多有少,如果图书以九折出售,一些人会前去购买,其他人则可能在书价降到原价10时才会购买。因此这就是他们来说,第一类读者获得与书价相当的益处,第二类读者获得的益处相当于书价的1%到99%不等。由此,纽豪斯和亚历山大推断:对任何一定数量的第一类读者而言,图书的价格越高,对读者的益处越大;对任何一定价格图书而言,一类读者的数量越多,对读者的益处也越多。

"怎样才能确定一类读者数量"呢?他们又作了一个近乎合理的假设:图书被借出的频率是欲购买图书馆未藏图书的读者人数的指数。也就是说,对于某一本图书而言,一类读者的数量与图书被借出的频次成正比。因此,他们的结论是:读者从图书采购中获得的益处取决于图书的价格和图书被借出的频率。如果图书馆要想从图书经费中最大限度地受益，就应该花力气购买价格高、受欢迎的图书。

这一研究的价值在于，它向图书馆员指出，如果图书馆的目标是从图书经费中给读者最大限度地带来益处，那么就应遵循纽豪斯和亚历山大提出的原则。

2 馆藏的规模

斯多利亚洛夫最先提出用以计算公共图书馆馆藏最佳规模的公式。他首先确立了馆藏量、周转率和读者数一些简单的关系，加上较为简单的代数，提出一个公式。虽然这个公式还不十分精确，但的确表明了馆藏的近乎最佳规模。为方便起见，我们假设：

a = 利用率（每册书的借阅次数）

b—总流通量（总借阅次数）

c—藏书量（馆藏中书刊数量）

d—读者数量

e—阅读率（每个读者借阅数量）

f—图书保障率（每个读者拥有书刊数量）

我们可以说，每本书的利用率等于总流通量除以藏书量，即 $a = b/c$ ，但我们可以用不同式子来表示总流通量和藏书量。

总流通量等于读者数乘以阅读率，即 $b = d \times c$

藏书量等于读者数乘以保障率，即 $c = d \times f$

因此，我们可以把这些新值替换到第一个式子中，得到 $a = b/c = d \times e/d \times f = e/f$ 这个公式看似意义不大，但是斯多利亚洛夫认为，要想实现馆藏规模最佳化，必须注意每册书的利用率。事实上，这正是用以衡量最佳馆藏的尺度。他的工作是试图确立每册书利用率的最高和最低值。一旦这两个值已知，就可根据公式，计算最佳规模。

对前苏联任何类型的图书馆而言，平均阅读率是17—23，这在过去20年一直保持不变。由此，斯多利亚洛夫认为，平均每册书最大可能利用率是4。因为如果阅读率为17，利用率为4，那么应用公式 $f = e/a$，保障率为4.25。这意味着若允许每个读者每次借5本书，书架将是空的。换句话说，达到每年平均每册书借阅4次是不可能的。斯多利亚洛夫应用他的理论，采用了每册书借阅3次的最大量，这样根据已知的阅读率，就可得到每个读者拥有8—12本书的区间作为公共图书馆最佳馆藏规模。

3 馆藏的效益

馆藏一旦建立起来,就必然存在影响馆藏效益的若干因素,但是分析这些因素之间的关系因无法衡量图书馆的输出而受到影响。有的人以布克兰德为代表,采用了“文献可得率”(document availibility)概念,即人们找到他们正在寻找的文献之可能性。这个概念是布克兰德在兰卡斯特大学工作时使用的。他的工作及后来对这个课题的研究对图书馆经济学理论的发展作出了重要贡献。他的研究主要是建立联系,即研究共同影响文献可得率的那些因素之间的关系。

布克兰德认为,这些因素就是图书馆拥有某种图书的复本量、某本书被查找的频率和当复本被借阅而不在架上的时间。换言之,复本量、需求和借期是决定文献可得率的三个主要因素。他把这些因素之间确定为下列关系:

(1)对给定的借期而言,文献可得率取决于需求,需求越高,可得率越低。文献可得率与需求成反比。

(2)对任何给定的需求水平而言,文献可得率取决于借期,借期越长,可得率越低。即可得率与借期成反比。

(3)对任何给定的可得率而言,借期肯定与需求有关。需求越大,借期一定越短。即需求与借期也成反比。

(4)增加复本量与缩短借期效果相同,都增加文献可得率。

一旦这些关系以数字语言表达出来,就可以计算出达到一定文献可得率的策略。由于在一定程度上,借期长短与复本政策殊途同归,因此可计算出两种策略,一种基于借期的不同,另一种基于复本政策的不同。

这一理论于1969年在兰卡斯特大学进行了试验,发现改变借期要比改变复本量划算得多。同时也赋予图书馆员以更大的修改政策的灵活性,以适应了变化了的情况,当实际采用不同借期时,他们发现,只要改变不同种类资料的借期,可以达到一定的文献可得率。需求最高的图书借期最短。

(原文载:《图书馆学研究》,1993(1))

国外对数字图书馆概念的认识

数字图书馆的研究已引起世界各国的高度重视。信息技术的进步和各国政府对信息基础设施投资的增加导致数字图书馆的发展形成全球性的热潮。但我们在研究中发现,即使是研究和建设走在前面的发达国家对数字图书馆也没有一个统一的、为人们所共同接受的定义,这反映出人们对数字图书馆还存在不同的认识。D. Bawden 和 I. Rowlands 指出,研究数字图书馆的概念,不仅仅是学术上的吹毛求疵,而是影响资助机构、研究人员和从业人员达成目标和任务的共识,从而使图书馆工作未来的成功发展大打折扣。[1]本文拟根据国外的相关文献,对这些认识作一些梳理,以便我们对国外对数字图书馆的认识有一个全面的了解。

1 数字图书馆定义的多样性

数字图书馆的许多定义已见诸文献,但对数字图书馆的概念隐含的基本含义众说纷纭,对一些最基本的术语也是莫衷一是。从对已出版的文献的考察可以看出,当前国外数字图书馆研究工作还处于探索阶段,设想、定义和观点五花八门,如果说“数字图书馆”一词对不同的人来说具有不同的定义并不为过。有人统计,关于数字图书馆的正式和非正式定义有 64 种之多,既有联邦资助的数字图书馆研究所作的所谓“严格的”的定义,也有比较宽泛的定性。[2]

与数字图书馆类似的术语有:电子图书馆、虚拟图书馆、复合图书馆、门户图书馆、未来的图书馆、没有围墙的图书馆。这些术语有时与数字图书馆同义,有时表示下位类,有时代表上位类,有时还表明不同的概念。

“电子图书馆”(electronic library)一词比数字图书馆用的时间长,通常在方法上有些陈旧。它一般在传统图书馆工作的框架内以数字形式提供资料。复合图书馆(hybrid Library)通常被认为处于传统向数字图书馆的过渡阶段,电子与文本资源并存。S. Sutton(1996)最早引入这个词,认为它处于“传统—自动化—复合—数字”这一连续体中。复合图书馆的挑战是集成存取以多种形式存在的本地和远程的资源。支持者认为它本身就是一个有意义的模式,而不是传统到数字的过渡状态。门户图书馆(gateway library)一词的意思与复合图书馆大体相当。W. Crawford 把这种类型的图书馆称为“复杂的图书馆”(complex library)。有时使用“虚拟图书馆(virtual library)一词,尽管在含义上不尽一致,但常使用这个词描述网络资源。”未来的图书馆(Library of the future)似乎是一个无所不包的词语。而“没有围墙的图书馆”(Library of without walls)有时不仅指数字馆藏,而且指利用实物资料开展的对外活动。这些概念似乎都意义不太。“数字图书馆”一词,尽管含义摸糊,但包容了上面提到的所有的概念。然而,它特别蕴涵两个特别的含义:高度的数字化(即高度依赖数字化资源)以及超越时空的分布式存取。

Ian Rowlands 和 David Bawden 认为,真正的数字图书馆应该是完全虚拟的,没有任何形式的真实(物质)部分。[3] 根据 W Crawford 的研究,对完全数字化图书馆的认同的高峰期是在 1990—1994 年间。从那时起,趋势就一直是“复合”(或“混舍”)的馆藏思想占主导,经典意义上的数字图书馆(即,纯粹的数字化资料)只是由“最极端的支持者”所使用。尽管如此,这个词仍然用得很广泛,虽然在含义上仍很混乱。[4]

在表述数字图书馆的含义上,人们使用了多种词语,在一份对 30 个定义的总结的报告中,作者归纳出的词语有:信息资产库、海量信息库、各种联机数据库和信息产品、信息库依附的计算机存储设备、计算机化网络化的图书馆系统、借助因特网存取的数据库、光盘信息产品、数据库服务器、拥有联机目录的图书馆、计算机可处理的信息集合。[5] 在另一份报告中。H. M. Gladney 等人归纳的提法有:多媒体数据库、信息采掘、信息仓库、信息检索、联机信息仓库、电子图书馆、影像数据库、万维网(WWW)和广域信息服务(WAIS)。[6]

P. Brophy 把这一领域术语的混乱部分归咎于人们从不同的视角研究这一课题。他区分三类视角:数字环境下的图书馆学、本来就与图书馆无关的领域(从计算机研究到电子商务)、社会动因——政策、规范及文化需要。也有人认为造成概念的混淆和实际实施存在的缺陷的原因,是大多数数字图书馆的研究仅仅局限于某一个范畴。[7]

2　有代表性的数字图书馆的定义

DLI 并没有定义“数字图书馆”,而是采取宽泛、模糊的处理,以便容纳多方面的可能方法和领域。因此,该计划(特别是 DLI-2)包含了多种多样的课题,将数字图书馆的含义延伸到(且不限于)数字化的方方面面。

D. Bawden 和 I. Rowlands 将数字图书馆的定义归纳为三类,一类定义主要关注的是技术:数字图书馆使用户与网上传递的信息有效地进行交互(B. R. Chatz, 1997);二类定义主张从更大的背景出发:数字图书馆指的是利用动态的或成为档案的文献库提供电子文献的信息系统和服务(Etliott& Kling,1997):三类定义强调把数字图书馆作为社会技术系统:当前的研究不是把数字图书馆视为特定的技术,而是采取组织的方法,将数字图书馆置于特定的学习与教育环境之下(Travica,1997);数字图书馆是利用电子资料、资源、计算机设备和技术将读者、作者、图书馆员和研究人员联合起来的人类活动系统(Covi & Kling 1996)。

学术界与实践界对数字图书馆有不同的认识。[8]按照T. Saracevic的说法,学术界对“数字图书馆”并没有严格的定义。1997年M. E. Lesk(DLI子计划负责人)在第一部有关数字图书馆的教材(Practical Digital Libraries: Books, Bytes, and Bucks)中的表述最接近定义:数字图书馆是经过组织的数字化信息集合,将图书馆与档案馆通常开展的信息构建和搜集工作与通过计算机所实现的数字化描述(digital representation)融为一体。

数字图书馆联盟(DLF)提出的被成员馆认同的数字图书馆的“工作定义”代表了实践界的定义:数字图书馆是提供资源(包括专业人员)的组织,目的在于搜集、构建、存取、揭示、传递、保管大量的数字化作品,并保证其时间上的持久性。从而可以被特定的群体方便而经济地加以利用。[9]

1999年,C. L. Borgman(加州大学洛杉矶分校教授)提出了一个较为复杂的数字图书馆的定义,可以认为是学术界的定义与实践界的定义的桥梁:(1)数字图书馆是以生成、检索和利用信息为目的的海量电子资源与相关技术,是对处理各种载体的数字化数据的信息存储与检索系统的延伸与强化;(2)数字图书馆是用户构建、收集和组织的,并提供给用户使用,作用是满足用户的信息需求和信息利用。[10]

D. M. Levy和C. C. Marshall(1995)考察了数字图书馆的三大特征:数字图书馆馆藏拥有固定的、永久性的文献;数字图书馆依赖数字技术;数字可供个人单独使用。与此相对的是,英国图书馆电子图书馆计划(1998)的指导原则是:数字馆藏可以在不同的地点建立起来,但利用时就像在一个实体中一样;数字馆藏的组织、分类和标引要比原来的形态更容易利用;数字馆藏的存储和维护要保证其过了新颖期后仍能继续得到。[11]

我们所见到的最新的定义是W. Y. Arms(康乃尔大学教授、D-Lib杂志主编)提出了所谓的非正式定义:数字图书馆是经过处理的信息集合,并提供相关的服务.其信息以数字形式存储,通过网络存取。[12]

一些组织对数字图书馆的定义也许更为正式一些。除了数字图书馆联盟的定义之外,英国图书馆电子图书馆计划的定义是:利用数字技术获取、存贮、保管并提供利用信息和资料，不管其原出版形式如何。[13] ALA 图书馆资源委员会则提供了若干定义，供专业人员考虑什么是数字图书馆：(1)数字化的或经过编码的资料集合，以便进行电子传输；(2)拥有或控制这种资料的组织或机构；(3)将提供利用电子信息、制订价格、提供查找帮助和保护版权限制的各现有机构联系起来的机构；(4)将各机构汇聚起来的联合体；(5)对所有资料进行扫描、输人和编码的图书馆，使全部馆藏可以在任何地方进行电子存取；(6)可以进行因特网存取和拥有光盘馆藏的图书馆。[14]

1998 年 1 月在一次有关数字图书馆计量学工作会议上提出的定义是，数字图书馆是通过电子、数字手段直接或间接组织和展示信息对象，并支持用户处理信息对象的服务系统和信息对象集合。[15]

影响最大的是，美国研究图书馆协会(ARE)归纳出 90 年代前期流行的数字图书馆的各种定义中具有共性的五个一般性要素：数字图书馆不是一个实体；数字图书馆需要技术连接许多图书馆的资源；数字图书馆与信息资源的联系对用户是透明的；普遍存取数字图书馆是最终目标；数字图书馆馆藏不限于文献代用品，还包括没有相应印奉的数字制品。[16]

对各种各样的定义以及目标说明和计划建议的分析表明，数字图书馆具有下列特性的资源：服务于特定的群体；可以不是一个实体；以统一的、逻辑的组织结构为支撑；既可用于存取，也可用于学习；最大限度利用技术资源和人力资源(图书馆员)；运用多种存取方式，提供快速、有效的存取；提供免费的存取(也许只限于特定的群体)；拥有并控制资源；拥有的馆藏规模大、保持的时间长，组织管理有序，载体类型多样化，包括物体(object)，而不仅仅是描述(representation)，包括原始形态为数字化的物件；数字图书馆是图书馆、信息服务机构，有物理或虚拟空间(或兼而有之)，其中向用户提供服务的大多数资源只以数字形式存在。

D. Bawden 和 I. Rowlands 将学术界关于数字图书馆的主要观点总结如下：(1)基本认识方面：① 有(或将要有)数字图书馆之类的东西。② 多数(如果不是全部)图书馆将随着时间的推移慢慢演变为“完全数字化”的状态；多数(如果不是全部)图书馆将无限期地仍然处于“复合”状态，数字化资源与非数字化资源并重。前种观点的持有者通常是科技和商业资料领域的工作者，特别是那些拥有计算机背景的人；后种观点的持有者来自拥有图书馆背景的人。④ 实施数字图书馆意味着组织和文化的变革。④ 数字图书馆建立在图书情报职业的传统优势之上，是图书情报职业以全新方式发展的催化剂，标志着传统图书情报专业人员的完结。(2)内容方面：① 数字图书馆将拥有以数字形式存在的资料。② 数字图书馆将拥有确定的馆藏。③数字图书馆将拥有文献。④ 在数字图书馆中将继续重视文本。⑤数字图书馆的内容将来自出版过程。⑥数字图书馆重视资料的保存。(3)服务与利用方面:① 数字图书馆的利用方式与传统极为相似。② 数字图书馆将包括传统目录的替代物。③数字图书馆将提供广泛的查询和浏览工具。④ 数字图书馆将提供集成服务,理想的状态是实现“无缝”集成。⑤ 数字图书馆将为每个用户提供制定的界面。⑥ 数字图书馆将作为门户(gateways 和 portals)。⑦ 数字图书馆将支持信息的分析和处理。⑧ 数字图书馆将提高人们的信息素质。(4)研究与评价方面:① 从事数字图书馆的研究是可能的。② 评价数字图书馆的效益是可能的。

3　数字图书馆的研究领域

不管图书馆的外部特征多么不同,有一点是相同的:拥有和提供利用收藏的文献。这些文献需要利用技术来生成和维护,这又需要大量的人力来开发——从印本到面向对象的数据库。文献和技术通过图书馆来支持人们的工作。文献、技术和工作之间的这种联系强调,在数字图书馆中技术进步并不是创新的唯一源泉。技术基础设施本身并不能构成数字图书馆,数字图书馆需要面向特定用户群的内容(content),具体地说,就是经过整理的内容。数字图书馆发展中的主要问题——互操作、规模、深度语义检索、保管等,都取决于文献、工作和技术的协调解决。

Ian Rowlands 和 David Bawden 借鉴 Yates 模型的三个要素,并重新命名为数字图书馆的信息(文献)、系统(技术)和社会(工作)三个范畴,并提出了基于 E. Reid 设计的数字图书馆生命周期(导入、探索、集成、融合、开发)和数字图书馆演化的反馈机制(设计、实施、评价)的概念框架。按照这个框架,数字图书馆的模式应包括四个结构层次:用户界面;网络与通讯;信息资源;参考服务系统。这四个层次支持五个基本功能:数字化;大型数据库;快速数据传送;权利;管理。他们还提出了 8 个主题领域:人的因素;组织因素;图书馆管理因素;信息法律与政策因素;系统因素;知识组织与发现因素;对信息传递链条的影响;未来研究与构想。这些主题反映了研究数字图书馆的不同方法和所提出的研究问题的多学科性。

G. G. Chowdhury 和 S. Choudhury 近来对 15 个主题领域的数字图书馆研究进行了评价,提出了每一个领域的主要研究活动,勾画出数字图书馆研究的可能的未来。[17]

在美国图书馆与信息委员会的一份报告中,在分析了世界各国数字图书馆的研究后提出了未来需要共同研究的领域:[18](1)内容:内容编码标准和表述问题;

资源与馆藏描述;数字对象的维护;数字对象的保管;数据库的规模;馆藏发展;内容的规范控制。(2)检索:提问问题(与信息查询行为密切相关);跨范畴检索;以内容为基础的检索和多媒体对象的检索。(3)认证与许可:包括支付系统以及异类支付、合同系统的一体化。(4)传递:对象从异类资源和系统向异类中介和终端用户系统的传递;维持一致性。(5)互操作:特别是异类服务的互操作。(6)数字图书馆的用户:包括终端用户界面设计;个性化;个性化传递;数字化资源的利用(信息查寻行为以及资源、系统实际被利用的方式);支付能力。(7)存取能力:所有用户的能力,包括残疾人利用数字图书馆服务(包括多媒体)。(8)集成:数字图书馆作为工作或生活的一部分(如学习环境);“记忆”机构建立无缝“记忆服务”与“记忆资源”之间的联系。(9)经济学:根据电子商务和变化了的网络信息机会和关系重新设计信息链。(10)立法:立法和合同问题,包括 IPR、版权、数据保护、隐私、权利谈判、审核。(11)社会与政治:数字图书馆的影响和潜在影响;数字图书馆对社会、政治范畴内外的议程的影响。(12)过渡:有计划地从传统经由复合到数字服务的转移;在电子环境下从文献遗产中汲取营养。(13)技能:用户和员工技能要求与提高。

国外数字图书馆处在不断地探索之中,没有既定的法则,没有既定的模式,人们往往从自身的学科背景认识、研究和建设数字图书馆。从国外对数字图书馆概念的认识中,我们可以认为有两个特点,一是对数字图书馆的认识正在经历从简单到深化的过程;二是从重视资源和技术到重视数字图书馆的服务功能,重视数字图书馆的人性面。B. Sloan 指出,数字图书馆的构成必须考虑人(用户和服务提供者)的作用,技术和信息资源本身不能构成数字图书馆。[19]

无论怎样,人们正在从不同角度,作各种努力研究和建设数字图书馆,在不断的探索中,既有可资借鉴的经验,也有引以为戒的教训。国外的研究认为数字图书馆成功的要素是:(1)目标明确;(2)领导有力,人才充足;(3)良好的技术路径和决策;(4)高质量的内容和数据管理;(5)向用户提供多种存取方式;(6)持续地作出评价。[20]

参考文献

[1] David Bawden, Ian Rowlands. Digital Libraries: Assumptions and Cnncepts. Libri, 1999(19): 181 - 191

[2] Candy Schwartz. Digital Libraries: An Overview. The Journal of Academic Librarianship, 2000, 26 (6): 385 - 393

[3] Ian Rowlands, David Bawden. Digital Libraries; A Conceptual Framework. Libri, 1999 (49):

192 - 202

[4]What is hybrid library. Journal of Information Science,1999(25)2:97 - 112

[5] Bernie Sloan. Service Pempectives for the Dagital Library Remote Reference Services. http://alexta. hs. uiuc. edu/ ~ b ~ sloan/e-ref. html

[6]Henry M. Glaney. Digital Library: Gross structure and Requrements Report from a March 1994 Workshop. http://www. Csdl. tamu. edu/DL94/paper/fox. html

[7]同[3]

[8]Telfko Saracevic. Digital Library Evaluation: Toward and Evolunon of Concepts. Library Trends, 2000(49)2:350 - 369

[9]Alexa T. McCray,er al. Extending the Role of Meradata in a Digttal Library System. Proceedings of the IEEE Forum on Reareh and Technology Advances in Digital Libraries. May 19 - 21,1999 (Bahi-more,Mary Land):190 - 199

[10] C. L. Borgman. What are digital libraries? Compering visions. information processing and management,1999(35):227 - 243

[11]N. Meyyappan,G. G. Chowdhury,Schubert Foe. Review of the Stare of 20 Digital libraries. Journal of information Science,2000,26(5):337 - 355

[12]W. Y. Arms. Digital Libraries. Cambridge,MA;MIT Press,2000

[13]http://www. bl. uk

[14]John Mcginty. Developing a Digital library:Scale Requirie Partnership. http://www. ala. org/arl/paperhtml/all. html

[15]Barry M. Leiner. The Scope of the Digital Library. http://www. dlib. org/metrica/public/papers/dig-lib-scope. html

[17] G. G. Chowdhury, S. Choudhury. Digital Library research: major issues and trends. Journal of documentation,1999,55(4):409 - 448

[18]http://www. lic. gov. uk/publication/executivesummaries/rr017. html

[20] Gary Marchionini. Evaluating Digital Libraries: A Longitudinal and Multifaceted View. Library Trends,2000,49(2):304 - 333

(原文载:《图书馆》,2001(6))

因特网不能替代图书馆的十个理由

现在有一种说法，认为有了因特网，就不再需要图书馆了，你想要什么，网上就有什么，因特网将使图书馆显得过时了。这里我们介绍美国温斯罗（Winthrop）大学达卡斯图书馆馆长赫灵（Mark Y. Herring）提出的因特网不能替代图书馆的十个理由，有助于我们纠正那些常常会引起误导的说法。

1　网上并非应有尽有

有人认为，因特网无所不包、无所不能，你想要什么，网上就有什么，这实际是一种误解，网上资料虽然很多，但也并非应有尽有。在因特网上数以十亿计的网页面前，你常常会感到无所适从。而且，网上免费的有实质内容的资料极少。例如，全部期刊只有8%上了网，网上的图书比例更低，而且上网的书、刊收费昂贵，如果你想要 Journal of Biochemistry、Physics Today、Journal of American History 等等，你必须付费，并且是成百上千美元。

2　网上查询犹如大海捞针

因特网就像一个大型的没有编目的图书馆，不管你使用的是 Hotbot、Lycos、Dogpile、Infoseek，还是其他十几种搜索引擎或元搜索引擎，你都不是在查询整个网络。网站常常号称什么都能查，但实际上并不是什么都能提供，而且所查询的资料并不是每天、每周更新，甚至几个月也不更新一次。如果你想查找某一个主题的文献，可能会检索出成千上万条结果，真正有用的并不是很多，而且你得花大量的时间去精选和过滤。

3　质量控制子虚乌有

的确，我们需要因特网，但网上除了有科学、医学和历史资料（如果准确的话）外，还有大量的垃圾。色情网站、政治宣传网站、挑拨种族关系网站层出不穷。网上没有质量控制，也不可能有。标新立异常常是网络的驱动力，任何一个疯子都可以在网上放东西，污七八糟，无所不有。

4　缺少的正是你需要的

图书馆正在掀起一股期刊数字化的热潮，全文网站尽管规模很大，但并不总是什么都有，没有的可能正是你需要的。比如，这些网站的文章经常丢失，特别是注释、表格、图形和公式常常无法显示，特别是当你要打印它们的时候；数字化的期刊改名频频，常常不预先通报。尽管图书馆花掉很多钱购买使用权，但期刊有什么变动，图书馆很少得到通知。数字化期刊的使用必须审慎、有计划和权衡利弊，而不是全铺开，完全依赖它们。

5　买一本书在网上流通，不行！

是的，我们可以建一所全国性的中学、一所全国性的大学，有少量的教师通过视频点播向每个人授课。我们甚至可以建一个数字化运动队，那该多省钱呐！自1970年以来，大约每年都要新增5万种学术期刊，在这150万种期刊中，网上提供的不足2000种。网上的有大约2万种是1925年以前出版的。为什么？没有版权限制，这样的话价格就不会比印刷版高出2—3倍。最后，销售电子图书的商人只允许每个图书馆获得一份数字版本，如果你想在网上出借电子图书，必须等人归还，要是你逾期不还，没什么讨价还价的余地，罚款将自动从你的信用卡中扣除。

6　电子图书没什么可留恋的

我们多数人忘了我们关于缩微胶片所说过的话："它将图书馆缩成鞋盒子大小"，或者当教育电视发明时我们曾说过："今后需要的教师将大大减少"，事实并非如此。对电子图书也不应抱什么幻想。试一试将一本电子图书读上半个小时，不头昏眼花才怪呢。此外，如果你阅读的资料超过两页，怎么办？打印下来。况且，阅读器的价格为200到2000美元，越便宜，对眼睛的伤害就越大。价格将会变动吗？毫无疑问，但现在还没有降价的市场力量。75年内会降下来吗？不可能！

7　现在不是出现了没有图书馆的大学吗？

是的。最新的加州州立大学蒙特利分校数年前成立时并没有建图书馆。但在最近两年，他们已在成千上万地买书，因为他们发现在网上无法找到所需的资料。加州州立理工大学是世界上最高水平的工程师和计算机天才云集之地，该校曾花了两年的时间探索建立一个虚拟图书馆（完全电子化的）的可能性，最后的方案是建一所投资4200万美元的传统图书馆，当然电子化是很大的一部分。换句话说，完全虚拟的图书馆行不通，不曾行得通，现在行不通，我们这一生也行不通。

8　虚拟图书馆真的能大行其道吗？

将每一本印本资料数字化的成本高得不可想象，光在版权租赁上就要花费数千万美元，而这只能买下一所大学的一个虚拟图书馆。有一家公司曾花费1.25亿美元将获得许可的5万种图书数字化，按照这个比率，要想将拥有40万件馆藏的一个中等规模的图书馆数字化将花费10亿美元！然后，你需要保证学生们可以随时随地平等地利用它们。最后，一旦将珍贵的原始资料数字化，那些原始资料怎么处理？扔到垃圾堆里？

9　因特网宽度有余深度不足

因特网只不过有15年的历史，提供网上期刊阅览的销售商通常在增加新的年度资料时把以前的资料撤下，利用旧的资料是很贵的。如果只能从网上获取文献，那么在今后的年度里，学生们只能学习和利用过去15年写的学术性资料。

10　因特网无处不在，但图书携带方便

在最近的一次对电子图书购买者的调查中，80%以上的人说他们喜欢在网上买纸本书，但不喜欢在网上阅读。在我们的血脉中，我们有近1000年阅读纸本书的历史，在今后的很长一段时间内，这一点不会改变。我们承认，现在资料的传递方式正发生根本性变化，但这些变化在很大程度上是表面上的。不管怎样，至少在可以预见的未来，人类总是对一本好书情有独钟，而不是笔记本电脑。

网络是伟大的，但代替服务完备的图书馆还可望而不可及，如果超越了工具来看待它，则未免过高地看重了它的作用。图书馆是人类文明的标志，是知识的集大成者，如果让它废弃，我们就会使自己民族的精髓濒临灭绝，毋宁于宣判将我们的文化扔进历史的垃圾堆里。建设和维护图书馆确实要花一大笔钱，但从国民教育和国家科技文化的发展需要来说，这笔投资是值得的，我们要做的是想方设法在不萎缩服务的同时削减开支。因特网是个奇迹，但认为它将取代图书馆无异于削足适履。让这种观点流行，对图书馆事业的发展不利，对国家科教事业和民族文化的发展不利。图书馆在当今社会中的作用仍将是不可替代的。

编译自：Mark Y. Herring. 10 Reasons the Internet is no substitute for a library. American Libraries, 2001(4)

（原文载：《图书馆理论与实践》，2002(1)）

国际图书馆发展态势

自90年代中后期以来,以美国为代表的西方发达国家的图书馆事业出现了新的突飞猛进的势头。网络信息技术给图书馆的发展带来了前所未有的机遇,但也对图书馆提出了更高的要求和更高的期望。图书馆如何运用最新的理论和最新的信息技术,提升文献信息服务能力,更好地适应社会形势的变化,更充分满足用户对文献信息的需要,是图书馆发展到今天必须解决的重要课题。寻求发展的突破口,推动文献情报工作持续创新,是当今国际图书馆发展的最主要特点。具体说来,至少有以下十个方面标志着国际图书馆发展的一些态势。

1 建立信息资源整合机制

传统图书馆历来视馆藏为图书馆的物质基础。所以馆藏建设一直是图书馆的重要工作内容。随着社会的发展和信息环境的变化,传统图书馆馆藏建设的内容和模式都在发生巨大变化。处于转型期的当代图书馆馆藏管理的显著特征是寻求建立信息资源的整合机制。未来一段时期内,通过现代信息技术实现信息资源的整合是图书馆馆藏管理的主要研究内容和发展的必然要求。在评价一个图书馆的信息资源体系时,信息资源的整合化程度和信息资源整合能力是一个关键考察要素。

1.1 建立信息资源整合机制的动因

信息资源本身的形式已经发生了巨大变化。纸质信息源、电子信息源、网络信息源并存发展,但用户对特定信息的需求是不以媒体的变化而变化。用户面对如此庞大的、多类型、多介质、多格式、多传递渠道的信息资源集合,常常有无所适从、茫然无措之感。信息资源多样化要求信息资源建设必须朝着整合化的方向发展。

从根本上说,用户对快捷、便利的需求越来越明显。纵使信息再丰富,但用户用起来需多次检索、多次比较筛选,对用户必然带来不便。用户更加看重利用文献信息资源的效率,更加看重省事省力的原则。因此,不论图书馆收集了多少资源、收集了什么样的资源,对用户而言都是屏蔽的。用户只关心他能否在图书馆中查找得到他所需要的信息。

1.2 整合的对象

信息资源整合的对象包括:

• 不同载体、不同类型的信息资源之间的整合。例如印刷型文献与电子型、网络型、虚拟信息资源之间的整合。

• 传统信息资源的数字化转换工作,实现从印本资源到电子资源的转换。

• 各种类型电子信息资源的整合,特别是异质信息资源的整合,实现互操作和跨库检索。

• 本地资源和远程资源之间的整合。很多图书馆把提供远程存取电子信息资源作为自己的战略发展目标。例如谢菲尔德大学图书馆制订的题为《信息新世界》战略规划(2001/2002—2003/2004)提出的目标之一是:"加强对全球范围内电子信息资源(包括一次文献和二次文献)的存取"。

1.3 信息资源整合机制的工作内容

• 政策问题。信息资源的整合工作应该成为图书馆馆藏管理政策的核心。图书馆制定政策必须考虑到信息资源整合、如何整合、如何利用整合后的信息资源等问题。

• 信息资源的整合面向信息的增值。信息的整合过程要能够实现信息的增值。尤其是网络资源的整合,致力于通过因特网资源的搜集、评价、筛选、链接、导航,为用户提供资源增值服务。

• 特色信息资源的整合。整合工作需要考虑资源的特色化,突出本馆的发展重点,符合用户的信息需求。

• 整合过程需要确定不同类型信息资源的比例,制定明确的计划,提高资源的总体效应。

• 重视相关技术的研究与开发,为资源整合提供技术支持与保障。

• 引进信息提供商的资源开发成果,利用他们的产品和服务来尽快实现资源整合。

• 尽可能多地提供可远程传递的全文文献,提高信息资源的可存取程度。

• 重组符合资源整合机制需要的组织结构,建立适应资源整合战略需要的管理机制。

1.4 信息资源整合机制的目标

• 为用户提供一站式信息服务,满足用户全方位、多渠道地获取信息的要求。

• 提供更加丰富的信息资源,建立分布式信息资源保障体系,实现信息的无缝连接。

- 实现更大范围、更有深度的资源共享。
- 利用整合的信息资源体系提高为用户服务的能力。
- 促进形成以用户为中心,以资源为基础的学习环境、研究环境。

2 提供基于网络的虚拟参考咨询服务

参考咨询服务是图书馆服务的优良传统。自 20 世纪 90 年代中期以来,国外越来越多的图书馆开始通过网络开展参考咨询服务,向远程用户提供对咨询问题的解答。虚拟参考咨询(VRS)已成为图书馆网站和数字图书馆服务十分重要的一部分。图书馆数字化资源的增多和图书馆及用户网络设施的改进,为开展虚拟参考咨询提供了可能,而越来越多的用户可以选择不到图书馆利用文献信息资源,对虚拟参考咨询提出了迫切的要求和新的挑战。

国外图书馆提供虚拟参考咨询的方式经历了两个发展阶段:从异步到同步,从个体到联合。

2.1 异步咨询到同步咨询

所谓异步咨询,就是利用电子邮件接收或答复用户的咨询。电子邮件又包括普通电子邮件和网络表单(Web Form)两种。由于电子邮件具有操作简单、用户普遍等特点,因此很受用户的欢迎,利用电子邮件仍然是最主要的咨询方式之一。但电子邮件咨询的主导形式是设立网络表单,以便于澄清问题和咨询的目的。

所谓同步咨询,就是利用聊天(Chat)软件或视频会议(Videoconferencing)软件,通过网络开展类似面对面的咨询交流,以实现面对面咨询所可能实现的迅捷性。从交互手段来划分,可以将同步参考咨询分为基于文本的参考咨询、基于音频和视频的参考咨询。

基于文本的参考咨询是咨询馆员和用户通过文字输入来进行实时的交流和讨论。与普通的聊天不同,用于参考咨询的聊天软件可以是一对一的,直接建立咨询馆员与咨询用户的交互。并且,还可以通过协同浏览(co-browsing)、网页推送(web-pushing)、预构信息(pre-constructed message)、网络白板(web whiteboard)等技术,提高咨询的效率和效果。

尽管如此,聊天仍然是一种比较粗糙的交互方式,费时费力,信息不直观。基于音频和视频的参考咨询突破了时空限制,最接近面对面咨询方式,已开始在一些图书馆应用。

语音咨询是建立在语音传送协议——VoIP(Voice over Internet Protocol)的基础

上，让图书馆员和用户通过说话来交换信息。现在国外市场上已经有一些参考咨询系统能够提供基于语音的服务功能了，例如 Livehelper、Convey system 等。但语音咨询受到带宽的限制，交互内容无法记录和保存，需要一定的应用和技术环境等等，因此语音咨询还处于探索之中。

视频参考咨询在语音咨询的基础上又高了一个层次。它让交互的双方不仅能够听到对方的声音，而且还能看到表情和手势等其他肢体语言，信号直观，能够提高双方交流的效率。虽然，视频技术在 IT 界早已经是一个专门研究领域，但是基于视频的参考咨询服务在图书馆还是一个新的事物。它更多的是用于视频会议和远程教学。虽然视频处理技术得到发展，但是目前市场上能够提供视频参考咨询的系统并不多。其原因在于：视频参考咨询需要很大的带宽，需要下载或者购买一些软件，用户需要对系统进行配置，需要一些设备（摄像头、扬声器）等等，限制了视频咨询的发展。

2.2　从个体到合作

早期的虚拟参考咨询都是在一个馆内建立起来的，因此受到人力、财力和时间的限制较多。近些年来，合作开展虚拟参考咨询已呈现蓬勃发展的势头，其中主要的合作型参考咨询项目有：

LC 和 OCLC 共同提供的 QuestionPoint（www. questionpoint. com）；

美国教育部的 VRD（http://www. vrd. org/）；

美国伊里诺伊州联盟图书馆系统（Alliance Library System）的“便捷参考”项目——合作型全天候实时咨询；

24/7 参考咨询项目（http://www. 247ref. org/）

英国的 EARL（后来转给 CoEast）的 Ask a Librarian（http://www. earl. org. uk/ask/index. html）。

合作型虚拟参考咨询服务有许多好处，比如各机构可共享专长和资源，延长服务时间，提供对更广泛的来自虚拟咨询服务的知识（例如问答档案）的利用。然而，与其他机构分担工作任务与资源也带来挑战，如保证答复的质量和连贯性，制订工作程序和政策上的统一，以及装备可以为各参加机构最充分利用的技术。合作提供虚拟参考咨询将成为实现随时随地（anytime，anywhere）为用户提供咨询服务的主要方式和参考咨询服务发展的重要趋势。

3　提供个性化服务

数字图书馆的建设，使得用户面临着一个经过整序与加工的巨大的信息资源的海洋;这些信息资源一方面满足了用户对信息资源的广泛需求,同时也使用户陷入信息的海洋中无法自拔;用户需求的多样性、独特性,需要自己特定的信息;数字图书馆技术的进一步成熟,尤其是人工智能、机器学习、信息检索、信息过滤技术、信息推荐等。所有这一切为图书馆提供主动服务、个性化服务、定制,提供了契机。

个性化服务是数字图书馆在与用户的交互过程中,收集用户的兴趣,信息需求等信息,并根据收集的用户信息为用户传递用户所需信息和服务的过程。

个性化服务是数字图书馆服务的一个有机组成部分,每一个有相应权限的用户都有定制个性化服务的权利。这些用户都拥有自己的描述文件,通过它定义自己的信息需求,得到自己所需要的信息。

个性化服务可以体现在信息导航、数据库检索、FAQ、学科专家服务、最新信息服务等服务。个性化应该是集主动服务和被动服务于一体的个性化,两者是互为补充和互为支持的。

3.1 提供灵活多样的定制服务

国外对于定制服务的研究起步于 1997 年,1999 年先后有多家数字图书馆提供了定制服务(My Library),图书馆在个性化服务方面也有了很大的进展。除了 My Library 外,还可以提供 My Links、My Updates 服务。My Links 提供用户自己感兴趣的链接。My Updates 可以为用户自动更新。在定制过程中,网页的外观或内容的改变是明确的和用户驱动的,也就是说用户自始至终都参与了这一过程。不但减轻了用户的浏览负担,也大大降低了对网络带宽的需求。

3.2 信息推荐向合作式推荐发展

根据用户平时的浏览内容,发现用户的兴趣,找到共同兴趣体。共同兴趣体的某成员感兴趣的信息,可以推荐给共同体内的其他成员。如 ACM 数字图书馆,在合作式推荐方面做得相当不错。当一个用户在查到某文献时,将告诉你很多用户在查看这篇文献的时候,还阅览了其他的文献。这种信息推荐方式,既可以主动发送到用户那里,也可以是用户到图书馆网站去查看,实现主动和被动服务相结合,避免“过服务”的现象。

4 完善学科馆员制度

图书馆员的转型是当代图书馆发展趋势中的一个显著方面。转型期的图书馆员需要在其任务、职责、角色等方面作出相应的调整,建立和完善学科馆员制度就是为推动图书馆员顺利完成转型而采取的策略。为适应这种形势,学科馆员制度成为众多图书馆选择的发展方向。

4.1 建立学科馆员制度的意义

图书馆内部和外部环境都在发生巨大变化,图书馆本身和图书馆用户都在要求图书馆员的岗位职责进行调整,从图书馆员的身份认同上我们能够迫切感受到图书馆员角色的转变是必须的,例如人们要求图书馆员应该成为向导(guide)、教师(teacher)、团队成员(team member)、伙伴(partner)等等。之所以对图书馆员提出更高、更新的要求来源于两个方面的压力:一是图书馆需要进一步拓宽服务范围,深化服务层次,而实现这个目标的重要途径在于图书馆员采取积极主动方式介入到科学交流和信息传播的过程之中。这种介入就产生了图书馆员新角色的出现,即学科馆员。二是来自用户及外部环境的压力。当图书馆在资源、服务、环境等方面作出改善后,用户会进一步提出新的要求。用户的高标准要求也说明他们对图书馆员有更高的期待,同时也因为用户在获取信息、利用信息方面存在不足,即使用户具备较高的信息获取和利用能力和技巧,但是依靠用户自身的力量是低效率的,所以他们需要专业人员的支持,以便形成合力。从以上两个方面分析,学科馆员的产生和学科馆员制度的建立是当代图书馆谋求发展的重要途径。

4.2 学科馆员的职责

国外图书馆界对于学科馆员有不同说法,包括学术联系人(Academic Liaison Librarian)、联系人(Liaison Librarian)、学科专家(Subject Specialist)、学科馆员(Subject Librarian,Faculty Librarian)、研究支持馆员(Research Support Librarian)、学科咨询馆员(subject reference librarians)等等。

简单说,学科馆员的职责是帮助用户利用图书馆资源找到所需信息。具体地看,学科馆员承担着下面一系列任务:

- 学科馆员需要熟悉图书馆的馆藏、服务、政策、相关信息技术等内容,要对图书馆采访政策的制定和修改提出自己的建议,以便建设符合用户需求的信息资源体系。要根据用户反馈对馆藏资源进行评价。制定面对特定用户群的学科资源指南和服务指南,有的放矢地进行信息服务。还要善于向某一学科的用户群传播这些知识。所以学科馆员必须是熟悉特定领域信息的专家,能够提供学科专家指导服务。

- 加强学科馆员与用户及用户所在的单位(大学系所、研究院所等)之间的关系,学科馆员成为某个用户或某个研究项目的信息专家,负责某个学科的资源建设、参考咨询、用户教育、信息需求调查等工作,这些工作的引进可以丰富图书馆员的工作内容。这样一来,图书馆员的身份就从传统的提供流通、阅览转变到学术研究团队的一分子,而不是远离读者。有些学科系所、中心还设置了图书馆代表,学科馆员与这些代表建立联系是学科馆员深入用户群体之中的一个有效途径。

• 学科馆员要了解某一学科的研究现状、特有的教学研究方法和学术交流渠道,不能停留在学科之外来提供信息服务,要深入到学科之中,深入到学科的研究人员之中为学术研究提供帮助、咨询、指导。鼓励学科馆员参与用户或某一课题的会议、研讨会等,最大限度地发挥图书馆在支持科研方面的潜力。谢菲尔德大学图书馆的战略规划明确提出要支持科研,要求图书馆员及时了解研究的重点和研究项目情况。

• 建立用户与图书馆员之间的对话途径。学科馆员要深入了解用户需求、用户行为特征,学科馆员代表了用户信息需求的意志,在图书馆采访、图书馆部门设置、图书馆产品和服务调整等问题上有发言权。

• 整理、加工、组织、筛选所负责的学科的信息资源。美国康涅狄格州大学图书馆的学科馆员体系比较全面,完整地建立了 Library Liaison Program,而不像有些图书馆只是列出一个学科馆员名单。该馆的学科馆员体系包括 63 个学科门类,学科范围大小不一。学科馆员负责的学科门类囊括了大量信息,例如,该学科馆藏、该学科数据库、该学科网络工具、该学科重要网站、相关协会、相关系所等。

• 与用户共享专业知识。一方面是用户共享到学科馆员作为对口专业领域信息专家的知识,学会某些信息技能。这需要学科馆员把图书馆的馆藏资源、各种形式的信息服务、信息获取技巧整合到用户信息需求之中。另一方面,学科馆员也在与用户的交流中及时了解学科发展动态,便于跟踪和掌握前沿领域的情况。

• 学科馆员的角色是多重的,学科馆员代表图书馆与用户接触、沟通,同时学科馆员也代表用户向图书馆表达用户的要求,此外,学科馆员的专家地位还有助于他们能够代表图书馆和用户向其他部门、机构管理者表达想法,提出建议。已经有图书馆提出学科馆员要成为图书馆的发言人。

4.3 学科馆员制度的主要内容

组织管理方面,图书馆需要在部门设置、人员培训、岗位调整等方面作出相应的部署。学科馆员制度的建立会对传统图书馆的机构设置、业务流程产生影响,可能会真正推动图书馆业务流程重组进程。图书馆一旦在行政管理上作出调整,学科馆员制度将能够对整个图书馆人员队伍带来一次革命。

成立学科馆员委员会或工作小组,有的图书馆成立了学科馆员顾问小组。明确岗位职责,制定工作计划,指定合适人选,定期组织经验交流,评估考核学科馆员工作的绩效，对外宣传学科馆员制度的功能。例如 UMass Amherst Libraries 的学科馆员制度，为每一个学科安排了四个学科馆员，分别负责联系、馆藏建设、研究伙伴、指导。

学科馆员制度的完善还需要很多方面的配合，例如，由于学科馆员必须深入到学科知识体系的建立、组织和提供利用之中，那么传统图书馆员的知识结构、信息素质就不能满足这一要求，所以学科馆员面临很大挑战，需要在自身素质上作出不懈的努力。同时，图书馆应该为学科馆员提供更多的继续教育，推动图书馆员的知识化进程。

学科馆员面临的另一个挑战是学科馆员的工作是“常为新的”，就是说不同于传统职位上的图书馆员，在一个岗位上可能每天的工作就是例行的或者是反复的。而学科馆员要解决的问题因为用户的不同、研究项目的不同而经常有变化，完成这样的工作对图书馆员的要求很高。

图书馆管理方面还应该协调各个部门之间的关系为学科馆员的工作提供方便，例如学科馆员需要馆藏采访、流通部门的支持，需要参考咨询部门的支持，需要技术应用方面的支持，需要图书馆在明确岗位职责的基础上为学科馆员创造有利的工作环境，认可学科馆员的工作价值，提高他们的工作积极性。

5 从用户教育到信息素质教育

一般认为，信息素质（Information Literacy）这一概念最早出现于 1974 年，近 30 年来，它一直是国外，尤其是美国图书馆界的热门课题，迄今不衰。随着网络化数字化环境的形成，信息用户的信息素质及其教育成为图书馆更重要的任务。

5.1 信息素质的概念和意义

美国信息产业协会（IIA）主席保罗.泽考斯基（Paul Zurkowski）在 1974 年呈交给全美图书馆学和信息学委员会（NCLIS）的一份报告中首次提出了信息素质的概念，他将之解释为“利用大量的信息工具及主要信息源使问题得到解答的技术和技能”。1989 年，美国图书馆协会（ALA）下设的信息素质主席委员会发表的一份关于 IL 的权威报告中对 IL 的定义是至今使用最广泛的一种：“具有信息素质的人必须在需要时能够识别、查找、评价和有效地使用信息”。这份报告也直接促成了 1990 年美国国家信息素质论坛（National Forum on Information Literacy）的建立，论坛通过其成员组织，考察信息在人们生活中的功能并将 IL 纳入其行动计划中。它还支持、发起和监督美国及美国之外的 IL 项目，积极鼓励州的教育部门、高等教育委员会、大学管理委员会等制定规章的机构创建和采用 IL 指导方针。最后，它积极参与教师教育计划,以使教师能够将IL纳入其教学体系之中。在所有这些行动中,图书馆及图书馆员发挥了至关重要的作用。

在信息时代,信息分散分布及信息技术的复杂性对个人的信息素质提出了更高的要求,知识更新速度不断加快,自我学习、终身学习成为基本的生存发展方式,左右人们学习能力的信息素质地位空前提高。面向问题解决,以有效获取和利用信息为核心的信息素质逐渐超越和提升了传统的以指导用户更好地利用图书馆及查找资料的用户教育(或图书馆教育、书目教育)。随着网络化数字化环境的形成,国外图书馆既坚持了必要的在馆内开展用户教育的做法,更重视基于网络的更加广泛、灵活和有效的信息素质教育,开展了大量相关的计划和实验项目。高校图书馆则和教师一道,努力将信息素质融入所有的教学和研究活动中。信息素质在许多图书馆发展规划中都占据了一席之地。

5.2 美国图书馆的信息素质计划

美国国会图书馆鼓励第一次使用图书馆的用户到咨询台寻求帮助,工作人员向他们介绍图书馆的设施和资源,并找到说明图书馆阅览室、馆藏和服务的小册子。较正式的面向研究的课程则由人文和社会学分馆的参考馆员定期讲授。每期课程包括对图书馆阅览室和馆藏的介绍;如何查找和请求获取基藏书库资料的指南;如何在国会图书馆开展有效的研究;如何使用国会图书馆主题词表以及其他通过主题途径精确查找资源;如何查找印刷和自动格式的出版书目及主题索引;如何利用卡片和联机格式的图书馆目录;查找期刊论文引文的程序;以及对自动化资源的总体介绍,包括OCLC FirstSearch,其他基于Internet的订阅服务和CD-ROM等。用户教育有明确的课程计划,并在图书馆网站公布时间表。

德克萨斯大学图书馆开展了“德克萨斯信息素质指南”计划(Texas Information Literacy Tutorial program)。开发了一套教授学习和研究技能的联机模块,在通过网络及相应的软件培养用户获取和利用信息资源的技能的同时,促进人们对审查制度、隐私、社会交往、全球性交流以及法律和政策制定相关的信息问题的理解。该计划应用基于发现的交互式方法来开展学习。华盛顿大学的“Uwired计划”由图书馆、学校技术办公室和教育计划办公室合作,针对全体教师和学生开展。和“德克萨斯信息素质指南”计划类似,在计划中应用了主动学习的技巧来培养学习者的信息技能。它包括了一个广泛延伸的层面,使计划在图书馆的公共研究室、教师的讨论会、研讨会中普遍实施,并和大学新生的课程紧密联系。

6　开展以图书馆联合体为基础的馆际合作

美国向来拥有馆际合作的良好传统,但近些年图书馆联合体(consortium)的作用越来越大。图书馆之间的广泛合作与资源共享已成为共同的必然选择,在今天的美国,图书馆联合体已成为一种生存方式。这些类型图书馆合作形式的演进构成当代图书馆的重要一部分。人们开始选择建立或参加联合体,以降低成本,实现规模经济,增加可以利用的资源数量,拓展为用户服务的空间。计算机、通讯和网络技术为图书馆的合作奠定了坚实的基础。

6.1　图书馆联合体概述

图书馆联合体是由政府主办或民间自发组织的图书馆合作形式。它可以是跨地区、跨系统的。一些联合体是免费的,一些收取会员费和(有时)其他服务费。在一些联合体中,成员是自愿参加的,还有的联合体,则是必须参加的,通常是因为与政府部门(如州)有关。在美国,影响比较大的图书馆联合体有联机图书馆中心(OCLC)、研究图书馆信息网络(RLIN)、俄亥俄图书馆联合体(OhioLINK)、俄亥俄公共图书馆信息网络(OPLIN)、新英格兰联合体(NELINET)、Big 12 Plus 图书馆联合体、宾州大学图书馆联合体(PALCI)。1997 年,图书馆联合体领域的第一个国际性专业组织——国际图书馆联合体协会(ICOLC)成立,到 2000 年 9 月,全世界已有 150 家图书馆联合体加入到国际图书馆联合体协会中来。除此之外,一种新型的联合体正在出现,这就是“超级联合体”(Superconsortium),由若干个联合体构成,侧重于特定的目标,通常购买大型、昂贵的电子产品。一些已捷足先登。一个例子是纽约联合体联盟(NYCofC),由若干个地区网络组成。其目的是加强其他联合体的工作,目前主要进行全国性联合。

6.2　联合体的类型和任务

联合体大致分为四种类型:

- 主要解决大规模技术处理计算机化的大型联合体;
- 解决用户服务和日常问题的小型联合体;
- 限于特定的学科合作的目标有限的联合体;
- 主要解决馆际互借或参考网络问题的目标有限的联合体。

尽管联合体参与联合采购,但联合体的任务更多的则是共享馆际互借系统。图书馆联合体从事的工作主要有:

- 制订和落实联合体整体发展战略;

- 通过集团采购和租赁数据库，降低产品价格；
- 建立统一的业务标准和服务规范，约束联合体成员的业务行为；
- 通过联合目录（建设联合体成员馆的虚拟目录）、馆际互借、文献配送、人员交换等形式实现目录、文献、人力等资源的共享；
- 面向联合体成员提供专业培训和业务咨询；
- 合作开展网上参考咨询和信息服务。

一些联合体正在考虑联合存贮、保管、文献传递、合作采访、合作编目、数字化项目。图书馆联合体还通过会议、论坛等形式，及时交流有关的政策及变化，推介新的资源和服务项目，探讨共同关心的问题。

7 建设作为知识门户的图书馆网站

图书馆网站，目前已经由以前突出以图书馆为中心的网站，发展到以用户为中心、突出资源和服务的门户网站；从过去的数据、信息源中心发展到现在的集数据源、信息源、知识源为一体的中心。图书馆网站内容的变化是图书馆功能的延伸和拓展的具体体现。

7.1 网站的建设以突出图书馆的"资源和服务"为主

像英国健康电子图书馆的网站上，资源方面有："Know-how"、"Knowledge"、"Resource"、"Highlight"、"What's new"、" Hitting the Headlines"、"Document of the Week"、等。在服务上，有搜索引擎、医疗词典查询等。其中"resource"又分为"虚拟专业分馆"、"职业人员门户"、和"参考"三个部分。而关于图书馆的介绍相对就显得少得多。

7.2 信息整合强调导航能力

因为图书馆提供的信息，不管是专业图书馆还是综合性图书馆，如果不提供导航能力，用户就像是在大海中迷路的船只一样。导航的途径是多种多样的，既有基于资源类型的导航，也有基于知识分类体系的导航，同时也可以按照字顺浏览等。美国国家教育图书馆上，就按照资源的提供网站，向用户提供导航，让人一目了然。OhioLink 提供了按主题浏览、资源类型、首字母来提供导航功能。

7.3 信息检索功能和范围在不断扩大

不但能够对各种数据库、信息资源进行检索，还能够对图书馆网站本身内容进行检索。信息检索能够实现跨库（包括同构、异构、本地和网络）集成检索服务。检索手段不但可以对数据库中的字段检索，也能够全文检索，并具有一定的智能服务功能。

7.4 网站建设集信息生成、内容管理、信息发布等于一体

目前的网站建设不再是一个静态的网页建设,而是一个基于数据库平台的,将网页建设、内容管理、信息发布、用户认证等功能集成为一体,支持用户的个性化服务,允许用户定制自己感兴趣的栏目和服务。这样,使得网页建设和管理等具有分布性,为以后向知识库平台的顺利过渡提供基础。

7.5 外部链接的全球化

全球化链接可以充分利用反映不同文化的馆藏、支持不同地域的协作研究、有助于全球合作、吸引世界各地的人力资源等。

7.6 网站建设注重人性化设计

人性化设计主要表现在以下几点:

- 颜色、字号等设计上,更符合视觉效应。
- 考虑用户的网络带宽的限制,可以设置成"文字版本"
- 链接的有效性和时效性,保证提供的链接是有效的和及时更新的。
- 支持多语种
- 栏目的设计更多的以"用户为主",而不是以"宣传自己"为主。
- 鼓励用户参与图书馆信息资源建设和服务质量评价。

8 构筑数字化学术交流平台

随着网络环境和数字环境的形成,科学研究及学术交流亦日趋网络化和数字化。国外图书馆积极拓展对学术研究的支撑功能,在强化图书馆作为专业信息资源中心地位的同时,逐步发展为科学研究的交流平台及合作中心。

美国的医学图书馆研究中心包括利斯特希尔生物医学交流国家中心,开展旨在提高保健信息传播和利用的广泛目的的研究和发展。国家生物工艺学信息中心,拥有丰富的分子生物学和人类基因工程方面的数据库和软件,是一个国际性的计算生物学研究和生物医学信息传播资源中心。图书馆还参与了基因分析、分子结构和功能、人体可视项目、远程医学等研究和项目。

美国农业图书馆设置各种分类很细的信息中心,包括最新农业信息系统中心、动物保护信息中心、食品和营养信息中心、乡村信息中心、技术推广信息中心、水质量信息中心等。而其他专门资源还分为农业贸易和市场、水产业、生物工艺学、农田信息、植物基因等。农业图书馆还牵头和相关大学、农业组织、民间组织及政府

机构在资源基础上共同组成农业网络信息中心(Agriculture Network Information Center),致力于通过因特网提供基于 WWW 的电子格式的农业信息。

以美国教育图书馆为中心组成的教育资料门户(Gateway to Educational Materials)是一个旨在为教育者提供方便快捷地获取丰富教育资源的联盟,它建立在大量联邦、州、大学、非营利性和商业因特网站点的基础上,可以方便地查找教学计划和课程资料。而虚拟咨询台(Virtual Reference Desk)则提供了通过将学生、教育者与专家网络相连接的方式来回答他们问题的数字化服务

这些图书馆和各自相关领域的科学研究是如此紧密地交互结合在一起,图书馆不仅仅是一个专业信息资源中心,还发展为服务于相关专业领域和广泛用户的交流研究中心和合作平台。

9 重视数字信息资源的持久保存

长期以来,图书馆一直担负着保存人类文化遗产的光荣使命。在从藏书建设到信息资源建设的演变过程中,图书馆拥有的和可存取的数字化资源越来越多。数字信息资源的持久保存问题已成为当前一个重要的社会问题。

数字信息资源不同于传统的印刷版资源,它需要依赖众多不同的技术、工具和管理机制才能被人们所利用,因此数字信息资源的持久保存不仅需要保存信息资源本身,还要考虑到相关技术、方法和工具等。

9.1 数字信息资源保存涉及的问题

数字信息资源的持久保存涉及以下问题:

- 保存数字比特流,即通过对数字存储媒介的保护或转移,确保存储于其中的物理数字数据能够被准确完好地读出;
- 保存数字格式与处理信息,即通过保存有关数字信息编码、格式、标记、结构、压缩、加密等方面的技术方法信息,确保能够识别和解析数字信息内容;
- 保存数字信息处理环境,例如相关的软件甚至硬件系统,确保能够拥有相应的技术工具来识别与利用数字信息资源;
- 保存数字信息的内容校验、身份认证、版本演变、知识产权管理机制,确保能够可信赖地、合法地鉴别和使用被保存的数字信息资源;
- 保存数字信息的知识组织体系信息,保存数字信息的组织利用环境。

9.2 制订数字信息资源保存应考虑的因素

对于单个图书馆而言,制定数字信息资源保存战略时应考虑到:

- 图书馆的目标与主要任务；
- 图书馆的资源发展战略；
- 图书馆潜在和现实用户的需求；
- 具体数字信息单元的重要性

当前，世界上许多一流的图书馆都十分重视数字化信息资源的持久保存问题，并相继出台了一系列相应的方针政策。澳大利亚国家图书馆的资源保存政策与计划中，就有多项是关于数字信息资源保存的，如"澳大利亚国家图书馆数字化资源保存战略"、"数字资源保存的元数据"、"保存澳大利亚电子出版物的物理形式——选择指南"等。荷兰国家图书馆2002—2005年的发展规划中也明确提到了数字资源的持久保存问题。早在1996—1997年间，荷兰国家图书馆就与Elsevier、Kluwer Academic Publishers、SDU Uitgevers等大型出版商就电子版学术期刊资源的长期保存和使用达成协议，并长期致力于电子资源长期保存的技术研究。美国国会图书馆早在1998年就联合其他众多图书馆制订国家数字信息基础设施及保存计划(National Digital Information Infrastructure and Preservation Program)，旨在为未来一代保存日益增加的数字信息并提供利用。NDIIPP计划为美国乃至全球数字化资源的长期保存提供了政策、标准与技术上的指导。

10 创建用户主导的服务质量评价机制

图书馆的建设与发展应该是面向用户的。图书馆服务质量的评价也应该从用户的视角出发，采用多种方式鼓励、引导和激励用户评价和检验各图书馆的服务理念、服务内容、服务模式，检验图书馆资源结构的合理性、网络与信息技术的保障率、设施和管理的先进性等。

10.1 JISC的质量管理模型

Joint Information Systems Committee(JISC)资助的EDNER项目组创建的用户主导的数字图书馆服务质量管理模型包括以下指标：

性能：指基本的需求、基本的操作特性；

适应性：应与国内、国际的主流标准兼容；

特性：一些辅助的操作属性、附加值等。随着时间的推移这些特性可能会逐步成为系统的性能；

可靠性：包括系统资源的可获得性、资源的可信度、响应速度及是否有死链接等；

持久性：系统服务的时间是否能够持久；

时效性:系统是否能够做到实时更新;

易用性:用户是否很容易操作系统、系统的帮助信息是否使用户的操作简便易行;

美观与可视性:这一指标可能与系统功能无关,但是却是很多用户选择数字信息系统时首先考虑的因素;

可使用性:在任何以用户为中心的评价体系中,可使用性都是至关重要的一项指标。用户的各种需求在系统开发中必须予以考虑。

图书馆可以围绕上述指标开展用户主导的服务质量评价。如在网站上发放用户服务质量调查表、设立意见箱等。但是用户提交评价信息只是整个服务质量评价流程中的第一步。图书馆应该设立一套完整的机制,让用户了解调查表的反馈信息,让用户有权利清楚图书馆对于用户评价中发现的问题的解决方案与最终处理结果。用户参与图书馆服务、管理与决策的程度决定了图书馆开展用户主导的服务质量评价的效度。

10.2 从 SERVQUAL 到 LibQUAL +

西方图书馆界越来越流行的一种观点是,图书馆的评价不应立足于图书馆内部的功能,而是图书馆服务的实际效果。而衡量图书馆服务实际效果最有力的证据就是用户的满意度。认为,用户的满意必须以用户的认知(perceived)为基础。图书馆服务的最终目标就是要让用户满意,不能让用户满意就是图书馆工作的失败。

为具体评价图书馆的满意程度,近些年来,美国一些图书馆引入了营销学家Berry、Parasuraman 和 Zeithaml 提出的"服务质量评价(SERVQUAL)"方法,通过用户对 41 个问题的打分,确定用户的实际感受与理想期望和最低期望的差别。但 SERVQUAL 并不是针对图书馆的,因此并不能完全反映图书馆的特点。2000 年,由美国研究图书馆协会(ARL)和 Texas A&M 大学合作,提出了在改进 SERVQUAL 的基础上的 LibQUAL +。该项目通过新增加了 19 个项目,界定和评价图书馆的服务质量,致力于为图书馆开发出有效的服务质量评价工具。该项目目前正在由研究图书馆协会在其部分成员馆中进行实验。

(原文载:《图书情报工作动态》,2002(6);2003(1))

国际一流图书馆的若干特征

现今国内一些图书馆把“国内领先、国际一流”作为自己的新的定位和发展战略目标。什么是国际一流图书馆，或许人们会有各种不同答案。一流图书馆也许没有一个统一的模式，没有能够客观衡量的评价标准，但一流的图书馆在其长期的探索和研究实践中，正在形成一些共性的特征，有的已在实施业务工作重点，有的已纳入到中长期的战略发展规划。我们试图从对国外一流图书馆的发展现状与未来趋势中，总结出值得我们思考和借鉴的一些趋向和准则。

1 信息资源建设

信息资源是图书馆的资源基础。在图书馆工作体系中，信息资源建设则是实现图书馆功能的先决条件。信息资源建设是国际一流的图书馆最重要的内容之一。

1.1 完备的信息资源保障体系

从微观角度看，信息资源保障体系的完备性就是实现信息内容的有效性、准确性、权威性、独特性、完整性、充分性、时效性、适应性、可用性、可得性、可持续性等，特别是对特定学科、特定地区、特定用户的覆盖度。从宏观角度看，信息资源应该是多级、分布式的保障系统，形成本馆的、地区的和国家级的多层保障。美国国会图书馆制定的是5级收藏水平体系。

1.2 有序的信息资源组织

信息资源建设工作应该建立起合理的组织方法、适宜的组织体系及标准的组织框架，确保大量的信息资源以有序可检的方式存在。衡量信息资源建设的水平就要看信息资源的描述和揭示是否充分，是否能够减轻用户获取所需信息的劳力，减少用户查找文献所花费的时间。

1.3 信息资源的数字化

加大电子期刊、电子图书等光盘版、网络版数据库的引进，提高数字资源在馆藏中的比例，实现数字资源与印本资源内容上的无缝结合，建立数字资源与印本资源之间的馆藏模型和动态平衡关系，充分保障用户获得所需要的文献信息资源。

不列颠图书馆2001年的战略规划目标之一是提高电子资源的覆盖范围。美国研究图书馆协会(ARL)成员馆在2000—2001年度购买电子资源的经费比例平均在16.25%。华盛顿大学图书馆因购买了电子资源,取消了884种印本期刊的订购。

1.4 信息资源的存取

支持合法用户随时随地获取授权资源,支持本地存取和远程存取,促进用户使用电子资源和网络资源。对存取能力有明确的要求,尤其强调要把对电子资源的存取作为图书馆发展重点。LibQUAL在2002年春季调查中的一个重要指标是能否在家中或办公室存取到电子资源。

1.5 信息资源的全文化

重视信息资源的全文化,包括提供全文电子期刊、电子图书、各种电子版、网络版参考工具书。加强远程传递的全文文献比重、订购全文数据库为信息资源的一站式服务提供保障。

ARL把全文电子期刊的数量及购置经费作为电子资源评价的一个重要指标。

1.6 信息资源增值

对信息资源进行二次加工,提高信息的增值和深层次开发能力,发掘信息的潜在价值。通过因特网资源的搜集、评价、筛选、链接、导航为用户提供因特网增值服务。

1.7 信息资源的特色化

信息资源的特色化,就是建立资源配置机制,形成特色资源。美国国会图书馆建设全球法律信息网络(Global Legal Information Network),广泛收集法律方面的数字化信息资源。在ARL制定的2002年发展计划中,信息资源建设优先发展重点之一就是特色馆藏。

1.8 网络资源导航体系

分门类地组织导航内容,建立科学、合理的组织体系,保证导航项目简明易用,便于用户识别,建立科学的网络资源的筛选标准。导航体系的设计要注重联接功能(connectivity)和用户界面友好性。英国BUBL LINK(Libraries of Networked Knowledge)是网络资源导航的一个典范。

1.9 信息资源的开放与共享

确立共享观念,拓展共享渠道,消除信息物理分布的界限和馆藏界限,促进信息更加自由、更加广泛地流动。解决电子文献交换、国际文献获取、互借开放系统、网络带宽等管理和技术问题。

1.10 信息资源系统的安全性

有高强度的技术安全保障，制定各种安全保护措施和制度，消除安全隐患，提高对不安全因素的防范和控制能力，在信息资源系统出现问题时能够迅速启动应急系统。保证信息资源系统的长期、稳定、安全运行。

1.11 信息资源的集成化水平

建立多类型、多载体、多语种、多渠道的信息资源整合体系。注重异质信息资源的整合，提高不同信息系统之间的互操作水平。美国 ARL 在其 2002 年规划中明确提出确保系统实现互操作的要求。

1.12 从馆藏管理到知识管理

信息资源建设的模式从馆藏管理发展到知识管理，在信息获取的基础上进行信息精简和提取，进行知识挖掘、知识重组和知识再造，发现隐含在信息中的有用知识单元并整合成知识产品。

1.13 信息资源建设的合法性

尊重版权和知识产权，尊重信息资源生产者的权力。妥善解决非法复制、数字化信息资源开发与利用过程中存在的版权问题，限制在网络上非法获取信息，设置合理的用户权限。

1.14 信息资源建设成本/效益比

制定合理的预算计划和成本结构，通过集团购买、合作采访等方式以更低的成本争取更大的效益。利用信息资源建设的成果积极扩大其效益。不列颠图书馆 2001—2002 年度收入达 2800 万英镑，其中 40% 来自国际贸易。

2 用户服务

在传统图书馆向数字图书馆转变的过程中，传统理念受到了冲击，但用户服务始终是图书馆的核心职能。服务就必须讲求质量，“为用户提供最好的信息服务”无论到什么时候都是图书馆服务的最高准则。

2.1 提供“一站式”服务

“一站式(One-stop)”服务要求能够围绕用户信息行为来有效组织和动态集成，应用异构资源系统互操作问题的相关协议和规范，支持用户检索、处理、利用信息来解决问题的全过程。

2.2 数字参考咨询服务

数字参考咨询正在经历从异步到同步、从个体到联合的过程。异步咨询主要指利用电子邮件、网络表单接收或答复用户的咨询;同步咨询就是利用聊天(Chat)软件或视频会议(Videoconferencing)软件,开展类似面对面的咨询交流。合作型数字参考咨询服务可共享专长和资源,延长服务时间,提供对更广泛的知识的利用。

2.3 馆际互借与原文传递服务

馆际互借与原文传递服务则是实现资源共享的一个有效的手段。为用户提供方便而时效的馆际互借与全文传递服务已成为国外许多先进图书馆的一项常规服务内容。它需要充分整合人员和设备,建立高效的工作流程和管理机制,形成一整套馆际互借与原文传递的服务及保障体制。

2.4 个性化定制

个性化定制服务系统是提高图书馆用户服务质量的手段。美国的数字图书馆专家将个性化定制列为数字图书馆技术发展7大趋势之首。图书馆在个性化服务方面除了 My Library 外,还包括 My Links、My Updates 服务。

2.5 互动式信息服务与信息推送服务

互动式信息服务提供包括网上文献预约、网上参考咨询、网上文献传递、网上文献采购申请、网上馆际互借;主动信息推送服务包括网上期刊目次通报服务、网上专题热点服务、网上资源订阅服务和定题信息服务,并将检索结果通过邮件系统直接主动推送至用户桌面。

2.6 远程用户访问的方便程度

图书馆服务应该能够支持各类 Internet 用户(如通过 PC 接入、通过 WAP 电话接入等)方便自由地访问图书馆资源。同时,开展远程教学和网络培训,在网络上建立 Internet 教室、Internet 导航,用 E-mail 发送教程等,通过网络实现用户的教学与培训功能。

3 信息技术与数字图书馆

信息技术使得图书馆从自动化发展到网络化、数字化、知识化阶段。不断跟踪信息技术的发展,尤其是那些可能将影响图书馆的技术,为把握数字图书馆的建设方向、制定合理的发展蓝图和政策提供必要的技术支持。

3.1 图书馆网站

从以“宣传自己”为主转移到以“用户”为主,更多的是以“用户”为中心,突出资源和服务,实现服务的个性化和使用方便性。一个图书馆网站应能具有:集成性、兼容能力、导航能力、内容及时更新、可信赖、提供远程图书馆服务、信息门户功能。

3.2 网络系统

关注、跟踪网络技术的发展,打造一个技术先进的网络平台。网络技术的发展体现:宽带网:可以支持音频、视频等多媒体信息服务,可以开展视频会议、多媒体点播等;支持无线接入:允许用户在一定的空间内无线接入;可扩展:可方便过渡到下一代的网络(IPV6);支持网络数据存储:"网络就是存储"反映了新时代以网络数据为中心的存储结构正在快速形成,网络存储设备提供网络信息系统的信息存取和共享服务。

3.3 图书馆自动化发展

图书馆自动化目前正在融入到图书馆网络化、数字化和知识化当中,应关注:(1)采用大型数据库,提供全文检索和 MetaSearch 功能;(2)提供开放式链接,以实现系统间的互操作:开放式链接基于正在出现的 OpenURL、CrossRef 标准,能够无缝地链接所有图书馆资源,而不论这些资源使用什么样的软件系统;(3)以 Web OPAC 为中心,构筑信息门户;(4)走上无线道路,支持移动计算,为无线信息设备提供接入方案;(4)为远程读者自动选择和传递所需文献、管理用户的阅读历史;(5)Web 内容管理:以 MARC 格式对网上资源进行编目,并将生成的 MARC 记录导入自动化系统中;增强了 Web 搜索能力,使得原本限于馆内检索的检索词会自动扩展到外部 Web 资源。(6)提供数字内容创建和管理平台,实现数字资源的收集、加工、整理和应用。

3.4 Web 服务与数字图书馆

Web 服务是一种新型的 Web 应用程序。它们是自适应、自我描述、模块化的应用程序,这些应用程序可以跨越 Web 发表、定位和调用,各个图书馆提供的服务、图书馆提供的不同服务,都可以集成到一个统一的界面,来为用户提供集成服务。这涉及 XML、SOAP、WSDL、UDDI、Java 等技术。Web 服务可以促进互操作、即时集成、通过封装减少复杂性、有效利用历史资源。

3.5 数字图书馆建设的主要领域

图书馆的建设包括标准建设、系统建设、资源建设和服务建设等。由于信息资源库群的建设要依靠众多单位的合作,统一标准便成为十分重要的问题,它直接影响到资源库的制作质量和查询服务效果。我国在信息资源建设的组织中,必须重视标准的制订和培训。在制定标准时应兼顾考虑国际接轨和我国信息资源特征两个方面,建设中文元数据标准。

3.6 数字图书馆的运作机制

在 WTO 的冲击下,图书馆的服务被纳入到 GATS 所规定的自由贸易范畴。包括图书馆在内的公共服务领域向所有外国竞争者开放,只要这些服务有非公有资本或企业的参与,外国竞争者就有足够的理由参与。充分考虑数字图书馆的商业运作模式。一定程度上引入竞争和商业运营模式,是可持续发展的保证。

3.7 向知识门户方向发展

数字图书馆应该真正成为知识生产、知识管理、知识共享和知识重用的中心,而不是信息,更不是文献的简单加工中心。知识型的数字图书馆可能是建立在 Semantic Web 上,利用各个专业的 Ontology 库,联合共同建设知识型数字图书馆。数字图书馆的一类重要的要素就是知识组织系统(KOS)。可以将 KOS 融入到数字图书馆,扩展数字图书馆体系结构以包纳 KOS。

3.8 开放源代码系统

各国等都正在积极利用开放源代码系统。图书馆系统的建设,也应该充分利用开放源代码系统。一方面,可以降低成本,另一方面,使得系统具有很好的可维护性、可扩展性和定制自己的功能,有利于共同开发软件。

3.9 中间件技术与数字图书馆互操作

解决数字图书馆互操作问题不可忽略的一个技术就是中间件技术。中间件是在计算机硬件和操作系统之上,支持应用软件开发和运行的系统软件,它能够使应用软件相对独立于计算机硬件和操作系统平台,为当今的大型分布式应用搭起了一个标准的平台,把大型分散的系统和技术组合在一起,实现大型应用软件系统的集成。中间件具有标准的程序接口和协议,可以实现不同硬件和操作系统平台上的数据共享和应用互操作。在具体实现上,中间件是一个用 API 定义的分布式软件管理框架,具有强大的通信能力和良好的可扩展性。

4 组织管理与创新

4.1 人力资源

图书馆一流人才队伍的总体特征是:满足图书馆的战略目标要求,同时能不断提升和推动图书馆的发展目标。对图书馆员要求的总体趋势可能是:成为具备深厚学科专业背景的信息专家,更加深刻和密切地融入到用户的科研开发实际工作中,为其提供全程式、一站式的全面而周到的服务,如成为某科研项目、工程的信息CEO,从某种角度上说,真正成为科研人员的一部分。

4.2 经费

重视经费的投入,并广泛地开辟资金渠道,多方面合理筹措资金,以优质的服务为图书馆创造收入。图书馆包括创收在内的财政状况,不仅仅是为图书馆的发展取得更多的资金,也在很大程度上反映了服务的质量和被广大用户和全社会价值认可的程度,反映了该馆的创造力、生产力和可持续发展的能力。经费充足的图书馆未必能造就一流图书馆,但一流图书馆一定有经费作保证。

4.3 组织文化

组织文化是组织成员共有的一整套假定、信仰、价值观和行为准则。组织文化有助于组织内部共享知识与经验,促进组织成员之间的合作、交流与沟通,对组织健康而充满活力的运转、保持长远而稳定的发展具有重要作用。形成稳定而良好的组织文化,是一个组织成熟和健康发展的重要标志。NAL、OCLC、LC 等信息机构都制订有明确传达出自己含义深远的使命及理念。

4.4 外包

合理地运用人力、物力和财力资源,将主要注意力集中到自己最重要的工作——信息资源建设和服务,根据本组织的核心目标将更多边缘化、产业化和社会公共化的事务外包出去,如结构化常规业务、物业管理、餐饮等,集中注意力,实现组织最主要和更长远的目标。

4.5 研发、创新和影响能力

OCLC 专门设有研发中心,挺立于本领域前沿,不断推陈出新,保持着旺盛的生命力。1971 年推出了一个现今为全世界图书馆使用的联机共享编目系统。1979 年开创了馆际互借服务,1991 年创建了作为参考工具的 FirstSearch 的服务。30 多年来,OCLC 一直紧跟世界信息技术的发展和满足用户新的需求,不断改革创新,不断扩展服务领域。重视研究开发,为系统持续发展提供强劲动力。研发能力指率先开展本行业、本领域、本学科的前沿性理论、技术课题的研究开发与应用,具有强大的研究与开发能力。创新能力指对新技术和新服务的创新或引进的能力。影响力指在国内外图书馆界的影响。

(原文载:《图书情报工作动态》,2003(3))

国外图书馆学情报学教育新发展与新特点

1 历史与变革背景

世界上正式的图书馆学教育始于19世纪末。当时,一些美国的大型公共图书馆,如卡内基亚特兰大图书馆、洛杉矶公共图书馆、纽约公共图书馆等开始开设图书馆培训班,大学也通过研讨班和暑期课程形式提供某些培训的机会,从而改变了从前那种师徒相承、个人实践、自学等早期的图书馆教育方式。

对图书馆学教育产生重要影响的是19世纪末杜威(Melvil Dewey,1851—1931)所做出的重要贡献。1876年他参与创建了美国图书馆协会(ALA)并担任第一任秘书,同年创办了并担任主编的《美国图书馆杂志》(后改名为《图书馆杂志》),由ALA出版发行。1887年1月1日,创建了世界上第一所图书馆学校——哥伦比亚大学图书馆管理学校(School of Library Economy at Colombia University),开设的课程包括选书、目录学、管理、图书修复和编目。首届学员中有17名女生、3名男生。[1]

1887年到1925年间,哥大首届毕业生在全国各地开办了新的图书馆学校。1926年,在卡内基公司提供的资金支持下,芝加哥大学图书馆学研究生院(Graduate Library School at the University of Chicago)宣告成立,开始了图书馆学博士研究生教育。从1948年ALA冬季会议开始,硕士学位被认为是图书情报专业人员从业的标准。

在这一时期,对促进图书情报学教育至关重要的是1921年和1923年的威廉森报告(Williamson reports),该报告揭示了美国图书馆学教育质量存在的问题。作为回应,1924年,ALA建立了图书馆学教育委员会,1925年公布了图书馆学教育第一个标准,并进行了1924—1925年度第一次图书馆学校的认可。1956年,该委员会改名为美国图书馆协会认可委员会(COA),继续负责图书情报学专业学位的认可。

认可委员会有别于图书情报学教育协会(ALISE)。图书情报学教育协会是图书情报学教育的专业协会,成立于1915年,时称美国图书馆学校协会,1983年改为现名。图书情报学教育协会的使命是促进图书情报学教育的研究、教学和服务水平的提高。它每年出版图书情报院系有关教师、课程、学生、管理和经费状况的统计报告,成为评估图书情报学教育趋势、院系比较和帮助院系内部管理的工具。

美国的图书情报学教育一直保持良好的发展,20 世纪 70 年代则开始出现倒退。从 1978 年俄勒冈大学图书情报学院关闭到 2001 年,美国共有 17 所图书情报学院相继关闭。到 90 年代中后期,关闭风已基本停止,例外的是 Clark-Atlanta 大学图书情报学院将于 2005 年 6 月关闭。关闭的原因很复杂,责任主要在于学院的领导,但大小环境(院系的教学与科研、毕业生市场竞争能力、生源情况、市场需求、学院的声望和影响力乃至图书馆界和协会的支持)都对学院的生存和发展产生直接和间接的影响。这一现象的原因和影响仍然是人们研究和争论的焦点。

那些能够对新的机遇做出反应并对自己重新定位的院系不仅在关闭的潮流中生存下来,而且在学校中巩固了自己的地位,Syracus 大学就是一个代表。70 年代,该校图书情报学院把学校名称改为情报学院(School of Information Studies),从传统的图书情报学以外招聘教师,修改了课程设置,认为图书情报学教育的核心是信息传递,图书馆只是其中的一个机构。这一思想和做法在 90 年代被其他大学的图书情报院系所效仿。

美国图书情报学教育的变革引起了广泛的关注。各种观点和看法很多,许多问题都处在争论之中。根据美国 Illinois 大学香槟分校图书情报学研究生院(Graduate School of Library and Information Science, University of Illinois at Urbana-Champaign) Bernie Sloan2004 年 2 月 5 日发布的题录,在过去的 15 里,北美发表的有关图书情报学教育改革的文章有 300 多篇。[2]

1996 年,两位图书情报学者,利用生态学上的隐喻法,把图书馆学教育比作“熊猫综合症”(Panda Syndrome)。由于熊猫偏好单一的植物,因此由于生态环境的限制,这一聪明可爱的动物正濒临灭绝的边缘。他们认为传统的图书馆学教育注定要灭绝。[3]因为环境已经发生了变化。图书情报学教育正处在一种高度动态、竞争激烈的环境中。信息越来越重要,信息技术发展迅速,信息环境正在发生根本性改变,图书情报工作本身也在积极地变革。所有这一切都在创造一种图书情报学和其他专业以及专业教育生态上的融合,既体现在传统的领域(如数字图书馆),也体现在新的领域(如信息管理)。信息领域正在经历剧烈的变革,图书情报服务并不是唯一受冲击的行业。

美国加州州立大学图书馆馆长戈曼(Michael Gorman)认为,图书馆学教育存在危机,尽管各个国家严重程度不同,但都是普遍存在的。他提出,需要一种新的(或振兴)图书馆学教育模式,以适应未来图书馆和图书馆员职业的需求。[4]他总结了美国图书馆学教育所处的现状,特别是存在的问题,其中包括:

• 美国图书馆员的平均年龄正在老化。相当数量的图书馆员在今后的5—10年内将要退休。有充满热情、受到良好教育的图书馆员替代他们是至关重要的。

• 过去称谓的图书馆学院已包容了情报学的师资和课程。这些学科对图书馆工作而言充其量是边缘的，甚至对图书馆工作抱有敌意。

• 研究表明，在图书情报学院讲授情报学课程的男教师与讲授图书馆学课程的女教师存在越来越大的性别差异。而且，当面向图书馆的女教师退休时，她们很可能被面向情报学的教师所取代。

• 美国一些有声望的研究性大学（如哥伦比亚大学、芝加哥大学和加州大学柏克利分校）已经放弃了图书馆学教育。这导致了对图书馆问题研究质量的下降。

• 许多从前被图书馆视为图书馆学教育核心的问题（编目、参考咨询、藏书建设等）现在已不再是今天的图书馆学课程的核心，甚至并不开设。

• 许多图书馆学的教师（无论是受过图书馆员还是情报工作者的培训，特别是后者）对图书馆的传统使命、政策、工作和意义失去信心和关注，对图书馆学以外的领域的研究更感兴趣，或培养学生从事其他领域的工作。

• 现代通信技术的诱惑使许多图书馆学院的教师专注于技术，排斥不顺从技术方案的任何有关图书馆的东西。

• 图书馆学院讲授的内容与多数图书馆所从事的工作之间的差距越来越大。同样，图书馆学院教师与图书馆从业人员越来越不同的生活经历造成了相互之间的误解。

• 美国图书情报学院缺乏对真正的图书馆的真正的需要的研究。造成这样的结果既是由于情报学教师与从事实际工作图书馆员之间的隔阂，也是由于美国的图书情报学院往往从属于重视纯研究胜于应用研究的大学。

戈曼对当前的图书情报学教育的忧虑不是空穴来风，的确带有普遍性。许多现象在中国的图书情报教育领域同样存在，甚至有过之而无不及。我们的确需要反思我们的专业教育问题的症结所在，需要分析我们专业教育与实际需求存在的偏差，需要我们找到一种解决目前困境的办法和出路。图书情报学教育的转型究竟对图书馆未来的发展意味着什么，现在还难以做出明确的结论。

近些年，以美国为代表的西方图书情报教育大力实施改革，产生了积极的效果。为了解美国图书情报教育新的变化，美国 Kellogg 基金会提出了一项信息行业与教育改革计划——卡里帕（KALIPER）计划（Kellogg-ALISE Information Professions and Education Reform project），旨在保证信息专业人员将能够提高“知识和资源”的存取能力，实现改善人们生活质量的目标。2000 年发表的 KALIPER 报告发现，图书情报院系似乎发生重大改革：课程设置面向更广泛的信息环境和信息问题，图书情报学课程正在吸收其他学科的成果，强调以用户为中心，不断引入信息技术，课程结构正在发生变化。

有人认为，卡里帕报告是自威廉森报告以来对图书情报教育最重要的研究。与威廉森报告发现早期的图书馆教育一片混乱不同，卡里帕报告发现，面向图书馆和其他信息环境的情报专业人员教育正在积极走向变革。

卡里帕研究最核心的部分是提出了图书情报教育变革的六大趋向：[5]

趋向之一：除了作为机构的图书馆和图书馆特定的业务以外，图书情报学教育课程设置面向更广泛的信息环境和信息问题。

趋势之二：尽管图书情报学课程设置引入了其他学科的内容，但明显形成了以用户为中心的特有的核心课程。

趋势之三：图书情报学院系正越来越多地将信息技术引入课程设置中。

趋势之四：图书情报学院正在课程中试验方向性课程结构。

趋势之五：图书情报院系正在利用各种载体开展教学，向学生提供更大的灵活性。

趋势之六：图书情报学院系正在拓展课程范围，授予相关学科的本科、硕士、博士层次的学位。

2003 年 10 月，密歇根大学信息学院 Joan C. Durrance 教授在日本图书馆协会成立 50 周年纪念大会上发表演讲，剖析了 KALIPER 报告所提出的 6 大趋势，并分析了报告发表后 3 年来的变化，认为这些趋势变得更加明显了。[6]卡里帕报告所揭示的趋势，应引起图书情报教育的高度关注。这些趋势或许是图书情报教育走出困境的良方，是调整课程结构和教学模式的重要参考，对今天的中国图书情报学教育仍具有重要的启示意义。

2 培养目标与专业能力

培养目标是一个院系培养的人才的总的方向。培养目标决定课程设置、师资结构、研究方向和教学方法，也决定一个院系的发展。国际组织、专业协会以及各院系都十分强调培养目标的重要性，并且根据社会的需要和院系的实际情况，确定培养目标确立的依据和毕业生所应具备的专业能力。

国际图联（IFLA）在 2000 年制订的《图书情报专业人员教育计划指南》中提出，图书情报教育的使命应强调教育计划在更大的政治、社会、经济和技术环境中的目的，反映国家的需求，与所在学校的理念相一致。

ALA1992 年的《图书馆学情报学硕士学位教育计划认可标准》(简称《认可标准》)提出图书情报学院系的培养目标要与所在学校的理念相一致,遵从本院系的文化和使命,促进教育质量的提高。虽然没有提具体的目标,但提出培养目标制订的原则和导向。《认可标准》提出,培养目标要阐述教育的结果,并反映:

- 图书情报学领域的基本特点,即利用可记录的信息和知识,通过服务和技术,促进信息和知识的管理和利用,包括信息和知识的创造、交流、确认、选择、获取、组织和描述、存储和检索、保存、分析、阐释、评价、综合、传播和管理。
- 本领域的哲学、原则和伦理。
- 相关专业组织在相应的政策和文献中所提出的相应的专业化原则。
- 推动本领域发展的教学和服务理念。
- 研究对促进本领域知识构建的重要性。
- 图书情报学对其他知识领域做出贡献的重要性。
- 其他知识领域应用到图书情报学中的重要性。
- 图书情报服务在快速变化的、多文化的、多民族的、多语言的社会中的作用,包括为弱势群体服务的作用。
- 图书情报服务在飞速变化的技术和全球社会中的作用。
- 教学计划需求满足所属机构的需求。

在这样一种原则指导下,一些图书情报学院面向社会大环境的需求和未来发展,重新确立自己的目标和定位。Rutgers 大学传播、信息与图书馆学院图书情报学系的培养目标是,培养在全球网络化的图书馆和信息服务与系统方面的新一代领导者,重点是在技术进步、政策、获取、组织的环境下人对信息的查询和利用。

越来越多的图书情报学院以及新的信息学院阐述的使命强调以用户为中心。例如,密歇根大学信息学院的核心使命是基于集成的方法研究、设计、管理信息系统,特别是以更有价值的方式将人、信息和技术结合在一起。

国外的图书情报学教育在培养目标上存在不同的导向。Illinois 大学 Urbana-Champaign 分校图书情报学院的 J. Stephen Downie 认为,图书情报学研究、实践与教育总体来说可以分成两派:一派以用户为中心,另一派以系统为中心。这种划分不仅表现在图书馆学(以用户为中心)和情报学(以系统为中心)之间,而且在一个学科内部,也存在两派。例如情报学学科中以用户为中心的一派强调人机界面问题,而以系统为中心的一派则一般考察各种检索算式或标引方案的效益。图书情报学教育中学生们把自己分成图书馆员类和技术类,也证明两派在专业教育中的存在。[7]

两种学派不是相互代替的关系,并不存在孰优孰劣的问题。因此,国外学者也提出,应建立一种图书情报学教育和谐的关系,吸收以用户为中心和以系统为中心各自的优点,保证教育的持续成功。将图书情报学教育划分为这两种学派未必恰当,但一定程度上反映了图书情报学教育存在的矛盾和问题。两种学派取长补短、相互融合,才是图书情报专业教育的理想选择。从图书情报行业对毕业生的能力需求看,两个方面的能力都是不可缺少的,任何一方的缺失都难以成为称职的图书情报人员。

Ragnar Audunson 等人提出了构建图书情报学教育与研究的两种方法:面向学科的方法和称为"全能的图书馆员"(the complete librarian)的方法,从另外一个角度提出了图书情报学教育培养目标的问题。[8] 面向学科的图书馆员即是根据特定学科(医学、法律、商业等)的需要,培养具有学科背景同时懂得图书情报学知识的专业人员。全能的图书馆员确定的培养目标是图书情报实践中所需要的各种不同知识的集成。每一份专业教育计划都是根据想培养的专业人员理想模式而设置的。图书情报专业人员的理想模式即"全能的图书馆员"。全能的图书馆员的特征是他(她)拥有或掌握图书馆与文献工作实践所需要的各个方面的知识。即:

- 能了解和处理图书馆资料(广义上的文献),不仅了解资料的内容、特征和物理特性,而且善于资料的组织和检索;
- 了解图书馆工作的管理、机构和社会方面的问题;
- 关注图书馆在一个机构和社会中所起的作用;
- 了解图书情报行业与其他机构和行业如何相互影响;
- 了解图书馆或文献中心的任务;
- 懂得怎样管理一个机构。

在美国图书情报学教育中,有一种趋向影响围绕全能的图书馆员的概念构建教育计划,那就是图书情报学从以职业为中心转向以学科为中心,从计划和课程中省略了"图书馆"一词。以市场为导向的思维方式正在向高等教育渗透。这种"去图书馆"的现象,似乎在探求图书情报教育的本质,但客观上也带来图书情报教育思想和目标的混乱,正如同国内几乎清一色地改名为"信息管理系"一样,其长远的社会影响还一时难以断定。

一些图书情报学者,特别是主张去掉"图书馆"一词的人,认为应致力于构建一个纯科学,类似于社会学、语言学或数学,不必与具体职业领域相联系。然而,也有学者指出,图书情报学作为一门研究和教育领域,与医学和农业科学比社会学和语言学更具共性,表现在图书情报学与专业实践领域紧密联系在一起,并将实践领域的发展与提升作为最终目标和存在的目的。

挪威 OSLO 大学 2002 年的一份研究报告得出类似的结论。报告根据与不同层次的管理人员的交谈,探讨了 2010 年图书馆员所需要的知识和能力。[9]所有的人都认为,在将来,图书馆员必须熟悉因特网这一载体(出版、信息检索、所检索资源的评价)。人们期望图书馆员的作用转向指导,重点是向用户提供信息和开展用户教育。图书馆员必须掌握信息与通信技术,并且学会教学法,学会怎样为用户授课。日本 2006 年进行的一项图书情报教育的调查(LIPER)表明,教师对图书情报学教育的培训目标和课程设置存在不同的看法。[10]

根据国外学者考察,最具活力和影响力的图书情报学院的若干特征是:[11]

• 宽广、动态和渐进的办学目标

这些学院适应的是当前和未来的机构信息管理的需要。例如,北卡大学 Chapel Hill 分校的教学计划"旨在培养学生学会信息系统和网络的设计、开发和维护,在与向用户传递信息相关的新技术的开发和新的应用方面起领导作用,传授情报学理论知识,包括信息存贮与检索、系统科学、信息系统的社会的、政治的和伦理的意义。"

• 重视应对机构的信息管理的挑战

实力强大的学院监测并适应变革,特别是当前和未来数字信息在机构中的利用。Syracuse 大学提出"把重点放在用户和用户需求,并作为将信息和信息技术与组织结合起来的起点"。信息服务、系统和技术只有置于组织需求的环境下讨论才有意义。必须了解组织的运作机理,因为多数人都是在组织的背景下工作并利用信息的。

• 经常评价、分析、修改和更新课程

这些学院经常修改他们的核心或必修课程,保持开设内容新的专业课程,保证向学生传授在他们工作的复杂环境下所需要的专业视野、多种能力和业务专长。一些学院提供交叉学科的计划,包括计算机科学、企业和其他领域的课程。

• 持续性地参与实践领域

最好的学院利用客座讲师和专家,带来新的见解,并鼓励学生的实习或实地考察。教授们积极参与实践,采取的方式有研究与出版、咨询、写文章、在委员会任职以及在专业协会担任领导职位。他们是变革的鼓动者,在培养未来的专业人员的过程中推动实践的发展。

有学者指出,专业教育远比正规的培训要重要得多。图书馆学教育如果不关注建立专业的理论背景,将滑向职业学院的境地。坚实的理论教育对图书馆员具备准确地分析创新并转移信息负载的能力是必不可少的。有学者指出,理论教育而不是职业技能培训的重要性,重点必须放在教育上,放在对问题和概念的理解上,以及技能和工具的开发上,以解决图书馆所产生的无人能充分预测到的特定的问题。不应强调培训、对做某项工作所需的特定技术的了解,尽管图书馆学院显然也在提供某种形式的培训。新毕业生只有经历了大量的进一步培训后才能胜任工作。任何一个专业都有这样的特点。[12]

还有的学者提出了核心能力模式(model of core competencies)。该模式是由包括当今图书馆学专业人员应具备的四个领域的基本知识所构成的:用户需求与服务、人与资源的管理、技术应用、知识的组织。[13]因此,能力强的信息专业人员应能够:说明信息组织的原理,并运用信息组织的方法,如编目、分类、标引、编写文摘、元数据;开发新的工具,帮助用户管理自己特定的信息需求。评价组织系统利用信息资源的效益;为人找书(信息),为书(信息)找人;了解信息寻求行为并做出恰当的回应;具备信息源的知识;评价信息的质量和适用性;了解信息的生成、传播和利用周期;认识信息与信息传播对社会和组织结构的影响;熟悉变化中的信息环境,如经济、出版、媒体等。了解变化中的信息环境对行业的影响;综合分散的信息源满足用户需求;掌握信息检索技术及其具体应用;在一定的经费条件下,选择相应的信息源和载体,有效地满足多样化的用户的信息需求;了解信息保存的相关问题与技术。

在这四个领域的核心能力中,技术与管理是促进知识的组织和满足用户需求的手段。在技术应用的核心能力方面,具备的知识是能够将技术有效地应用到图书馆中,并了解技术的新的趋势,明确新的技术趋势将对信息行业产生怎样的影响。对信息专业人员而言,技术是处理、管理和传播信息的主要手段。在图书情报学课程中技术应用主要是与信息有关的技术的应用,以及技术应用的管理、社会和较高的层面。

美国专业图书馆协会 1997 年制订了情报专业人员能力。2003 年 6 月在新修订的《21 世纪图书情报专业人员能力》中,提出了情报专业人员应具备三个方面的能力:专业能力、个人能力和核心能力。[14]专业能力指从业人员所拥有的信息源、检索、技术与管理的知识,以及运用这些知识提供高质量的信息服务的能力,包括:A. 信息组织的管理;B. 信息资源的管理;C. 信息服务的管理;D. 信息工具和技术的应用。个人能力指的是使从业人员有效地开展工作、对组织、用户和专业具有积极作用的态度、技能和价值观。核心能力是专业能力和个人能力的强化,包括两个方面:一是信息专业人员学习和借鉴其他机构的好的做法和经验,为本专业不断积累新的知识,终身不断地学习信息产品、服务和管理方面的知识;二是信息专业人员致力于提升专业水平和职业道德,遵循专业理念和原则。

3 改名与院系重组

图书情报学已成为多纬度、跨学科的领域。随着学科领域的扩大以及图书馆工作的变革和拓展,图书情报学院的课程设置也在不断变革,以反映新的知识领域。早在20世纪80年代,ALA就开展了由J. M. Griffiths和D. W. Kling承担的图书情报服务能力研究,提出了名为《图书情报学教育新方向》的研究报告。在报告中,提出了图书情报服务的功能是:采访、编目与分类、流通、馆藏建设、标引与编制文摘、馆际互借、管理、参考咨询与期刊管理。90年代末,J. Beheshti进行的一项研究,全面考察了90年代末ALA认可院系讲授的知识和技能,包括技术、管理、信息组织、检索与数据库建设、馆藏建设、数学方法与研究、社会文化专题、非印本载体、善本与保护、信息源、参考资料、档案管理、儿童文学与服务,以及专业问题。

图书情报教育改革的重要性还得到了学校以外的认可。例如,密歇根大学信息学院收到了500万美元资金帮助改造学院。W. K. Kellogg基金会还向其他一些院系提供少量拨款帮助他们进行变革。Illinois图书情报学院获得了美国国家科学基金会(NSF)数字图书馆启动计划先期6项拨款中的一项。

最能证明变革的是图书情报院系改名。无论是更好地表明课程范围的延伸,还是想摆脱对传统的责难,图书情报院系纷纷改名。现在的名称有:图书情报学院(School of Library and Information Science;School of Library and Information Studies)、情报学院(School of Information Studies)、图书情报管理学院(School of Library and Information Management)、情报学与政策学院(School of Information Science and Policy)、图书馆、档案与情报学院(School of Library, Archive, and Information Studies)、传播、信息与图书馆学院(School of Communication, Information and Library Studies)、情报科学与技术学院(School of Information Science and Technology)、信息学院(The Information School;School of Information)。

院系名称的变化反映了图书情报学教育关注重点的转移。这种转移大致经历了"图书馆学"—"图书情报学"—"情报学"这样的一个轨迹,近年又有改为"信息"趋势。如密歇根大学、华盛顿大学从图书情报学院(School of Information and Library Studies)改为信息学院(School of Information、Information School)就具有一定的代表性。但信息学院与图书情报学院在培养目标、课程设置、就业取向等方面都已经发生了重大的变化，甚至已经没有了图书情报的一点痕迹，与图书情报教育特征南辕北辙，能不能代表图书情报学院的发展趋势，还需要慎之又慎。

另外一种重大的变革是院系的重组。根据 Charles R. Hildreth 和 Michael Koenig 2001 年的调查，从 1982 年到 2001 年，多数是在 90 年代，美国至少有 17 所图书情报学院被合并或其他形式的重大的管理重组，其中合并的为 14 所。[15] 一般来说，不论愿意还是不愿意，这些院系都从相对独立和自主（很多情况下是文化上的隔离）的状态到新的联盟的合作者，或者在新的管理和组织大家庭中受到保护性"收养"。在合并的院系中，6 个学院与传播学（常常包括新闻和大众传媒）院系合作，6 个与教育合作，2 个与计算机科学合作，1 个与管理合作。长岛大学图书情报学院（Palmer School of Library and Information Science）合并后改名为"信息与计算机科学学院"（College of Information and Computer Science），图书情报学院（Palmer School of Library and Information Science）是其一部分。

美国图书情报院系的合并或重组可以分 5 种类型：

A. 图书情报学院在与原来已经有的、通常大型的、主导的机构合并，是低级别合作者；（6 个）

B. 图书情报学院在简单机构中是低级别的合并者；（6 个）

C. 图书情报学院在老的或新的机构中是平等的合作者；（2 个）

D. 图书情报学院在新建的机构中是高级别的合作者；（1 个）

E. 在学校中重新调整，而不是合并。（3 个）

假如生存和"校园政治"是合并的最主要的原因，那么 14 个被合并的图书情报学院中有 11 个是级别低的合并者就不足为奇。Rutgers 和 Western Ontario 在合并中处于平等的合作者地位也许是合理的要求。长岛大学图书情报学院在新组建的信息与计算机科学学院中是高级别的合作者。图书情报学院的院长也是新的学院的正院长。

要么合并，要么死亡。图书情报学院合并显然是对学校由于经费削减和管理简化而做出的反应。合并以后的效果可以有三种情形：比以前好、与以前差不多、比以前差，总的来看，可以从以下几个方面加以考察（见表 1）：

表 1　图书情报学院系合并、调整结果评价

因素	结果
生存前景	↑
获得的资源	↑
入学人数	⟷
院长地位	↓
教师士气	⟷
在学校中的形象	⟷
计划拓展	↑
课程创新	⟷
学术环境	↑
总评	↑

图例：↑ = 更好，⟷ = 差不多，↓ = 更差

尽管图书情报学教育在内容和结构上出现了多元化，但在一些主要的要素方面仍然是一致的，包括信息用户、技术、获取和信息。各种教育计划在这些因素的组合方式上可能是不同的，侧重点也可能不同。有些仍然注重这些因素在图书馆工作中的应用，有的则有意识地将图书馆工作视为信息领域的一部分。

这样的一种合并与效果，在我国同样不同程度的存在。我们还无法对我国图书情报教育合并与重组从不同因素上作出准确的判断，但总的来说，喜忧参半。这一点，也许与国外并没有太大的差别。这也反映了图书情报教育必然的发展趋势。最重要的是，我们如何就正避斜，积极利用有利的环境，强化自身的优势和影响，而不是被大环境所埋没。

4　课程设置与远程教育

美国图书情报学教育协会（ALISE）统计报告的数据表明，在过去的十年左右的时间里，北美 50% 以上的图书情报学院系修改了自己的课程设置。据介绍，在过去的 10 年里，课程表中每年都有若干新的课程增加进来：数字图书馆、中小学教学用数字资源、医学信息学、分布计算与网络、自然语言处理、计算机辅助协同工作、信息系统的社会问题、信息资源及其利用等。[16]

国际图联在 2000 年制订的《图书情报专业人员教育计划指南》中，提出了图书情报课程设置的 10 个核心要素（core elements）：信息环境、信息政策与伦理、学科发展史；信息生成、传播与利用；信息需求评价与信息服务设计；信息传递过程；信

息组织、检索、保存;信息研究、分析和阐释;信息与通信技术在图书馆和信息产品与服务中的应用;信息资源管理与知识管理;信息与图书馆利用结果的定量与定性评价。

美国情报科学与技术学会(ASIST)1999 制订了《美国情报科学学会教育目标》,2001 年经过修订提出了《美国情报科学与技术学会教育指南》。《指南》提出了情报学教育应在课程设置中包括 6 个大的方面:情报学基础、信息利用与用户、咨询方法、信息处理、信息技术、信息服务提供和管理。[17]

根据加拿大 McGill 大学图书情报研究生院院长 Jamshid Beheshti 博士 1999 年对美国图书馆协会认可的 44 所图书情报学院课程的调查,图书馆学硕士计划的主要知识和技能包括:[18]技术,管理,信息组织,检索与数据库开发,资源建设,数学方法与研究,社会文化方面,非印本载体,善本资料与保存,参考资料,档案学,儿童文学与服务,专业问题。

许多院系涉及的其他概念有人机交互(HCI)和人工智能(AI),以及图书馆类型和各种专题。此外,国外很多院系重视伦理学的研究和教学,教学对象为从本科到博士层次。Oslo 大学从 1990 年至今一直开设跨学科的伦理学研究课程。在欧洲,奥地利有 5 所、丹麦有 2 所、德国有 15 所、匈牙利有 1 所、西班牙有 2 所、瑞士有 1 所、英国有 5 所的大学从事信息伦理学研究与教学。据国际信息伦理学研究中心 2003 年的统计,目前全世界有约 70 个机构从事“信息伦理学”的研究。[19]从这些机构研究的内容看,信息伦理学具有跨学科性质,特别是信息科学与技术,同时还涉及哲学、大众传媒与传播学、图书情报学、组织理论和社会学。在美国,伦理学起着重要的作用。近年来,美国在信息伦理学的研究和教学发展很快。根据 2003 年的有关统计,有 20 所大学从事这一方面的研究和教学。

就图书情报学院系课程内容而言,不同国家由于图书情报学院的不同传统而形成“文化上”的差异。比如欧洲国家在图书情报学专业的课程中开设有软科学的课程,如文化研究、小说、媒体研究和文献社会学等等。

模块化教学是国外图书情报学课程设置的突出特点。在密歇根大学,学生们可以从四种信息理硕士(Master of Science in Information)领域选择其一:档案与文献管理、信息经济学、管理与政策、人机交互。

核心课程是国外图书情报学课程设置的另外一个特点。从不同国家角度看,人们对图书情报学的核心课程和每门课程的重视程度很难有一个统一的认识。但都规定了少量几门核心课程。

根据 ALISE 课程报告(2000 年),获得硕士学位的学分为 36—54 个。课程要求因学校而异。平均必修学分为19个,选修课差别很大,有的学校甚至开设将近100门选修课,但并不是所有的课程每年都开设。

不同国家学分制也各不相同。在挪威,实行的学分制度称为"vekttal"(用数值表示的模块化权重指标)。英国大学有自己的学分。瑞典大学根据国家的学分制度给予学分。欧洲的一些图书情报学院引入了"欧洲学分转换系统"(European Credit Transfer System ,简称ECTS),根据课程大纲或模块简介列出与学院的学分等同的ECTS学分。ECTS学分的分值是根据学生完成课程所需要的工作量确定的。

完成课程要求上具有灵活性对那些有工作或离学校远或没有ALA认可院系的地区的学生来说是很重要的。多数院系容许学生自学、选修其他学院或大学的课程。学生可选择到校或在校外学习相应的课程,图书情报学院承认其学分。

美国长岛大学图书情报学硕士计划培养学生从事各种载体和各种类型组织中信息的组织与管理工作,职业包括档案馆员、信息专家、图书馆员、记录管理员,从业的领域包括信息产业、图书馆、商业与工业、政府机构、公立学校。要求的课程学分为36个。其中必修课15个学分,选修课21个学分。必修课为:图书情报学导论、信息源与信息服务、知识组织导论、图书情报学研究方法导论、实习。

美国Rutgers大学传播、信息与图书馆学院图书情报学硕士计划,提供适应各种服务和管理机构的专业教育,包括图书馆、信息机构、信息产业、商业、工业、政府、研究和其他的信息是至关重要的资源的机构。毕业生就业的岗位主要有:信息中介、信息检索专家(参考馆员)、信息学科专家与档案馆员、知识管理者、图书情报组织管理者、医学信息专家、中小学图书馆媒体专家、技术服务馆员、网络图书馆员。课程根据图书情报学的领域的6个主题加以组织:人与信息的交互、信息获取、信息与社会、信息系统、管理、信息组织。该计划向学生传授基本的图书情报学知识,并提供特定的研究方向。学生修满至少36个学分才能毕业。

Rutgers大学传播、信息与图书馆学博士计划要求至少修满36个学分的课程,博士论文相关的学分为24个。开设的课程及学分为:博士生研讨(0)、信息与传播过程(3)、研究基础(3)、定性研究方法(3)、定量研究方法(3)、最新研究的问题(3)、情报学研讨(3)、人的信息行为(3)、信息检索理论(3)、信息检索中的知识表述(3)、信息系统试验与评价(3)、人际交流(3)、组织交流研究(3)、大众传播理论与研究(3)、学术与科学交流(3)、信息政策与技术(3)、信息法规(3)、信息指标(3)、信息组织的管理(3)、组织评价与变革(3)、图书馆学理论与问题(3)、用户研究(3)等。

长岛大学情报学博士计划设两个方向:知识组织与获取、信息研究与服务。课程要求的学分为48个,博士论文的学分为12个(包括博士论文定题、博士论文定题答辩、博士论文研究、博士论文答辩等四个环节)。

必修课为:研究方法Ⅰ、研究方法Ⅱ、知识组织与获取、信息研究与服务;

选修课为:知识组织、信息存贮与检索、系统分析与设计、人机交互、信息与社会、信息政策、信息服务、组织信息管理。

华盛顿大学信息学院情报学博士计划(2004年度)课程设置及学分情况为:核心课程(16):人的信息行为(4),知识表述(4),以用户为中心的信息系统设计(4),信息政策(4);必修课(19):教师专题报告(2),情报学理论基础(3),研究设计(4),情报学定量方法(5),情报学定性方法(5);实践(12):教学实践Ⅰ(3),教学实践Ⅱ(3),研究实践Ⅰ(3),研究实践Ⅱ(3);选修课(16—19);博士论文(27)。总计:90学分

近些年,随着网络技术的成熟与普及,图书情报学远程教育发展迅速。[20]10年前,北美只有10所图书情报学院开设远程教育课程。现在有80%左右的院系提供技术支持下的远程学位教育。例如,Illinois大学图书情报学研究生院的远程教育计划成为一种良好的另外一种教育模式已有多年。Illinois的教师将短期的校内授课与网络教学和自学结合起来。学生可以在他们选择的地点(家里、办公室),利用先进的技术提供实时网络化教学,完成大多数的课程。

多数ALA认可的院系通过各种授课方式,向学生提供远程学习的机会。在有些情况下,学生可远程完成全部的教学计划。有些情况下,会要求到校内上课或到某一个地方上课。远程教育是传统的课堂教育的延伸。教师通过交互式的视频、因特网或其他技术授课。授课方式包括卫星、闭路电视、和因特网。授课可能与传统课程相结合,也可能没有关系。

5 认可标准

美国图书馆协会(ALA)早在1925年就制订了《图书馆学院标准》,并于1933年、1951年、1972年多次修订。现行的标准是ALA认可委员会(COA)制订的《图书情报学硕士学位教育计划认可标准》,由ALA理事会1992年1月28日通过,1993年1月开始实施。[21]2002年,ALA还制订了《认可过程政策与程序》,是认可委员会认可工作手册,自2002年9月1日起生效。[22]

美国早先的图书馆学院特别强调技术教学而不是专业教育。在1951年ALA标准采纳之前,对图书馆员的技术教育方法秉承的是19世纪学徒式的教育。1951

年以后，ALA 认可委员会（COA）于 1972、1992 年对认可标准进行修订。现行的认可标准是定性的准则，强调毕业生具备图书馆学坚实的理论基础的必要，由具有学术氛围的学校的能力强的教师开展教育。ALA 下属的二级协会还制订了自己的专业化的证书计划和指南，如医学图书馆协会的《医学图书馆员培训与认证标准》（Code for the Training and Certification of Medical Librarians）（1949）、专业图书馆协会的《21 世纪专业图书馆员的能力》（Competencies for Special Librarians of the 21st Century）（1996）等。

认可（Accreditation）是一种高等教育机构和教学计划自愿参加的评价制度，是在自评和同行评议的基础上的一种活动，旨在提高学术质量和对公众所承担的责任。认可保证了高等教育机构满足相应的质量和完整性标准。《图书情报学硕士学位教育计划认可标准》认为认可的作用是"认可保障了教育界、公众和其他机构和组织对一个机构或一项教学计划：（1）明确教育目标；（2）维护实现目标的条件；（3）充分地实现目标；（4）持之以恒地进行下去。"认可是质量评价和质量提高的一种机制。

《图书情报学硕士学位教育计划认可标准》是陈述式的，而不是规定性，其目的是通过制订评价教育效益的标准促进提高教育质量。有了这样的标准，不仅可以评价教育过程和资源，而且可以评价这些过程和资源的成功利用，以实现既定的目标。而且，寻求认可图书情报学硕士学位计划的机构有义务利用其评价的结果，对教学计划进行更全面、持续的规划、制订和改进。

ALA 认可的硕士学位计划只限于美国和加拿大，现在又增加了波多黎各。至今共认可了三个国家 56 所大学的 58 个院系，其中美国 50 所，加拿大 7 所，波多黎各 1 所。此外美国还有相当数量的培养中小学图书馆员的认可的院系和发放证书的机构。

认可的图书情报院系对毕业生就业产生积极的影响。在美国，各种类型的图书馆有117 000多个，其中包括 9000 多个公共图书馆和公共图书馆系统，近 4000 个大学图书馆，90000 多个中小学图书馆，9000 多个专业图书馆，和近 2000 个政府和军队图书馆。[23] ALA 政策第 54.2 条指出："美国图书馆协会认可的院系的硕士学位是图书馆员必要的职业学位。"对中小学图书馆员而言，ALA 政策第 54.2.2 款指出："美国图书馆协会认可的院系的图书馆学硕士学位或全国教师教育认可委员会认可的教育机构学校图书馆媒体专业硕士学位，是学校图书馆媒体专业人员必要的第一职业学位。"

ALA 只认可具有硕士学位授予权的院系。目前还没有机构认可图书馆学本科或相关的教学计划。图书情报学硕士学位(MLIS)常常被称为图书馆学硕士学位(MLS)。然而,ALA认可的院系授予的学位名称还包括情报学硕士、信息硕士、文学硕士、理学硕士等等。学位名称由院系决定。认可委员会评价院系依据的是其是否遵循《认可标准》,而不是学位名称。有些院系被加上旁注,表明这是一种有条件的认可(conditional accreditation),要求该学院必须做出改革遵从1992年《图书情报学硕士学位认可标准》,使得认可委员会能够在规定的日期以后做出认可。

得到ALA的认可表明,该院系经历了自评的过程,经过同行的评议,并满足《认可标准》的要求。认可委员会评价每一个院系根据该院系是否符合《认可标准》中所规定的使命、目标和任务、课程设置、师资、学生、管理和经费以及物质资源和设施。

认可结果并不对院系进行排名或比较。但一些专业的和通俗的期刊发表对图书情报院系调查产生的排名。例如,《美国新闻与世界报道》(US News & World Report)对美国最佳研究生院做出评价,包括图书馆学研究生院。但这种通过同行的评价,往往具有很强的主观色彩。

国际图联(IFLA)教育与培训专业委员会多年来一直举办有图书情报学院代表参加的论坛,成为图书情报学教育领域信息交流的一种机制。该专业委员会的两个重点工作是:建立图书情报学教育标准和专业资格的对等性。目前由IFLA资助、由Central England大学信息学院信息研究中心承担的一项研究,是考察世界范围内的图书情报学教育标准,以及确定与世界各国图书情报资格的对等性相关的复杂的问题。人们希望,这项正在进行中的探索性研究成果能得到广泛传播,增强人们对比较各国图书情报学术资格这一复杂问题的认识。2000年8月13—18日在耶路撒冷召开的国际图联年会上,有3名代表还提交了图书情报学教育计划指南草案讨论稿。2000年12月,IFLA图书馆教育与培训专业委员会发表了《图书情报专业人员教育计划指南》(Guidelines for Professional Library/Information Educational Programs)。[24]

很明显,对情报专业人员(包括图书馆员)的技能要求,在被数字信息技术主宰的世界中将变得更为重要。同样,图书馆员所需要的技能和知识与许多其他情报专业人员所需要的技能和知识具有诸多的相似之处。在21世纪,建立一个能够提升图书情报学教育地位的认可机构是十分重要的。但由于COA固有的问题,因此,一些人呼吁,在ALA之外建立一个新的机构,对认可过程进行修改。[25]

1999年春,ALA召集了来自各图书馆协会的人,讨论专业教育及其未来。随后,ALA成立了4个工作组,在最重要的领域确定发展方向。这四个组是核心理念、核心能力、图书馆职业路径、外部认可。外部认可特别工作组由 ALA 执委会负责,考察建立一个 ALA 以外的机构的愿望和可行性。该机构负责图书情报学专业教育计划认可的政策与结构。还要求工作组提出关于认可结构和过程的目前和最终范围的建议,如图书馆教育计划、情报学教育计划以及可能的图书馆技术员教育计划和情报学本科教育计划。

工作组得出的结论是,尽管目前的认可制度具有某些优势,但也有一些不足,只有通过与其他相关的专业协会合作,通过建立一个认识到 21 世纪飞速发展与变化的图书馆员职业的认可结构才能克服。为了实现这样一种结构,需建立一个外部机构,类似于教育领域的"全国师范教育认可委员会",将许多与教育相关的协会的力量集中在一起。

这一新的认可机构的目标是保证向想进入信息行业任何一个领域的学生提供高质量的教育。该组织需要将各相关领域的权威人士召集在一起在认识上达成基本原则,同时需单独解决适应特定需求的教学计划问题(图书馆学、数字信息管理、保存、文献管理、档案学等)。该组织将从横向上(例如囊括档案学)和纵向上(例如囊括信息管理本科计划)拓展现行的图书情报学教育计划认可的范围。

工作组在 ALA、ALISE(美国图书情报教育协会)和其他专业会议上举行了听证会,2001 年夏天与 ALA 理事会举行了特别的对话。8 个专业协会有兴趣参加这一新的组织。

2002 年 1 月,工作组在完成既定的工作后被 ALA 执委会解散。但执委会表示将继续开展工作,与 ALA 合作伙伴一起修改认可结构。新的结构通过以后,信息专业将:鼓励和促进从教育的各个层次拓展图书情报学领域;提高图书情报学传统上的核心——图书馆学在逐步扩大的领域中的影响力,同时吸收新的专业的优势;通过其他的投资者的参与,使认可过程拥有新的更多的资源;加强了图书情报领域各方面的持续的交流和合作,这是一个对该领域而言机遇与挑战并存的时代。

对一个图书情报院系而言,有了认可制度,就有了努力的方向,但认可并不能解决所有的问题。图书情报院系应制订更加具体的改革与发展方向。M. Gorman 提出,美国和其他地方的图书情报学院应:[26] 开设国家认可的、达到国家标准的核心课程;拥有在核心课程所有领域能够从事教学和科研的教师(不包括兼职教师);致力于图书馆学的教学与科研;只有当他们能令人满意地研究全部核心领域的问题才能在其他领域从事教学和科研;在功能、结构和成效方面得到国家标准的认可;与各种类型的图书馆中的图书馆实际工作者合作,保证学校的图书馆教育和图书馆的培训的协调一致,以及新的图书馆员从图书馆学校顺利流向图书馆。

6 本科生教育

长期以来,美国图书情报学院一直实行的是研究生教育。尽管硕士学位教育仍然是国外图书情报学教育的主体,但近些年来,一种趋向是教育层次向本科延伸,培养飞速发展的信息产业领域需要的专业技术人才。本科生教育成为北美图书情报学教育近几年发展最快的领域。一些学院已经建立或正在建立新的本科生教学计划。本科生教育涉及的领域有:信息技术、情报学、信息系统、信息技术与信息学。美国长岛大学图书情报学院博士层次为情报学,硕士层次为图书情报学,本科层次为信息管理与技术。在一些学院,本科生人数已占到全部学生人数的很大的比例。在美国的 Rutgers 大学,本科生、硕士生、博士生的学生人数分别为 800 人、300 人和 90 人。

Florida 州立大学 Tallahassee 分校自 1996 年招收本科生,当年招收 91 名学生,现在招收约 600 名学生。他们认为,这一新的学生群体给学院带来了活力。Syracuse 大学一年招收 175 名本科生,现在校学生 475 名。据称,该学院本科毕业生刚参加工作的平均工资是 41000 美元,是整个学校本科院系起点工资最高的。

Rutgers 大学传播、信息与图书馆学院图书情报学系信息技术与信息学本科专业,要求的学分为 39 个。培养的是懂得技术的社会和经济影响、在多样化市场中工作的毕业生。学习过程建立在坚实的研究和当前技术应用基础上,将活跃的思维、问题解决方法与技术技能结合起来,将人文与社会科学的理论与实际计算机能力相结合。该专业的课程设置强调信息的创建、利用和重要地位,以及信息与通信技术的社会和组织方面。必修课为四门:社会信息学、计算机原理、面向对象的程序编制、技术类组织的管理。选修课有:电子信息的检索与评价、人机交互、研究在信息技术中的应用、电子环境下的领导行为、网页设计、信息可视化、数据库技术、网络化与因特网技术、性别与技术、信息政策、电子商务、信息技术经济学、数字环境的设计与管理、信息技术与学习、信息技术与信息学专题等。毕业生主要的就业岗位是:消费者支持协调员、数据库设计者和管理者、电子商务开发者、信息设计者与开发者、信息技术分析员和信息技术合作开发者、教育技术设计者、信息技术项目经理(协调员、咨询员)、项目团队领导者、技术报告起草人员、网络分析员与设计者。

美国本科教育的兴起是为了适应对懂得利用新技术的工作者的需要。多数本科生教育不是图书馆学的学位。Syracus 设立的是信息管理与技术理学士,Drexel 设立的是信息系统学士学位,Rutgers 设立的是信息技术与信息学文学士。毕业生的就业市场包括企业、政府和其他组织中的信息和技术职位,但多数不是图书馆员。图书情报学硕士学位是培养专业馆员,而本科教育面向各种类型的组织培养人员。Oklahoma 大学信息学文学学士适应的是信息产业对新类型的信息工作者——信息技术推进员(information technology facilitator)的需要。有些院系明显偏重于信息学(华盛顿大学和 Rutgers 大学),还有一些强调管理方面(Dalhousie 和 Syracuse),或信息资源(Wisconsin/Milwaukee 和 Emporia State),或情报学(Pittsburgh、SUNY/Albany 和 Southern Mississippi)。

这种新的教学计划使图书情报学教师向更广泛的公众展示他们在信息与通信技术方面的能力。据介绍,这种面向信息与通信技术的本科生教育,大大改变了图书情报学教育责任的性质,改变了图书情报学教育的自我认识,也改变了了在大学中的形象。[27]

新的学位明显扩大了图书馆学院在学校中的影响范围。研究生教育不再孤立,本科生教育将图书情报学纳入了学校的主流中,因此推动图书馆学院成为学校教育使命全面的合作者。对教师来说,主要的好处有机会接触新的、年青的、更多样性的学生。教师能够与将在各种职业和机构中工作的年轻人一道共同推动信息技术的广泛应用。

在欧洲国家,图书情报学学制也有改革的趋向。这种改革主要是适应高等教育"技术、全球化、竞争"这样一种大的背景。[28]丹麦皇家图书情报学院将其四年制的图书情报学本科教育改为三年理学学士课程。反过来,一些德国的图书情报学术机构也开始设立硕士学位。[29]

7 师资

在本世纪 20 年代,芝加哥大学是唯一的可授予图书馆学博士学位的学校。到了 20 世纪中期,大约 20% 的图书馆学院的教师拥有博士学位。从 20 世纪 60 年代开始,联邦政府提供经费支持教师攻读博士学位,大大增加了能够从事研究的博士人数。到了 70 年代,50% 的教师拥有博士学位。而在 70 年代和 80 年代,图书馆学领域知识增加迅速,更多地关注利用信息技术存贮和检索信息,关注对内容(知识与信息)的存取。到了 80 年代,78% 的教师拥有博士学位,一些研究者开始关注信息查询和利用过程。到 90 年代,90% 的图书情报学院的教师已经拥有博士学位。

ALA 的《图书情报学教育认可标准》专门对师资提出明确的要求,成为各院系师资队伍建设的基本准则,也成为美国图书情报学院师资的特点。教师分全职教师和兼职教师。全职教师承担教学计划所要求的教学、研究和服务活动;兼职教师平衡和补充专职教师的教学能力,特别是在全职教师所不擅长的课程的教学。通过任用和提升体现对教学、研究和服务的重视,鼓励教学、科研和服务的创新,为教师创建具有激励作用的学习与研究环境。明确规定,要聘请和留用具有多文化、多民族、多语言背景的教师。制订、公布和实施清晰、平等的师资政策。教师的资格包括在指定的教学领域的能力、对技术的了解、教学效果以及积极参与相应的组织。全职教师的资格包括不断取得科研或其他相应的学术成果。教师拥有各大学高层次的学位。教师通常具有多样化的背景、从事科研的能力、具备教学计划内容所涉及到的专业知识。此外,还具有学术规划和评价的能力,具有大量的相关的经验、与其他学科教师进行交流,并且与本领域维持紧密和持续的联系。建立对教师系统评价的程序。评价考虑的是教学、科研和服务的成绩和创新。评价过程请教师、学生和其他人参加。

存在的问题是,许多图书情报学院现任教师没有受到图书馆工作的训练,图书馆工作的经验很少或没有。许多教师拥有计算机、工程、历史或社会学的学科背景。ALISE2000 年统计报告表明,34% 的教师来自图书情报学以外的学科。拥有图书馆学博士学位的教师数量在减少。从而不得不聘用兼职教师讲授传统的图书馆学课程。

兼职教师(adjunct faculty)几乎都是实践第一线的图书馆员。这些兼职教师讲授的课程例如法律图书馆、藏书建设、图书馆自动化、音乐图书馆工作、书目教育等等。正式教师只从事情报学的教学和科研,而将大量的图书馆学教学任务留给了兼职教师,这在美国并非少见。图书情报学院教师的文化和个人兴趣正越来越多地使图书馆学教育边缘化,崇尚情报学和其他与计算机相关的研究和课程。这对这些学院来说也许是也许不是一件坏事情,但毫无疑问,对图书馆学及其未来却是一种不幸。

8 教育与实践的结合

自 20 世纪 80 年代中期以来,北美对图书馆学教育的不满甚至批评就一直没有断过,这一点可以从专业期刊上发表的大量文章得到证明。有些图书馆实际工作者甚至怀疑研究生教育的价值。其中最根本的问题是理论与实践脱节。一方面,一些图书馆学教师没有图书馆实际工作的经验,另一方面,图书馆实际工作者对图书馆学教育不能形成影响。尽管 ALA 认可机构主要由图书馆实际工作者组成,但认可过程使得这些实际工作者对课程内容和教学方法很难具有影响。[30]

图书馆实际工作者认为,图书馆学院没能提供新的专业人员所需要的教育。比如,有研究表明,图书馆学院的编目课程与编目岗位的要求之间存在差距。因此,面对图书馆员处在一个新的复杂的信息环境中,人们呼吁图书馆实际工作者与图书馆学教育工作者开始新的对话和紧密的合作。

图书馆学教育与许多其他专业一样,由于近年来技术的飞速变化而变得复杂化。这种变化可使学生在学校学到的专业技能到进入这个行业时变得过时。

2001 年初,大学与研究图书馆协会(ACRL)建立了一个委员会,称为“招聘与留用问题特别工作组”,调查大学图书馆在日益竞争的环境下怎样才能成功地招聘到和保留住专业人员。调查结果指出,尽管人们普遍认为图书情报学硕士仍然是有价值和必要的资格,但也承认,有必要对某些类型的图书馆工作从更大的范围考虑其他专业的人选。尽管一些图书馆一些年来没有对图书馆学硕士学位做出要求,但不再需要与对某些岗位不再需要是根本不同的(因岗位而异)。[31]可以肯定的是,除某些岗位是例外情形外,多数岗位仍然认为图书馆学硕士学位是本行业最低的正式教育要求。

2000 年,美国研究图书馆协会(ARL)发表了《图书馆学硕士聘用要求》(The M. L. S. Hiring Requirement),其中包括针对聘用时严格坚持图书馆学硕士学位要求这一问题对 ARL 成员馆的调查结果。调查是在 1999 年进行的。111 个图书馆对调查做出答复。其中 65% 在聘用时对图书馆学硕士学位或相当的学位有严格要求。[32]

2002 年 11 月 ACRL“未来发展重点”工作组的报告,提出了大学图书馆 7 个方面的重要问题。第一个问题就是图书馆员的招聘、教育与留用。工作组组长 W. Lee Hisle 认为,图书情报行业面临的挑战在于“保证新的图书馆员的教育和对现有图书馆员的再教育,使他们拥有技能和知识,在数字时代支撑新的角色”,并怀疑“图书馆学硕士对大学图书馆是否仍然具有相关性”。[33]

近些年来,人们越来越关注的问题是图书馆学硕士不再满足行业的需要。图书情报学教师实际上处在一种两难境地,他们必须侍候好两个婆婆:一是大学,二是本行业图书馆。由于图书馆学的性质发生了改变,图书馆实际工作者与图书馆学教育工作者之间的距离越来越远,许多实际工作者感到,在很多方面,图书馆学已经将他们抛弃。

许多人认为,传统学位的市场能力将取决于其适应变化着的工作环境需求的能力。对新的图书情报学硕士毕业生的需求,将取决于图书情报学课程设置的变革怎样紧密地适应特定的图书馆环境下对技能和能力的需要。还有人认为,图书情报教育正在经历一个重振雄风的重要阶段,为使图书情报工作实现有效变革,就必须首先正确评价未来的专业人员所需要的能力。

有一个普遍接受的学位要求有助于明确一个职业的性质。如果图书馆学硕士学位贬值,大学图书馆员有时就必须审慎维护自己的教师地位。

学生们经常抱怨他们接受了过多的理论,而对专业职位所需要的实践技能和工具掌握得很少。这归咎于教师秉持的是宽泛的概念,而不是专业技能。然而,他们没有认识到,一味地重视工具和服务模式将使他们不能将内在的知识基础扩展到新的环境。

在快速变革的时代,这种适应新的环境的能力特别重要。不能以牺牲对基本原理和知识基础的掌握为代价,追求获得学位时能熟练地利用技能和工具。对专业人员的教育必须始终培养人们能应用一般原理和知识,解决各种各样新的问题。

另一方面,图书馆实际工作者也应调整对毕业生的期望。一个毕业生在上班的第一天就能圆满地融入工作环境中不免异想天开。应有一段适应期,新的员工需要了解组织文化、新的工作的性质、图书馆的规范或理念等。

教师与图书馆员之间的持续不断的争论还没有达成有效的解决办法。双方脱节的根源是两个团队的分离。教师和图书馆员处在两个完全不同的世界中,很少有交流和交互,造成彼此之间相互不了解。

为此,人们提出,图书馆员和图书情报教师应联合起来寻求加强图书情报学教育的新的途径。双方的协作是保证图书馆实际工作者在专业教育中拥有强音的最好的一种方式。这种协作可以有多种形式,如课程设计、制订长期计划、合作研究、兼职教师、客座讲学、合作授课,而最有效的方式则是经常性的对话。澳大利亚图书情报教育也呼吁:图书情报专业教师不要孤芳自赏。图书情报专业应作为一个整体协同工作,才能保证拥有光明而相关的未来。[34]

在图书情报领域,许多今天的图书情报院系在培养专业人员的需求与前瞻性研究任务之间一直存在着对立的关系。怎样通过课程设置、授课方式(如远程教育)和认可制度填平研究与实践之间的这道鸿沟?今天的图书情报学教学计划怎样才能为当前的职业服务,同时有助于塑造明天的职业?

2004年3月16日,美国Syracuse大学助理教授、Syracuse信息研究所执行所长R. David Lankes博士在美国国会图书馆举办的系列讲座上提出:图书情报学教育既要面向职业,也要面向学术,以此来消除教育与实践之间的隔阂。[35]

9 国际化(全球化)

我们生活在一个相互的联系越来越多的世界中。全球化在当今社会中正变得越来越重要。图书情报学教育也正在开始日益全球化。教师和学生交流的机会在增加,通过利用因特网能够更加容易地获取全世界的信息,许多课程中更加重视国际问题。但是仍然存在很多障碍,使图书情报学的教师、研究人员和学生不能实现全球化所可能带来的全部的益处,比如,经费短缺使多数老师和学生不能访问世界另外一个地方的图书情报学院。尽管许多会议也有其他国家的参会代表,但只有IFAL的会议才有很多的不同国家的代表能够在一起交流图书情报学教育的思想。许多教师和多数学生并不了解世界各地图书情报教育方法的差异,甚至不了解其他国家图书情报体制的差别。这些障碍也影响着图书情报学院的毕业生,一个国家的图书情报专业毕业生到另外一个国家自由地谋职仍有很多障碍。

2002年4月7—9日,北卡大学Chapel Hill分校信息与图书馆学院主办了一次国际会议,邀请一些国家图书情报院系的代表参加会议。会议的目的是明确和探讨加强图书情报学教育计划全球化的战略、手段、工具和建议。提供给代表们的背景资料强调在图书情报教育领域日益全球化的趋势。探讨的问题包括:

- 什么样的全球联系对教师和学生最能受益?
- 提高全球化程度将给图书情报教育带来哪些机会和益处?
- 图书情报学院应怎样培养毕业生成为全球社会的领导者?
- 信息技术将怎样实现更加全球化的联系(例如地域不同的机构共享课程和教师)?
- 教师怎样才能在本校的图书情报学教育中更多地考虑全球化问题?
- 有没有办法在各个国家增加支持国际化的经费?
- 发达国家的图书情报教育工作者有什么样的义务帮助发展中国家的同行?
- 各个国家怎样加强教师之间的研究合作。

代表们就图书情报教育的国际化问题提出了很多的建议,如形成正式协议、经费筹措、联合制订教学计划、合作授课、共同参与研究课题以及远程教育(相关课件、课程工具等)。北卡会议对于图书情报学教育领域全球化达成了共识,对于增强全球化形成了一种使命感,为今后的工作奠定了良好的基础。今天,在高等教育大的背景下,北美和欧洲图书情报学教育国际化的趋势依然明显。[36]

参考文献

[1] Leigh Estabrook, Rae-Anne Montague. Library and Information Science Education. Encyclopedia of Library and Information Science, 2003(3): 1646 - 52

[2] Bernie Sloan. Changes in LIS education: A bibliography (Revised February 5, 2004). http://www.lis.uiuc.edu/~b-sloan/edbib.html

[3] Van House, Nancy, Stuart A. Sutton. The Panda Syndrome: An ecology of LIS education. Journal of Education for Library and Information Science, 1996(2): 131 – 47

[4] Michael. Gorman. Whither library education? http://www.fh-potsdam.de/EUCLID/tmp/Gorman-keynote.doc

[5] KALIPER Advisory Committee. Educating Library and Information Science Professionals for a New Century: The KALIPER Report. ALISE: Reston, VA, 2000. http://www.alise.org/publications/kaliper.pdf

[6] Joan C. Durrance. Crisis as Opportunity: The Shaping of Library and Information Science Education in the United States. http://www.si.umich.edu/libhelp/japan/japan_keynote_4.html

[7] J. Stephen Downie. Jumping off the Disintermediation Bandwagon: Reharmonizing LIS Education for the Realities of the 21st Century. http://www.lis.uiuc.edu/~jdownie/alise99/

[8] Ragnar Audunson,? Ragnar Nordlie,? Inger Cathrine Spangen.? The complete librarian-an outdated species? LIS between profession and discipline. New Library World, 2003(6): 195 – 213

[9] 同[8]

[10] K Tsuji, et al. Survey on faculty of library and information science education in Japan. http://dlist.sir.arizona.edu/1271/01/Manuscript_for_A-LIEP_Keita_Tsuji_JAPAN.pdf

[11] Bruce W. Dearstyne. Information education in the 21st century. Information Management Journal, 2002(1): 50 – 53

[12] John Hubbard. Issues In Library Education. http://www.tk421.net/essays/sherpas.html

[13] G. E. Gorman, B. J. Corbitt. Core competencies in information management education. New Library World, 2002(11/12): 436 – 446

[14] Special Library Association. Competencies for Information Professionals of the 21st Century. http://www.sla.org/competenciesportal

[15] Charles R. Hildreth, Michael Koenig. Organizaional realignment of LIS programs in academia: from independent standalone unites to incorporated programs. http://phoenix.liunet.edu/~hildreth/hildreth-koenig.htm

[16] Kalyani Ankem. Adoption of Internet resource-based value-added processes by faculty in LIS education. Library & Information Science Research, 2004(4): 482 – 500

[17] ASIS&T. ASIST Education Guidelines. http://www.asis.org/Board/education_guidelines.html

[18] Jamshid Beheshti. Library and Information Studies Curriculum. http://www.gslis.mcgill.ca/beheshti/alacais4.htm

[19] Robert W. Vaagan. LIS education-repackaging infopreneurs or promoting value-based skills?. New Library World, 2003(4/5): 156 – 164

[20] Online Library Science Degrees. http://www.worldwidelearn.com/library-science.htm

[21] ALA. Standards for Accreditation of Master's Programs in Library and Information Studies 1992.

http://www.ala.org/ala/accreditation/accredstandards/standards.htm

[22]The ALA Committee on Accreditation. Accreditation Process Policies & Procedures. http://www.ala.org/ala/accreditation/accredstandards/ap3.htm

[23]www.ala.org/library/fact1.html

[24]IFLA. Guidelines for Professional Library/Information Educational Programs,2000. http://www.ifla.org/VII/s23/bulletin/guidelines.htm

[25] Susan K. Martin. Strategic Visioning: A New Vision for Library and Information Studies Accreditation. portal:Libraries and the Academy. 2002(2/3):481 - 483. http://muse.jhu.edu/journals/portal_libraries_and_the_academy/v002/2.3martin.html

[26]同[4]

[27] McInerney, Claire, et al. Broadening our reach: LIS education for undergraduates. American Libraries,2002(2)

[28]S. Virkus, L Wood. Change and innovation in European LIS education. New Library World,2004(4/5):320 - 329

[29] Leif Kajberg. Cross-country partnerships in international library and information science education. New Library World,2003(6):218 - 227

[30] Lillard, Linda L, Wales, Barbara A. Strengthening the Profession: Educator and Practitioner Collaboration. Journal of Academic Librarianship,2003(5):316 - 420

[31]Ad Hoc Task Force on Recruitment and Retention Issues, Association of College and Research Libraries Personnel Administrators and Staff Development Officers Discussion Group, Recruitment, Retention & Restructuring:Human Resources in Academic Libraries:A White Paper. http://www.ala.org/acrl/recruiting-wp.pdf

[32]同[30]

[33]W. Lee Hisle. Top Issues Facing Academic Libraries:A Report to the Focus on the Future Task Force. College & Research Libraries News,2002:714 - 715,730

[34]Hallam, Gillian C. (2006) Trends in LIS education in Australia. http://eprints.qut.edu.au/archive/00004354/

[35]R. David Lankes. Library and Information Science Education in North America:Bridging the Gulf Between Education and Practice. http://www.loc.gov/rr/program/lectures/lankes.html

[36]Ismail Abdullahi. Internationalization of LIS education in Europe and North America. New Library World, 2007 (1/2): 7 - 24. http://www.emeraldinsight.com/Insight/ViewContentServlet?Filename = Published/EmeraldFullTextArticle/Articles/0721080101.html

(原文载:《图书馆论坛》,2007(6);2008(1))

图书馆未来发展趋势调研报告

1 图书馆未来发展的环境分析

1.1 图书馆未来发展的社会背景

(1)社会经济、技术、文化、科研、教育的发展对图书馆同步发展的要求

任何时代,图书馆总是存在于一定的社会环境下。图书馆要为社会的经济、技术、文化、科研、教育的发展服务,同样,社会也要求图书馆与社会同步发展。图书馆的任何发展必须与社会的现实发展紧密关联,才能更好地为社会服务,才能在社会的发展中发挥其应有的重要作用。为此,美国国会图书馆将其2008—2013财政年度的战略规划的主题确定为"促进人类的认知与智慧"(to further human understanding and wisdom)。同样,大英图书馆将其2008—2011年的战略的主题确定为"传承世界的知识"(advancing the world's knowledge)。

应该看到,网络信息技术的发展为图书馆的发展创造良好的信息环境。大英图书馆在2008—2011年的发展战略中提出,"我们所处的环境在过去的二十年里发生的变化超过了过去两百年的变化,特别是技术发展的驱动。这种变化正逐渐改变了传统的学术研究对物理图书馆作为重要信息源满足研究需要的依赖,而走向复杂的有多种选择(不同的获取水平、权威性、深度)的网络。[1]"信息环境的变化对图书馆而言,是一种挑战,给图书馆带来不断变革与创新的压力,但更是一种机遇,将图书馆从传统的范式中解脱出来,走向更广阔、更有活力的发展空间。

在新的信息环境中,需要重新定义图书馆的作用,重新定义图书馆及其服务对象之间的关系。但图书馆的本质与核心功能并没有改变,那就是图书馆的服务性和支撑作用。以学术交流为例,尽管人们所依赖的载体在发生变化,但图书馆仍然在学术交流结构中居核心作用,不管图书馆是实体的、数字的还是门户的。[2]图书馆依然是社会中不可或缺的有机组成部分。

(2)图书馆既面临着严峻的挑战也面临的重大的发展机遇

今天的图书馆和未来的图书馆都将面对与社会环境同步发展的竞争压力和挑战。信息环境在变化,用户信息行为在变化,社会信息需求在变化,图书馆就要变化和适应。不适应,则消亡(adapt or die)。在当前的网络冲击下,当用户对图书馆的需求发生变化,而图书馆的服务却以不变应万变,图书馆必然处在一种"被边缘

化”的危险。

这样一种挑战也给我们带来发展的机会。痛定思痛，图书馆人需要清醒地认识所处的危险境地，增加危机感和责任感，寻求自己的突破口，抓住发展的机遇。康奈尔大学图书馆馆长 2009 年 6 月在清华大学的一次演讲中提出图书馆面临的挑战是如何从“维持相关性”到“成为不可或缺”(From “maintaining relevance” to “being indispensable”)。这应该成为每个图书馆人追求的目标。

OCLC 在 2003 年的研究报告中指出数字图书馆在社会、技术和研究教育等多个领域面临的挑战和机遇。[3] OCLC 通过发放调查问卷和访谈两种方式来调查图书馆的前景。在社会背景下关注的问题包括：图书馆和图书馆员的新职能、图书馆用户、图书馆馆藏、长期保存、经费和责任、协作。技术方面则体现在：给非结构化的网络一个结构化的使用界面；分布式、组件化的软件；更多采纳低成本开放源码软件；安全、认证和数字版权管理。OCLC 认为在快速变化的网络进行任何预测都是非常困难的，但不能不承认的一个现实是：Google 已经代替图书馆员成为用户信息检索的首选。但这也不意味着图书馆员将无所作为，而是将发挥前所未有的作用。

(3)图书馆正在经历从传统图书馆到新型图书馆的转型期

图书馆面向未来的发展是一个循序渐进的过程。今天的图书馆始终处于变化的过程之中，而五年、十年、二十年以后的图书馆将发生更大的变化。图书馆正在从传统的形态转变为新的形态。根据德国的 Wilfred Suhl-Strohmenger 的研究，[4] 传统图书馆(old-fashioned library)与新型图书馆的区别在于，前者是以馆藏为中心，为基本上是被动的图书馆用户提供咨询与信息服务。这些用户关注的是图书馆用户和传统的图书馆资源，而不期待立即直接得到所有所需要的资源；而后者是以用户为中心，为基本上是主动的、具有信息素养的用户提供对广泛的物理和数字资源和服务的利用，这些用户对各类可以发现的信息感兴趣，期望尽可能立即直接尽可能得到所需要的资源。

图书馆实现转型需要踏踏实实的规划，需要实实在在的行动。匹兹堡大学图书馆馆长 Rush G. Miller 最近在中科院国家科学图书馆的一次演讲中，提出图书馆生存的工具是 8 大变革思想，也是推动图书馆转型的手段：①以用户为中心，而不是以用户为焦点。②重新思考图书馆的使命，不是图书、不是信息，而是人。③重组图书馆的业务、服务、资源、人员和预算。④重新思考空间的利用，改造用于用户的空间。⑤创新合作。⑥信息交流。⑦为数字化的未来构建专长与基础设施。⑧变革组织文化。他同时指出，研究型图书馆未来的作用在于：图书馆是信息过滤系统、重新定义图书馆在教学中的角色、协同、数字出版、全球网络化。

1.2　影响图书馆未来发展的主要因素

(1)影响图书馆未来发展的外在因素

图书馆的发展依赖于良好的社会环境。社会稳定、经济发展、文化繁荣、科技创新、教育发达,才会对图书馆有强劲的需求,才会实现图书馆与社会环境之间的动态平衡和和谐互动。

用户和图书馆近些年感受最大的是信息环境的变化。以数字化、网络化为主要标志的新的信息环境给用户带来前所未有的方便和快捷。大英图书馆2008—2011年发展战略对信息环境做了比较清晰而深刻的分析,提出了如下的论断:[5] 1)以电子而不是以印本形式出版的资料的比例将越来越大。例如,到2020年,大约80%的英国出版的期刊将是纯数字的(digital only)。2)作者、教师、图书馆员和出版者对开放获取运动越来越支持,目的在于实现研究成果影响力的最大化。3)科学、技术和医学出版领域将持续加强,五大出版巨头创造的产值超过一半。4)网络搜索产业发展速度超过新闻和出版产业,在今后三年以大约23%的速度增长。5)电子图书的使用将增长。近来的调查显示,30%以上的参与者表示科学、技术与医学电子书的使用"非常广泛",还有26%的人表示"经常使用"。6)网络正在对研究人员的工作方式产生革命性的变革,使得他们通过社交、专业和企业网络可以存储、个性化、处理、重用并与同行共享信息。7)在数字世界里,出版商、图书馆、集成商和作者在信息的创造和传播方面的角色将融合。

(2)影响图书馆未来发展的内在因素

变革与创新不仅仅是用户需求与环境变化所致,图书馆自身必须未雨绸缪,因应而变,主动应变,要研究与制定适应环境变化的发展战略,规划图书馆今后若干年内的战略方向,并持续、动态地加以调整。要在变化的环境中,根据用户的需求不断调整自身的战略定位与功能。没有什么是不能改变的,图书馆也要寻求突破所谓的禁区,在竞争中占领战略制高点。要创新资源建设模式与机制,以用户及其需求为中心,重构资源建设的渠道与模式,推动从资源获取到资源发现的重点转移。要建立推动改革创新的体制与机制,增强机构的灵活性和组织活力,通过服务及效果来检验一切工作的成效。要将"一切以用户及其需求为中心"作为图书馆的核心理念,并转化为所有图书馆员的实际行动。要加强图书馆之间的联合、协同与共享,为用户提供更广泛、更有效、更灵活的服务。要通过岗位聘任、专业资质认证等建立良性的自身发展机制,推动建立与个人职业生涯相结合的激励机制,推进图书馆向知识管理与知识服务中心的转变。

要加强图书情报学的理论研究。理论研究要能够指导图书情报工作实践。理论研究要加强规划，面向图书馆的实际需要，面向信息用户的实际需要，面向图书馆的未来发展战略。要加强理论研究的应用导向。理论研究要面向实践一线，指导实践一线，解决实践中提出的重大理论问题。要建立理论研究与实践结合的机制，通过理论、教育、实践、技术共同参加的论坛、项目，加强彼此的沟通与合作，建立建立理论、教育、实践、技术四位统一的发展机制。

要加强图书馆员职业培训与能力提升。根据未来环境对图书馆员职业素养与能力的总体要求，加强图书馆员在职培训，为图书馆员提供多样化的职业培训的途径与方式，提升图书馆员应对变化的专业能力，更好地满足用户对图书馆员个性化、学科化、知识化的需求。

1.3 当前及未来用户需求的特点

图书馆能够存在和发展在于用户的需求。用户及所在机构的持续而螺旋式上升的需求是内在动力。图书馆必须及时敏感地跟踪用户的需求，才能更有效地提供用户所需要的服务。但用户需求与行为的变化很多时候超出我们的所料。OCLC2003 年的环境扫面报告是一副清醒剂。该报告揭示了在新的信息环境下用户对图书馆认知和行为变化。[6]其中的主要结论如下：

- 84%的用户使用搜索引擎开始信息检索，1%的人从图书馆网页上开始信息的检索；
- 信息用户信任来自于图书馆的信息，同时也信任搜索引擎获得的信息。调查表明他们对两者的信任几乎是一样的；
- 用户对搜索引擎的评价高于对图书馆员的评价；
- 搜索引擎比图书馆或在线图书馆更符合人们的生活模式，大多数美国用户（从 14—64 岁）认为搜索引擎最符合他们的生活习惯。

用户的需求其实是很复杂的，图书馆也缺乏足够的研究。著名学者 R. M. Dougherty 指出，多数图书馆其实并不知道用户需要什么。他根据自己参加的一些座谈会，认为图书馆所提供的和用户所需要的南辕北辙，他提出用户的需要是：用户需要的是他们需要时的服务，他们需要方便、即时或当时满意；用户想利用一切新的技术和数据库，但许多人仍想保留所有的传统服务；用户需要快捷和易于使用的服务。他们需要清晰和易于利用的网页，易于利用是从用户的角度而不是从我们的角度；用户需要一切最新的东西，他们现在就需要，他们不想等待；许多用户需要一种像咖啡店一样的环境。[7]

美国的一所大学图书馆依据教师的需求，总结出 2010 年教师信息需求的若干

特点,具有一定的代表性:[8]

- 图书馆对大学课程设置、教学、科研的支持(内容、存取、服务)
- 自助
- 无缝集成存取与内容
- 24/7 存取:任何时间、任何地点都可以存取联机信息
- 从一个地方存取所有的信息(统一界面、门户、网关)
- 能确定信息质量、可信度和准确性
- 足够的培训(掌握信息管理技能)
- 能随时随地获取相关信息
- 获取物理馆藏(图书、手稿、一次文献、大学历史与管理记录)
- 扩展印本与期刊馆藏
- 透明地获取电子信息,无论该信息存放在哪里
- 提供版权和其他法律问题的帮助
- 经验丰富的图书情报人员对信息资源进行导航
- 教师迫切需要"个人的图书馆员"

新的信息环境的特点是电子通讯(异步和同步)、网络信息资源、多媒体信息以及信息的生成、传播和存取。根据用户调查,在电子图书馆环境下用户的典型期望是:[9]什么都是全文的,并且可下载、可打印;更快的服务;可获得全天候(24/7)的服务;虚拟参考馆员 24 小时在线;易于使用的网络资源,允许自助;图书馆员懂得所有的学科和所有的数据库;所有的资源都以电子形式;有多种方式提供选择;网站是有效的;能联机开展图书馆所有的业务(如用户登记、要求文献传递和馆际互借、续借等)、网站搜索引擎能找到用户想要的。

虚拟环境下用户的浏览和阅读行为是值得关注的一个问题。电子期刊数据库网络日志的分析表明:[10]虚拟用户在网上活动多种多样,而浏览全文文章只是其中之一,而且不一定是最常见的;一些用户群更可能浏览文章的全文,特别是学生;一般而言,文章被浏览的平均时间不超过 2 分钟,2 分钟不可能有充分的时间阅读,尽管对浏览而言的时间足够了;用户花在全文浏览的时间有很大差异:研究型学者比教学型学者浏览的时间更长,表明前者的兴趣更大,学生花在浏览文章的时间比员工长,表明学生对联机阅读更偏好,化学和生命科学家浏览文章的时间最长;短文章阅读的时间相对较长,或许有更多地被联机阅读的机会;联机信息查询过程表明,用户首先打印或下载,然后确定其相关性,因此,不可避免,相当数量的全文下载后不再被阅读——交给打印机就"万事大吉"了。

加拿大图书馆与档案馆在其战略规划“变革的方向”中，做出的分析和判断是：[11]越来越多的用户寻求网络信息作为其首要的、常常是唯一的选择。他们在家中、学校里、办公室或图书馆里可以很方便地做到这一点。他们的主要检索工具目前很可能是 Google。如果他们在电脑桌面进行简单的一或两个单词检索一两次后没有找到想查找的东西，就会试用另外一个词，但很可能就认为所查找的东西不存在了。他们的检索不讲究什么方法，检索路径是线性的。他们很舒适和自信，随意地在不同的资源之间跳跃。通常对轻易找到的结果满意。这些用户将绕开印本资源，绕开联机目录，绕开馆际互借和咨询帮助，并最终绕开物理的图书馆和档案馆。但他们的确在查找我们已经拥有的资源。

大英图书馆在制订 2008—2011 年战略时对用户需求与期望的判断，比较清晰地分析了大英图书馆所服务的不同类型用户群体的需求特征：[12]1）科研人员越来越期望在网上无所不有，而且在需求点时立即、永久，最好是免费的。2）作者越来越期望对通过数字发行的作品获得收益。3）大量的研究数据以数字形式存在，这一宝贵的资源应长期保存并提供利用得到公认。4）人们对数字形式获取非文本的信息（图片和声音）作为多种媒体研究过程的需求越来越大；创新性产业对英国未来的竞争力至关重要。到 2020 年，它们将雇用约 260 万人创造超过 11% 的国内国民产值。5）企业家认为网络是支撑企业发展和成功的越来越重要的手段。6）微型企业和中小企业越来越成为英国经济不可或缺的一部分，它们在伦敦提供了 35% 的就业机会和 36% 的年资本营业额。7）所有用户对信息服务与网络经历保持一致提出越来越高的需求（如通过维基、博客、播客、社交网络）。8）尽管 Google 一代（网络时代出生或成长起来的人）对计算机操控自如是显而易见的，但他们缺乏基本的研究技能，还远没有具备完整的信息素质能力和知识产权素质能力。

提供更好的资源发现服务一直是图书馆的核心任务。通过目录和其他服务，我们似乎一直在改进为用户提供服务的范畴和质量。然而，今天的环境已经变了，变革的节奏在加快，网络服务使得人们只要点击图标就什么都能获得。我们的目录似乎存在着信任危机：如何尽快适应用户的需求。大英图书馆正在对图书馆所提供的资源发现服务进行审视。最近的调查发现：期刊文章和专著仍然是用户最重要的信息源；用户希望获取的资源是无缝集成、全面完整的；更方便地获取信息内容；认为即查即得是理所应当的；希望社交网络、建议、书签等作为信息服务的一部分；在联机环境下对多媒体（音乐、视频、图像）的利用最多；希望信息环境充满乐趣，使用起来充满想象力。为此，英国图书馆确定了五个核心战略：基准目录和数据、Web2.0 功能和服务、新技术服务层、数字发现、点对点发现与传递方案。[13]

OCLC2007 的报告《网络世界中的分享、隐私与信任》[14]表明:对所有人来说,互联网时代已经到来,互联网用户阅读越来越多。新类型的"社会性"网络站点的出现正改变着网络的结构与文化,超过一半的大学生正在利用社交网络站点,Myspace 是调查者利用最多的社交站点,Youtube 在所有调查国家都是排名最高的社会媒体站点,调查者更愿意利用社会性网站,而不是图书馆网站。大学生更愿意在社交网络站点上分享个人信息,关于隐私,调查者并不认为图书馆网站比其他站点更具有私密性。13% 的全部调查者与 9% 的美国调查者认为为其社区创建社交网络站点是图书馆的责任。14% 的美国图书馆管理者认为社交网络是图书馆的责任。如果建设社交网络网站,图书俱乐部是最优先考虑的社交网络服务。

对图书馆未来需求的设计实际体现的是用户的需求。研究认为,到 2015 年,图书馆应建立动态的服务,这种服务建立在图书馆的现有优势基础上,并强调一些特点:[15]

- 获取:物理或虚拟地利用图书馆的服务,无论用户在哪里;
- 支撑:为用户提供信息与支撑,从而实现其目标;
- 用户导向:与用户合作,无论其需要什么,并向其提供所需要的信息;
- 个性化服务:根据用户的需求、取决于用户的需求提供服务;
- 信息服务应快速反应,所以需要时刻聆听用户的需求;
- 动态服务意味着灵活性,要能灵活应变。

在未来的社会中,用户仍然需要图书馆,但需要图书馆的内容和方式会发生变化。在今天的现实中,用户期望他们在图书馆中的经历能与沃尔玛(Wal-Mart)或麦当劳(McDonald)相当:快捷(quick)、轻松(easy)、方便(convenient)。

技术的变化和时代的变化正在深刻影响着不同时代的用户。今天的用户考虑和处理信息与他们的前辈完全不同。同样,未来的用户与现在的用户也会有很大的不同。图书馆的战略规划主要面向的是图书馆的未来用户。按照国外的提法,这些用户是 20 世纪 80 年代到 90 年代中期出生的,被称之为"网络一代"、"Y 一代"、"下一代"、"网络一代"、"I 一代"、"数字土著人"等。Beloit 大学的报告,总结这一代人的特点是:[16]"Ctrl + Alt + Del"就像"ABC"那样基本;他们从未能够找到"return"键;计算机总是塞在背包里;商店出口处总有扫描仪;他们总是拥有注册号码;方便胜过质量;他们不记得什么时候"剪贴"与剪刀有关。这些特点显然是其前辈所没有的,因此也决定了其信息行为的变化。国外对这一代人总结为积极的特点和不大积极的特点。[17]积极的特点包括:乐观、熟悉技术、多任务处理、期望值高、多样性、接受权威;不大积极的特点是:团队性(相对于教师,更愿意听取同伴的意见)、关键技能缺乏、学术伦理缺失、依赖网络获取信息、对学生的经历满意度低、不考虑后果就做决策。

英国的 JISC(联合信息系统委员会)经过对 Google 一代信息需求与行为特点的研究,得出的结论是:[18]

- 他们具有超强的技术能力;
- 他们对信息通讯技术具有很高的期望;
- 他们更喜欢交互的系统,正在摒弃被动的信息消费;
- 他们已经最终转向数字形式的交流:文本而不是说话;
- 他们在其生活的所有方面总是多任务处理;
- 他们习惯于保持愉悦;
- 他们对视频信息的喜欢超过文本;
- 他们对时滞具有零忍受度,其信息需求必须立即得到满足;
- 他们认为同行作为信息源比权威数字更可信;
- 他们需要始终与网络连接在一起的感觉;
- 他们是“剪 - 贴”的一代;
- 他们通过“试错法”掌握计算机的技能;
- 他们更喜欢容易消化的信息单元式的快捷信息,而不是整个文本;
- 他们都是专家级的检索者;
- 他们认为网上无所不有(而且都是免费的);
- 他们不尊重知识产权。

华盛顿大学信息学院 Harry Bruce 院长在“华盛顿大学 2020 年未来发展宣言书”中提出,[19]研究图书馆必须与新一代涉及数字时代的新用户相联系。研究图书馆历来侧重于通过更好地了解用户的需求和他们查找和使用信息的首选方法来满足用户的需求。到 2020 年,所有的本科生和研究生和大部分助理,副教授(即使用研究型图书馆的大多数学者)将是一代在“数字”中长大的成员。正在进行的研究告诉我们,这新一代的图书馆使用者学习的知识和处理的信息是不同的。他们沟通的方式,解决问题的方式,书写的方式不同,需要使用适当的信息技术以不可预期的方法来满足他们的需求。这一代的研究型图书馆用户将创造新的不同的知识,并以进一步转变成科学咨询和学术交流的方式把它们传授给他人。他们将需要一系列非常不同的图书馆服务来支持他们的需要和他们的工作流程。2020 年的全球性研究型图书馆必须了解和预测这新一代用户的需要——他们是如何学习和使用信息将从根本上影响未来的研究图书馆和大学图书馆的做法(参考服务、信息提供、馆藏建设等)。

1.4 图书馆的作用

许多人有这样的疑问,在因特网时代,还需要图书馆吗?许多图书馆员把因特网视为一种威胁,认为是图书馆的竞争对手。“公共图书馆与因特网能和平共处吗?”的作者认为,答案不在图书馆方面,而在用户市场中。为此,他们于2000年3、4月间在美国进行了全国性电话调查,结果表明,利用图书馆与利用因特网有很强的相关性:40%的人既利用图书馆也利用因特网,75%的因特网用户也在利用图书馆,60%的图书馆用户也在使用因特网。根据对用户利用图书馆或因特网原因的调查:利用图书馆的原因排在前几位的是:便于利用、花费低、可以获得纸本、信息的准确性、图书馆员的帮助、用户隐私的保护。利用因特网的原因排在前几位的是:便于获得、获得时间短、可利用的时间长、资源范围广、不会空手而归、能对获得的信息立即进行处理、信息的新颖性、有趣、浏览的乐趣、能独自行事。[20]

图书馆与网络之间既是一种竞争关系,也是一种合作关系。在这样一种竞合的关系中,图书馆在发挥特有的作用。OCLC的报告显示,用户获取信息的首选往往是搜索引擎。因特网在与图书馆竞争用户群。但网络与图书馆之间是一个共存互补的关系。因特网(包括搜索引擎)需要图书馆提供资源,而图书馆也需要因特网提供新的信息环境。国外有学者就提出“因特网不能代替图书馆的10个理由”,阐述了图书馆的存在价值:[21]网上并非应有尽有、网上查询犹如大海捞针、质量控制子虚乌有、没查到的正是所需要的、不能买一本书在网上流通、电子图书不值得留恋、没有图书馆的大学行不通、虚拟图书馆不会大行其道、因特网宽度有余深度不足、因特网无处不在但图书携带方便。

Ellen Metter提出了图书馆对作者仍然重要的12个理由:[22]图书馆是免费的;图书馆提供高质量的联机数据库;特定学科的工具书非图书馆莫属;图书馆拥有珍稀专深的资源;学术资料在图书馆大受青睐;图书馆有训练有素的编目员;图书馆在加强多方合作;图书馆员平易近人富有人情;图书馆拥有大量古籍;在图书馆里淘宝乐趣无穷;图书馆向你短期借阅你所需要的图书;图书馆读书不易分心。

Will Sherman在“图书馆与图书馆员仍然极为重要的33个理由”一文中,充分阐述了图书馆与图书馆员不可替代的地位,其中包括:网上并非应有尽有;数字图书馆并非因特网;因特网并不是免费的;因特网对图书馆形成补充,但不是取代;数字化需要假以时日,并且时间很长;图书馆到馆率不是下降,而更多是虚拟形式;如同商业,图书馆仍需要人员配备;取消图书馆将中断文化的重要演进过程;图书馆是稳定的,而因特网稍纵即逝;并非每个人都能利用因特网;并不是每个人都能买得起书；图书弥久愈香。[23]

在开放社会的发展中，图书馆的作用体现在提供知识与信息，提供新技术，特别是因特网，提供有判断力的思维和数字文化。国外学者提出了 7 条一般性原则，以指导图书馆寻求对开放社会的建立和维护的支持：[24] 提供对各种资源的利用，而不要对资源进行消极性限制或检查；根据开放和客观的标准，对资源的利用提供积极的指导；认识到信息的自由流动尽管必要，但是不够的；认识到提供事实性信息尽管是有价值的，但是不够的；需要特别关注新的信息与通信技术的影响，特别是因特网；促进理性思维和数字素质；需要深入思考图书馆的伦理价值观。

耶鲁大学图书馆馆长认为现在是“图书馆的黄金时代”，主要是因为计算机技术可以大大地促进图书馆的教育使命。为了实现这个时代的全部潜能，图书馆员必须加强数字资源的公共利用，保存数字资料，使信息系统能为民众的学习享用得起。他还提出了图书馆在这个黄金时代的三个主要责任（三大挑战）：存取、保管和规模化。[25]

在未来的社会中，图书馆必须寻求建立自己的核心理念和核心价值观，建立自己的核心能力，在社会中确立自己的生存空间和发展舞台。M. C. Gorman（戈曼）提出图书馆工作的核心理念是：职责明确、服务至上、学术自由、方法合理、求知求学、求知平等、保护隐私、倡导民主。[26] 只有这样，图书馆才会在社会中发挥更加积极和重要的作用。

2 国内外图书馆发展的若干主要趋势

2.1 部分图书馆与机构的主要战略

（1）加拿大图书馆与档案馆“变革的方向”

加拿大图书馆与档案馆于 2006 年 6 月制定的战略规划“变革的方向”，从加拿大图书馆与档案馆将是什么、什么将指导加拿大图书馆与档案馆、什么是实现目标的支撑战略等三个方面，确立了该馆今后若干年内发展的主要方向，提出了引人入胜的愿景和富有活力、自信和高度相关的机构的组织哲学。[27]

该馆提出的形成未来发展愿景的五大方向是：

1）新型的知识型组织；

2）真正成为国家级的机构；

3）与其他部门合作，加强加拿大文献遗产的完整性；

4）成为人们学习的主要目的地；

5）成为政府信息管理的引领性机构。

为了实现这些愿景，确立了指导加拿大图书馆与档案馆的七个方向：

1）获取是图书馆工作的主要驱动力；

2）清晰的以用户为重心策略；

3）有效的风险管理工作责任；

4）确立描述加拿大文献遗产的新的方法；

5）数字化是主流；

6）加强领导和战略重点；

7）集成与一站式。

支撑实现目标的内部战略是：

1）关注结果；

2）嵌入灵活性；

3）促进开放与学习文化；

4）建立工作能力上的新的优势；

5）增强技术能力；

6）提供健康、有益的工作环境。

（2）澳大利亚国家图书馆 2009—2011 方向

澳大利亚国家图书馆制定的 2009—2011 年方向，[28]确立的目标是保障澳大利亚人获取国家的图书馆馆藏资料，以增强人们的学习、知识创造、娱乐和对澳大利亚生活与社会的认识。为此，确立的五大方向是：采集各种类型的文献资源，包括数字资源；将可获取性置于图书馆各种服务的首位；与澳大利亚各图书馆合作；支撑国家作家和科研人员的创新性工作；在世界图书馆界起到积极的作用。与此同时，从馆藏、服务、协同三方面提出了具体的战略任务。馆藏建设主要是采集和提供利用澳大利亚人生活的记录。在服务上则是满足用户对馆藏和其他信息资源快速而便捷获取的需要。在协同上，则是与其他各类机构合作，改善为澳大利亚公众提供的信息资源。

（3）新西兰国家图书馆 2007—2017 年战略方向

2007 年，新西兰国家图书馆制定了为期 10 年的战略方向。[29]这些战略方向依据图书馆在飞速变化的世界中怎样才能最好地贡献于政府的目标而做出的分析。该项战略确立了四大战略重点和四个有助于落实国家图书馆十年战略方向的支撑性的重要领域。四大战略方向包括：1）获取新西兰的数字记忆，帮助确保新西兰数字记忆是可信赖的、安全的和易于接受的；2）启迪知识的创造和经济改革，致力于新西兰人终生学习以便得到经济、社会和文化上的益处；3）共享国家故事，以保障新西兰、毛利人和太平洋的文化传承;4)丰富用户的经历,保障无论在利用的是馆内馆藏还是联机信息资源时,这些经历都是愉悦的、有意义的。

(4)大英图书馆2008—2011年战略规划

大英图书馆2008—2011年的战略提出了7个战略重点及每个战略重点的主要任务和2011年的战略目标。

战略重点1:广泛获取和存储英国的数字出版物。主要任务是:通过法定电子呈缴和自愿形式,持续采集脱机数字资源、电子期刊和可公开获取的网络资源;与出版商合作,通过法定呈缴和资源方式,延伸到其他数字资源的采集(报纸、地图、电子书、受保护的网站、音频);汲取国外的法定呈缴的经验,保持与国际同行的同步发展。2011年的目标是:完成对公共网站和已有电子出版物的采集、存储和长期保存;完成与法定呈缴咨询小组的合作,向文化、媒体和体育部长提供有关采集数字出版物决策的最充分的信息;对不适合立法或不能立法的领域建立自愿存缴制度;借鉴其他国家的发展,建立电子出版物采集、跟踪的最佳实践;整合业务模式,以方便资源的采集、存储和利用。

战略重点2:将用户与资源相连接。主要任务:建立和实施新的资源发现系统,改进目录的查询,加强对数字资源的利用,发挥Web2.0的作用,实现用户生成内容;建立集成的档案与手稿系统;探索与传统目录并列的数字化和全文检索系统;更有效地建立全国性的资源发现与传递服务;参与联合信息系统委员会(JISC)的"未来的图书馆"运动;逐步加强目录工作。2011年的目标是:已经建立了新的资源发现系统,加强了对主要馆藏的利用;将Web2.0的服务与图书馆的网站和联机发现工具有机嵌入;对更多的数字资源做到集成发现;对馆内外的资源为用户提供更好的检索结果和更多的数字化获取。

战略重点3:改革报纸的利用与长期保存。主要任务:在Boston温泉规划建设专用设施,存储具有保存条件的纸质报纸馆藏,预留25年的发展空间;开始报纸馆藏的搬迁;建立对利用率高的和重要的报纸馆藏进行数字化;采集当代的数字化报纸。2011年的目标是:完成报纸从Colindale到Boston温泉的迁移;将许多利用率高的期刊杂志搬迁到St Pancras;在St Pancras,提供利用大量的缩微胶片和数字化的文献,必要时以联机方式;将法定呈缴业务转到Boston温泉;在Boston温泉存储第一阶段有保存条件的报纸。

战略重点4:以创新服务和集成过程支撑英国的科学研究。主要任务:为高等教育提供共享的、集成的存储和图书馆服务的利用;确定如何持续地工作提供电子基础设施支撑英国的科学研究;与研究委员会合作支持跨学科的研究计划;试验测试研究信息中心虚拟研究环境;与研究委员会和高校协同,确定图书馆在促进知识发现和数据库利用方面的作用。2011 年的目标是:建立中心储存库,改进对信息资源的获取并实现流程化,支撑英国的高等教育研究;为商业用户提供给新的服务,加强未来的可持续发展;提供大量的数字化资源;建立新的产品和服务,支撑英国的科学研究。

战略重点 5:建立数字基础设施。主要任务:继续建立数字图书馆系统,存储并保存多种电子资源,重点是电子期刊、数字化的报纸和保存的网站。建立存储和保存其他数字资源(如声音、地图、电子学位论文)的手段;与其他法定呈缴图书馆合作共享法定呈缴的内容;加强 IT 基本结构;通过建立数字数据版权和政策管理服务,有效地管理知识产权,保证合法用户对数字馆藏的合法使用;实现数字资源的长期保存。2011 年的目标是:建立了更有活力、功能完整的获取、保存和提供利用数字资源的基础设施;利用系统识别特有的资源和同一资源的不同版式(如博客),并适当地加以保存;建立嵌入了版权信息的元数据,给用户提供授权,保护信息内容;推动长期保存计划的开展,包括长期保存计划框架、保存工具箱和实验设施。

战略重点 6:整合物理馆藏的存储和长期保存。主要任务:在 Boston 温泉完成新的存储建筑的建设;更新知识产权战略;对物理馆藏进行广泛的风险评估并规划风险的迁移;进一步加强馆藏的安全性;研究缩微胶片的数字化备份,以便于长期保存。2011 年的目标是:在两个地方的业务运转取得重大进展;作为国家精品中心的长期保存中心完全建立起来;建立数字与物理馆藏管理的联盟模式,实现对整个馆藏的存储和长期保存的集成管理;较好地认识到数字文献作为保存媒介的益处,为缩微胶片备份的未来转换铺平道路。

战略重点 7:组织建设。主要任务:持续实施人才战略,将图书馆员的技能与战略结合起来,加强文化建设,培养归属意识,为实施战略提供操作上的支持;制订文化变革计划,支持创新和创造,建立组织更大的灵活性;对学术与馆藏委员会进行考评;通过人才和领导计划实施持续性的计划;提升图书馆的影响力,以吸引和留得住现有的和未来的员工。2011 年的目标是:成为有较高影响力的组织,特点是富有创新、协同工作、持续改进;被公认为有吸引力的职业,有多种多样有干劲、有创造性和灵活性的人员;将图书馆的品牌和基于网络的招聘结合起来,支持为英国的科学研究与创新提供服务。

(5)香港理工大学图书馆未来战略设想

香港理工大学利用情景规划法(scenario planning)提出了设想中的图书馆未来

战略发展的9个关键因素和特征：[30]

1）无处不在：图书馆资源服务无处不在、无所不在。

2）馆外服务：在大学社区以外提供有深度和广度的馆外活动。

3）社交空间：建立舒适的、动态的空间，引导用户之间基于问题的学习、讨论和互动。

4）数字生活：创建facebook网站，便于进行信息检索和社交活动。

5）可持续发展：图书馆应在环境友好的运动中坚持“减少”（Reduce）、“重用”（Reuse）、“回收”（Recycle）原则。

6）参与研究：与研究人员保持密切协同。建立和维护机构知识库，保存大学的科研产出。

7）神秘的图书馆员：多语言的图书馆员在电脑上提供有关图书馆信息和资源的即时帮助。

8）印本价值：对大学的研究档案具有重要贡献。要能方便地利用香港的学术资源。

9）集成共享：图书馆应成为学习枢纽满足大学教学、研究和学习的需要。

（6）ACRL关于大学图书馆与图书馆员未来的十大假设

美国大学与研究图书馆协会（ACRL）在2007年的环境扫描中，提出了大学图书馆与图书馆员未来的十大假设，[31]阐述了未来图书馆和图书馆员可能的发展重点与方向。

1）对数字馆藏、数字档案的保存、数据存储、检索、保存和服务方法的改进将日益重视。

2）需要继续加强图书馆员的技能，以应对服务对象变化着的需求与期望。图书馆员的专业背景将越来越多样化，以支撑服务计划扩展和管理工作的需要。

3）学生和教师将继续对更多地利用图书馆的资源与服务提出需求，并期待找到企业学术系统和社会计算设施中丰富的数字图书馆资源。

4）关于知识产权的争论在高等教育中将更加常见，与知识产权管理相关的资源与教育计划将是图书馆为学术社区服务的重要内容。

5）信息技术的演进既对学术咨询实际工作提出了要求，也成为学生和教师日常生活的一部分。对技术相关的服务以及技术丰富的用户环境的需求将继续加大，并需要专门的经费支持。

6）高等教育将越来越被视为一种产业，需要图书馆的责任以及图书馆对科研和教学的贡献的定量评价。图书馆的服务使命将要求图书馆建立评价计划以及图书馆资源分配的方法。

7)作为高等教育产业的一部分,学生将日益将自己作为大学图书馆的“消费者”,并要求高质量的设施、资源和服务,以适应其需求和关注的问题。

8)联机教学将作为学生和教师校内外一种的选择而继续加强。图书馆需要向分布的学术社区提供资源和服务。

9)对所采集的数据以及作为公共资金支持的研究成果的免费的、公共获取将继续加强。

10)隐私的保护和对知识自由的支持仍将是大学图书馆和图书馆员已经确定的问题。

2.2 总体发展趋势

从图书馆整体而言,未来的图书馆必须紧密围绕用户的需求,紧密跟踪用户的需求变化,以用户为中心,增强图书馆的社会功能,将复合图书馆作为图书馆的基本形态,充分利用 Web2.0 和 Web3.0,重视图书馆的泛在性,加强跨界合作,加强图书馆联盟建设,将知识管理与知识服务作为图书馆的核心竞争力。

(1)“以用户为中心”作为图书馆的基本理念

随着图书馆工作重心向以读者为中心的转移,如何更好地为用户服务成为图书馆工作的核心内容。以用户为中心是图书馆生存与发展的基础。作为服务性的机构,图书馆必须将用户及其服务作为一切工作的出发点和归宿。在竞争的环境下,如果图书馆不能充分地体现以用户为中心的理念,失去的不仅是图书馆赖以存在的用户,而且也是图书馆自身。为此,需要将以用户为中心作为图书馆发展的核心战略。

在国外,对于不同性质的图书馆,其开展用户服务的方式和侧重点也不尽相同。在公共图书馆领域,Hughes 认为新一代用户是伴随着计算机和网络长大的,他们没有认识到公共图书馆的价值,从未把它作为获取资源的工具和场所。因此需要改变公共图书馆在人们心目中的形象,而 OPAC 是用户通过网络访问图书馆资源的有效途径。因此 Hughes 提倡把传统的 OPAC 目录改造成知识存取系统,要使其不仅包含图书馆馆藏资源,更容纳了高质量的网上资源。它确定了“存取、存取、再存取”的 OPAC 改造原则,指出要很好地设计图书馆页面以保证吸引用户访问 OPAC 系统,其最终目的是改变用户对公共图书馆的印象,吸引更多的用户使用公共图书馆资源和联机服务。[32]

图书馆已经意识到营销和用户满意度管理的重要性,许多学者进行了营销理论、技术或模型的相关研究,但对成功营销的一个重要研究领域——用户意见,还没有进行研究。[33]如果由于图书馆或员工的原因,用户对图书馆服务不满意,用户采取的行动包括:永远不再来图书馆、向其他人口头传播对服务的不满、直接向图书馆提意见、向第三方机构(如报纸)提出意见。该研究建议,应认真建立用户提出意见的渠道和对用户意见的解决机制,以引导用户直接或间接向图书馆提出意见,从而避免用户不再来图书馆或对服务不满意的口头传播这两种对图书馆有害的影响,而且,用户意见能帮助图书馆正确评测用户需求,并提高服务质量。该项研究最后建议,转变关于用户意见的传统观点非常重要,用户意见的减少不再等同于服务质量的提高,以用户为中心的文化的最切实之路是建立用户意见的接收渠道和机制。

加拿大图书馆与档案馆在作为战略规划的"变革方向"中,强调"以用户为中心的关键是使得简单化"。[34]我们工作内在的复杂性必须向用户隐藏起来。对用户而言,必须要能简单地发现、使用和理解我们的资源。我们要利用元数据并定制我们的界面,以便不同的用户能看到馆藏资源的不同界面。任何复杂的系统,无论其内容有多么好,都难以得到用户的有效利用。图书馆是为用户而创造的,而不是为图书馆自己而创造的。

(2)不断拓展图书馆的社会功能

图书馆是社会机体的重要一部分。图书馆要拓展自身的社会功能,就必须主动地参与社会生活,在社会中扮演更加积极、更加具有创造性、更加有贡献度的角色。将自己融入用户社区和虚拟社区,开展多样化的情报与知识服务,融入社会交流系统中,融入学术出版过程之中。

图书馆的社会功能通过图书馆员的中介性而加以实现。在网络时代,图书馆员的中介性仍然是重要的。国外的观点是:图书馆员作为一个信息中介,就像前行中的梯子一样,是联结用户与用户所需信息的重要纽带。同样,在网络时代,无论图书馆及图书馆员被赋予什么新的名字,他们所起到的作用都是无可替代的。[35]

数字计划给图书馆员和图书馆带来了新的机遇。在今天和未来的环境下,竞争、技术和创新这三个相关概念与图书馆的关系越来越大。由于搜索引擎的出现,图书馆正在失去其占主导地位的市场份额,失去本来属于图书馆的用户群,但竞争也将给图书馆带来新的活力。因此,必须通过合作和技术创新才能免受外部竞争的威胁。[36]在美国,人们提出,公共图书馆生存之道,在于增强技术的敏捷性、在招聘、队伍建设和继续教育方面承担更大的责任、将图书馆作为场所来维护、制订有效的市场营销策略等。[37]

针对有人将亚马逊网上书店奉为图书馆效仿的样板,密执安大学信息主管、情报学教授、国家图书馆与情报科学委员会成员 J. M. Griffiths 提出不同看法，强调图书馆事业未来发展必须考虑三个问题：珍视数字化机遇、将图书馆作为场所的重要性、充分利用好图书馆这一品牌价值。[38] 图书馆在未来的社会中发挥什么样的作用，首先取决于图书馆能在这三个方面做到什么程度。图书馆需要通过自己对社会的贡献力，证明自身的社会价值和社会作用。

（3）将复合图书馆作为图书馆的基本形态

传统图书馆（近现代图书馆）之所以能够存在上百年，是因为它适应了用户对终身教育、知识传播和信息获取的需要。OCLC2003 年的报告指出：图书馆借书证的数量是亚马逊用户数量的 5 倍。在美国，图书馆的数量比麦当劳连锁店的数量多，全世界每 6 人就有 1 人是图书馆的注册用户。全世界有超过 100 万个图书馆，拥有的馆藏超过 160 亿册，馆藏价值大约在 7200 亿美元，[39] 这些数字足有证明图书馆在社会和用户中的影响力。

信息技术的发展促进了数字图书馆理论研究和实践开发的开展，数字图书馆的出现既是对传统图书馆的补充，也是对传统图书馆的挑战。它究竟能否取代传统图书馆？如何协调二者的关系？数字图书馆的优势何在？如何建成切实满足用户需要的先进的数字图书馆？Daniel Greenstein 就数字图书馆在建筑与系统、标准与最优做法、馆藏建设、在用户中的宣传与动员以及长期保存数字化信息方面面临的挑战作了论述。[40] D. Greenstein 在“数字图书馆及其挑战”一文中，考察了数字图书馆在建筑与系统、标准与最优做法、馆藏建设、在用户中的宣传和动员以及长期存取数字化信息方面面临的五大挑战。[41]

美国图书馆与信息资源委员会（Council on Library and Information Resources）2005 年发布的《作为场所的图书馆：对职能的重新思考、对空间的重新思考》指出，“我们还远远没有到学生、科研人员和教师可以在桌面获取整个研究资源的时代”。[42] 德国学者 Wissenschaftsrat 指出：“在可以预见的未来，由印本与数字出版物与信息源混合体构成的复合图书馆将成为主导模式，图书馆必须加以进一步的发展。”[43]

复合图书馆能够很好地将传统图书馆的优势和数字图书馆的优势结合起来，在一体的环境下为用户提供服务，适应了用户的不同需要，为用户提供了利用信息的多样化的选择。对于习惯于利用物理图书馆和印本资源的用户而言，图书馆仍然提供了良好的建筑和物理设施，配备了高素质的图书馆员，为用户提供全方位的到馆服务。即使在馆内，也提供网络资源检索以及信息共享空间（Information Commons）的服务环境和设施，为利用数字图书馆的资源和服务提供便利；对于习惯于利用网络和数字图书馆的用户而言,图书馆则提供了不受时空限制的资源和服务。图书馆将印本资源与数字资源、传统服务与网络服务有机结合起来。用户不仅在家中、办公室、出差途中利用数字资源和所提供的各种网络服务(如学科导航和门户、各种网络自助服务),而且可以通过文献传递请求印本资源,接受图书馆员提供的网络参考咨询,实现了网络与传统图书馆服务的融合。

正如 Reg Carr 所言:复合性仍将是未来多年图书馆发展的核心要素,尽管"复合"的形态、性质和水平将继续随着时间变化而变化。[44]数字图书馆的建设不能抛开传统图书馆,而必须从建设复合图书馆的战略定位上进行设计,为用户在一种复杂的信息世界中创建"一站式"集成的信息获取与利用环境。为此,要明确用户真正的需求是什么,满足需求的路线和方法都有哪些,如何更有效地组配人力、技术和财力,保障复合图书馆建设的建设方向和目标的渐进。这不仅是图书馆的发展之路,更是图书馆的生存之本。如果图书馆不朝着复合图书馆的方向去发展,那很可能就将越来越边缘化,与用户的需求越来越远,而最终失去自己存在的价值。

在西方,大学图书馆员对"作为场所的图书馆"的争论已有 20 多年。近年来,随着技术的进步和人们对图书馆认识的变化,学界对这个问题的讨论越来越热烈。2002 年 2 月,美国研究图书馆协会(ARL)和 OCLC 共同主办了 2 天的战略问题研讨会,主题是"未来的图书馆建筑:理念、设计和图书馆空间的利用",以引起人们对图书馆物理空间问题战略重要性的重视。在美国,根据调查,自 1995 年以来,共有 400 多个大学图书馆建了新馆、扩建和改建,还有 50 个图书馆正在建设中或设计中,还有一些图书馆正在筹措资金建新馆或更新设施,以满足空间、技术和用户的需要。[45]近年来,图书馆员在向传统的图书馆建筑以外的用户提供资源方面取得了显著的成就,大大延伸了图书馆的服务范围。但结果是到馆用户人数减少。J. Huff 提出,21 世纪物理图书馆的作用取决于,一是这种作用不能通过远程获取提供,二是图书馆的任务具有特质性。为此,他提出了三个方面的功能:环境、存储、圣殿。[46]"大学图书馆在促进学生学习中的作用"一文认为,一所大学没有图书馆是不可想象的。图书馆是大学生活核心价值观的象征。尽管近年来图书馆的经费不甚理想,但图书馆在大学中的核心作用是毋庸置疑的。[47]

华盛顿大学信息学院 Harry Bruce 院长在谈到远程信息服务的重要性时也特别强调,这并不意味着研究型图书馆作为一个物理空间是无关紧要的。事实上,我想强调是在研究型图书馆中进行重新设计,包括空间整合的重要性。到 2020 年,研究型图书馆将变成各种研究小组的聚集地。创造性解决问题的过程,学术研究越来越多地依赖于在这些有专门设计的提供信息获得手段和获得新形成的知识的技术的空间内的协作,学习知识和面对面的接触和指导。[48]

关于物理图书馆功能的改造,信息共享空间(Information Commons,简称 IC)是一种非常有前景的选择。IC 是数字环境下提供的集成服务。它将联网的计算机、图书、参考咨询专家和信息技术人员整合起来,实行一站式的服务和资源、技术和人员的无缝存取,在馆内同一地点提供对电子资源和软件应用程序的利用和技术支持,自始至终完整地支持整个研究过程。[49]其模式根据服务的目的的不同而不同。一些大学已经建立了 IC 作为向网络环境下的用户提供资源和服务的手段,其中包括 Emory 大学图书馆、Kansas 州立大学图书馆、Arizona 大学、Iowa 大学、Colorado 州立大学、Penn 州立大学等。用户行为的变化导致了科罗拉多州立大学图书馆决定将传统的图书馆的机房(computer lab)改造为信息共享空间(IC)。在美国其他一些大学图书馆,信息共享空间已成为一种向用户提供资源和服务的新的重要的方式。一些图书馆的统计表明,IC 增强了图书馆的显示度,到馆读者数量显著增加。IC 不仅仅是一个场所,它更是一种理念。[50]

未来的图书馆形态也许是多样化的,但主体型态无疑是复合图书馆。Sun 公司图书馆对未来的图书馆内外是什么样子提供了一个模板:更好的书,更大的为人和小组提供的空间,许多桌面终端帮助人们找到信息和学习,许多等离子屏幕促进人们的协同活动,如多人游戏、看视频、共享白板等等。[51]正如国外学者所指出的:如果图书馆要保持活力,那么它所存在的空间和所提供的服务就必须持续性地激发用户创造资料的检索与综合的新的方式。毫无疑问,今天所规划的几乎图书馆的所有功能在不久的将来都需要重新配置。尽管某些主要的设计要素仍将相对不变,但大多数空间都必须能够根据用途而适应变化。[52]传统上那种呆板的、固定的、缺乏人文气息和交流功能的图书馆,必须让位于动态的、活跃的、有吸引力的、与用户可交互的图书馆。

(4)重视制订数字图书馆战略

国际组织和许多国家图书馆都十分重视制订数字图书馆战略,并在图书馆的数字战略中发挥引领和协调作用,如国际图联与国家图书馆馆长会议数字战略联盟(IFLA-CDNL Alliance for Digital Strategies,简称 ICADS:http,网址://www.ifla.org/icads)、美国国会图书馆的国家数字信息基础设施与保存计划(http://www.digitalpreservation.gov)、英国图书馆的数字化战略 2008—2011(http://www.bl.uk/aboutus/stratpolprog/digi/digitisation/digistrategy)、数字英国(http://www.bl.uk/pdf/digbritresponse.pdf)、澳大利亚国家图书馆的馆藏数字化政策(http://www.nla.gov.au/policy/digitisation.html)、澳大利亚国家图书馆的数字化计划(http://

www. nla. gov. au/digital/stillimagedigitisationandworkflows. html)、澳大利亚国家图书馆的澳大利亚报纸数字化计划(http://www. nla. gov. au/ndp/index. html)、荷兰国家图书馆的数字化政策(http://www. kb. nl/hrd/digitalisering/beleid-en. html)、加拿大国家图书馆与档案馆数字保存政策(http://www. collectionscanada. gc. ca/digital-initiatives/012018 - 2000. 01 - e. html),等等。

荷兰国家图书馆制定的2010—2013 年新的战略规划,将建设数字图书馆作为其首要任务。[53] 芬兰教育部启动的"国家数字图书馆"(2008—2011)包括博物馆、档案馆、图书馆的重要文化遗产资料的数字化,并且可以联机获取和长期保存数字化的以及原生数字化的文化资料。[54] 2009 年 5 月,挪威国家图书馆启动了最新的数字服务:Bvokhylla. no。该项目将已出版的受版权保护的资料的全文放到网上供人们利用。三年内大约 5 万种受版权保护的图书奖通过国家图书馆的网站上提供利用。项目的背景是国家图书馆与一家代表版权拥有者的组织 Kopinor 签订了合同,并期待找到付费给版权所有者的永久性主要标准,以得到对受版权保护资料的使用权。[55] 新西兰数字内容战略(NZDCS)2007 着眼于全国,跨越了不同的部门、政府和企业。这项战略有两个突出特点,一是不对正式的权威的数字内容和非正式的(社交网络、用户自建)数字内容加以区分;二是对数字对象采取从创建经由数字资产的保护和保存到发现和获取的端到端的策略。新西兰数字战略主要是由 3 个 C 构成:链接(connection)、内容(content)和信心(confidence)。最近政府修改了这一战略,称为"数字战略 2.0"2008,增加了第 4 个 C:协同(collaborate),整个数字内容的核心是包括对内容的认知与意识、内容的创建与保护、内容的获取与发现、内容的共享与利用、内容的管理与保存的五因素框架,如下图。[56] 数字新西兰(Digital New Zealand)的总体目标是到 2010 年,通过数字新西兰小插件(DNZ widget)向每个新西兰人提供利用。

今天,已经没有几个国家没有参与某种类型的记忆计划。一些项目(如图片澳大利亚、荷兰记忆、图像加拿大)就涉及其他的图书馆或相关部门(美术馆、档案馆、博物馆等)的合作。Europeana 就是欧洲美术馆、图书馆、档案馆、博物馆的合作，还有世界数字图书馆（World Digital Library）。

新西兰的"数字新西兰"还特别重视拓展人们对新西兰信息内容的获取与发现，通过开放源代码和开放标准，使得大量的数字对象在很短的时间内就可以被广泛的人们所利用。这项计划的成功之处在于，它是人们能用得起的服务。基本上，每个学校、每个新西兰人、每所图书馆、每座博物馆都能将"数字新西兰"的小插件装在自己的电脑中。而且"数字新西兰"的内容都能被"国家数字遗产档案"（NDHA）所获取。

（5）图书馆 2.0 与 Web 3.0（语义网络）将成为大势所趋

设计图书馆网站最重要的问题是考虑各个图书馆用户的特定需求、能力和行为。用户通常不会花很多时间查看一个网页。据统计，一般用户只花费 35 秒钟查看主页，专家水平的用户花费大约 25 秒钟。网页设计必须将这一点考虑进来。为此，图书馆的主页应该：快速指向经常请求的信息；作为有效的指向服务的标识；使用用户友好的术语；提供概览但又不使用户困惑。图书馆网站的主要标准可以总结为：对用户而言充分的语言；清晰的结构；不同用户群有不同的选择；所有的信息都是最新的；信息简洁明快。为此，应将 Web2.0 社会软件（blogs、wikis、social bookmarking、podcasts）应用于图书馆的网站设计之中。[57]

瑞典的 Bleinge 理工大学图书馆将 Web2.0（图书馆 2.0）的思想应用到图书馆的网站设计中。[58]图书馆 2.0 遵循的最重要的原则是：图书馆无处不在、图书馆没有障碍、图书馆诚邀参与、图书馆使用灵活而最佳的系统。Web2.0（以及图书馆 2.0）的目的在于创建知识、促进讨论、构建社交网络。参与（participation）是核心思想。最重要的方面是交互（interactivity）和交流（communication）。Internet 不仅仅是查询信息的地方，而且是用户创建内容的地方。参与文化正变得越来越司空见惯。它与等级文化相互交织，又相互排斥。参与文化正在网络上盛行，并且开始成为社会各个方面所关注的力量。传统图书馆观点认为，图书馆员是某种权威的中介，而图书馆则被视为巨大的配电盘，操纵着信息的生产和消费。但今天已经不同了。图书馆员不仅是信息生产者和消费者之间的中介，而有时是学生的信息导师（information mentor），特别是在大学图书馆。图书馆员在 2.0 的世界中具有重要作用。图书馆员参与知识创建的过程是知识发挥作用的关键因素。图书馆员可能是 2.0 知识过程成败的分水岭。

图书馆 2.0 和用户生成内容是两个紧密关联的术语。图书馆 2.0 不仅仅意味着 Web2.0 技术的应用。图书馆 2.0 还意味着图书馆在 Web2.0 时代成为重要的成员。要能开放地接受用户的输入，用户也能支持图书馆员的工作。我们必须为此建立平台，这个平台是图书馆2.0重要部分。用户能成为我们新的合作者，能帮助我们改进我们的服务。[59]

H. Pienaar 和 I. Smith 提出为非洲的图书馆建立图书馆2.0服务模式。[60]他们认为，有了图书馆2.0，图书馆服务就能不断更新和重新评价，以便更好地为用户提供服务。图书馆2.0试图推动图书馆用户通过鼓励反馈和参与，共同来设计和实施图书馆的服务。他们还提出了用户2.0的概念，用户从内容的消费者到内容的创建者。

RSS 是1997年前后出现的，但直到它成为新的热潮的网络日志(weblog 或 blog)的一部分之前，几乎并没有引起人们的重视。尽管其含义(Really Simple Syndication、RDF Site Summary 或 Rich Site Summary)还模糊不清，但在图书馆中的影响越来越大，被认为是处理越来越大量的任务的有用工具。已有很多图书馆建立了网络日志。[61]RSS 在图书馆中的应用包括建立图书馆网络日志(library blog)、发布通知、网络资源公告、检索资源、采购新书、建立门户等。此外，一些搜索引擎(Google Groups)、数据库(My. PubMed)、期刊(Nature)等都运用了RSS。[62]

随着技术的进步和发展，网络也将从Web2.0并行发展为Web3.0。Web3.0是《纽约时代周刊》John Markoff 于2006年提出的一个概念，指的是第三代的基于因特网的服务，总体上是由“智能网络”所组成，如利用语义网、微载体(microformats)、自然语言检索、数据挖掘、机器学习、推荐代理和人工智能技术。未来学家 Nova Spivack 提出：2010—2020年将是所谓的以“数据的集成化网络”为核心的 Web 3.0 时代。他认为 Web 3.0 是一个开放的智能网络，能够利用复杂的语义关系进行知识推理和学习。Project10X 在其 Semantic Wave 2008 报告中指出 Web 3.0 就是联结知识的语义网。[63]虽然语义网早已诞生，但真正在 Web 上推广和普及，还有很长一段路要走。语义网描述的美好远景中，将通过结构化的 Web 提供更加丰富的语义资源，从而深化组织和检索服务，进而为用户提供更深层次的知识服务。

从用户研究角度看，需求作为人的一种本性来说是无止境的，那么服务也是没有最好可言。基于信息需求的服务细化、优质的用户服务体验、以用户为中心的服务设计、服务可用性研究等都是未来提升服务能力的有效保障。未来的网络信息服务将会强调“需求”这一人的因素的用户层面和语义网发展的技术层面的有机结合。

澳大利亚的 G. Saw 还提出了图书馆3.0的概念。他指出，21世纪的大学图书馆员必须是研究人员、顾问、计划制定者、管理者、评价者、团队成员、解决问题的人、计算机打印机修理人员。他说图书馆3.0呼之欲出，尽管我们还不能确切地知道图书馆3.0的型态，但我们知道它将提供新一代的图书馆产品和服务。[64]

(6)泛在图书馆将成为发展的重点

泛在图书馆(ubiquitous library)，是国外近几年提出的一个概念，是全新的图书馆理念。泛在图书馆的重要意义在于将图书馆作为一种功能无时不在、无处不在(anytime、anywhere)。它突破现有物理图书馆和数字图书馆的藩篱，打破人们对图书馆的传统认识，真正从用户及其需求出发，遵循用户新的需求，适应用户的行为变化，将图书馆的服务融入用户科研和学习的一线，嵌入用户的科研和学习过程之中，用户在哪里，服务就在哪里，拉近与用户的距离，消除与用户之间的隔阂，模糊和淡化图书馆与用户之间的边界，创造图书馆服务与用户空间和过程有机融合的一种新的平衡状态，为用户提供一种到身边、到桌面、随时随地的服务。

1995年，马里兰大学图书馆馆长Charles B Lowry博士在一篇文章提出，使用"虚拟图书馆"、"电子图书馆"、"数字图书馆"不能准确地描述图书馆正在发生的变化，建议使用更好的一个词"泛在图书馆"，而该词已经在马里兰大学图书馆使用一段时日了。[65]随后，他又在2003年制定、2006年修订的马里兰大学图书馆五年规划中，以"泛在图书馆"为题，详尽论述了泛在图书馆的构想。[66]他使用"泛在"一词来表达图书馆以"渗透"的方式在校园提供利用，基本上是通过电脑桌面来实现的，并总结了泛在图书馆的若干特征。

W. P. Lougee认为，数字时代的图书馆角色是处在前所未有的不断发展变化之中，主要经历了三个发展阶段：分布式技术的发展、开放范式与模式的发展、泛在图书馆的出现。[67]日本的Toshiro Minami认为图书馆在变化，下一阶段的图书馆就可能是泛在图书馆。[68]2005年德国的Oliver Obst博士认为，未来的医学图书馆是隐形的，并将图书馆的发展分成四个步骤：传统图书馆、数字图书馆、移动图书馆、泛在图书馆。[69]泛在图书馆是无形的，比如完全融入用户中和周围持续的信息流中，不需要启动任何设备，它总是客观存在的，但人们却可能意识不到。

(7)图书馆的联合与合作将成为一种常态

当数字图书馆仍然沉湎于"可以提供比搜索引擎更精确和权威的信息"的想象中时，2003年Google已经成为"互联网之王"。甚至有人提出"Google是上帝，怎样让Google无所不能"(Google is God，How to do everything with Google)。一些数字图书馆研究人员一度认为数字参考咨询服务是图书馆员"最牢固的阵地和亮点"，Google却开始推出收费的参考咨询服务，[70]并迅速的吸引了大批的用户，尽管Google Answer昙花一现，但网络上的各种咨询服务十分活跃。图书馆员由无知转为恐慌,有些人开始提出:“Google 1,Librarians 0”。[71] Google 的使用教程甚至成为美国大学研究生的专业课教材,Google 已经成为网络学术研究范式的标志。当然争论还没有终止,有的人认为图书馆员利用 Google 和本地馆藏可以提供更好的参考咨询服务,[72] 成为“Google 不够时的 B 计划,而且图书馆员可以提供许多 B 方案”。更多数字图书馆研究者开始清醒的对待 Google,并采取具体的行动。OCLC 开始将自己的 WorldCat 数据库逐步开放给 Google,以便用户在 Google 中就可以查到这些记录,提供书签工具帮助用户在查到某本图书时可以查看本地图书馆的馆藏,学习 Google 设计简单实用的界面等等。无论如何,对数字图书馆保持开放的心态和敏锐的头脑是必要的。最近 OCLC 在采访互联网之父 Tim Berners-Lee 时问到目前因特网最核心的问题是什么,得到的回答是“标准化和知识产权”。[73] 标准不仅写在纸上,而是成千上万的用户每天都在使用的服务,因此可以说 Google 就是现在因特网的标准。数字图书馆也应将这样的标准作为自己的目标。

在今天的美国,图书馆联合体已成为一种生存方式。联合体成为图书馆这个舞台上最重要的演员,特别是图书馆与电子资源出版商之间。联合体除了资源集团采购外,还积极参与成员馆之间的资源共享,新的越来越明显的趋势是建立联合体虚拟目录,成员馆的用户可以无缝地利用其他成员馆的目录,并联机请求馆际互借。[74]

通常,国家图书馆通过国家联合目录建立起本国的书目基础设施。欧洲图书馆(The European Library)提供对欧洲 47 个国家图书馆资源的获取,并且还建立了 23 个参与活动的国家图书馆的联盟。许多国家还在与 OCLC 这样的集成商协商,将本国国民加入到全球网络之中。只有全世界各国家图书馆的领导作用,才能把各国的知识资产汇集成没有国界的丰富的知识网络。

A. Katsirikou 认为图书馆联盟应该利用知识管理概念来改进效率与共享成员馆所开发的技能。不管是在组织层次或给用户提供服务,图书馆联盟成员可以获得更多的利益。[75]

在今天信息需求不断增长的时代,图书馆面临着与其他信息机构、企业或公司的竞争,但同时也是一种合作关系。这种合作必须加强和扩大。二者相互依存。二者都拥有共同的目标和同样的问题,但也同样面临巨大的挑战。要想在未来生存,双方都需要把各自的优势结合起来,加强彼此的合作。[76]

(8)图书馆以知识管理与知识服务作为核心竞争力将成为新的目标

对一个组织而言,成功的知识管理不仅包含技术因素,还包括知识共享文化、知识共享政策、组织过程、性能测定和商业策略。[77] L. Stojanovic 等提出一个新的方法来革新基于本体的知识管理系统。该方法主要是基于对用户和系统的交互的分析为知识资源和查询知识库获取知识的过程中提供解释。这里定义了一些评估标准,它从知识管理的角度来评估解释质量和用户的需求。[78]

未来的大学图书馆仍然是资源的集散地、仍然是物理场所、仍然履行组织信息与服务的功能。图书馆馆藏将继续存在,但存在的方式不同,物理馆藏将变异为多功能的空间。知识管理将变得越来越重要,图书馆将向服务和支撑角色作根本性转变。[79]

图书馆不仅要积极参与到社会化网络的交流中,而且要担负起社会化网络的建设任务。以自我为中心(如 facebook)和以对象为中心(如 librarythings,豆瓣等)是两种常见的模式。[80]图书馆可以考虑采用后者方式来建设社交的方式。如康奈尔大学图书馆为帮助生命科学领域的教师、科研人员和学生找到共同兴趣并建立联系,建立了虚拟生命科学社区 VIVO(http://vivo. library. cornell. edu),组织和呈现有关人员、研究和教育活动的信息。康奈尔大学生命科学学术活动的这一服务方式,跨越了校园、院系的结构,使康奈尔大学的师生员工、外部赞助者以及公众集中了解康奈尔生命科学的整体状况。在校方的请求下,VIVO 数据库现在已经扩展到提供康奈尔有关社会科学、工程、物质科学、国际活动和潜在的其他领域的类似内容。

英国国家知识服务,是针对国家医疗保健和卫生方面提供的服务,尽管该计划是针对特定领域的,但对其他领域也不无参考意义。英国国家知识服务的目标是获取、组织和促进知识的应用,以提高全国卫生和医疗保健的水平。为了实现这个目标,英国国家知识服务制定了一系列的策略:[81]

(1)评估患者和医疗职业者所需要的知识;

(2)管理英国卫生部和英国国民健康保险服务(NHS)产生的知识,以便于这些知识不但能够非常方便迅速的利用,还要能够非常方便地将这些知识数字化传递;

(3)获取为补充或完善英国卫生部和英国国民健康保险服务所产生的开放获取的知识及指导方针等所需要的任何知识;

(4)不管何时何地,只要国民有利用知识方面的需要和消除卫生不平等方面的需要,应该保证这些知识能够非常简便的获取和利用;

(5)当患者、临床医生、卫生部门官员、行政管理人员和公共医疗卫生的从业者需要知识的时候,向他们传递知识;

(6)当患者需要在合理医疗花费基础上选择决策时,应该支持临床医生和患者将最新最好的知识(Best Current Knowledge)集成,以便于患者知道他的决策是利大于弊,还是弊大于利;

(7)创建可持续发展的首席知识管理官(Chief Knowledge Officer)和图书馆馆员网络,对知识管理负责;

(8)充分利用这些资源;

(9)培养知识管理的技能。

2.3 资源建设发展趋势

无论任何时候,信息资源都是图书馆生存和发展的基础。加强信息资源资源建设,尤其是数字资源建设,是每个图书馆最重要的战略使命。美国国会图书馆2008—2013财政年度战略规划在资源建设方面提出了四大战略目标和12项战略。[82]四大战略目标是:1)维护和拓展图书馆国内外传统和新载体馆藏;2)加强保存和获取能力;3)增强图书馆及其他合作机构之间的资源共享;4)创造更多的创新性和知识性成果,为国会和其他有关部门提供更多的知识资源。为此,提出的12项战略是:1)定期优化资源选择和馆藏维护标准;2)领导制定立法和政策建议,寻求资源拥有者与保存与获取需求之间的平衡;3)为当前和未来一代利用国会图书馆的知识并开展创新,实施主动而持续的资源管理;4)进一步扩展馆藏以满足不断增长的用户期望;5)维护和加强五大传统的资源采集渠道的效益:法定呈缴、馈赠、交换、文献传递和采购;6)拓展和推动知识资源的管理以加强安全监控;7)改进信息构建实现资源的集成检索与发现;8)寻求并建立非传统文献的新的采集渠道和方法;9)建立、评价并实施新的长期保存标准与技术;10)领导建立资源共享管理的标准与最佳实践;11)改进为知识创造与创新的群体提供系统的咨询服务;12)通过与公、私立机构的合作,扩大获取和维护资源的机会,对于建立丰富的馆藏是非常重要的。

资源建设上,要特别关注以下可能的发展趋势:

(1)数字资源将成为主体

C. Tenopir 在《走向电子期刊》一文中预言,[83]尽管印刷本仍然主导期刊出版,但这种角色将很快黯然失色,学术期刊将趋向依赖电子形式。她大胆展望:新期刊和为小学科和少数读者服务的期刊将倾向只出电子版;流通率高、有声望的期刊将倾向于以纸质和电子载体两种形式提供;对数字化的全文数据库中的文章的利用将替代和拓展目前的纸质流通。

随着电子资源的出现和信息技术的发展,图书馆资源建设的策略、重点也发生着转变,资源的收藏范围不断从印本资源向数字资源转化,投入电子资源的经费在全部经费支出中所占比重也大幅提高。

加拿大图书馆与档案馆在其战略规划"变革的方向"中明确提出：[84]加拿大图书馆与档案馆必须有意识地、能动地加强对数字化影响的认识，并与这一新的现实相适应。数字采访、数字长期保存、数字馆藏管理、数字资源传递、数字参考咨询，都是这一现实的一部分。尽管内容是用户所需要的，而网络则是用户越来越多的查询信息的场所。数字化是我们的业务的核心，是整个战略的重点。加拿大图书馆与档案馆将数字化视为机会。知识内容曾经被锁在顶棚上，现在已经证明是在网络空间中才更有价值。数字化必须被视为主流业务，因为数字内容是21世纪用户的期望。

尽管馆藏建设有明显的数字化倾向，但 Albanese 认为，资源建设数字化还存在着一些障碍，包括：出版业如何适应新的经济模式；由于数字千年版权法案影响数字王国中资源的公平使用所引起的法律争端；大量存在的软、硬件问题；到目前为止还没有人能够真正量化和标准化电子资源使用状态——一次点击（访问）到底意味着什么；电子资源的长期保存问题；一些出版者为保护自己的版权而对用户的使用加诸的种种限制等等。总之，馆藏资源建设向数字化方向有很大发展，但印本资源仍然具有生机和活力。尽管目前人们对数字资源很重视，但印本资源仍不可忽视。G. Russell"印本的力量"阐述了印本图书的重大价值。[85]

在馆藏资源上，数字图书馆的馆藏资源是电子化的。B. L. Schaffner 认为，电子资源有其自身的优点：比印本资源更通用，检索能力强，可并发存取，可实现远程访问。但它却不是完美的，还存在着诸多缺点如出版者为保护版权而在电子资源的使用上加诸的种种限制；人们对电子资源抱着过高的期望，甚至误认为电子资源的价格要低于印本资源；电子资源的长期保存问题。[86]

（2）隐形信息资源亟待挖掘

隐形网络信息，又称深度网络信息（deep Web）、黑暗网络信息（dark Web）或隐秘网络信息（hidden Web），是指无法通过标准的搜索引擎检索到的信息，是相对于可检索网络资源或表层网络资源而言。很多人并没有意识到，通过普通搜索引擎只能获得因特网上丰富的信息的一小部分，只是冰山的一角。大量的信息隐藏在网络世界的深处。网上80%以上的信息都属于隐性网络信息。根据 Bright Planet 估计，隐形网络的规模比可检索的网络资源大500倍。[87]95%的隐性网络资源是可公共获取的信息。对图书馆而言，对隐形网络资源的挖掘和利用，对于丰富图书馆的资源体系，扩展资源利用范围，具有重要的意义。

隐形网络信息存在的原因在于：

1)搜索深度的影响——在某一个网络站点当中,搜索引擎所能够搜索到的网页数量是有明确的限制的。正是由于搜索引擎在搜索深度上的限制,所以很多未被搜集到的信息便形成了隐形的网络信息。

2)经常更新的影响——每一天网络上的一些站点都会更新若干次,而搜索引擎只能是每隔几个星期或者几个月才能来查看一次站点,所以在站点内容更新与搜索引擎内容更新之间存在着速度上的差异。搜索引擎无法对那些不断过期的内容进行实时更新。

国外已经开发了多种工具和网站,提供对隐形网络资源的利用,如 Direct Search、Invisible Web Directory、Resource Discovery Network、InfoMine、Virtual Library 等。此外,还有多种获取隐性网络资源的工具有多种,包括学科指南,如"Open Directory Project"(http:www. dmoz. org)、"Librarian's Index to the Internet"(http//lii. org)和 Yahoo(http://www. yahoo. com);专业数据库,如 Infomine(http//infomine. ucr. edu)、Digital Librarian:A Librarian's Choice of the Best of the Web(http://www. digital-librarian. com)。此外,还有公司的网站,如 Intelliseek 的"Invisible Web"(http://www. profusion. com)、Bright-Planet 的 CompletePlanet(http://www. completeplanet. com)。[88]

(3)综合知识资源将日益重要

综合知识资源是指传统正式文献资源以外的资源,这类资源的大量产生需要图书馆加强采集、管理和提供利用。今天,预印本库、机构知识库和自存储使从另外的来源找到科技报告和灰色文献一类的科技信息的可能性越来越大。明天,新的技术将能够使不同机构和地域的大量的计算、数据和其他资源实现大规模的整合和共享。新的欧洲 GRID 基础设施将使信息的获取变得快捷和易于使用。它将实现大规模灵活的、受控的资源的共享。

在 Web2.0 环境下,我们所熟悉的权威的、正式的知识体系正在受到民众创建内容的 Web2.0 世界的冲击,包括标签系统、博客、个人网络空间、社交网络、论坛、布告栏、维基等等。图书馆(尤其是国家图书馆)应将民众创建的内容纳入到国家的文献记录之中,使得这些资源能融汇、复用、重构,这对图书馆是一个很大的挑战。

澳大利亚国家图书馆正在制订资源发现与传递战略。这一战略的重点在于进一步简化服务和系统,将资源与其他的联机信息发现服务集成起来 89。为此采取的行动包括:加快编目和馆藏的数字化,用"澳大利亚图书馆检索"(Libraries Australia Search)取代 OPAC,将所有的发现服务移到面向服务的框架(SOA)中,在面向服务的框架(SOA)下建立新的服务项目,与其他部门合作,跨文化部门的跨库检索,加强发现服务提高检索能力。

(4)特色资源建设与数字化

特色资源因图书馆所在的国家和文化环境不同而不同。澳大利亚国家图书馆2009—2011年战略方向在资源采集上特别强调采集澳大利亚各个方面的出版物,有所选择的数字资料,包括网站,其他文献资源,如档案、手稿、图片、地图、音乐和口述历史录音。[90]

为此,开展的主要活动包括:

- 继续对报纸的数字化,开始数字化澳大利亚部分期刊杂志,以此增加已出版的澳大利亚资料的数字化规模;
- 实施资源描述与获取这项图书馆资料书目描述的国际标准;
- 加强技术基础设施,以便大大拓展原生数字内容的采集与保存;
- 通过改进工作流和自动化,改进与采集和获取原始文献相关的业务流程。

加拿大国家图书馆与档案馆的变革方向,提出该馆在政府信息管理方面具有特定的法定作用。包括促进大量的政府信息的有效管理,成为政府出版物的永久性知识库,与联邦图书馆网络协调并起领导作用,确保政府所需要的信息资源和信息管理能有效地发挥作用。

(5)开放获取资源将成为重要内容

开放获取(open access)是对从前占主导地位的出版模式的一种挑战,将以前基本上无法获取的大量宝贵文献公之于众。开放获取使得越来越多的曾经以付费形式出版的期刊文献以及报告等灰色文献得以利用。[91]这是开放获取对人类科学与知识传播的重大贡献。图书馆要充分地利用这种越来越丰富的资源,纳入馆藏资源体系和服务体系之中。

开放获取是通往乌托邦之路的梦想。[92]这种梦想便是可以免费地通过网络利用全世界的科技文献。然而面对严酷的现实,这条路并非平坦。开放获取是指在因特网上可以免费获取的文献,而且放弃多数版权和许可限制。这听起来很简单,但由于开放获取不同的限定原则以及不同的群体和不同的时间限制而变得异乎寻常。开放获取最著名的原则来自“3B”(the Budapest Open Access Initiative in 2002、the Bethesda Principles in 2003、the Berlin Declaration on Open Access in 2003),所阐述共同的原则是:必须是因特网上免费的,用户可以阅读、下载、复制、传播、打印、检索和利用,只要是合法的,没有任何经济或法律上的障碍;作者控制版权,必须适当地加以致谢和引用;文章的全文必须存储在公共知识库中。开放获取的目标是获取“同行评议”的期刊文献,所以质量标准是得到保障的,等同于传统的期刊。

实现这一目标有两种策略:自存储和开放获取期刊,分别被称为绿色之路和金色之路。关于自存储,不同的学科有不同的做法。例如,物理学和经济学通常允许未经评审的预印本(同行评议前的文章)在出版前就加以自存储。而其他学科,如生物医学,通常只允许经过评议的后印本(已经通过同行评议的文章)存储到知识库中。但即使在一个学科内,不同的出版商对于准许存储的内容也有不同的规定。SHERPA/RoMEO 项目收集了许多出版商的政策,并以颜色加以区分:绿色出版商——允许存储预印本和后印本;蓝色出版商——允许存储后印本,但不允许存储预印本;黄色出版商——允许存储预印本,但不允许存储后印本;白色出版商 - 不允许任何形式的存储。BioMed Central 则建立了一个资助机构存储政策和文章收费政策的目录:http://www.biomedcentral.com/info/authors/funderpolicies。

(6)数字资源长期保存

在数字环境下,数字信息资源的保存策略、模式、技术都与印本资源的保存有很大的不同。对电子资源的长期保存不仅是图书馆的新的使命,也是一项面临技术、经济、法律等诸多难题的重大挑战,也是新的信息环境下图书馆的资源建设的重要任务。图书馆(特别是国家图书馆)要充分认识到数字资源长期保存对于一个国家、图书馆和用户的战略意义,并且在这样一项新的事业中发挥关键性作用。

国外的主要图书馆已经开始或规划实施数字资源长期保存的计划。美国国会图书馆 NDIIPP 项目和 DuraCloud 宣布,他们将联手发起一个为期一年的试验计划,检验利用云技术进行数字内容永久存取的情况。该试点计划围绕着一项新的以云技术为基础的服务——DuraCloud 开展,该服务由 DuraSpace 组织发起和主持管理。在 NDIIPP 项目成员中参与此计划的有纽约公共图书馆和生物多样性历史文献图书馆。云技术通过互联网利用远程计算机提供本地服务。DuraCloud 将让一家机构在没有自有专门技术基础设施的情况下可以提供数据存储和存取服务。

2009 年 2 月,新西兰负责国家图书馆的部长启动了“国家数字遗产档案”(NDHA)计划,是第一个有关数字遗产的保护保存的商业化解决方案。该项目与 Ex Libris 和 Sun Microsystem 公司合作,提供软件和硬件支持。

国外图书馆界关于数字资源的长期保存,不仅针对的正式的、权威的知识系统,也开始探索社区或民众创建的内容,但后者的知识产权问题更为复杂。

2.4 用户服务发展趋势

用户服务是图书馆发展战略的核心,是重中之重。美国国会图书馆 2008—2013 财政年度战略规划在用户服务方面确定的总体思路是,改进馆内和馆外用户无缝发现和利用图书馆资源的经历。为此,提出了3大目标和7大战略。[93]3大目标是:1)以最小的努力,改进用户获取需要时所需信息的能力;2)改进图书馆资源的利用,保持学术、教育和公共政策过程中的信息畅通;3)加强对图书馆数字资源的利用,促进知识的传播和全世界更好的认知。所提出的7大战略是:1)提供满足或超越已有标准和最佳实践的产品和服务;2)维护学术的客观性和公正性的最高标准;3)创建和及时传递文献、产品、服务和经验,以满足不断增长的用户的期望;4)利用图书馆资源对知识进行深度挖掘以支撑公共决策过程;5)实现对图书馆知识资源(无论是在线的还是馆内的)的无缝获取;6)提供和促进对信息的获取;7)重新思考和重新设计图书馆与用户交互的方式。

做好图书馆服务,要实现以下几个方面的战略重心转变。

(1)从有限的用户群到所有用户的平等获取

对信息的平等获取是图书馆使命的重要一部分,是图书馆职业的基础,渗透在我们所做的一切工作之中。[94]也有人提出,提供平等服务必须是所有图书馆服务的标准,为此,我们必须自问:我们是否承认我们的员工和服务对象的多样性,在制订战略规划时我们是否重视他们的意见和观点?我们是否以公正和平衡的标准评价馆藏?是否与所服务的社会成员合作和同仁合作,保证服务的质量和效益?[95]

平等获取是美国图书馆协会所采取的五大行动计划之一,目的是完成向所有的人提供高质量的图书情报服务的使命。平等获取意味着拥有所需要的信息,而不管其年龄、教育、民族、语言、收入、身体限制或地理障碍。这意味着他们能够获得各种载体的信息,不仅包括印本,也包括电子载体。这也意味着他们可自由地实施知晓权,而不必担心检查或报复。

美国图书馆协会提出,在促进为所服务的人们的平等性,图书馆员面临着许多挑战,其中主要是:获得所需要的经费,满足日益多样和复杂的信息需求;保护图书馆用户获取信息的权利,而不限制获取或侵犯隐私;招聘和留住反映所服务的人员多样性的员工队伍;保证对图书馆建筑、技术和馆藏物理上的、社会的和经济上的获取;了解图书馆作为重要的社会资源的价值。

支持平等获取的最新理论是"长尾理论"。长尾理论是网络时代兴起的一种新理论,由美国人克里斯·安德森提出。长尾理论认为,由于成本和效率的因素,过去人们只能关注重要的人或重要的事,如果用正态分布曲线来描绘这些人或事,人们只能关注曲线的"头部",而将处于曲线"尾部"、需要更多的精力和成本才能关注到的大多数人或事忽略。而在网络时代,由于关注的成本大大降低,人们有可能以很低的成本关注正态分布曲线的"尾部",关注"尾部"产生的总体效益甚至会超过“头部”。安德森认为,网络时代是关注“长尾”、发挥“长尾”效益的时代。对图书馆也是这样。Michael Stephens 在 ALA TechSource 上解释到“当我们面对读者时,我们应该牢记我们所应服务的所有人”。在网络环境下,无论对加强资源的利用,还是进一步拓展用户群,图书馆应用长尾理论都是具有重要意义的,图书馆同样需要解决的是“长尾”的问题。[96]

(2)从文献信息管理与服务到知识管理与知识服务的转变

越来越多的组织认识到,在今天的环境下知识对成功是至关重要的。知识管理的重点已从严格的技术方法转移到整个战略。这些战略包括建立支持组织中的人们知识共享和创建的工具,但重点是人以及怎样促进知识共享的过程。

长岛大学信息管理学院 M. E. Koenig 教授在“知识管理超越组织:对图书馆员的机会”的报告中认为,[97]知识管理并不是一般的管理时尚,首先它有支撑其发展的各种方法、技术和工具,其次,知识管理显然与图书馆学相关,并有很大的交叉性。尽管存在明显的交叉,但图书馆学却很少利用这种交叉的优势。知识管理经历了若干个阶段,现在正在走向将外部的信息与知识整合到所属组织的阶段。这些信息和知识一直是图书馆员管理的范围。这一发展给图书馆学领域提供了明显而重要的机会,特别是在组织的知识系统设计方面。

Robert M. Mason 指出,[98]随着图书馆越来越基于数字存储和存取技术,知识管理方法似乎变得特别有用。多数知识管理系统强调信息与交流技术的作用,问题是图书馆员在这些系统中有什么作用。他提出,如果全球性的数字图书馆要想提供利用最广泛的知识,图书馆员和信息专家需要实现作为跨文化扳手(spanner)这一具有挑战性和重要的角色。

(3)从馆员中介的服务到用户自助服务的转变

自助(self service)是一种新的服务趋向,其理论基础是用户对“非中介性”的需求。所谓非中介性(dis-intermediary),就是由于不想等候以及隐私等原因,读者不经过图书馆员的中介和帮助,直接获取图书馆的资源和服务。

OCLC(2003)及其他报告都揭示了用户对自助服务的需求。[99]

- 图书馆用户喜欢自助服务,大多数用户在使用图书馆资源时,不会寻求帮助。
- 信息用户不仅喜欢自助服务,而且认为能够很好地进行自助服务。
- 大多数图书馆用户说他们在使用图书馆资源(不论是实体还是虚拟的图书馆)时,没有寻求过帮助。
- 随着越来越多的内容数字化且可以通过网络获取,可以获取的信息的数量与有效性也在增加，因而进一步增强了用户的自信心和自助的决心。

馆际互借（ILL）是一种由图书馆员介入的资源共享的方式。但美国东海岸七所私立大学建立的直接借阅服务（Borrow Direct）是馆际互借的改进，可以快捷、可靠地利用各馆的流通馆藏，是资源共享最大的突破。[100]它是一种由用户介入的馆际互借。用户一次性检索联合目录（实际或虚拟），联机提出检索要求，在规定的日期内所借的图书就送达所在图书馆中，通过电子邮件通知用户提取。与传统的馆际互借相比，这种模式减少了图书馆员参与和处理用户所要求的图书的时间。

加拿大的一些大学图书馆注重采用技术改进馆际互借和文献传递的速度和方便性。[101]安大略省的三所大学最近从以图书馆员为中介的馆际互借，转变为自动中介的馆际互借。自动中介需求直接从终端用户到达潜在的馆际互借提供者，无须图书馆员的干预。这样一种运作模式可以更快捷地为用户提供服务，节省了图书馆员的时间，以便处理更复杂的终端用户的需求。

国外的预测是，图书馆的许多传统业务将越来越多地由机器和系统（自动借书机、FRID）来完成。在国内，上海普陀区图书馆的“图书漂流自助亭”、广东东莞图书馆的“图书 ATM”、深圳图书馆的“深圳自助图书馆”等，将图书馆的服务延伸到更大的范围和更广泛的用户群，为用户利用图书馆提供了极大的便利。

自助服务体现了用户的需求，也体现了图书馆服务模式的变化。自助服务并不是取代图书馆员的服务。“我们强调自助服务，绝不是说不再需要专业人员，不再需要图书馆。就像即使我们自己会烹饪，会制衣，会给汽车加油，但仍然需要专业的服务。因为用户没有时间又缺乏技能去有效地实施这些工作”。[102]

（4）从自我封闭到宣传推广的转变

为了在广大的用户中保持相关性和非独立性，任何组织都必须建立良好的声誉和形象。许多商业性组织尽一切机会提高公众对其所作所为的良好意识，它们所采用的技术和方法同样适用于图书馆。超市、慈善机构和旅行社都在尽力吸引全国和国际媒体的注意力，向广大的受众宣传自己。无论是图书馆，还是其他组织，都要善于把握时机，拥有合适的资源，运用正确的沟通手段。英国的一些图书馆则作出了不少成功的尝试。[103]

图书馆正在经历急剧变革的时期。信息可以在网络获取并且方便快捷，对图书馆带来很大的影响，迫使图书馆重新定义自己的相关性，不管是作为一种服务还是作为物理场所。

图书馆正在面临竞争，特别是大的书店正在越来越多地进入图书馆的领域，将自己标榜为休闲的场所，设有咖啡店，提供图书馆所提供的其他传统服务。图书馆也正在开始积极地推销自己,改进和推广服务,比如免费的网络检索,延长开馆时间。图书馆员期望用户提出帮助请求,了解图书馆组织,时间充裕。但研究表明,许多用户(特别是男性),并不请求帮助,不了解某些工具,多数的访问只持续大约9分钟。对图书馆的第一印象和对图书馆的利用情况是非常重要的。这可能决定用户在很长一段时间内是否还会重返图书馆。[104]

华盛顿大学图书馆的一个特别工作组2007年7月发布的一个报告揭示:[105]许多生命科学家并不了解华盛顿大学图书馆所提供的服务,事实上,只有40%的教师了解图书馆的联络服务;多数人并不到物理的图书馆中来,他们需要他们需要的东西,以他们需要的方式,在他们需要的时候;图书馆网站不是用户正常工作流程的一部分,因此,一定不是向用户传递信息最有效的工具。为此,华盛顿大学图书馆采取的措施是延伸服务(outreach),包括建立社交网络账户提供MySpace、Linked-In和Facebook之类的服务,力图为用户建立另外一种服务方式:用户在哪里,我们就在哪里。

所以,图书馆必须对自身的宣传推广加以足够的重视,并且提供必要的宣传推广专项经费,加强活动的策划和实施,善于研究用户市场,研究用户心理和需求,通过多种有效的途径,宣传推广图书馆的资源和服务。Elsevier提出的"促进在线资源有效利用的15种方法",[106]值得我们借鉴和运用。当前,图书馆可以利用的媒介已经非常丰富,特别是一些新的媒介,如blog、facebook、YouTube、e-mail alert服务等,都是非常有效的图书馆资源与服务的宣传推广手段。

(5)从图书馆员能力到用户能力的转变

有作者提出加强信息素质教育的必要性,指出,如果我们不仅向用户提供信息服务,而且使用户能够自己在日益发展的电子时代满足其信息需求,图书馆和图书馆员的作用将会显著增强。[107]

用户的信息素质是学界十分关注的一个问题。Library Trends2002年第二期的主题就是信息素质。D. Bawden运用文献调查和分析详尽地描述和考察了"信息素质"、"数字素质"的概念,讨论了相关的概念及相互关系,包括计算机素质、图书馆素质、网络素质、因特网素质以及超素质(hyper-literacy)。[108]

2.5 图书馆管理与人员发展趋势

图书馆的发展依赖于管理的规划、策划、组织和推动。无论是资源建设,还是用户服务,离开了有效的管理,就难以达到预期的效果。图书馆的未来发展同样要突出管理的作用,加强管理的研究。管理的核心是人。要将人员队伍建设作为战略任务给予足够的重视,加强规划与管理。

从图书馆的发展趋势看,要加强以下几个方面的工作。

(1)图书馆规划与战略制定

战略规划就如同一幅路线图,向组织指出一步一步、一年一年的正确的方向,从而在最终所设计的情景能得以实现。调研发现,国外主要的图书馆都制订有3—5年甚至更长时间的战略规划,并定期动态修改。战略规划体现了一个图书馆的发展方向和行动路线。战略规划制定的过程也是不断凝练目标、加强主动设计、规划发展重点的过程。战略规划体现在图书馆业务的方方面面,但要突出今后一段时期要着力解决的重大问题。要通过规划制定,调整图书馆的业务布局和岗位设置,不断增强图书馆发展的活力。

(2)对图书馆业务布局和岗位重新调整

调研发现,[109]国内外大学图书馆为适应新环境的变化都对岗位进行了相应的调整。在传统的采编岗位上,国外大学图书馆比国内大学图书馆调整力度大。国外大学图书馆编目人员比例较国内有明显缩减的趋向。开始削减传统的编目岗位,对传统的编目部门进行重组,如改建为“编目与元数据服务部”(cataloging and metadata services department),开始出现“元数据馆员”这类新岗位。国外大学图书馆比国内增设电子资源相关岗位的幅度大。国内大学图书馆也积极设置数字图书馆业务岗位。国外大学图书馆设置数字资源长期保存岗位比国内普遍。国内外大学图书馆普遍设置用户教育岗位。国内外大学图书馆积极开展学科服务。国内大学图书馆基本未设置学术交流与机构知识库岗位,国外设置普遍。国外大学图书馆较国内更多设置营销岗位。国外大学图书馆开始设立版权岗位。岗位变迁总体情况:传统岗位开始调整,主要新增数字资源、技术、用户教育三类岗位,技术部门新增数字资源及技术两类岗位。此外,国内还有大学图书馆有意愿增设情报分析、古籍修复专家、图书馆营销、专职宣传、网上资源挖掘整理、信息研究、信息开发和信息服务等岗位。而国外大学图书馆希望增设元数据馆员、E-science岗位、数据管理(data curation)及营销等岗位。总体上,在学术交流及机构库岗位、图书馆营销、知识产权等新岗位的设置上,国外大学图书馆一直走在理念的前列。

(3)重视技术开发与应用

技术在图书馆当前的发展中具有举足轻重的作用,在未来的发展中也将变得越来越重要。芝加哥公共图书馆自动化部主任J. Latham结合自身经历认为,技术素质不再是一门专长,而是所有的图书馆员的生存技能,并提出图书馆从业人员应掌握的几个方面的IT技能。[110]

技术的发展总是超出人们的预料。许多新的技术的发展都可以应用到图书馆中来。美国图书馆协会(ALA)的技术分会 LITA 提出数字图书馆技术发展有九大趋势:XML 和互操作;RFID(无线身份认证);版权;元搜索;OPAC 和用户行为研究;政策和技术;用户界面设计;安全,数字版权管理;个人信息管理。[111] 如此宽泛的技术发展趋势如果不是冠以数字图书馆的名义,则可以被看做知识管理、因特网信息管理等多个领域的技术发展趋势。在加拿大举行的"因特网图书馆员 2003"会议上,有人从应用的角度提出数字图书馆的主要发展趋势:工作流的整合、移动应用、无线、WiFi、语音 xml、即时学习、可视化、语言、文本、多媒体、个性化。[112] 可见数字图书馆可以接受和应用各种新技术和新方法的领域是十分宽泛的。

2009 年 Horizon 报告则进一步指出了未来将对教学、科研和知识创新活动产生重大影响的一些关键技术。[113] 按照这些技术成熟和被广泛应用的预期,报告分三个阶段对其进行了描述。第一阶段为一年内将被广泛应用的技术,第二阶段为两到三年将被广泛应用的技术,第三阶段为未来的四到五年内将被广泛应用的技术。第一阶段涉及的技术是移动设施和云计算,这两项技术已经在许多学校推广使用,未来的几个月内还将会有更多的单位筹划应用和推广这两项技术。第二阶段推广使用的关键技术包括地理定位和个人网页技术,这两项技术虽然被预期两到三年内才被广泛应用,但一些具有超前意识和勇于引领新技术使用的机构已经开始使用并推广这两项技术。目前,第一、第二阶段涉及的这四项技术已经在娱乐业、商业以及其他产业等领域广泛使用。第三阶段将被广泛应用的是语义敏感技术和智能物件技术,尽管目前这两项技术还没有在教育领域应用,但是在科研领域则正在得到应用,其发展速度和影响范围已经说明值得人们关注。

Roy Tenant 呼吁要重视技术人员。他强调,我们必须更加努力地吸引技术人才,否则我们的职业目标就可能无法实现。我们也必须努力留住现有的人才。这不仅仅是待遇问题,而且是认可、价值感和支持。[114] J. F. Williams 提出了图书馆服务中所需要的 6 项热点技术,包括 E-mial 通知、振动寻呼、声音识别的电话菜单、移动服务、无现金交易、用户申诉和合作过滤。[115] 技术在图书馆的未来发展中的价值和影响将会更加显著。

(4)重视图书馆服务的效果

质量评价不仅取决于当前所提供的产品和服务,而且取决于在评价过程有关的人和机构。高质量的图书馆绩效对每个图书馆的生存是至关重要的。信息的网上普遍存取使研究人员和学生要求高质量的图书馆服务。正是图书馆的服务质量,决定了上级部门和社会对图书馆的看法。可度量的质量评价方法对有效的图书馆管理是十分重要的。图书馆既需要让用户满意,又需要向提供经费的机构证明投资是值得的。

国际上测定图书馆服务效果的指标体系有很多，如美国研究图书馆协会制订的 LibQual、澳大利亚的 Insync Surveys 等。2008 年国际标准化组织推出的《信息与文献——国际图书馆绩效指标》(ISO 11620:2008E)则为图书馆绩效指标的测度提供了各国之间共同遵循的准则。

(5)图书馆组织文化

图书馆的组织文化是一种需要管理的像其他资源一样的资源。这种管理有助于形成组织认识，协调组织活动和决策，平衡个人和组织利益。变革组织文化并非一蹴而就，而是多年的过程。在图书馆这样的信息组织中，存在六种"文化子系统"：[116]组织主体特征(像家庭一样的非常人性化的地方；像企业家敢于冒险；面向竞争和成就；有控制和结构化的)、领导风格(监管、促进还是培养；企业家、创新、冒险；理性、进取和面向结果；协调、组织、面向效能)、对员工的管理(团队、认同和参与；个人冒险、创新、自由和独特性；竞争和成就；安全、一致和可预见)、组织粘合(忠诚和相互信任；致力于创新和发展；强调成就和目标实现；正式的规则和政策)、战略重点(人的发展、高度信任、开放；资源的获取和建立新的挑战；竞争性行动和赢得成功；恒久和稳定)、成功的标准(建立人力资源、团队和对人的关心、拥有最特别和最新的产品和服务、赢得市场并超越竞争；可靠、有效和低廉的成本)。

(6)拓展图书馆员的角色

互联网技术已经逐渐应用于图书馆事业。目前，图书馆的许多服务，如通过授权访问远程数据库(数字化资源)、信息门户、数字化参考咨询等都是基于网络的。互联网的出现及网络服务的应用需要我们重新思考信息生产、传播和处理等一系列问题，图书馆更要思考在整个过程中自己的角色定位。[117]图书馆员需要对网络信息资源进行筛选、评价与组织，这是一项非常复杂的工作。

影响图书馆员角色新的发展包括：[118]

- 因特网越来越广泛的渗透性以及数字图书馆的快速发展；
- 服务方向的转变，从需要时(just in case)到及时(just in time)到为个人(just for you)；
- 越来越重视客户关系管理；
- 新的信息部门和信息用户(如电子商务、竞争情报、健康与政府信息)，其中一些已经存在一段时间，但变得越来越重要；
- 查询信息的理由的变化和信息利用方式的变化：了解个人的动机(inspiration)比查询所谓的信息更为重要；

- 对文献传递和用户服务需求的增长；
- 走向协同工作和协同学习，包括与其他领域的协同（如 IT 专家和出版商）；
- 对图书馆员教学越来越多的需求（例如，信息素质、信息研究技能和媒体素质）；
- 对远程用户和远程学生服务的需求；
- 转向基于问题和基于资源的学习。

所有这些，都需要图书馆员重新思考自己的行为和贡献，更重要的是思考即将到来的变革。根据文献调查，提出图书馆员的角色是：文化的角色、教学的角色、提供对信息的利用、提供空间、代表用户谈判游说、出版者的角色、咨询的角色、项目管理、信息组织、档案管理、信息检索与研究。此外，图书馆员其他的角色还包括：环境扫描、主动确认新的小的用户市场、行为研究。

生存的技能包括下列能力：

- 进行环境扫描和快速决策；
- 理性分析专业领域和发展方向；
- 评价专业产品的价值以及用以决策和环境扫描的方法；
- 运用时间管理使图书馆员为新的角色做好准备；
- 管理变革；
- 协同工作；
- 独立地研究；
- 创新性思考；
- 评价每个人的优势、劣势和继续学习的进展。

《大学与研究图书馆》（College and Research Libraries）主编 D. E. Riggs 在一篇社论中指出，图书馆员必须懂得怎样存取、选择、过滤和为用户定制信息，认为图书馆员作为知识导航员的时代已经到来。[119]不仅如此，专业图书馆员的作用将更加显著。在有关 2015 年的医学图书馆的预测中，有人提出，[120]随着电子信息变得无处不在，到 2015 年，更多的图书馆员和信息专家将在图书馆以外的“情景”（context）中发挥作用。许多图书馆员将接受在特定学科和情报学两方面的高级训练。图书馆员作为科研团队的一部分将司空见惯，如撰写项目申请书、担任机构评审组成员、担任生物信息学的数据库专家、开设循证医学课程的教师、参与多语种健康素质计划、成为社区的合作伙伴。

（7）加强图书馆员的能力建设

图书馆员的能力问题，是图书馆发展的核心问题。图书馆的发展水平，很大程度上取决于图书馆员的能力。在信息环境快速变化的形势下,图书馆的能力主要表现为图书馆员的能力。信息环境对图书馆的挑战实质上是对图书馆员能力的挑战。国外同行已经强烈地意识到,只有持续地关注图书馆员的能力和能力建设问题,图书馆才有不断的创新活力,才能维持其可持续的发展能力。因此,国外图书馆学协会、图书馆和个人都对图书馆员能力问题给予足够的重视,研究不同类型图书馆、不同岗位的图书馆员的能力构成和特点,制定适应新的信息环境和发展需要的能力要求,并通过多种有效的措施保障图书馆员在新的竞争环境下不断提升自己的能力,积极应对用户需求和行为的变化以及新型信息服务所带来的严峻挑战。

国外图书馆界长期重视图书馆员能力问题,这是多方面因素驱动的结果。[121]明确的图书馆员能力要求,是图书馆员专业成长、招聘和任务部署的工具,有助于图书馆员运用这些能力要求制定自己、同事和组织成长和发展的路线图。人们运用能力要求确认资历、描述职位、招聘合格的员工,制定图书馆员工培训计划,确认现有员工的技能差距,改进教育培训、挽留现有员工、奖励员工的成就等。有的图书馆还将员工的能力作为绩效管理的一部分,如绩效评价、加薪决策、技能发展、制定连续性的计划、个人职业生涯规划等。只有确认图书馆员的能力和核心能力,图书馆才能够维持其适应变化着的环境的能力,才能够更好地为教育与科研明天持续的变化做好准备。

2001 年,美国图书馆协会(ALA)出版了《员工发展实用指南》(第三版),其中有专门的章节,论述了图书馆和图书馆员的核心能力。[122]该能力体系包括 12 个方面:分析能力、解决问题的能力、决策能力,沟通能力,创新性,经验和技术知识,灵活性、适应性,人际交流、群组交流能力,领导能力,组织理解力和全球思维,归宿感、责任感、可依赖感,计划与组织能力,资源管理,服务态度、用户满意。其中的每一种能力都包括简短的定义和若干行动或关键行为。这些能力适用于图书馆的所有人员,尽管每一种能力的某些方面或行动可能并不适合每个员工。这是一份具有纲领性的文件,是从当今图书馆发展的需要,提出图书馆能力要求,并通过具体的行动或关键行为而具体化,具有很强的时代感和整体指导意义。

面对图书馆 2.0 时代,图书馆员的能力也在发生根本性的变化。David Lee King 在自己的博客中提出图书馆员 2.0 的基本能力:[123]在博客上撰写和张贴的能力;在博客中增加照片和视频;将装饰物嵌入到博客中,建立社交网络账户;社交网络知识,比如基本了解 Facebook、Myspace、Twitter 等;拍摄、上载和编辑照片;录制、编辑和上载播客(podcast);使用不同形式的 IM;使用和和向他人解释 RSS 和 RSS 阅读器;发送和阅读 sms 文本讯息;编辑 avatar 的外形;基本的游戏操作技能

(最好是多种格式)。更高级的技能包括:知道怎样能把上述技能有机整合到一起;知道上述技能怎样才能对物理、传统图书馆形成补充作用;在摆弄了大约 15 分钟后就能对一项新的数字服务有一个基本的了解;通过各种媒介(写作、照片、音频、视频)宣传推广图书馆。这些具体的技术能力体现了 Web2.0 时代对图书馆员的新要求,而且,这不应是图书馆员的未来能力,而是现实能力。

3 国内外图书馆发展战略的启示

(1)重视数字图书馆发展的国家战略

从各国图书馆的战略规划可以清楚地认识到,各国图书馆(特别是国家图书馆)十分重视将数字图书馆建设作为一项国家战略来制定、实施和推动。国家应明确数字图书馆发展的方向和重点,对国家重要的知识资源和文化遗产加大数字化的力度,在尊重和解决知识产权的前提下,充分地利用一切最新的信息技术,充分利用网络的优势,在全国范围内,推广数字图书馆计划,拓展图书馆服务的空间和时间,加强数字信息资源和网络信息资源以及特色信息资源的开发利用和长期保存,增强对知识资源的挖掘和利用,最大限度地增强数字图书馆为全社会服务的影响力,使更多的人群享受到图书馆所带来的利益和方便。

(2)将复合图书馆作为一种基本发展战略

在重视数字图书馆作为国家战略的同时,许多图书馆将复合图书馆作为一种基本的发展战略。在复合信息资源的环境下,图书馆也一定是印本馆藏与数字馆藏的复合、到馆服务与网络服务的复合、物理馆舍与虚拟空间的服务。无论数字图书馆多么发达,都不能取代物理图书馆的作用。同样,物理的图书馆一定要通过数字图书馆进一步延伸和拓展。二者相得益彰,相互支持。这是因为用户需求的驱动,而用户的需求一定是多样化的。未来图书馆的概念,更重要的是一种功能,而不仅仅是馆舍。有用户的地方,就有图书馆的服务,而不论用户是在图书馆的建筑中,在工作场所,还是在虚拟的网络空间。

(3)动态监测信息环境的发展与趋向

环境扫描就是获取和利用在一个组织的外部环境中有关事件、趋势和关系的信息,以及那些帮助管理者规划组织未来行动过程的知识。组织的外部环境包括影响组织绩效,甚至生存的所有外部因素。ACRL 研究委员会 2003 年、2007 年连续发布了环境扫描的报告,2007 年的扫描报告的结论是大学图书馆和图书馆员未来的十大假设。[124] 苏格兰国家图书馆自 2006 年开始进行环境扫描,并推出环境扫描的报告 Horizon scanning at NLS(http://www.nls.uk/about/horizons/index.html)。

此外，澳大利亚国家图书馆也发布了自己的扫描报告。许多图书馆的战略规划都是建立在对信息环境动态监测的基础上。

(4)保持对用户需求及其变化的高度敏感

图书馆是为用户而存在的。当用户的需求变了，图书馆的服务业要因应而变，保持对用户需求变化的动态适应。尤其是图书馆发展趋势的研究和发展规划的制订，必须未雨绸缪，主动地进行前瞻性研究，科学地预测信息技术、信息环境和用户需求的可能变化，不断地调整图书馆自己的服务内容和服务模式，动态地调整和创新图书馆的管理机制和服务机制。图书馆必须保持对用户需求及其变化的高度敏感，保持与用户的沟通与互动，能动地适应用户需求的变化，建立与用户需求相一致的服务策略，保持与用户需求的同步。图书馆的落后、滞后甚至被淘汰，根本原因是所提供的服务与用户需求的脱节，把图书馆自己与用户隔绝开来，必定是走向末路。

(5)建立以用户为中心的图书馆管理机制与服务模式

从某种意义上说，西方现代图书馆的历史是以用户为中心的历史。以用户为中心经历了一个不断演进的过程。[125]管理的改革、技术的应用、设施的改善、服务的优化、馆际馆外的合作，都不能不从用户及其需求出发，为用户提供高效、高水平的服务。要将以用户为中心的理念作为图书馆至高无上的准则，一切以用户为转移，以用户为中心进行业务的规划与布局，以用户为中心设计和开展各种各样的服务，以用户为中心来评价图书馆的质量与水平，将以用户为中心作为检验一切工作的出发点和指导原则。作为图书馆，在任何技术条件下、任何信息环境下，都不能违背这一原则。否则，图书馆将与其存在的宗旨背道而驰。

(6)图书馆的合作与协同作为一种主要的业务推动模式

在西方今天的图书馆界，联合、合作、协同、共享，已经成为每一个图书馆的生存方式和发展之路。在数字化、网络化时代，如果没有资源、服务、管理等方面的深度合作，那任何单个图书馆的作用都是非常有限的，甚至是举步维艰。图书馆不仅要寻求系统内的合作、国内各类图书馆的合作，还要积极寻求国际图书馆间的交流与合作，寻求与非文献情报机构(包括数据库商、技术开发商、搜索引擎等)的合作。在合作中，加强自身的核心优势与竞争力，凸显图书馆在社会中的地位和价值。只有合作才能双赢。图书馆未来发展的成功，也在很大程度上取决于其合作的程度。

(7)重视图书馆的知识管理与知识服务

知识管理与知识服务是图书馆管理与服务的新内容与新模式。图书馆的本质是知识的管理与服务。机构知识库、学科知识库、数据挖掘、知识发现、情报研究、用户信息环境建设、本体(ontology)、语义网络、知识计算、云计算等等,正在重新定义着图书馆的工作任务与工作性质。图书馆工作的对象不仅仅是文献,更主体的是知识,尤其是数字化的知识。这与其说对图书馆是一种挑战,不如说给图书馆带来的是发展与复兴的机会。图书馆今后的发展只有朝这个方向去转型,才会有更加光明的前景,图书馆也才能完成其从旧使命到新使命的蜕变。

(8)推动理论、教育、实践、技术之间的协同并进

图书馆学理论、图书馆学教育、图书馆工作实践、现代信息技术之间相互影响、相互作用,沟通支撑了图书馆事业的发展。无论从国家层面、行业层面,还是机构层面、个人层面,都要意识到对图书馆事业发展而言,四者缺一不可,必须寻求协同发展,相互支持。理论、教育、实践、技术的任何一个方面的薄弱,都会影响图书馆事业整体的发展。国家也要加大政策的引导和支持,而政策的制订的基础是理论研究。很显然,理论不足、教育滞后、实践浅薄、技术落后是当前我国图书馆事业发展的主要问题,需要寻求在政策和规划的引导下,理论、教育、实践、技术的携手并进。

(9)加强国家图书馆的示范与引领作用

国家图书馆在图书馆事业发展中具有举足轻重的作用。国家图书馆是其他各类图书馆的火车头,是图书馆发展的风向标。国家图书馆如何发展,对其他图书馆和整个图书馆事业发展的影响是重大而深远的。各国国家图书馆的发展和规划,都十分突出自身在战略制订、政策导向、理论研究、技术应用、业务规范、人才培养等方面的重要地位和使命,发挥国家图书馆的各方面优势,带动和引领图书馆事业的发展路向,加强图书馆发展的国家战略研究与规划,积极探索突破和解决重点和难点问题,为保障图书馆事业的健康而快速发展做出应有的贡献。这样的角色,在图书馆的未来发展中将更加突出。

参考文献

[1] The British Library's Strategy 2008 - 2011. http://www.bl.uk/aboutus/stratpolprog/strategy0811/strategy2008 - 2011.pdf

[2] Christine Borgman. Digital Libraries and the Continuum of Scholarly Communication. Journal of Documentation, 2000, 56(4)

[3] OCLC. 2003 Environment Scan—a report to OCLC membership. http://www.oclc.org/membership/escan/introduction/default.htm

[4] Wilfried Sühl-Strohmenger. Libraries' futures, user needs and information. http://www.nb.admin.

ch/aktuelles/ausstellungen_und_veranstaltungen/00726/01612/index. html? lang = en

[5]The British Library's Strategy 2008 – 2011. http://www. bl. uk/aboutus/stratpolprog/strategy0811/strategy2008 – 2011. pdf.

[6]OCLC. Perceptions of Libraries and Information Resources(2005). http://www. oclc. org/reports/2005perceptions. htm.

[7]Richard M. Doutherty. Being Successful in the Current turbulent Environment. The Journal of Academic Librarianship,2001(4):263 – 267

[8]Saint Michael's College. Library and Information Services Strategic Plan. http://www2. smcvt. edu/library/about/reports/TaskforcFaculty. doc

[9]Lesley M. Moyo. Electronic Libraries and the emergence of new service paradigms. The Electronic Libraries,2004(3)

[10]David Nicholas,et al. Aslib Proceedings:New Information Perspectives. 2008,60(3):185 – 198

[11]Library and Archives Canada. Directions for Change. http://www. collectionscanada. gc. ca/about-us/directions-for-change/index-e. html.

[12] The British Library's Strategy 2008 – 2011. http://www. bl. uk/aboutus/stratpolprog/strategy0811/strategy2008 – 2011. pdf

[13]Caroline Brazier. Resource discovery at the British Library:new strategic directions. http://www. ifla. org/IV/ifla73/papers/113-Brazier-en. pdf

[14]OCLC. 网络世界中的分享、隐私与信任. 数字图书馆论坛,2008(3)

[15]Wilfried Sühl-Strohmenger. Libraries' futures,user needs and information. http://www. nb. admin. ch/aktuelles/ausstellungen_und_veranstaltungen/00726/01612/index. html? lang = en.

[16]Beloit College(2006)Mindset Lists. http://www. beloit. edu/publicaffairs/mindset

[17]UWA Library. Scanning the Environment for the Library Strategic plan 2008 – 2010. http://www. library. uwa. edu. au/__data/assets/pdf_file/0016/11068/Scanning_the_environment_2007_NE. pdf

[18]JISC Report. Information behavior of the researcher of the future. http://www. jisc. ac. uk/media/documents/programmes/reppres/gg_final_keynote_11012008. pdf

[19]全球研究型图书馆发展战略. 图书情报工作动态,2009(2)

[20]Eleanor Jo Rodger,et al. The Public Library and the Internet:Is Peaceful Coexistence Possible?. American Libraries,2001(5):58 – 61

[21]Mark Herring. 10 reasons why the Internet is not a library substitute. http://www. libraryspot. com/lists/internetandlibraries. htm

[22] Ellen Metter. Why Libraries Still Matter to Writers. http://www. writing-world. com/basics/libraries. shtml

[23]Will Sherman. 33 Reasons Why Libraries and Librarians are Still Extremely Important. http://

www. degreetutor. com/library/adult-continued-education/librarians-needed
[24]Lyn Robinson, David Bawden. Libraries and Open Society; Poper, Soros and Digital Information. Aslib Proceedings, 2001(5):167 - 178
[25]Scott. Benett. The Golden Age of Libraries. The Journal of Academic Librarianship, 2001(4): 256 - 259
[26]Michael Gorman. Values of Steel in 30 Days. American Libraries, 2000(4)
[27]Library and Archives Canada. Directions for Change. http://www. collectionscanada. gc. ca/about-us/directions-for-change/index-e. html
[28]The National Library of Australia. Directions 2009 - 2011. http://www. nla. gov. au/library/directions. html
[29]National Library of New Zealand. New Generation National Library Strategic Directions to 2017. http://www. natlib. govt. nz/about-us/policies-strategy/next-generation-library-strategy
[30]Steve O'Connor, Lai-chong Au. Steering a future through scenarios: into ghe acadmic library of future. The Journal of Academic Librarianship. 2009, 35(1):57 - 64
[31]ACRL 2007 Environmental Scan. Top Ten Assumptions for the Future of Academic Libraries and Librarians". http://www. ala. org/ala/acrl/acrlpubs/whitepapers/Environmental_Scan_2. pdf
[32]Hughes, Jane E. Access! Access! Access! The New OPAC Mantra. American Libraries, 2001(5):62 - 64
[33]Deng Geun Oh. Complaining behavior of public library users in South Korea. Library & Information Science Research, 25(2003):43 - 62
[34]Library and Archives Canada. Directions for Change. http://www. collectionscanada. gc. ca/about-us/directions-for-change/index-e. html
[35]Philip Hall. How We Stay Ahead of Our Web Users. Computers in Libraries, 2002(1):16 - 23
[36]Ronald C. Jantz. Technological discontinuities in the Library: digital projects that illustrate new opportunities for the librarian ad the library. IFLA Journal, 2001(2):74 - 77
[37]Evan St. Lifer. What Public Libraries Must Do to Survive. Library Journal, 2001(6):60 - 62
[38]Jose-Marie Griffiths. Deconstructing Earth's Largest Library. Library Journal, 2000, 125(13)
[39]OCLC(2003). Libraries: How they Stack Up. http://www5. oclc. org/downloads/community/librariesstackup. pdf
[40]Daniel Greenstein. Digital Libraries and Their Challenges. Library Trends, 2000, 49(2):290 - 303
[41]同[40]
[42]Council on Library and Information Resources. ibrary as Place: Rethinking Roles, Rethinking Space. http://www. clir. org/pubs/reports/pub129/pub129. pdf
[43]Wilfried Sühl-Strohmenger. Libraries' futures, user needs and information. http://www. nb. admin. ch/aktuelles/ausstellungen_und_veranstaltungen/00726/01612/index. html? lang = en

[44] David Baker. Combining the Best of Both Worlds: the Hybrid Library. in: Digital convergence: Library of the future. springe: 2008

[45] Harold B. Shill, Shawn Tonner. Creating a better place: physical improvements in academic libraries, 1995 - 2002. College and Research Libraries, 2003(6): 431 - 467

[46] James Huff. Defining the non-virtual library. American Libraries, 2003, 34(11): 36

[47] George D. Kuh, Robert M. Gonyea. The role of the academic library in promoting student engagement in learning. College and Research Libraries, 2003(4): 256 - 282

[48] 全球研究型图书馆发展战略. 图书情报工作动态, 2009(2)

[49] Allison Cowgill, et al. Implementing an Information Commons in a University Library. The Journal of Academic Librarianship, 2001(6): 432 - 439

[50] Jennifer Burek Pierce. Next Stop, Information Commons. American Libraries, 2004(4): 87

[51] Library of the Future. http://www.w3c.org/TR/1999/REC-html401 - 19991224/loose.dtd

[52] Council on Library and Information Resources. Library as Place: Rethinking Roles, Rethinking Space. http://www.clir.org/pubs/reports/pub129/pub129.pdf

[53] MARTIN BOSSENBROEK. Planning a Digital Library: Reinventing the Tricycle. http://www.ifla.org/files/hq/papers/ifla75/190-bossenbroek-en.pdf

[54] MINNA KARVONEN. National Digital Library - Ensuring of availability of electronic information resources of libraries, archives and museum now and in the future. http://www.ifla.org/files/hq/papers/ifla75/190-karvonen-en.pdf

[55] VIGDIS MOE SKARSTEIN. Strategies for a Digital National Library. http://www.ifla.org/files/hq/papers/ifla75/190-skarstein-en.pdf

[56] PENNY CARNABY. National libraries in the digital age: leadership and collaboration. http://www.ifla.org/files/hq/papers/ifla75/190-carnaby-en.pdf

[57] Roswitha Poll. Evaluating the library website: statistics and quality measures. http://www.ifla.org/IV/ifla73/papers/074-poll-en.pdf

[58] Peter Giger & Eva Norling. Library participation cultures. http://www.ifla.org/IV/ifla73/papers/074-Giger_Norling-en.pdf

[59] Patrick Danowski. Library 2.0 and user-generated content, what can the users do for us?. http://www.ifla.org/IV/ifla73/papers/113-Danowski-en.pdf

[60] Helila Pienaar, Ina Smith. Development of a library 2.0 service model for an African library. http://www.ifla.org/IV/ifla73/papers/146-Pienaar_Smith-en.pdf

[61] library weblogs. http://www.libdex.com/weblogs.html

[62] Judith Wusteman. RSS: the latest feed. Library Hi Tech, 2004(4): 404 - 413

[63] Project10X Semantic Wave 2008 Report. http://www.project10x.com

[64] Grace Saw. Library3.0: where art or skills? http://www.ifla.org/IV/ifla73/papers/151-Saw_

Todd-en. pdf

[65] Charles B Lowry. Let's call it the "ubiquitous library" instead. Portal: Libraries and the Academy, 2005, 5(3): 293 - 296. http://muse. jhu. edu/journals/portal_libraries_and_the_academy/v005/5. 3lowry. html

[66] Charles B. Lowry. The Ubiquitous Library. http://www. lib. umd. edu/deans/ublibreport. html

[67] W P Lougee. Diffuse Libraries: Emergent Roles for the Research Libraries in the Digital Age. http://www. clir. org/pubs/reports/pub108/pub108. pdf.

[68] Toshiro? Minami. Needs and Benefits of Massively Multi Book Agent Systems for u-Libraries. http://www. springerlink. com/content/6ln9wmjtv1rf5r8c/.

[69] Oliver Obst. The Medical Library of the Future: Be prepared for the invisible. http://www. inforum. cz/pdf/2005/Obst_Oliver. pdf

[70] http://answers. google. com/answers/

[71] Joel Achenbach. In the search game: Google 1, Librarians 0. http://www. dfw. com/mld/dfw/living/8093801. htm

[72] Jenny Levinne. New York Times Spotlights Librarians, but Misses the Bullseye. http://www. theshiftedlibrarian. com/2004/02/05. html#a5183

[73] Stuart Weibel Interviews Tim Berners-Lee July 29, 2003. http://www. oclc. org/research/announcements/features/tbliview. htm

[74] Robert. E. Dugan. The History and Development of Academic Library Consortia in the United States: An Overview. The Journal of American Librarianship, 2001(1): 128 - 130

[75] Anthi Katsirkou. Consortia and knowledge management: the functional context and an organizational model. Library Management, 2003, 24(6/7): 337 - 347

[76] Klaus G. Saur. Libraries and pulishers-a partnership? IFLA Journal, 2003(4): 284 - 287

[77] Marian Cloete, Retha Snyman. The Enterprise Portal-is it Knowledge Management?. Aslib Proceedings, 2003, 55(4): 234 - 242

[78] Ljiljana Stojanovic, Nenad Stojanovic, Alexander Maedche. Change Discovery in Ontology-Based Knowledge Management Systems. Lecture Notes in Computer Science, 2003, 27(84): 51 - 62

[79] John Akeroyd. The Future of Academic Libraries. Aslib Proceedings, 2001(3): 79 - 84

[80] Object-Based vs. Ego Based Social Networks vs. WoW and Second Life. http://maisonbisson. com/blog/post/11973/object-based-vs-ego-based-social-networks-vs-wow-and-second-life

[81] J A Muir Gray. THE National Knowledge Service Plan 2007 - 2010. http://www. nks. nhs. uk/docs/National_Knowledge_Service_Plan_2007. doc

[82] The Library of Congress Strategic plan Fiscal year 2008 - 2013. http://www. loc. gov/about/strategicplan/2008 - 2013/StrategicPlan07 - Contents_1. pdf

[83] Carol Tenopir. Moving Toward Electronic Journals. Library Journal, 2000, 125(12)

[84] Library and Archives Canada. Directions for Change. http://www. collectionscanada. gc. ca/about-us/directions-for-change/index-e. html

[85] Gretchen Russell. The Power of Print. American Libraries, 2002(8)

[86] Bradley L. Schaffner. Electronic Resources: A wolf in Sheep's Clothing? College & Research Libraries, 2001(3): 239 – 249

[87] The Invisible Web. http://websearch. about. com/od/invisibleweb/a/invisible_web. htm

[88] Jane Devine, Francine Egger-Sider. Beyond Google: The Invisible Web in the Academic Library. The Journal of Academic Librarianship, 2004(4): 265 – 269

[89] Ram Gatenby. Rapid and easy access: finding and getting resources in Australian libraries and cultural institutions. http://www. ifla. org/IV/ifla73/papers/113-Gatenby-en. pdf

[90] The National Library of Australia. Directions 2009 – 2011. http://www. nla. gov. au/library/directions. html

[91] Alex Byrne. Open access and development: physician, heal thyself!. http://www. ifla. org/IV/ifla73/papers/098-Byrne-en. pdf

[92] Mark E. Funk. Open access—dreams and realities. http://www. ifla. org/IV/ifla73/papers/098-Funk-en. pdf

[93] The Library of Congress Strategic plan Fiscal year 2008 – 2013. http://www. loc. gov/about/strategicplan/2008 – 2013/StrategicPlan07 – Contents_1. pdf

[94] Leonard Kniffel. The Dollars and Sense of Equity Access. American Libraries, 2004(6): 44

[95] Satia Mashall Orange and Robin Osborne. From Outreach to Equity: an Introduction. American Libraries, 2004(6): 46 – 51

[96] Lorcan Dempsey. Libraries and the Long Tail. D-Lib Magazine, 2006(4). http://www. dlib. org/dlib/april06/dempsey/04dempsey. html

[97] MICHAEL KOENIG. KM moves beyond the organization: the opportunity for librarians. http://archive. ifla. org/IV/ifla71/papers/123e-Koenig. pdf

[98] Mason, R. M. (2005). The critical role of librarian/information officer as boundary spanner across cultures. World Library and Information Congress: 71st IFLA General Conference and Council, Oslo, Norway

[99] OCLC. Perceptions of Libraries and Information Resources(2005). http://www. oclc. org/reports/2005perceptions. htm

[100] Danuta A. Nitecki and Patricia E. Renfro. Borrow Direct: A case study of patron-initiated interlibrary borrowing service. The Journal of Academic Librarianship, 2004(2): 132 – 135

[101] Lucina Fraser, Ophelia Cheung. The perfect match: convergence of technology and resource sharing. http://www. ifla. org/IV/ifla73/papers/096-Fraser_Cheung-en. pdf

[102] James W. Marcum. Visions: The Academic Library in 2012. http://www. dlib. org/dlib/may03/

marcum/05marcum. html

[103] Linda Ashcroft. Marketing strategies for visibility and indispensability. http://www. ifla. org/IV/ifla73/papers/115 – Ashcroft-en. pdf

[104] Alison Barlow and Anne Morris. Usability of public libraries: perceptions and experiences of new users. http://www. ifla. org/IV/ifla73/papers/122-Barlow-Morris-en. pdf

[105] Maureen Nolan, et al. Science Experiments: Reaching Out to Our Users. Issues in Science and Technology Librarianship. 2008(55). http://www. istl. org/08-fall/article1. html

[106] LibraryConnect@ Elsevier. 促进在线资源有效利用的 15 种方法. http://www. elsevier. com/framework_librarians/LibraryConnect/LCP01/LCP01CHS. pdf

[107] Edward. K. Owusu-Ansah. The Academic Library in the Enterprise of College and Universities: Toward a New Paradigm. The Journal of Academic Librarianship, 2001(4): 289 – 294

[108] David Bawden. Information and digital literacies: a review of concepts: Journal of Documentation, 2001(2): 218 – 259

[109] 叶兰, 初景利. 1998 – 2007 年国内外大学图书馆岗位变迁对比分析. 大学图书馆学报, 2010(2)

[110] Joyce Latham. The World Online: IT Skills for the Practical Profession. American Libraries, 2000(3)

[111] The Library and Information Technology Association(LITA), a division of the American Library Association. THE TOP TRENDS. http://www. ala. org/ala/lita/litaresources/toptechtrends/midwinter2004. htm

[112] INTERNET LIBRARIAN 2003. http://www. infotoday. com/il2003/presentations/default. htm

[113] 2009 Horizon Report: Technologies to Watch. http://wp. nmc. org/horizon2009/chapters/technologies/

[114] Roy Tennant. Honoring Technical Staff. Library Journal, 2001(9)

[115] Joan Frye Williams. How To Think About Technology. Library Journal, 2002(2/1/). http://www. libraryjournal. com/article/CA191651. html? q = 6 + hot + technologies + + + + Williams + 2001

[116] Michelle L. Kaarst-Brown, et al. Organizational Cultures of Libraries as a strategic resource. Library Trends, 2004(1): 33 – 53

[117] John Garlo Bertot, World Libraries on the Information Superhighway: Internet-based Library Services. Library Trends, 2003, 52(2): 209 – 227

[118] Ina Fourie. Librarians and the claiming of new roles: how can we try to make a difference? Aslib Proceedings, 2004(1): 62 – 74

[119] Donald E. Riggs. Oversimplified Speculation on the Demise of Libraries. College and Research Libraries, 2001(4): 304 – 305

[120] Donald A. B. Lindberg and Betsy L. Humphreys. 2015 — The Future of Medical Libraries. http://content. nejm. org/cgi/reprint/352/11/1067. pdf

[121] Jennifer Lyn Soutter. Academic Librarian Competency: A Description of Trends in the Peer-Reviewed Journal Literature of 2001 - 2005. Partnership: the Canadian Journal of Library and Information Practice and Research, 2007(2). http://www. criticalimprov. com/index. php/perj/article/view/252/376

[122] Beth McNeil, Joan Giesecke. Core Competencies for Libraries and Library Staff. http://archive. ala. org/editions/samplers/sampler_pdfs/avery. pdf

[123] David Lee King. Basic Competencies of a 2. 0 Librarian. http://www. davidleeking. com/2007/07/05/basic-competencies-of-a-20-librarian

[124] Research Committee. Environment Scan 2007. http://www. ala. org/ala/mgrps/divs/acrl/publications/whitepapers/Environmental_Scan_2. pdf

[125] Diane Nahl. The user-centered revolution. Encyclopedia of Library and Information Science, 2003

（原文载:《国家图书馆学刊》,2010 年 1—4 期）

在变革的环境中寻求图书馆的创新变革

——美国七大图书情报机构考察调研报告

2010 年 5 月 8—18 日，在中国科学院有关部门的支持下，中国科学院国家科学图书馆组织总分馆及全院部分研究所图书馆员组成 10 人考察团，利用国家科学图书馆学科化服务高级培训班的机会，赴美国 7 个主要的图书情报机构实地考察调研美国图书情报服务的最新进展与变化。这些机构包括斯坦福大学图书馆、加州数字图书馆（CDL）、联机图书馆中心（OCLC）、耶鲁大学图书馆、哥伦比亚大学图书馆、国会图书馆、约翰霍普金斯大学图书馆。考察团成员亲身感受到了代表国际图书馆界先进水平的美国主要研究性图书情报机构近些年来的发展变化，所接收的信息量巨大，受到的启发颇深，引发的思考良多。

1 主要收获

1.1 图书馆有比较清晰的战略规划和发展思路

国外主要的研究型图书馆，均十分重视图书馆战略规划的制订，并通过实施持续的战略规划，不断明确发展思路，推进图书馆的发展，保持图书馆在大学或所属机构中的地位和长远影响力。战略规划有短期的，有中长期的，并且定期进行修订。战略规划成为指导图书馆今后改革与发展的指南。

国会图书馆于 1998 年底就建立了一个数字化未来小组，担负着把电子资源和技术与图书馆主要服务和业务整合到一起的职责。其目标不是成为一个国家数字图书馆，而是成为一个完全拥有并整合过的数字化资源，同时对自身进行改造的国家图书馆。美国国会图书馆数字化未来发展计划所倡导的目标就是确保全体各阶层的公民能够可靠地、方便地检索到数字化资源。为此，国会图书馆还建立了一个国家数字化战略顾问委员会，推出了由其牵头的美国国家数字信息基础设施和保存计划（NDIIPP）。[1]

国会图书馆制订的 2008—2013 财政年度战略规划，在资源建设、用户服务、推广应用、组织协同以及人才培养方面提出了各自的发展战略目标和实施策略。[2] 该战略规划定位清楚，目标明确，措施具体，前瞻性强，堪称图书馆战略规划的经典和模板。国会图书馆希望未来在以下两方面处于领导地位：①确保知识和信息的获取;②促进国会及其成员对图书馆资源的创新性使用。

斯坦福大学图书馆新的工程分馆(SEQ2 图书馆)规模不大,是非常具有代表性的一个专业图书馆,不拘泥传统,很有创新性和前瞻性。它提出的愿景是成为信息协同实验室(Information Collaboratory),[3]在理念和建设模式上超越了传统图书馆的认识,对研究性图书馆的未来发展具有重要的启示作用。

耶鲁大学图书馆的战略规划强调基于耶鲁大学动态的、不断发展的教育使命。随着新的研究领域的不断开拓,这些新领域对图书馆收藏和图书馆员都提出了新的要求,因此耶鲁大学图书馆规划将永远是一个正在进行的工作,最近更新的战略规划于三个目标领域,此目标领域将集中在有益于图书馆及其用户的产出成果上。

耶鲁大学医学院图书馆 2009—2012 年战略计划提出了图书馆今后发展的目标和行动,[5]特别强调五大目标:提供对医学图书馆馆藏和服务的广泛利用;建立和维护世界级的馆藏;开展馆外的推广活动;提供激发创造力、生产力、沟通及协作能力的激发智力的环境;树立员工终身学习和教育的文化。五大目标清晰明确,不仅强调资源、服务和环境,还强调融为一体的组织文化,这对于保障其他目标的实现是十分重要的。

哥伦比亚大学图书馆 2010—2013 年战略规划,[6]强调通过深入合作、消除重复工作和实现规模效率来寻求系统性改革,并强调资源收集和专业化知识对广泛的学术群体的独特价值,也将通过实行强有力的领导来致力于具有影响力的变革。这些领域包括信息政策、学术研究的开放获取、知识产权、教学中的技术创新、网络内容的收集管理以及全球资源的持续访问。该规划为图书馆制订今后若干年的发展蓝图提供了重要参考。很多方面也许是今天的图书馆所不大关注的,但一定是图书馆未来发展的重要选择。

战略规划不仅仅是战略构想,其运用什么样的研究方法对制订什么样的战略规划具有重要的影响力。约翰霍普金斯大学图书馆(JHU)利用平衡计分卡(Balanced Scorecard)、用户需求调查等方法,制订了图书馆发展战略,并每年审订。用户需求调研的途径包括:通过每个院系的图书馆员,设计并进行服务调查,通过师生咨询委员会,通过 BBS、Facebook、Twitter 等。

1.2 图书馆有非常健全的业务体系和运行机制

无论什么类型和规模的图书馆,都有自身的业务体系和运行机制。在技术发展迅猛的形势下,图书馆更要加强业务体系的建设,重视运行机制的建设。变革旧的业务体系,建立健全新的业务体系和可靠的运行机制,是一个艰难的过程。美国图书馆始终遵循因应而变的策略,保持业务体系的动态变化和稳定发展。

哥伦比亚大学图书馆在有关的政策中特别重视图书馆馆藏发展，如馆藏加工工作、长期保存问题，对资源的发现、获取、传递和服务等问题考虑得特别细密和坚实，重视这些基础服务在数字环境下的扎实发展。[7]其他各图书馆均将资源建设与管理作为图书馆的重要基础性工作给予高度重视。

资源揭示问题随着资源数量和类型的增多而变得越来越复杂，越来越关键。斯坦福大学图书馆建有功能强大的集成化图书馆目录检索系统，海量的图书馆资源通过其集成化的图书馆资源检索系统的组织和揭示，使用户可以极其简易、快捷地查询到相关文献。目前斯坦福大学图书馆的在线目录系统已经由原来的 Socrates 系统升级到新版的 Search Work 系统。[8]该系统的特点是集成性、易用性、互通性，功能十分强大，是斯坦福大学图书馆近期的工作亮点。其技术的先进性、资源的开放性、功能的广泛性、界面的友好性、利用的方便性，与传统 OPAC 的呆板、单一形象完全不同，给用户带来了与时代同步的全新的利用图书馆的体验。

在数字化网络化的环境下，图书馆场所和空间的重要性似乎受到质疑。创新物理图书馆功能，发挥场所和空间的作用，已成为国外大学图书馆关注的热点问题。约翰霍普金斯大学图书馆强调，尽管越来越多的虚拟研究和学术环境带来了快速的变化，图书馆作为场所仍然至关重要。图书馆是从事学术和社会活动的主要场所。国外大学图书馆的实践证明，图书馆不能没有物理空间，图书馆场所的作用仍将是不可替代的。当然，需要结合新的信息环境和用户变化了的需求，改革和创新物理空间的功能。

图书馆的人员管理和发展也需要建立科学合理、具有激励作用的岗位聘任制度。与许多其他图书馆一样，耶鲁大学图书馆有一个等级式岗位聘任制度，同时也是晋升审查制度，用以奖励在岗位或专业领域取得成绩的员工，为非管理岗位的员工提供了一个晋升的机会。等级式岗位聘任制度设置 5 个馆员级别。

国外图书馆的运作非常重视民主管理。约翰霍普金斯大学 Welch 医学图书馆通过设置各种委员会进行讨论，这些委员会一般都是定期开会，委员会的成员一般是来自各个部门的代表。设置主席和当选主席，一般任期两年。当选主席是下一届的主席。这些委员会讨论各种相关的业务工作，并就某些问题（不仅仅是业务工作，包括图书馆的管理、教育、评估等）形成建议方案，委员会每次讨论的记录在会后发布在内网上。

无疑，所有的图书馆都在经历从传统图书馆到新型图书馆的转型中。在此过程中，图书馆经历着着全方位的变革。斯坦福大学图书馆工程新馆的物理馆舍面积大幅下降，大部分馆藏纸本资源转移到辅助书库，印本书刊资源数量急剧下降，而网络资源、电子资源大幅增加。学科馆员也由原来的2名增加到4名。新馆正在实施的新技术包括电子通报板、电子阅读器(亚马逊Kindles和索尼阅读器)、滚动显示板、触摸屏信息终端、RFID与自助式的借还书系统、手机参考咨询(测试)等。

1.3 十分突出以用户为中心的服务理念与服务模式

美国各图书馆将以用户为中心的服务作为图书馆存在的意义和价值。图书馆的一切工作和全部使命就是保证为用户提供高品质的服务。约翰霍普金斯大学图书馆将“用户第一”(customer is always the first)作为图书馆服务的最高准则。许多图书馆都通过实实在在的目标与措施将用户为本落实到每一个过程和细节。

各馆的服务内容与方式体现了各自的需求特点。哥伦比亚大学图书馆系统提供一般问讯服务、研究和情报服务、数据库服务、图书馆利用指导、残疾人服务、缩微复制和照相服务、打字服务、计算设施提供等。斯坦福大学工程图书馆服务包括:知识管理服务、信息素质教育、参考咨询服务、课程服务、流通服务、文献传递服务、学习空间的管理、技术服务。

国会图书馆的服务特点:资源数量巨大,类型繁多;细分用户,为每一类用户提供适合的入口和途径;检索方式多样,并且在每种检索方式下都说明可检索的资源种类、内容等,方便用户选择;注重资源内容的揭示与传播:资源以用户易懂的主题名称进行组织,在首页上突出一些热点资源,全方位向用户展示、传播馆藏,特别是那些非纸质的资源;为残疾人提供服务,体现了普遍均等的理念;在服务中,推与拉结合,用户可以定制内容,馆员也可以将资源推荐给用户;注重版权,成立版权办公室,在资源(特别是图片)和网页的某些位置都有版权声明。

美国高校图书馆普遍重视为学生和教师提供研究学习空间,可以是个人的学习小间,也可以是面向小组的讨论室。斯坦福大学格林图书馆及分馆为教师、学生提供不同类型的研究、教学、会议空间。格林图书馆的学习空间分成博士论文研究室、教师研究室和研究包厢等类型。法学院图书馆向本院师生提供会议室,须提前一天预定。法学院图书馆的参考休息室提供作者阅读和讨论其作品的场所,大约一个季度一次,由法学类图书作者与读者见面座谈。耶鲁大学医学图书馆设有特色自修室。耶鲁法学院图书馆的四楼和五楼还专门为攻读博士学位的学生单独开辟了一个约3平方米的工作间,门牌上标有学位名称、姓名和国籍,但只能保留一年,主要是方便学生撰写博士论文。

美国图书馆的服务不仅仅表现在其提供的服务内容、服务方式和服务手段上。美国图书馆员对用户的高度信任带来了图书馆与用户之间和谐默契的关系,图书馆具有亲切感，具有吸引力，为用户创造了一种宽松、自由、宾至如归的环境与氛围。

1.4 学科馆员在图书馆服务转型中的影响越来越大

美国大学图书馆的学科馆员制度具有悠久的历史。在数字化网络化的信息环境下，大学图书馆学科馆员担负着新的使命和重大的责任。学科馆员成为推动图书馆服务转型的核心力量。学科馆员不仅数量多、层次高，而且在服务上发挥了越来越重要的作用，而且很强调与教学科研过程结合的嵌入性。

耶鲁大学图书馆列有 167 个学科，由 155 名学科馆员负责。每个学科馆员既要负责有关学科文献的预订、购买、检索、咨询，又要负责学科课题，承接学科项目。耶鲁大学学科馆员参加校内外相关学科学术研讨会是其日常工作职责的一部分。

耶鲁大学医学院图书馆的“个人图书馆员”(Personal Librarian，简称 PL)很有特点。[9] PL 项目是 1996 年提出的设想，想以此与医学中心的学生取得联系。PL 项目为每一名新录取学生配备一名图书馆员，此图书馆员与此新生在耶鲁的整个学习生涯中保持联系。一般是每个 PL 每年负责 10 – 20 个新生，这样这些学生 4 年的学习过程中，每个 PL 要负责 80 – 100 个左右的学生。PL 提供如同单一联络点的图书馆服务，是一切与图书馆事物相关的“中间人”，甚至可以提供不是特定的图书馆的事情的服务。如果 PL 不知道答案，他们会尽力找出谁可以解决用户的问题。PL 全年将多次与用户联系，让用户了解新的和令人激动的资源，或在图书馆为用户服务。

其他各馆学科馆员的名称不同，所承担的责任也各有差别。约翰霍普金斯大学医学图书馆则设立信息专员(Informationist)岗位。[10] 他们的观点是，图书馆作为科研基础，应该向用户呈现新的维度，将图书馆员作为信息资源融入到临床、研究和教学队伍中。Welch 医学图书馆的信息专员服务主要包括三大方面：信息需求评估，协助和参与各种服务，与教职工在临床、研究和教育的深度项目上进行协同和服务。Welch 医学图书馆 10 名临床与公共健康图书馆员角色由院系联络员(Liaison)转变成院系的嵌入式信息专员(Embedded Informationist)。[10] 嵌入式信息专员服务模式由一系列个性化信息服务组成：在用户所在的科研、教学和临床医疗的地点提供服务，随时随地与用户合作，将图书馆员嵌入用户工作流程，更快地回答用户的问题，更有效地满足用户的信息需求，努力成为用户在科研上和医疗团队中的信息专家。

斯坦福大学图书馆设置了近 40 名学科馆员提供研究咨询服务。这些学科馆员并不集中在一个部门，而是隶属于“馆藏与服务部”下面的各个资源组(分馆)。

学科馆员的一个很重要的工作是馆藏资源建设。馆藏资源建设(特别是网络信息资源)是学科馆员开展服务工作的前提和基础,学科馆员参与馆藏资源建设要求学科馆员对相关学科的各类信息资源进行深入研究、评估、比较,而熟悉学科信息资源是学科馆员开展工作的基本功。学科馆员的另一个重要工作是帮助用户高效、正确地使用信息资源。

斯坦福大学工程图书馆学科馆员的重要任务角色是学科编辑和主题导航。他们作为"频道编辑"要创造定制化的知识环境,包括学科门户、信息工具包和专业化的联机馆藏和服务。为了帮助研究人员及时了解学科最新进展,学科门户必须是高度专业化的,并持续更新。图书馆的工作人员越来越需要建立基于主题和学科的知识环境,向用户推送内容,提供 FAQ 作为基本的参考服务,编制图书馆辅导材料。他们将是成功的"频道编辑",与各学科的教师和相关领域的信息产品提供者都保持密切联系。

斯坦福大学十分重视 Web2.0 式的学科化服务。图书馆的咨询参考中心、SearchWorks 项目组、法学院 Crown Law 图书馆、商学院 Jackson 图书馆等都建立了自己的博客、微博、Facebook 网站,充分运用 Web2.0 手段向用户介绍图书馆馆藏和电子资源、图书馆服务,介绍图书馆的活动。Branner 地球科学图书馆还在著名的 Delicious 网摘系统(社会书签系统)上开设账户提供信息服务。法学图书馆五位图书馆员联合创建了一个学科化服务的博客"法律研究 plus"。

1.5 十分重视最新技术在图书馆工作中的应用

信息技术的发展超乎寻常,也给图书馆的服务带来了前所未有的生机与活力。与国内相比,国外图书馆对新的技术跟踪非常敏感,对新技术的应用非常及时,对新的技术形成快速的反应能力,而且能有效地提升图书馆的服务能力。技术的应用似乎没有时滞,应用的领域是全方位的,并且更加注重应用的效果,技术的应用与图书馆的业务工作结合得非常紧密。

在美国的很多大学,电子资源不仅可以通过网络获取,而且可以通过移动设施利用。耶鲁大学图书馆的电子图书从 2005 年的475 000本已经增加到 2009 年的超过 100 万本。目前,耶鲁大学的电子图书有 84% 可以通过 Apple iPod Touch 或 iPhone 正常进行阅读,使用 Sony Reader、iRex iLiad 和 Amazon Kindle 2.0 的读者可以正常使用 24% 的电子图书资源。耶鲁大学图书馆将努力扩展使用移动设备的信息环境,增强图书馆对移动设备接入获取学术资源的支持。

哥伦比亚大学图书馆对新技术的应用十分敏感,有多个部门的工作都与技术的应用有关,提供与技术相关的服务,如数字化研究与学术服务、新媒体教育与研究服务、版权咨询服务、数字社会科学服务、学术交流计划、电子数据服务和分析软件、创新服务工具或系统。哥伦比亚大学图书馆还十分重视利用新技术和服务嵌入到科研和教学、学习信息环境中提供全方位的服务,如网络浏览器(LibX、搜索插件、Zetero)、课程管理系统以及社会网络环境(Facebook、Twitter),使社会网络环境能够通过网站和目录进行信息共享(RSS、Add This、APIs)。

一些 Web2.0 的技术方法和服务方式在美国大学图书馆十分普及。斯坦福大学图书馆的很多服务部门都开设了 BLOG、Facebook、Twitter、社会网摘等账户,利用 RSS 聚合、Alert 订阅等 Web2.0 手段开展图书馆服务。工程图书馆已推出电子阅读器(如 Kindles 和 Sony-Reader)的借阅,同时还在探索手机信息咨询服务,新馆所有图书都安装 RFID 并实现读者自助借还书。

1.6 重视图书馆组织结构调整与文化重构

从 20 世纪 90 年代开始,美国大学图书馆就尝试全面的质量管理与业务重组等管理方法,对图书馆内部业务部门进行组织调整、机构改革,期望能够运用最优化的管理方法重新设计图书馆的运作程序,实现图书馆内部业务部门的组织重组,从传统图书馆转型为新型图书馆。例如,耶鲁大学图书馆将采访、编目、期刊等合并成为加工服务部,使图书馆的业务流程更加合理,更好地适应新的信息环境变化的需要。

斯坦福大学图书馆的全称是“斯坦福大学图书馆和学术信息资源”(Stanford University Libraries & Academic Information Resources,简称 SULAIR)。SULAIR 包括大学图书馆系统、学术计算系统、Highwire 出版社和斯坦福大学出版社。[11] SULAIR 是全美高校中唯一的集传统与数字图书馆服务、学术计算服务支持、大学传统和网络出版服务于一体的机构。这样一种改革似乎预示着图书馆、信息资源、计算资源、出版功能的整合,顺应的是学术交流流程一体化的发展要求。

耶鲁大学强调树立对员工终身学习和教育的文化,认为图书馆工作人员在其工作的各个方面取得成功以及图书馆自身要满足其所有目标,终生学习和教育文化是必不可少的。在此学习文化中,所有工作人员技能和经验都可以与他人分享。在可能的情况下,学习目标的实现既要明确又要可衡量。

许多变化正在影响着研究型图书馆及其在提供信息服务中的角色,一些职员所发挥的作用也随之发生改变。这不只是图书馆员需要掌握新技术的简单问题,而是需要图书馆员对新职位进行重新定义和认知。哥伦比亚大学图书馆认为,组织的文化必须通过培养对职位性质和工作方式变化的高度敏感性,以此适应业务环境的快速发展。为了继续实现组织目标,需要支持和鼓励员工不断更新他们的技术。工作空间必须从结构、技术和人体工程学角度进行设计,以支持各个领域有效地服务和工作。

哥伦比亚大学图书馆在2010—2013 年战略规划中,[6]提出在经济环境许可的前提下,增加员工培训和发展的经费,将资金集中在有利于组织未来成功的培训活动上,鼓励员工获取适合他们的工作职责和事业发展的培训机会等。

1.7 图书馆联盟的作用正变得日渐突出

图书馆联盟是各个独立的图书馆或图书馆系统的一种组织形式,通常旨在资源共享。联盟成员可限于某一地区、图书馆的类型或学科专长。在信息资源迅速增加、经费资源有减无增的形势下,图书馆需要更多地利用网络,利用图书馆联盟,拓展自己的资源范围,延伸服务领域。在今天的国外图书馆,联盟已经成为图书馆的一种生存方式和发展模式。在美国,图书馆的联盟有多种多样。其中加州数字图书馆和联机图书馆中心,是两种重要的但性质不同的图书馆联盟,发挥了越来越重要的作用。

加州大学有 10 个校园图书馆(100 余个图书室),加州大学数字图书馆(California Digital Library,简称 CDL)是加州大学的第 11 个图书馆(虚拟数字图书馆),建立于 1997 年。它致力于利用正在改变着数字信息访问和出版方式的新兴技术,通过与加州大学图书馆和其他伙伴进行合作,逐渐汇聚成了世界上最大的研究型数字图书馆之一。它改变了教师、学生和研究人员的发现和获取信息的方式。其使命是支持加州大学的学术事业并扩大学校的公共服务体系。[12]

CDL 负责为加州大学 10 个图书馆及其服务的社区提供全球学术资源的整合及有效利用的支持,功能包括提供对持久、通用、高质的电子资源的创建、采集、整理、改编、注释、展示和长期管理。此外,CDL 还为科研、教育、学习提供在线信息服务系统建设工具,使加州大学各图书馆能够有效地共享其资源及获取更多的数字信息。CDL 注重其特色服务项目,强调其数字馆藏的管理与发展、学术出版模式的创新及数字资源的长期保存。CDL 提供的服务主要是在促进在学术和教育出版,内容收集、整合和网站建立,电子资源的保存这三个领域中有效地使用 CDL 功能。

OCLC 世界上最大的图书馆组织联盟,是一非营利性组织,由成员单位组成图书馆服务和研究。它始终遵循着"扩充获取世界信息的途径,以向图书馆和用户提供服务来减低获取信息的费用"的理念实现自身发展。它从最初的俄亥俄 54 个图书馆发展到 72 000 个,涉及国家达 171 个,语言和方言数超过 470 种,拥有 178 954 122 条书目信息。[13]

OCLC 在以下方面做出了卓有成效的工作:图书馆工作标准化,实现图书馆资源的无缝链接,资源共享,网络服务,图书馆联盟服务。

最新发展计划即指 OCLC 在需求牵引下实时出台的最新规划。21 世纪以来,OCLC 的最新发展计划主要有以几个方面的内容:

全球信息网络规划。通过汇集数据数字通信和信息技术,在数字文献集合和存储服务方面帮助图书馆成为数字信息的提供者。

OCLC 的研究活动计划。成立研究机构,从知识获取、需求发现、技术研究等多方面进行立项研究,有效支撑 OCLC 不断创新发展。

Open WorldCat 先导计划。先导计划的宗旨是通过商业性的网络搜索引擎在网上将图书馆的记录公诸于世,使图书馆吸引更多的“眼球”,最终发展为基于 Web 的全球网络信息资源。

OCLC 全世界博硕士论文发展规划。2006 年 OCLC 凭借 WorldCat 数据库中庞大丰富的高质量硕博士论文资源,将 WorldCat 数据库中所有硕博士论文和以 OCLC 成员馆编目的论文为基础的出版物进行整合,开发成“WorldCat 硕博士论文数据库”。

云计算图书馆建设规划。2009 年 4 月 23 日,OCLC 宣布即将推出基于 WorldCat 书目数据的“Web 级协作型图书馆管理服务”,被公认为是一项云计算服务,其目标是取代各类型图书馆的集成管理系统。

此外,OCLC 还发起 WorldCat Mobile 项目,把各个图书馆的馆藏变成移动设备上可见资源,它允许用户通过掌上电脑(PDA)或智能手机向附近的图书馆发送 Web 请求,然后在各自的权限范围内搜索并利用图书馆资源。

无论是 CDL,还是 OCLC,都是集成成员馆的力量和优势,充分地利用现代技术成果,解决一个图书馆自身能力而无法解决的问题,为各个图书馆的发展提供了良好的条件和基础,也使得各个图书馆可以更加专注于个性化的服务,充分地适应用户的特定需求。借助于联盟,图书馆将能够更有效地抓住发展的机遇,更大地拓展发展的空间,节省成本,资源共享,在竞争中获得发展的主动权。

1.8 图书馆通过创新探索谋求自身的发展

在变化的时代,需要创新的思维和不断探索与改革。改革没有既定的模式,没有各种束缚,唯有用户的需要和改进服务的需要。不适应,则消亡(adapt or die),是同样适应于图书馆的一条法则。图书馆的创新探索需要结合本馆的实际。

在今天和未来的年代,资源的形态将完成一个重大的转型。约翰霍普金斯大学 Welch 医学图书馆通过订购各种与医学相关的数据库为用户提供信息资源,该馆有一个行动计划,其中比较核心的内容就是减少印本的订购,增加电子资源,提供优质服务。其目标是到2012年,基本不再订购印本;到2015年,馆藏将全部实现电子化。

斯坦福大学图书馆未来的削减订购策略包括:咨询学校教学科研人员,确定最优先级的信息资源;取消印本书刊的复本订购;尽可能将印本或“印本+网络版”的订购模式转变为“online only”模式;执行费用绩效分析,取消使用成本高的出版物,按需获取文章;减少图书和其他非刊类支出;继续执行有利于学校的合作协议;监测和影响学术出版的未来趋势。

斯坦福大学工程图书馆将建立一个应用软件图书馆,包括从产品发现到产品可视化工具,用以支持所有相关工程领域的教学活动。斯坦福商学院图书馆为读者提供一款小软件FastJack。它是一款浏览器插件,通过这个插件集成了多种实用的功能,读者可以直达图书馆的相关服务。

斯坦福医学院图书馆网站专门辟出“支持作者”服务栏目,为师生的论文写作提供全生命周期的服务,包括:文献传递、NIH出版政策解读、期刊投稿指南、写作课程、元分析支持、Endnote支持、版权咨询。期刊投稿指南列出了超过3500种期刊的投稿说明。

2 思考与建议

美国7个图书情报机构考察活动,给了笔者很多的思考,也促使笔者更深层次地反思和分析国内图书馆所存在的问题,积极地探寻我国研究型图书馆需要重点关注和解决的问题。

2.1 持续加强图书馆的发展定位与战略规划和设计

战略规划是保障一个机构长期可持续发展的关键。面向“十二五”,更需要清晰而系统的图书馆发展规划。通过规划,明确图书馆的定位和发展方向。要充分地认识到,今天的“图书馆”只是一个名称而已,图书馆应集成平台、工具、系统、内容、服务、环境等多种功能,以数字化、网络为基本发展策略,以“用户第一”作为基本的服务理念,体现“用户在哪里,服务就在哪里”的服务模式的变化。

2.2 进一步加强以用户和服务为中心的业务布局与结构调整

图书馆要尽快适应从传统图书馆到新型图书馆的转型,就需要推进图书馆的业务布局和结构的调整,推进制度和模式的创新,采用有分工的、专业化的、有效的、可持续的模式和机制,建立职责任务明确、分工协同合作的服务团队,满足不同类型不同层次的需求。要继续增加一线服务的投入和力量,保持一支能力超强的一线服务队伍，并提供在资源配置、技术支持、能力培训等方面的有效支持。

2.3 积极改进图书馆的基础业务设施建设

在调整战略迎接新信息环境挑战、加大新信息技术应用的同时，仍然需要高度重视和夯实图书馆服务的基础，并且用新的技术和手段提升基础服务工作水平，使之成为用户和图书馆员开展服务的重要工具和基础。建立可持续发展的馆藏或特色馆藏，加强资源共建、共享，加强对馆藏评价的研究，提供学科导航服务。

2.4 加强信息技术与图书馆业务的融合

图书馆员的服务需要与信息技术部门的发展有机地结合在一起。图书馆员的服务不能简单建立在手工服务的基础上，尤其在知识服务日渐成为学科服务的趋势的背景下，图书馆服务需要有效利用现代信息技术的发展，提升服务的效率和水平，将图书馆员从血汗劳动中解脱出来。我们在新技术的推动方面，速度不够快，幅度不够大，效果不够明显。加强技术应用的效果导向，技术应用与一线需求、一线人员有机绑定、密切协同。保持一支活跃的、持续跟踪技术变化、随时维护技术的专业技术队伍是十分重要的。

2.5 加强图书馆统筹协调与协同的能力

要积极借鉴 CDL 和 OCLC 的经验，认真研究、分析 CDL 和 OCLC 的联盟模式，构建云计算图书馆框架下的知识发现、知识重组、知识服务与知识导航环境。为此，需要认真地研讨与分析各种问题，在机制、体制、组织模式、顶层设计、实施方案等方面进行全面系统的规划与设计。特别需要重视研究项目、所开发的产品或工具在深度和实用性、符合性、易用性等方面更加贴近科研一线的需求，同时建立相应的规范、标准及方法体系，保证研究成果和技术成果得到有效、广泛的利用。

2.6 加强人员队伍的能力建设与培养

近年来不少图书馆引进了一大批硕士和博士，为文献情报工作的跃升创造了良好的条件。但传统图书馆工作人员还无法被取代，新的人员的能力提升还需时日。在这样一个关键的时期，最重要的工作，就是要加强对所有在岗人员的能力建设与培养，加强投入，肯于花费更大的代价，采取引进与培养并举的政策，打造一支能适应今天和今后图书馆发展需要的文献情报队伍。图书馆未来的发展，取决于今天能造就一支什么样的队伍。人才队伍建设与发展，是每一个图书馆的重中之重。

参考文献

[1] National digital information infrastructure and preservation program. http://www.loc.gov/library/

digitalpreservation. html
[2] The library of congress strategic plan fiscal year 2008 – 2013. http://www. loc. gov/about/strategicplan/2008 – 2013 StrategicPlan07 – Contents_1. pdf
[3] SEQ2 Library Vision: The Information Collaboratory. http://library. stanford. edu/about _ sulair/SULAIR _ SEQ2 Library_Vision_revision_1. pdf
[4] Yale University Library strategic plan 2009. http://www. library. yale. edu/strategicplanning/
[5] Harvey Cushing/John Hay Whitney Medical Library 2009 – 2012. Strategic Plan. http://www. med. yale. edu/library/about/action2009. pdf
[6] The Columbia University Libraries/Information Services (CUL/IS) Strategic Plan for 2010 – 2013. http://www. columbia. edu/cu/lWeb/img/assets/6675/CULIS _ Strategic _ Plan _ 2010 – 2013. pdf
[7] Columbia University Libraries: strategic plan. http://www. columbia. edu/cu/lWeb/img/assets/6675/CULIS _Strategic_Plan_2010 – 2013. pdf
[8] SearchWorks. http://searchworks. stanford. edu/
[9] What is the Personal Librarian Program. http://www. library. yale. edu/pl/
[10] The Welch Embedded InformationistService Model. http://www. eahil2010. org/en/images/stories/docs/presentations/anton_ppt. pdf
[11] Brief Guide to SULAIR. http://www. sul. stanford. edu/about_sulair/briefguide. html
[12] CDL: Mission, Vision and Values. http://www. cdlib. org/about/mission. html
[13] OCLC. http://www. oclc. org/asiapacific/zhcn/about/history/default. htm

（原文载：《图书情报工作》，2011(1)）

三

图书馆服务与评价

应用 SERVQUAL 评价图书馆服务质量

1988 年,美国服务市场营销学家 L. L. Berry、A. Parasuraman 和 V. A. Zeithaml 依据"全面质量管理"(TQM)理论提出一种称之为 SERVQUAL 的方法,并于 1990 年出版了代表作《开展优质服务:平衡用户的知觉与期望》一书。[1] 其核心思想是:服务质量的评价要依据用户的知觉,着眼于用户的期望,以此来衡量服务提供者的表现。为此,有必要了解用户的期望的性质和决定因素。用户的期望是开展优质服务的先决条件。SERVQUAL 的提出,很快就受到英美图书馆界的关注并应用到图书馆服务质质量评价中,并引发图书馆界对"全面质量管理"的极大兴趣。[2]

为了简明描述用户评价服务质量的核心标准,Zeithaml 等人在若干个服务机构通过上百次的访谈设计了五方面的因素(称"层面")作为用户评价衡量服务好坏优劣的根据。这五个层面是:有形性(Tangles)、可靠性(Reliability)、反应性(Responsiveness)、保障性(Assurance)和移情性(Empathy)。其中每一个层面又被分解为若干个问题。要求用户对每一个问题、每一个层面选取他所认为的量低限度、实际感受和理想状况的分效,获得用户对服务质量的客观评价,以此作为管理者制订战略规划、改进服务质量的指南。Zeithaml 等人对服务质量的五个层面的定义如下:

表 1　服务质量的五个层面

层面	定义
可靠性	可靠而准确地开展承诺的服务的能力
反应性	帮助用户并提供快捷服务的意愿
保障性	工作人员的知识和礼貌及其传达信用和信心的能力
移情性	对用户寄予关切和个别的关注
有形性	物质设施、设备、人员和交流资料的外在形式

V. Coleman 等人将 SERVQUL 用于评价得克萨斯 A&M 大学 Evans 图书馆服务质量,从中了解:用户是怎样定义服务质量的? 怎样才能改进图书馆服务质量? 对图书馆而言,服务质量的哪些因素最为重要?[3]

Coleman 等人的调查分为两部分。

第一部分包括 22 个问题。在每一个问题中,用户都要对最低的服务水平、理想的服务水平和感知的服务水平三者中的每一个选取相应的指标效值,效值范围由为 1 至 9。这 22 个问题是:

(1)向用户提供快捷的服务;(2)服务人员彬彬有礼;(3)服务人员以关切的态度接待用户;(4)按承诺的时间提供服务;(5)服务人员理解用户的需求;(6)提供服务的资料有视觉吸引力(如摆放显眼而整齐);(7)深切关心用户的主要兴趣;(8)乐意帮助用户;(9)准确无误地维护用户的记录;(10)让用户了解开展服务的时间;(11)提供承诺的服务;(12)服务人员培养用户的自信心;(13)服务人员具有解答用户咨询的知识;(14)随时随地地回答用户的提问;(15)可靠地解决用户所提出的问题;(16)第一次就能正确地提供服务;(17)提供有视觉吸引力的设施;(18)给予用户个别的关注;(19)服务人员衣着整洁、规范;(20)方便的开馆时间;(21)现代化的设备;(22)向用户作出准确性和隐私权的保证。

第二部分要求用户对图书馆的服务质量作出整体的评价,并对与图书馆提供的服务有关的五个不同的层面分别作出评价。Zeithaml 等人还提出了"容忍区"(zone of tolerance)的概念。它是最低与理想的接受水平之同的区域。依据用户感受到的图书馆服务的优劣分别落在容忍区的哪个部分进行质量的评价。也可以根据用户量为看重的层面赋予权重来评价图书馆的服务质量。评价时,通过确定用户感知的数据得分落在容忍区的何处来分析结果。任何落入这一区域的数据得分表明用户认为服务是可容忍的,落在区域以下的得分表明用户最低可接受的服务要求尚未满足。落在区域之上的得分表明已超过用户理想的服务水平。22 个问题的每一个都被作为独立的个体并且有自己的容忍区。容忍区没有确定的范围,因为它完全依据用户认为的最低可按受的服务水平和理想的服务水平。然而,目标是感知到的得分等于或超过最低的服务水平。

对于每一层面的得分,可分为无权重和有权重两种。无权重的得分是用户对层面没有考虑层面的相对重要性计算出来的得分。有权重的得分考虑了层面的相对重要性。在调查的第二部分,参加者将五个层面共分配 100 分加以排序,以表明每一层面的相对重要性。结果是,可靠性排在最前面,其次是反应性、保障性和有形性,移情性被认为是最不重要的层面。

用户将服务质量定义为他们的期望或理想与感知的差别程度。在用户对 Evans 图书馆服务的五个层面作出的评价中,用户对图书馆服务的可靠性、反应性、保障性和移情性的看法存在很大的差别。只有有形性(物质设施、设备、人员和通讯资料)超过用户的最低可接受水平,是唯一较多地落在容忍区范围之内的层面,而这一因素的重要性被用户排在衡量图书馆服务质量的倒数第二位。可见,用户所看重的东西(要求与期望)与图书馆所提供的服务质量之间不相匹配。按照 Zeithaml 等人的看法,目前在用户的期望、图书馆提供的服务以及用户的满意程度等方面存在四大差距:(1)图书馆员们对用户的实际期望理解上的差距。(2)图书馆服务规范和用户对图书馆管理期望之间的差距。(3)图书馆所提供的实际服务与服务质量规范之间的差距。(4)图书馆所提供的服务与提供服务相关的外部实际之间的差距。[4]可靠性与图书馆可靠而有效地提供所承诺的服务的能力有关,它被排在衡量服务质量最重要的位置。由于用户十分看重可靠性和反应性,图书馆需要在这两大方面作出实质性的改进。

SERVQUAL 是为服务性机构设计出来的.把它应用于评价图书馆的服务质量,可以真切地反映用户对图书馆的看法,发现图书馆服务工作中的种种不足,从而提高用户的满意率,改进图书馆的服务工作,提高图书馆的服务水平,这正是图书馆向用户提供服务的根本所在。作为一种服务质量的客观评价方法,SERVQUAL 在图书馆中的应用,将有助于我们克服评价图书馆服务质量标准上的偏差,真正树立起“用户第一、服务至上”的思想。图书馆是为用户而存在的。图书馆服务质量如何,最终应由用户来决定。只有达到或超过用户的期望的服务才是优质、高水平的服务,这也应成为每一个图书馆追求的目标。实现这一目标应从了解用户对图书馆的评价开始。SERVQUAL 可供我们参考和借鉴。

参考文献

[1] V. A. Zeithaml, A. Purasuraman, L. L. Berry. Delivering Quality Service: Balancing Customer Perceptions and Expectations. New York:Free Press,1990

[2]吴建中.21 世纪图书馆展望——访谈录.上海:上海科学技术出版社,1996:138

[3] V. Coleman, etc. Towards a TQM Paradigm: Using SERVQUAL to Measure Library Service Quality. College and Research Library,1997(3):237—251

[4]严彬彬,汤志云.读者的期望和图书馆管理工作.上海高校图书情报学刊,1997(1):32-33

(原文载:《大学图书馆学报》,1998(5))

西方图书馆评价理论评介

过去的二三十年,西方图书馆学界对图书馆评价问题一直十分关注。总体说来,在这一问题上存在着对立的两派。一派认为,由图书馆产生的一些主要益处是无形的(即不可测度性),试图量化服务会导致将性质不同的单元硬扯到一起,图书馆各有不同,应该放到自己特定的历史、制约因素、用户和环境之下进行评价,应该尊重专业人员的主观判断;另一派认为,最终客观地评价大多数图书馆的好坏是可能的,如果认识到其局限,不尽完善的评价也是有用的,主观评价应尽可能参照客观评价,若想获得对图书馆必要的支持必须运用定量评价工具。两派分歧的实质是定性评价与定量评价的关系问题。对图书馆这样的服务领域而言很难绝对化,但如何统一起来却是西方图书馆界也十分困惑的难题。尽管如此,自 70 年代以来,一些学者提出了若干有价值的理论。由于篇幅所限,笔者极为概括地介绍其中有代表性的成果的核心部分,并分别作出初步而简要的评价。

1 奥尔图示及其理论

1973 年,奥尔(R. H. Orr)在《文献工作杂志》撰写了一篇题为《测度图书馆服务的好坏:探讨定量评价的一般框架》的讨论文章,[1]是早期西方图书馆评价研究中影响广泛的一个成果,奠定了关于图书馆服务问题研究的基础。奥尔指出,图书馆服务好坏的概念包含两个基本的方面,可以通过两个基本的问题反映出来:服务是好是坏?好坏到什么程度?第一个方面可看成是“质量”,第二个方面可看成是“价值”。评价服务的质量的最终标准是它满足意欲满足的用户需求的能力,而评价服务的价值必须最终依据经费提供者所认为的通过利用服务而增加的成效。但是由于这种最终标准很难确定,因而只能依赖以某一假定相关的标准进行间接评价。奥尔假设:其他条件相同,(1)投入的资源越多,服务能力提高得就越多,但不一定是成比例的;(2)服务能力提高,利用这种服务的总量(利用率)也将提高,但不一定是成比例的;(3)利用率提高,通过服务所实现的成效也将提高,但不一定是成比例的;(4)成效提高了,为服务投入的资源也将增长,但不一定是成比例的。这四个变量之间假定的关系作为自身闭合的因果序列如下图所示。尽管这个图示总体上比较简单,并未表现许多重要的关系,但它有助于考察间接评价质量和价值的逻辑关系。在缺乏令人满意的对质量和价值的直接测度情况之下，就不得不用间接评价加以代替。

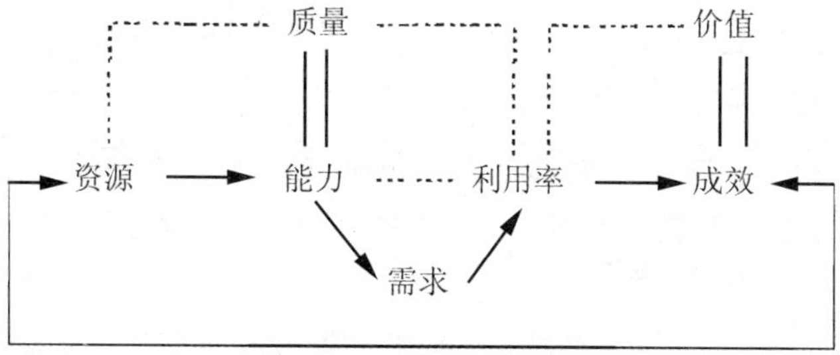

奥尔图示：图书馆评价各变量之间的关系

奥尔关于质量和价值的区分有着积极的意义。丰富的藏书、高水平的工作人员、管理有序的业务构成了一个好的图书馆。但其“好”仅就质量而言，在这个意义上，质量意味着能力。没有需求、缺乏利用，再好的图书馆也不会产生成效，没有价值。奥尔提出的四个变量中，资源最易量化，利用较难于量化，能力和成效更难于直接测度，这就为图书馆实际评价带来了难度。但奥尔图示研究的角度和所揭示的关系对后来的有关研究影响很大。

奥尔还提出图书馆评价要考虑的6个因素，决定某一种评价方案是否适用：

(1)适用性：评价方式适当，评价单位和指标适宜，评价所遵循的思想适合，评价方案与图书馆工作内容相一致。

(2)信息性：发现实际工作中的问题根源并提出可能的解决办法。

(3)实效性：客观地（而非主观地）提出假设和评价标准。

(4)可重复性（可靠性）：运用统计技术估计可能出现的误差大小，即统计学上的置信度。

(5)可比性：评价方案适用于某一图书馆还是多个图书馆。

(6)实用性：评价方案有助于作出科学的决策。

这6个因素实际上就是图书馆评价方案的评价标准，具有很强的指导性。制订图书馆评价指标体系也需要从这几个角度来考虑，对我们评判和改进《普通高等学校图书馆评估指标体系大纲》(1989)或《省级图书馆评估标准》、《县级图书馆评估标准》(1998)具有一定的参考价值。

2 兰开斯特的《图书馆评估》及其主要思想

兰开斯特（F. W. Lancaster）是美国伊利诺斯州立大学图书馆学研究生院教授，

著述颇丰。1977年他出版的研究生教材《图书馆服务的测度与评价》，是一部全面论述图书馆评价问题的著作，是笔者所见唯一一部有关图书馆评价的专著，填补了图书馆学这一研究领域的空白。1978年，兰开斯特还因此书对图书馆学理论所作出的贡献而荣获拉尔夫·肖奖。1984年，武汉大学图书情报学院的一批研究生曾全译此书，并以该书作为蓝本向本科高年级学生开设“图书馆评估”课程。全书共13章，分别论述了目录利用的评价、参考服务的评价、文献检索与情报检索的评价、藏书评价、文献提供能力评价、技术服务评价、图书馆自动化系统的评价等内容，约30万字。

兰开斯特在著作中指出，任何类型的服务都可以分为三个级别：效果评价、费用—效果评价和费用—效益评价。测度效果的依据是一种服务对其目标的满足情况，即在多大程度上满足了用户所提出的需求。费用—效果评价着眼于系统内部工作效率，反映绩效与达到这一水平所耗费用之间的关系。而费用—效益评价考虑的是一种服务活动的价值（益处）相对于支付的费用（成本）是否合理，即服务的价值性。

兰开斯特关于服务的三个级别的划分是可以接受的。效果评价简单易行，也是我们较多采用的方法。费用—效果评价在西方图书馆界比较重视，如平均流通一本图书需花多少费用，这种考察有助于降低图书馆工作成本。在这一方面，我国图书馆几乎没有什么测度，降低成本应该引起我们的关注。图书馆服务的最终效益（使服务真正发挥作用而给用户带来的价值）难于确定，因而费用—效益评价最难进行，这也是兰开斯特所承认的。经济学上的成本效益原理目前在图书馆中似乎还难以有效地应用。

兰开斯特还提出宏观评价和微观评价的区别。这两种方法都可用于评价一个系统或一种服务活动的效果。宏观评价测度的是系统的运行状况，其结果通常可以定量地表示出来（如成功地满足馆际互借需求的百分比）。宏观评价虽然揭示了一个系统的运行状态，但本身并没有指明该系统为什么会以此状态运行以及今后为了改进系统的性能需要采取什么措施。而微观评价探讨了一个系统是怎样运行的以及它为什么会这样运行。由于微观评价考虑的是影响系统性能的各种因素，因此如果要求改进系统的性能必须对系统进行微观评价。

对图书馆而言，宏观评价和微观评价都是十分必要的。宏观评价有助于了解和掌握图书馆整体（一个图书馆或某些图书馆）状况处在什么位置上，但改进工作还必须进入微观领域，从具体的工作环节查找原因，提出相应对策和方案。兰开斯特关于宏观和微观的说法，要求图书馆评价不仅要解决“什么怎样”的问题，而且要解决为什么会这样的问题,这样才能推动图书馆工作的发展。

兰开斯特特别强调图书馆的两类工作(技术服务和公共服务)评价标准不同。公共服务最终必须根据用户的满意程度来测度。可以这样推测,图书馆被使用的程度反映了用户的满意程度。这种满意程度可以用主观的方法如问卷和调查来测度。而技术服务不同于公共服务,它不能直接根据用户满意情况来评价。技术服务这一过程的评价,必须从两个方面来进行:内部效率(即主要考虑时间和费用因素)和外部的长期的效果(技术服务对公共服务的影响更为长远,最终也是对满意的影响)。

兰开斯特的这一观点今天仍然适用。只不过进入80年代以来西方图书馆界关于技术服务评价不太重视了,而从用户满意的角度研究对公共服务的评价多起来了。图书馆工作者关心其服务对象的反映,关心所提供的服务的效果,是一种战略上的调整,也是一种竞争策略的需要。

兰开斯特为图书馆评价理论和方法体系勾勒出一个整体的轮廓,系统地阐述了图书馆各主要业务方面的评价准则,研究范围广,富有真知灼见,成为那个时代西方图书馆工作评价的基本指南。但他的著作一方面过于注重评价各项业务工作的具体技术环节,显得繁琐和零碎,没有建立起完整的理论体系,显得系统性不强,降低了评价理论与方法的普遍适用性,正如巴克兰德所指出的,缺乏的是"一种紧凑感——一种浑然一体的感觉"。另一方面,从今天的观点看,兰开斯特的评价理论和方法显得有些陈旧,不大适应当今图书馆发展的需要。但这些并不影响他20多年前提出的理论的学术地位。

3 巴克兰德的三个悖论及其理论

美国加州大学伯克利分校图书情报学系(现信息系统与管理系)教授巴克兰德(M. K. Bucland)博士是图书馆服务研究领域一位著名的学者。1982年,他在《加拿大图书馆杂志》上发表了《图书馆好坏的概念》一文,[3]丰富和发展了奥尔的评价理论,并反映在他的专著《图书馆服务的理论与环境》[4](1983)一书中。他指出,图书馆好坏的一套标准可以编造出来,但是其可信度由于人为地把各部分拼合在一起而受到损害。他进一步肯定了奥尔关于图书馆好坏从质量和价值两个方面作出区分,并使用和发展了这两个概念。对奥尔图式中的资源、能力、利用率和成效之间的关系,他的解释是:如果资源状况得到改善,一位训练有素的图书馆员应该能够改善图书馆的服务质量,然而这种改进并不是自然而然的,这好比买到了昂贵的原料不一定就能保证做出一顿美餐,因为厨师也可能出错。同样,可以假定如果利用率提高，那么成效也会提高。图书馆馆藏越多，能力就越强。巴克兰德看重资源，揭示了图书馆服务的特性。没有资源，就没有图书馆的服务，也就失去了图书馆存在和发展的基础。任何时候，图书馆都要重视资源建设，资源是图书馆安身立命的资本和赢得竞争的砝码。

巴克兰德还提出供讨论图书馆好坏这一问题时考虑的三个悖论：

悖论1　目录的评价 图书被编成目录，因而可以根据其属性（学科内容、作者、书名以及出版地、出版时间等）检索。狭义上的评价是看目录（或某检索系统）在实践中是否利用这些属性找到了所需要的资料。另一方面.有人认为对检索到的资料适宜的评价标准是其对用户的效用，而不是相关性或检索时所用的其他属性。而效用取决于用户的知晓和在那段特定时间的动机。因此，从某种意义上说，目录的评估不是按照其本身的特征，而是根据与目录没有内在关系的用户情况（知晓程度、个人价值观等）。

悖论2　图书馆最佳规模 在许多制造、商业和工程领域，规模问题备受重视。图书馆也理应如此，毕竟，规模的每一点增加都要花钱，然而实际情况并非如此。图书馆学文献对这一问题几乎默不作声，研究的深度很不够，可读性不强。简而言之，文献对这一重要问题探讨得极为有限。

悖论3　列宁的美国公共图书馆思想 列宁是一个马克思主义者，他对图书馆很熟悉。他的夫人克鲁普斯卡娅就是一位图书馆员。列宁对美国公共图书馆很赞赏。在美国，公共图书馆被视为西方自由民主的堡垒，在免费利用情报、建立一个信息畅通的选区方面起重要作用。尽管没有属于苏联（或列宁）所要达到的目标，但他对此却给予极大的热情。

目录评价的悖论反映了用户培训的必要，终究目录还要通过用户来使用。关于图书馆最佳规模问题，今天仍悬而未决。图书馆学还没有真正引进经济学。图书馆经济学是一个重要的课题，对它的研究对图书馆、对社会都具有重大意义。巴克兰德对悖论3所提问题的迷茫是可以理解的，毕竟由于冷战和东西方的长期对峙，他无法对列宁、对马克思主义有任何了解。而对西方的东西，我们今天的认识则更明确一些。

4　莱恩的知觉理论

英国学者莱恩（M. B. Line）1990年（时任英国图书馆协会主席）在《图书馆好坏的概念：用户与图书馆对质量和价值的知觉》[5]一文中，全面分析了大学图书馆好坏的标准问题。他运用心理学中的知觉理论来解释不同的人对图书馆为什么会有不同的评价。他的观点是，人们对好坏没有绝对的知觉。他指出，不同历史时期用户对“什么是一个好的图书馆”这一问题可能会有不同的解释。这并不是因为用户需求发生改变，而是因为环境变了，机会变了，期望也变了。同样，不同的用户（教职工、学生、不同学科的用户）会有不同的看法，在不同环境下（例如一所传统的大学图书馆和一所普通的理工院校图书馆）工作的图书馆员看法也不同，图书馆员的看法也会与用户的看法不同。

藏书质量难于作出客观的评价。可以制定若干指标来评价馆藏，但主观因素很大。评价藏书质量的另外一种方法是将馆藏与标准的书目进行比较，但这也可能是主观臆断的，并且得作出各种假设。用户可能难于区分自己的需求与图书馆的真实质量。他自己最初的反应可能与经过适当考虑后的反应不同，往往很容易表面化地在规模与好坏之间画等号，混淆了“藏书”的好坏和“图书馆”的好坏。假定用户知道他需要什么，人文科学和科学技术用户或研究人员和学生不能都得到同一个“好的”图书馆服务。因为有一些必要的特性几乎不可兼得，例如，馆藏规模大而利用便利快捷。至于图书馆员，用户要求什么，他们就应该要求什么，或者说，对用户有益的就应该对图书馆员有益。不管图书馆员和用户认为何种意义上的“好”，实际上按照用户的主观需要或所认为的需要定义“好坏”不能令人满意。但这并不意味着图书馆员就比用户能更好地对用户的需要作出判定。莱恩的观点表明，质量在很大程度上是一种主观的判断，质量的知觉过程是非常复杂的，因而人们对图书馆好坏作出不同的评价也就不足为怪了。根据这一观点，图书馆评价应尽可能地吸收多方面、更多人的意见，才有可能使评价趋于公正与合理。

莱恩还将价值进行深入分析，细分成四种。第一种是益处，第二种是效益，第三种称金钱价值或成本效益，第四种称成本益处。

莱恩对价值的理解有其独到之处，特别是关于成本效益和成本益处理论的引入。他证明我们使金钱产生价值是很有用的，特别是，如果我们能证明金钱的少量增加会产生价值的大量增加。经济学上有一个回报递减律，在某一个点之后必须加倍投资，效益才能增加5%和10%。然而这一效应只能在某一水平上起作用，低于该水平反过来才是正确的：给图书馆资源减少10%，效益将会减少20%，甚至更多。肯定地说，低于某一资源水平，图书馆就不能履行对所属机构所承担的责任，没有一定的资源，学生、教师和科研人员就无法很好地工作。重视成本效益和成本收益，无论对为图书馆提供资助的上级部门，还是对图书馆自身发展，既是客观要求，也是图书馆管理的重要目标。

莱恩最后提出适用于任何一个大学图书馆“好的”图书馆的核心标准是：注重

服务，而不是注重藏书，但是为了实现好的服务，比如说为历史学家提供服务，必须有丰富的馆藏，然而，馆藏再好也不能构成一个好的图书馆。除非更多地关注用户，而不是时而关注。不便于使用，不提供所需的个别帮助（高水平的），不提供有效的联机服务和馆际利用服务的大学图书馆，就不能认为是好的图书馆。好的图书馆的目标应该超越狭隘的金钱价值、眼前益处和直接满意率。它还要有更多的资料，它应该提供更广泛的利用。它应该超越课程，它甚至带给人们某些惊喜。如果图书馆想充分地履行职能，它就不能单纯是实用的，正如公园教堂或交响乐曲不单纯是实用的一样。一个真正坏的图书馆是消极的、软弱无力的图书馆，根本没有可以辨别的属性。相反，一个想成为“好”的图书馆，必须是积极的、强大有力的图书馆。在不同的时期对不同的用户都是有效的、积极的图书馆，应该是看得见、摸得着的好的图书馆。如果不能让每个人都知道是好的，那么，这种好也不能算好。一种办法是证明我们的钱花得值，但我们也要建立比目前更强有力的公共关系。长期以来，我们一直主张教育人们利用图书馆，却没有教育他们睁开眼睛知觉图书馆的好坏。这不再是可有可无的了，它是我们生存策略必不可少的要素。这些看法很有见地，耐人寻味。

5 SERVQUAL 及其在图书馆中的应用

为了在图书馆环境下运用和施行服务质量的概念，一些学者转向市场营销学文献，定义图书馆服务质量，提出改进所提供的服务的策略。其中对图书馆界影响最大的是由帕拉休拉曼等人提出的五个层面理论，称 SERVQUAL 模式。五个层面是可感知性、可靠性、反应性、保障性和移情性。其中每一个层面又被分解为若干个问题，要求用户对每一个问题、每一个层面选取他所认为的最低限度、实际感受和理想状况的分数，获得用户对服务质量的客观评价，以此作为用户评价服务质量的核心标准 作为管理者制订战略规划、改进服务质量的指南。[6,7]

服务质量的五个层面的定义如下：

可靠性　可靠而准确地开展承诺的服务的能力

反应性　帮助用户并提供快捷服务的意愿

保障性　工作人员的知识和礼貌及其传达信用和信心的能力

移情性　对用户寄予关切和个别的关注

可感知性　物质设施、设备、人员和通讯资料的外在形式

SERVQUAL 理论的指导思想是：服务质量的评价要依据用户的知觉，着眼于用户的期望，以此来测度服务提供者的表现。质量要由用户来认可。为此，有必要了

解用户的期望的性质和决定因素。用户的期望是开展优质服务的先决条件,超过用户的期望是提供高质量服务的关键。

得克萨斯 A&M 大学伊文斯图书馆科尔曼(A. Coleman)等人将 SERVQUAL 用于评价本馆的服务质量,取得了良好的效果。[8,9]

用户将服务质量定义为他们的期望或理想(预期质量)与感知(实际质量)的差别程度。科尔曼等人的调查结果是:用户对图书馆服务的可靠性、反应性、保障性和移情性的看法存在很大差别。只有可感知性(物质设施、设备、人员和通讯资料)超过了用户的最低可接受水平,而这一因素的重要性被用户排在测度图书馆服务质量的倒数第二位。可见,用户所看重的东西(要求与期望)与图书馆所提供的服务质量之间不一致。就该项研究而言,用户对五个层面相对重要性的排序是:可靠性、反应性、保障性、可感知性、移情性。可靠性与图书馆可靠而有效地提供所承诺的服务的能力有关,它被排在测度服务质量最重要的位置。由于用户十分看重可靠性和反应性,图书馆需要在这两大方面作出实质性的改进。

将 SERVQUAL 应用于图书馆之中的价值在于,可以了解用户是怎样定义服务质量的,怎样才能改进图书馆服务质量。对图书馆而言,服务质量的哪些因素最为重要。该项调查的结论并不重要,因为不同图书馆情形未必相同。但是所采用的方法是从用户的角度设计的,因而具有重要意义。图书馆是为用户而存在的。SERVQUAL 是为服务性机构设计出来的一套完整的服务质量的客观评价工具,把它应用于评价图书馆的服务质量,可以真切地反映用户对图书馆的看法,发现图书馆服务工作中的种种不足,克服评价图书馆服务质量标准上的偏差,改进图书馆的服务工作,从而提高图书馆的服务水平,提高用户的满意度。只有达到或超过用户的期望的服务才是优质、高水平的服务。SERVQUAL 的引入,表明图书馆评价理论研究进入到一个新的发展阶段。

6 用户满意命题及其实证

在人们对 SERVQUAL 的研究产生极大的兴趣的同时,另外一些人也对这一测度工具提出批评,认为其理论范畴和其本身的理想程度都存在着问题。

宾夕法尼亚州立大学安达利(S. S. AndaLeeb)和西蒙兹(P. L. simmonds)设计出测度用户对高校图书馆评价的另外一种模式。[10]他们以用户满意为研究基点,提出用户满意的五个命题,并在宾州伊利市的三所大学图书馆进行了实际测试,试图阐释图书馆用户整体满意度。

五个命题是:

图书馆的资源对用户满意至为重要。然而,没有图书馆能任何时候都使所有的用户满意。有的图书馆资源有限,显然不能使用户满意。而另外一些图书馆规模大,藏书丰富,因而能提供各种各样的服务。显然,那些能够向用户提供所需服务的图书馆将得到较高的满意度。因此,资源的获取对用户满意具有重要影响。然而,资源的质量是根据图书馆是否能够随时随地提供对资料的利用(如通过馆际互借或其他文献传递服务)的总体知觉而作出的判断,正是这种对图书馆资源的总体知觉而形成用户满意。因而:

命题1:感受到的图书馆资源质量越高,用户满意度就越高。

SERVQUAL文献将反应性作为服务质量的重要因素。在大学图书馆中,用户期望图书馆工作人员快捷而有效地接纳他们的要求。因此,就用户对反应性的知觉而言,快捷是极为重要的。SERVQUAL文献将乐于助人确定为反应性的一部分,此处将它作为另外一个因素,称作品德行为。对反应性的测定也与最初的SERVQUAL指标不同,侧重于快捷性。这种评价强调等待时间、工作人员各在其位、及时帮助用户、确保用户各得所需。因而:

命题2:图书馆工作人员反应性越强,大学图书馆用户的满意度就越高。

图书馆用户的另一大期望是对高水平(能力)服务的期望。在大学图书馆环境下,用户要求工作人员学识渊博,能够帮助他们快捷而有效地找到所需资料和信息。当用户感受到图书馆工作人员有能力,他们会感到轻松地解决问题便有了保障,从而对服务感到更满意。高水平的服务主要指图书馆工作人员清楚地解释资料组织方式,知识丰富,能够妥当地回答咨询,并保证所有的咨询都得到答复。因而:

命题3:感受到的图书馆工作人员能力越强,用户满意度就越高。

图书馆用户所感受到的图书馆工作人员的一般道德行为,也对用户满意有重要影响。用户期求那些态度和善、平易近人的工作人员,而不是性情粗暴、傲慢无礼。对道德行为的解释是:工作人员对用户需求敏感,乐于倾听用户的问题,彬彬有礼,富有同情心,令人放心。因而:

命题4:图书馆工作人员道德行为越积极,用户满意度就越高。

图书馆借以提供满意服务的物质或“有形的”设施,是服务质量的构成要素。调查表明,这一因素能够影响用户对是否满意的判断。描述这一项目的具体内容包括设施整洁,环境有视觉吸引力,工作人员着装讲究。因而:

命题5:感受的图书馆设施外观越好,用户满意度就越高。

本项研究的结果指出,四个因素中,资源和保障性(包括道德行为和能力)对用户满意影响最大,可感知性影响程度相对较小,反应性对用户满意没有多少影响。因此,如果大学图书馆在其战略目标中强调使用户满意的话,那么就应特别重视两大因素—— 资源和道德行为。

安达利和西蒙兹设计的模式与 SERVQUAL 原理是一致的,但可能更适合图书馆的情形。五个命题的总结具有较高的理论价值,有利于明确地把握提高用户满意度的各种因素。同样,他们的结论并不重要,不同的图书馆,结论也会不同。重要的是,人们可以应用同样的方法对本馆影响用户满意的各方面因素进行测度和排序,调整自己的观念和工作计划,把用户置于突出的地位,创造并提供满意的服务。用户满意的评价就是最好的服务质量。须知,得到高水平的服务对图书馆用户来说十分重要。然而,当提供了这种服务时,人们往往视而不见,而当服务质量低劣时,用户就会注意到,满意就将大打折扣。

西方图书馆学界重视对图书馆评价的研究,一方面是由于图书馆自身的发展和环境的变化(如技术的变革、网络的形成,各机构对资金的争夺加剧等)给图书馆管理带来压力而提出了新的课题;另一方面,管理学、市场营销学等学科理论和方法在其他领域成功地应用,为图书馆评价提供了有益的启示和良好的借鉴。由此可以看到,西方图书馆评价的研究经历了从理论构想到实证研究,从应用管理理论、经济学理论到应用心理学、市场营销学理论,从主观评价到以用户的期望、要求和满意为出发点的客观评价,走过了一个不断革新、不断进步、不断完善、不断成熟的过程。当然,运用什么方法进行评价,即使在西方也没有一致性的方法,或许根本就没有普遍适用的标准模式,上述理论也并非完善。但对于我国图书馆来说,无疑具有很多借鉴之处。比如,重视资源建设,充分认识到图书馆评价的多重性,引入其他学科的理论和方法,更多地考虑成本收益和成本效益,应用和检验 SERVQUAL 模式。由于服务质量必须是用户感知的,因而必须更加关注用户的期望和满意度,将用户评价纳入对图书馆的总体评价中,包括纳入现行的一些评价标准或评价指标体系中,等等。在这一方面,我们还有许多许多工作要做。

参考文献

[1] Orr. R. H. Measuring the Goodness of Library Service: A General Framework for Considering Quantitative Measures. Joumal of Documentation, 1973,29(3). 另见:S. A. Stephened. Costing and the Economics of Library and Information Services. Aslib. 1984: 240 - 257

[2] Lancaster, F. W. Measurement and Evaluation of Library setrices. Information Resources, Press,1977

[3] BuckLand,M. K. Concepts of Library Goodness. Canadian Library Journa1,1982,39(2). 另见:S.

A. Stephened. Costing and the Economics of Library and Infnrmation services. Aslib, 1984: 258 -262

[4]Buckland,M. K. Library in theory and Context. Pergamon press,1983

[5]Line, M. B. The Concept of "Library Good ness": User and Library Perception of Quality and Value. in:Line,M. B. ed. Academic Library Management. London:The Library Associatn,1990

[6]郭国庆主编. 市场营销学. 武汉:武汉大学出版社,1996

[7]克里斯蒂·格鲁诺斯著;吴晓云,冯伟雄译. 服务市场营销学. 上海:复旦大学出版社,1998

[8]Coleman,V. et al. Toward a TQM Paradigm: Using SERVQUAL to Measure Library Service Quality. College and Research Libraries, l997, 68(3)

[9]初景利. SERVQUAL 及其在图书馆中的应用. 大学图书馆学报,1998(5)

[10]Andaleeb,S. S. ,P. L. Simmonds. Explaining User Satisfaction with Academic Libraries:Strategic Implications. College and Research Libraries, 1998, 59(2)

(原文载:《中国图书馆学报》,1999(3))

图书馆服务质量评价新理论

图书馆服务质量的评价是指有关图书馆用户(读者)服务过程及其效果的评价。图书馆是一个以向用户提供文献信息为目的的服务性组织。因此,服务质量问题理应受到更多的关注。服务质量的评价是一个多年来困扰图书馆界的难题。实践中,人们往往把改善服务质量、提高服务水平作为管理的重要目标,但如果不解决什么是服务质量、如何评价服务质量等理论问题,改善图书馆读者服务就很可能是一句空话,服务市场营销学为我们深刻认识图书馆服务评价问题提供了理论依据。

1 图书馆服务质量的内涵

图书馆服务是通过向用户提供馆藏资源满足其文献信息需求的活动和行为。从服务的本质和特殊性来看,由于服务的对象是用户,并且同用户的感受密切相关,因而服务必须关注其服务对象,尤其要关注服务对象的主观和内心感受。

当代服务质量研究成果指出:① 服务领域里,质量是竞争优势的基础。服务的竞争主要是服务质量的竞争。② 服务质量是一个主观范畴,同用户的感受有很大关系,用户认可的才是质量。③服务质量不能由管理者单方面决定,它必须适应用户的需求和愿望。由此可见,图书馆工作必须讲求服务质量,但应该从用户的角度出发去研究,用户的评价才是最终、最权威、最有说服力的评价。

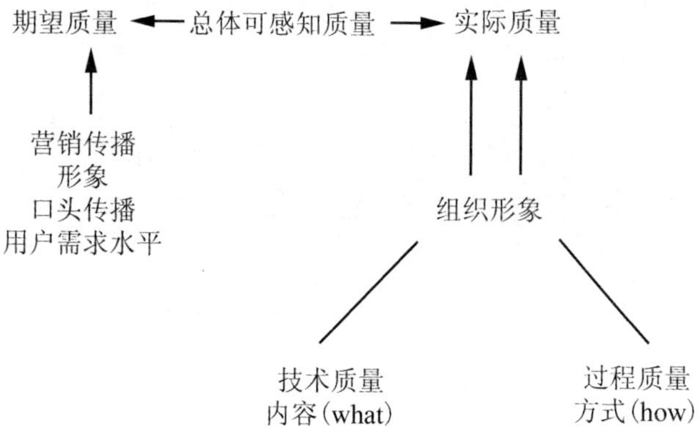

图 1 总体可感知质量

芬兰市场学家克里斯蒂·格鲁诺斯(Christian Gronroos)的服务导向质量理论,提出了可感知的服务质量概念和全面质量模型(见图1),为我们重新认识图书馆服务质量问题奠定了理论基础。他指出,用户感知的服务质量有两个基本方面:技术(或产出)方面和职能(或过程)方面。技术方面是服务交易时用户(顾客)获得的实际产出(收获)。一旦交易结束,它也宣告结束。用户一般可以客观地评价这种技术质量。例如,在图书馆中,读者借到了多少书,是否获得了他所需要的资料。技术质量明显影响着用户,但技术质量并不是用户感知的服务质量的全部,用户不仅关心他在服务过程中是否得到了他所需求的服务,而且同样关心他是如何得到这种服务的,例如图书馆工作效率、员工的行为举止、其他用户的评价也会影响他对图书馆服务的评价,这是服务质量的职能(过程)方面(与提供的职能有关)。技术方面的评价较客观,用户容易感知,也便于评价,而过程方面的评价较主观,难以进行客观的评价。用户在利用图书馆的过程中,既感受到图书馆的技术质量,也感受到图书馆的职能质量,两者共同构成图书馆组织形象。这种组织形象是十分重要的,它可以在各人方面影响质量的评价。图书馆服务质量就是用户总体可感知的质量。

2 图书馆服务质量测定

对图书馆服务而言,最主要的特征有两个:一是不可感知性,即图书馆服务的特质及组成服务的元素是无形无质的,人们无法看到或触摸到其存在,而用户使用服务后的利益也很难被觉察,或是等一段时间后享用服务的人才能感觉到利用服务所带来的利益。二是差异性,由于服务是通过人(服务提供者和服务接受者)来完成的,而人类个性的差异(心理、知识、偏好等)使得提供的服务往往因人而异、因馆而异。因此,服务质量是一个主观范畴,这给评价服务质量带来了极大的难度。

格鲁诺斯的理论认为,总体可感知质量并不是由技术质量和职能质量水平所决定的,它取决于期望质量(预期质量)和实际质量之间的差距(见图2),这为我们评价图书馆服务质量找到了一种可行的方法。

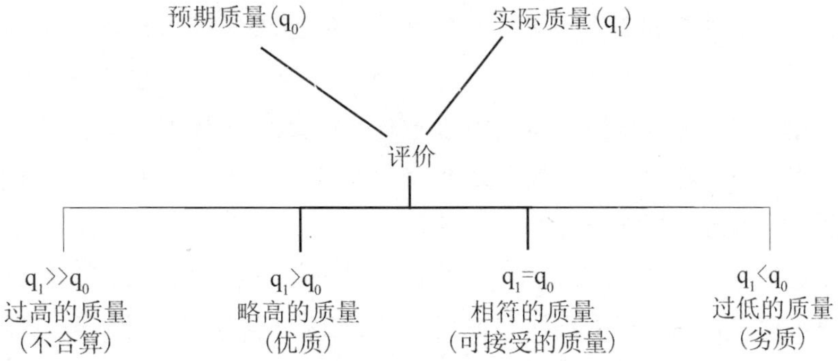

图2　质量评价可能产生的结果

期望质量是由用户的实际经历、个人需求、组织形象以及口碑等因素形成的。如果实际质量满足了用户的期望(即期望质量),那么,可感知质量就是上佳的,如果用户期望未能实现,即使实际质量以客观标准来衡量是不错的,但整体可感知的质量仍然不能算好。

服务评价(可感知的服务质量)就是衡量实际质量与期望质量之间的差距。从理论上讲,可有四种结果;过低的质量、相符的质量、略高的质量和过高的质量。一流的质量至少是实际与期望相一致,或比期望高,这是因为人们要求的至少是可以接受的质量。也就是说,要使用户对所提供的服务感到满意,仅有可以接受的质量是不够的,还应将“优质”作为努力的目标。实际质量与用户期望质量相符还会产生口碑效应。值得注意的是,如果追求高的质量,使得用户感知的质量大大超过他预期的质量,则成本必然会高到不必要的程度,从经济上讲是不合算的。

用户对服务的期望有高有低,但基本上可分为两个层次:一是最低的服务水平;二是理想的服务水平。这种差距可以用两个指标来衡量:服务合格度和服务优秀度。

服务合格度 = 感觉到的服务 - 期望的最低服务

服务优秀度 = 感觉到的服务 - 期望的理想服务

服务合格度和服务优秀度是可以通过调查测评的。美国的 V. A. Zeithml 等人提出用 SERVQUAL 模型来测量服务行业的服务质量。V. Coleman 等人将这一模型加以修正后用来评价图书馆的服务质量,从有形性、可靠性、反应性、保障性和移情性 5 个层面 22 项指标考察影响图书馆服务质量的要素,并把最低服务水平与理想服务水平之间的区域称为“容忍区”。

将服务合格度和服务优秀度的概念用于图书馆,反映图书馆服务对用户满足的程度,对用户满意度高低产生的直接影响。服务合格度其能使用户基本满意,这是图书馆工作要达到的最低目标,图书馆服务所追求的最高目标是达到服务优秀度。

既然用户感知在评价服务质量中起着至关重要的作用,那么确立优势服务的标准就应以用户感知为核心。格鲁诺斯综合了多人的研究成果,提出了优良可感知服务的6个标准。这6个标准及对图书馆的意义是:①规范化和技能化:图书馆员具有专业知识和技能,业务规范,能够满足用户的需求。②态度和行为:用户感到图书馆员用友好的方式主动照顾他们,并以实际行动为用户排忧解难。③可亲近性和灵活性:用户认为图书馆的地理位置、开馆时间合理,服务布局适应用户的特点,并能灵活地根据用户的要求随时加以调查。④可靠性和忠诚感:用户确信,他们可以依赖图书馆和图书馆员得到所期望的服务,图书馆员能够信守承诺,尽心尽力满足用户的要求。⑤自我修复:用户知道图书馆将能够对出现的问题迅速地采取补救措施,纠正自身的失误。⑥名誉和可信性:用户相信,图书馆提供的服务可以信赖,图书馆珍视名誉,会把用户的利益与图书馆的荣辱结合起来。这6个标准应该成为图书馆改进服务工作的基点。

3 提高服务质量

提高图书馆服务质量需要全馆上下、方方面面的通力合作。首先,必须认识到,图书馆对用户的服务是一个整体概念,包括三方面的内容:①核心服务(提供借阅、咨询等文献信息服务),即以文献信息为媒介满足用户对知识和信息的需求,这种服务又可称为实质服务,因为这是用户需求的核心。②以某种方式(态度、效率等)满足用户心理和精神上的某种需要和愿望,可称为形式服务。③为用户阅读、休息、饮食、住宿等提供各种便利条件,可称为附加服务。形式服务和附加服务应围绕核心服务来展开,为核心服务保驾护航。同时,这三个方面的质量构成密切相关的统一整体,形式服务和附加服务的欠缺将影响核心服务的质量,因此,对三方面的工作均应给予必要的重视,将之纳入到图书馆整体服务体系之中。

其次,要及时发现质量差距,并分析原因。用户期望的服务与感知(实际经历)服务之间的差距称质量差距。质量差距产生的原因是:①管理者认识上的原因,即管理者对期望质量的感知不准确。②质量标准差距,即服务质量标准与管理者对质量期望的认识不一致。③服务过程差距,即服务过程中员工的行为不符合质量标准。④传播沟通差距,即图书馆所作出的承诺与实际提供的服务不一致。找出我们工作中质量差距的真正原因,才能采取有效的和有针对性的纠正措施。

再次，提高服务质量要抓住重点，其中最主要的方面是：

• 满足度。即图书馆提供的文献信息满足用户需求的程度，可以通过文献保障率（用户人均拥有的文献数）、用户借阅率（用户借到的文献数占全部借阅要求总数的百分比）、等指标表示。满足度主要反映的是图书馆文献资源的实力。

• 便利度。即图书馆为用户利用文献资料提供方便的程度，包括馆址是否适中，交通是否方便，服务布局是否合理，标示系统是否完备，图书开架率是否较高，是否有导读、咨询人员等。便利度反映的是所提供的附加服务的程度。

• 关心度。即图书馆对用户给予的关心、关切和照顾程度，具体表现为图书馆工作人员在为用户服务过程中情感的投入（热情、诚恳、耐心、周到），对用户健康的关注（如卫生、照明、通风，饮食）。关心度反映的是图书馆对用户提供的形式服务水平。

• 满意度。即图书馆为用户提供的服务使用户在总体上满意的程度。满意度是对图书馆服务工作的全面评价，是满足度、关心度、便利度等评价指标的综合体现，因而具有特别重要的意义。追求较高的满意度应成为提高图书馆服务质量的最终目标。

参考文献

[1][日]前田勇著；扬守廉译. 服务学. 北京：工人出版社，1986

[2]克里斯蒂·格鲁诺斯著；吴晓云，冯传雄译. 服务市场营销学. 上海：复旦大学出版社，1998

[3]郭国庆. 市场营销学. 武汉：武汉大学出版牡，1996

[4]V. Coleman, et al. Towards a TQM paradigm : using SERVQUAL to measure library service quality. College and Research Libraries, 1997(2)

[5]A. Stamatoplos, R. Mackoy. Effects of library instruction on university students satisfaction with the library: a longitudinal study. College and Research Libraries, 1998(4)

[6]初景利. 应用 SERVQUAL 评价图书馆服务质量. 大学图书馆学报，1998(5)

（原文载：《图书情报工作》，1999(11)）

用户满意论

近些年来,许多图书馆都将改进服务质量作为管理和改革的重点工作来抓,提出增强服务意识,降低拒借率,改善服务态度,提供准确及时的文献信息等措施。但实施效果如何还没有一个明确的评价标准。我们认为,改进服务工作的种种努力都只有一个目的:使用户满意。也就是说,用户满意是图书馆服务工作追求的核心,也是评判图书馆服务优劣的最终标准。

1 用户满意的概念

用户满意是用户对图书馆服务工作达到或超过某一标准的程度的内心感受和主观评价。用户满意形成的机理是:用户满意建立在用户的知觉和期望的基础上。知觉和期望之间的差距就是满意程度的大小——满意度。

用户满意问题很早就引起图书馆界有识之士的注意。庄子逸先生在 80 年代中期就提出:任何一个服务系统,如果没有用户的评价,都将是一种片面的评价。用户对图书馆满意与否的评价,对于评定图书馆服务质量的优劣具有很重要的参考价值,是别种评价所难以取代的。[1]

90 年代中、后期,人们开始更多地意识到读者满意对图书馆服务工作的重要意义。王斌把读者服务工作质量定义为图书馆工作人员为读者进行文献信息服务时使读者满意的程度[2]。黄海鹰提出读者满意是图书馆的无形财富,读者对服务满意是图书馆争取读者求得生存和发展壮大的关键,并试图建立“读者服务满意系统”。[3]

西方学者对用户满意的研究与我们不谋而合。最新的主要观点是:用户满意应该是图书馆工作评价的重要一部分,不能让用户满意是服务工作的失败。图书馆提供准确及时的信息是最低限度的要求,除非总体上用户满意,否则,就不能成其为良好的服务。[4]

国内外的有关研究表明这样一些观点:(1)图书馆服务质量的评价具有客观性,只有用户的评价才是最终、最有效、最权威的评价;(2)用户评价根据他是否满意作出的,用户满意是衡量图书馆服务好坏的核心标准;(3)用户满意是图书馆服务工作追求的最高目标,图书馆的各项工作都必须服从于这一目标,把它作为准则用以规范和制约图书馆员的一切行为。

2 用户满意的测度

用户知觉就是用户对图书馆服务工作的实际感受。图书馆文献资源状况、工作人员的服务效率、服务态度等对会影响用户知觉的形成。用户期望则是由图书馆在他心目中的地位和他本人的需求水平共同决定的。但用户满意的标准是什么,受哪些因素的影响,由于人们的认识及使用方法的不同而没有一致性结论。

庄先生拟订的用户满意评判表是假定用户满意受四个方面因素(指标)的影响:(1)服务环境(包括清洁、安静、整齐、舒适),(2)服务态度(主动、热情、诚恳、认真),(3)服务速度(查目快、取书快、咨询解答快),(4)服务广度和服务深度(服务项目多、提供资料全、服务水平高、提供资料精、准、适合教学科研需要),每个评判因素用"很满意"、"满意"、"较满意"、"不满意"、"很不满意"五个评判等级并通过加权来进行评判。这种方法简便、实用,用户容易根据解释作出相应等级的评判选择。但指标的确定有人为性,用户评判必须适应这种限制,因而尚不能全面反映用户真实的看法。

国外学者对用户满意的研究十分注重实证。宾夕法尼亚州立大学 S. S. Andaleeb 和 P. L. Simmonds 通过与用户深层次的交谈,提出了用户满意的五个命题,并在宾州伊利市三所大学进行了实际测试得到证明:(1)感受到的图书馆资源质量越高,用户满意度就越高;(2)图书馆工作人员反应性越强,用户满意度就越高;(3)感受到的图书馆工作人员能力越强,用户满意度就越高;(4)图书馆工作人员道德行为越积极,用户满意度就越高;(5)感受到的图书馆设施外观越好,用户满意度就越高。[5] 由于这些结论是从实际调查研究中得到的,因而更有说服力,可信度较高,但是否对我国也有普遍的适用性,还需有国内图书馆加以验证。

美国印第安纳大学 Anthony Stamatoplos 和巴特勒大学 Robert Mackoy 通过对若干所大学图书馆用户的调查,从用户教育的角度,得出的结论是,图书馆工作影响用户满意有四个因素:(1)对信息易获得性的知觉:用户获得所需资料的比例(借阅率)、查找资料的难度以及对文献的最长等候时间在很大程度上影响用户对图书馆的满意;(2)对工作人员能力和乐于助人的知觉:知觉到工作人员有能力并且乐于助人对用户满意的形成关系很大;(3)对计算机的知觉:知觉到图书馆计算机有用与用户满意之间成正比例关系,知觉到利用计算机方面的困难与用户满意成反比例关系;(4)利用图书馆技能的自我评价:一个人利用图书馆自我评价的水平与其对图书馆的满意成正比例关系[6]。

通过考察国内外已有的研究成果,可以认为,影响用户满意的因素主要有:(1)资源状况,包括资料是否丰富,是否容易获取等;(2)图书馆员状况,包括图书馆员的知识水平、服务水平、工作效率和工作态度;(3)图书馆环境状况,包括环境整洁、美观、舒适;(4)用户自身状况,包括对利用图书馆的认识,利用文献资源技能的掌握程度等。由此可见,影响用户满意的因素是多种多样的。任何环节的疏漏都有可能造成用户的不满,并由此带来连锁反应。关键的问题是,每个图书馆要通过调查研究,明确影响用户对本馆工作满意与否有哪些因素,以便对症下药,辨证施治。

3 提高用户满意度

没有用户的图书馆,就不能称其为现代图书馆,不能让用户满意的图书馆就不能成为当代好的图书馆。图书馆改进服务质量要以提高用户满意度为中心来展开。为此,我们应加强以下几方面的工作:

3.1 提高对用户满意问题的认识

如果说,“读者就是上帝”是一句玄虚的口号,那么,“让用户满意”应该成为每位图书馆从业人员时刻铭记、实实在在的行为准则。应当将用户满意与图书馆的发展联系起来。用户越满意,图书馆的发展就越有坚实的基础,图书馆的地位才会有提高,图书馆才会焕发生机与活力,用户满意与图书馆的前途命运息息相关。从某种意义上讲,读者不满(牢骚、抱怨、愤懑、批评、敌视)是对图书馆工作的根本否定,是对图书馆工作者敲响的警钟,是图书馆事业发展最大的悲哀。

3.2 调查了解用户对图书馆满意的状况

调查了解用户对图书馆的满意状况,是改善图书馆用户满意程度的第一步和先决条件,以使图书馆服务工作有的放矢。可以采取问卷调查、召开用户座谈会等形式,进一步明确用户对图书馆服务工作的看法,对哪些工作不满意,不满意的原因是什么,有哪些建议等,系统地收集用户对图书馆服务方方面面的反映,分门别类地作出归纳和整理,进而通过全体工作人员的分析讨论,对图书馆自身工作作出全面的检查和反思,找出差距和不足,形成若干改进措施,并公布实施,作出公开承诺,接受用户和社会的监督。

3.3 建立有效的与用户沟通的渠道

任何服务工作都不可能尽善尽美,但这绝不能成为忽视用户服务工作的借口。工作有不足和失误不可避免,用户有不满也在所难免,问题是,如何及时地了解用户的不满,并及时地加以化解,这就要求与用户建立起畅通的沟通渠道,比如建立读者委员会,并实实在在地履行职能,设立意见箱、投诉电话、馆长接待日,定期召开用户座谈会,印发《图书馆与用户》之类的小册子等等。有不满,就要真诚地及时地加以解决,决不敷衍了事,决不推诿扯皮。只有这样,才会赢得用户的信赖和热爱。

3.4 提高服务质量要常抓不懈

用户满意与否,满意(或不满)到什么程度,从根本上说,是由图书馆为用户提供了什么样的服务所决定的。服务质量与用户满意是一种因果关系。要想提高用户的满意程度,就要不断改进制约用户满意的方方面面的工作,消除那些可能使用户不满的各种隐患,把工作做在用户产生不满之前,使用户不满降低到最低限度。在这一方面,不能只考虑一时一事,而是要制订整改计划,一抓到底,抓出成效,并不断提高层次,不断完善服务系统,尽最大可能为用户营造出舒适、可亲、高效、满意的服务环境。"让用户满意"应当成为每一位图书馆工作者的座右铭。

参考文献

[1]庄子逸. 论图书馆优劣的评价. 见:高校图书情报事业发展战略研讨会文集. 大连:大连工学院出版社,1987:136 - 149

[2]王斌. 图书馆读者服务质量体系的探讨. 江苏图书馆学报,1997(2):37 - 38

[3]黄海鹰. 读者服务满意系统的形成与管理. 图书馆杂志,1997(2):4 - 7

[4] Anthony Stamatoplos, Robert Machoy. Effects of Library Instruction on University Students' Satisfaction with the Library : A Longitudinal Study. College and Research Libraries,1998,59(4)

[5]S. S. Andaleeb, P. L. Simmonds. Explaining User Satisfaction with Academic Libraries: Strategic Implications. College and Research Libraries,1998,59(2)

[6]同[4]

(原文载:《情报资料工作》,1999(4))

网络环境下文献信息服务的若干创新点

近年来我国图书馆网络化发展很快,但与国外相比仍有很大的差距:在服务方式上,过于单一而粗放,尤其是网上互动式服务滞后,缺乏深层次和有特色的服务;在服务内容上,数字化资源太少,自建数据库与购进数据库数量少、馆藏数字化程度低;在服务深度上,国外图书馆网站是以资源为基础、以服务为出发点的信息门户(gateway),而国内则是以馆情为基础、以公关、宣传为出发点的机构介绍(guide)。将文献信息服务建立在网络的平台之上,以网络作为图书馆服务变革的手段,借鉴国外图书馆网站和非图书馆网站成功的经验,寻求图书馆服务的深化和拓展,是图书馆服务创新的根本出路。

1 改进 OPAC

卡片目录在许多图书馆已成为一个时代的历史遗物。那时我们将一本书的全部情况记录在 3×5 英寸的卡片上。尽管这种书目记录仍然可以用作在物理馆藏中查找图书的工具,这种普通得不能再普通的目录已经证明在帮助人们查找和选择图书方面是无法胜任的。

OPAC 的出现告别了线性检索的历史,但与亚马逊网站相比,还有不少缺陷:① 检索点太少。在亚马逊网站,除作者、书名、主题外,还有获奖图书、儿童文学(按年级)等多种图书组织方式。② 缺乏模糊检索。在亚马逊,如果你拼错了作者的姓名或把书名记错了,亚马逊会尽量弄清你的意思并给出最可能匹配的图书。③ 信息量不足。OPAC 上的目录记录信息量太少,干巴空洞。而亚马逊力求重现我们读书时的大多数经历,提供各种各样有关这一本书的信息,如图书封面的照片、若干评价材料、主要评价书刊上的书评全文、客户评价、作者访谈、目次以及图书内容的节选。尽管这些不能完全等同于实际上拥有该书,但已算是十分接近了。

我们需要像亚马逊一样有吸引力、响应快的系统。[1] 只要有可能,图书馆 OPAC 应增加装帧形式、宣传材料、正文节选、书评链接、用户评论、作者访谈文章以及其他有助于用户决定是否索取该书的内容。我们甚至可以比亚马逊做得更好,在每一个类目提出“图书馆推荐图书目录”。我们进行馆藏建设的目的,正是为了使读者获得高质量的图书。在网络化的系统时代,图书馆和系统建设者必须重新考虑用户界面设计。[2]

值得一提的是,国外许多出版商已经认识到图书的内容对联机图书销售的重要性,开始为目录中的所有图书提供装帧形式、目次和选择指南。一些主要的图书零售商已经建立网络型目录,带有对书评、作者访谈的文章以及所有其他我们从亚马逊期望的内容的链接。我们相信,如果我们能设计出像亚马逊一样的网站,一定会大受用户欢迎的。

2 加强参考咨询

参考咨询是未来图书馆服务的主题。信息技术为参考咨询带来了支撑环境的变化,也给参考馆员的工作性质带来了变化,例如:① 由于用户对电子数据库使用帮助的要求比对印本资源的要求多,参考工作变得更加忙碌;② 图书馆员要花费更多的时间学习软件产品;③ 在体力工作上将花费更多的时间,如排除硬件故障。但不管怎样,在西方,电子资源使参考工作焕发了生机,使得图书馆员对本职工作充满了新的热情。

由于参考工作的变化,国外有人提出"参考馆员"的名称不够恰当,因为其含义已陈旧过时,建议使用"存取工程师"(access engineer)这一名称,其任务有 3 项:知识构建、信息资源建设、用户分析和信息存取(根据需要将信息从信息源直接传递给用户),并将参考馆员分为 5 个层次:① 组织者(organizer);② 查找者(1ocator);③ 确认者(identifier);④ 咨询员(advisor);⑤ 顾问(counselor)。[3]

近些年来,人们在参考服务的方式方面进行了一些新的尝试,如利用电子邮件接收和答复咨询问题,但目前的参考服务还远远不能适应用户的需求。因此,下一代的参考服务必须重新认识信息服务的性质和功能,从而拓展和深化在网络中的作用。为此,参考馆员必须将平等存取、个性化服务和个人定制服务引入与因特网一起成长起来的用户群体之中。遗憾的是,大多数图书馆用户还没有享受到这种服务,因为参考服务还没有充分地在信息查询"空间"内(网络或馆内)实现集成。用户仍然没有获得所期望的服务,图书馆所提供的服务与用户所寻求的服务通常也不一致,更没有实现"随时随地"地提供服务。

国外参考服务以数字化、虚拟化、网络化为核心正在向如下几个方向发展:① 非中介性(disintermediation):用户接受参考服务更愿意以匿名形式,而不是面对面形式,这样可以摆脱由图书馆员控制的面对面交流本身的约束。② 能动性(proactive):图书馆员不应该维持现状,而应该积极研究和开发新的工具、系统和机构间联系方式,增强组织的敏捷性(agility)。国外有人把图书馆参考工作围绕着作为场所的物理实体图书馆进行构建的做法形象地比作“地心说”，其特点是用户必须到图书馆中来，利用图书馆必须寻求图书馆员的帮助。同时提出“日心说”，其特点是信息和服务向用户流动。这一学说正在从根本上改变图书馆员与用户的关系。③ 个性化(individualized)：根据用户的兴趣和需要，提供有针对性的服务。④ 人工智能化(intelligent)，运用信息推送等技术，自动完成对所需信息的处理并将服务延伸到桌面。

3 改革流通系统

尽管有计算机处理借还书手续，图书馆的流通业务仍然是劳动密集型工作。用户通常需要亲自到图书馆中来，但又不能自己借出图书，必须由训练有素的流通馆员代为办理借还书手续。国外有的图书馆安装了自动出借机器，但也必须有工作人员站在旁边处理例外情况。用户在网上自我办理借书手续还是不可理喻的事情。

所有这些，都与亚马逊形成鲜明的对比。首先，在亚马逊购书完全是自我服务。没有参考帮助，没有专业培训课讲授怎样查询亚马逊目录(相比之下，“利用联机目录”多年来一直是图书馆培训计划的主要内容)。其次，亚马逊系统处理的任务比出借图书多得多。它自动处理请求、验证信用卡并安排装运。它会找到你要的图书，生成一份订单，告诉仓库管理员发送什么书，或将订单提交给相应的批发商或出版商来完成。在等待图书到达的这段时间，它自动生成电子邮件，告诉你关于订单状况的信息。最后，系统记录下那笔交易的每一个要素，包括你的姓名、所在位置以及你要购买的图书。这样，系统就会更好地了解你和你的习惯，以便下次你访问书店时为你提供更好的、更具个性的服务。

我们并不是主张图书馆员抛弃馆舍，像亚马逊那样完全在网上开展业务。许多人仍然愿意亲自到图书馆，正像许多人希望能在网上借到图书一样。但亚马逊模式表明，网络和相关技术已经开始为我们在网上和在馆内开展工作提供了更好、更有效的方式。[4] 如果这样的系统能使亚马逊和它的顾客满意，同样也会让图书馆及其用户满意，我们可以在预约、续借、网上文献传递上多下一些工夫。

4 提供个性化服务

图书馆有多种用户群，同一用户群往往有相似的需求。实际上，即使是属于同一用户群，其个体需求往往也相差很大。在市场营销学上有一个理论，叫作“市场细分化”，这是一种营销策略，因为细分更能满足顾客的特定需求。在网络环境下，也要实现 individualized service(个性化服务)。也叫 customized service(定制服务)如 3、4 年前推出的 MyYahoo、MyExcite(提供如天气、新闻等内容),还有 MyUniversity 以及最近国外开始流行的 MyLibrary(提供用户感兴趣的专题)。

按照 Ken Winter 的观点,MyLibrary 将能够做到:图书馆(计算机)认识每一位用户,能够在表示欢迎时叫出用户的名字(告诉你今天的天气),在瞬间回忆起该用户最喜欢的期刊数据库、联机目录、联机参考源和书签同一台计算机还能存储以前的查询记录,允许用户放置自己的东西,显示逾期通知单,显示所可以求助的学科馆员,或馆藏中新增加的数据库(或新书),提供最新的信息(current-awareness information)。只有图书馆员和用户才能对用户的计算机上显示的信息进行控制。用户可以在任何地方访问自己的网址,选择他们最想看和最相关的信息。新的图书馆服务可以传递给最需要的人,而不会打搅那些对此没有什么兴趣的人[5]。个性化服务适应了人们的个性需要,最大限度地满足了人们对特定文献和信息需要的目的。

5 实行集成信息服务

我们在服务问题上既缺少新的服务内容,又没有很好地将各种服务有效地组织起来,对读者的服务处于零零散散、各自为阵的状态。必须设计出新的服务模式。将各种服务集成起来,建立与读者期望相一致的服务组织形式。

国外有人设计了馆内/远程服务矩阵,有助于我们对集成服务的认识,见表 1:

表 1 馆内/远程服务矩阵

	馆内服务	远程用自服务	人员配备
第一层门户服务	基本利用和查找与核心信息资源相关的问题,支撑软件,硬件故障报告	异步用户帮助 搜索引,网络服务界面:电话、用户支持中心	准专业人员学生
第二层中介服务	以电话或预约方式提供一般性研究支持,复杂的软件和硬件问题的初步解决	一般性电子邮件参考与计算机咨询;根据确立的关系向研究人员提供一般性支持,以电话或预约方式向专家咨询	准专业人员计算机顾问图书馆员
第三层专家与专业服务	学科或资源专家(预约或在工作时间)	学科或资源专家(预约或在工作时间)	拥有高水平的学科或指导专长的图书馆员和计算机顾问

除了将参考和计算机支持服务集成为综合性信息服务外，这一模式的一个重要方面是，它打破了物理与电子空间的传统界限，用户和服务提供者因此能够更加灵活地彼此传递信息，并根据图书馆用户的偏好和变化的需求调整资源的分配。

为了实现这一模式，有必要在全方位服务环境中提升分层服务的概念，使中间层次的服务每天24小时提供，为图书馆员和技术人员创造新的角色，寻求支持和鼓励这一方向的新的组织结构。在这种动态和具有挑战性的环境下，必须提供另外的费用，用于网络化门户和其它电子资源的开发、合作、研究与发展以及用于另外的物理场所。

6 完善用户服务体系

建立服务体系，就是要对图书馆所能开展的各项服务进行精心的组织，使之做到"整体的配合"，执行一种"one stop shopping"（一站式）战略，包括二次文献与一次文献的链接、发展网上馆际互借。也就是要对各种服务方式进行整合和集成，形成互补完备的服务体系。网上文献信息服务体系主要包括：

- 网上借书、还书、续借、预约；
- 功能更强大的个性化的定制服务（包括SDI的网上实现）；
- 网上用户教育，包括FAQ、教材、指南、联机帮助等；
- 网上用户查询OPAC（本馆与联合目录）、光盘数据库、网上数据库（Web of Science和Elsevier等）；
- 信息服务参考咨询、研究支持；
- 网上文献传递；
- 网上文献采购申请、用户与专家网上选书；
- 网上馆际互借。

参考文献

[1] Barbara Baruth. Is your catalog big enough to handle the Web?. Amencan Libraries, 2000, 31(7): 56 - 60

[2] Jose-Marie Griffiths. Deconstructing rearch's largest library. Library Journal, 2000, 125 (13): 44 - 47

[3] Soo Young Rieh. Changing reference service environment: a review of American from managers, librarians, and users. The Journal of American Librarianship, 1999, 25(3): 175 - 186

[4] Serve Coffman. Building's largest library: driving into the future. http://www.infotoday.eom/searcher/mar99/coffman.htm

[5] Ken Winter. "MyLibrary" can help your library. American Libraries, 1997(7): 65 - 67

[6] Chris Ferguson. "Shaking the conceptual foundation" too: integrating search and technology support for the next generation of information service. College and Research Libraries, 2000, 61 (4): 300 - 311

(原文载:《图书情报工作》,2002(2))

数字化参考咨询服务的发展与问题

参考咨询服务在国外有130年的历史,在中国也有70年的历史。但自20世纪中期以来,国外的一些图书馆正在摆脱传统的参考咨询模式,充分利用网络技术成果,极大地改变了参考服务的形态。参考服务正在从面对面的直接交流转向利用网络开展虚拟的参考咨询活动。有些图书馆处于计划阶段,有些处于试验阶段,有些则启动了正式的服务项目。

1 数字化参考咨询产生的背景

数字化参考服务(DRS),又称为虚拟参考服务(VRS)、电子参考服务(E-reference)等。就是通过利用因特网向实体图书馆以外的用户提供个性化的参考资源。按照美国教育部虚拟咨询台(VRD)的定义,数字参考服务就是建立在网络基础上的将用户与专家和学科专门知识联系起来的问答式服务。[1]

尽管向远程用户提供参考服务不是一个全新的思想,图书馆员多年来已经通过电话、传真甚至电视会议系统解答咨询问题,但许多图书馆现在正开始探索利用网络这种更高层次的方式,帮助提供这些服务。网络使得我们提供远程支持的层次更高、时效性更强。

虚拟参考服务是90年代以后才产生的。据Carol Tenopir对70所大学图书馆的调查,1992年美国就有一所大学图书馆开展电子邮件参考服务,现在大多数图书馆都在提供电子邮件参考(99%)和预约参考(96%),有20个图书馆(占29%)提供最新的形式——实时参考咨询。[2]

虚拟参考服务的产生有多种因素。

1.1 传统的咨询量日益减少

传统意义上的参考服务是指与提供对用户的亲身帮助有关的各种活动,包括选书、联络活动、书目教育以及电子产品的使用。它指的是馆员与用户之间的直接交互,这种交互发生在某一个物理服务点,通常在咨询台。近年来,人们对传统的参考咨询进行了某些变革,一是提出"分层次服务模式"(tiered service mode1),将咨询台分成两个或更多的服务点,将复杂或有深度的服务从简单的问答中区分出来。另外一个模式叫做"研究咨询模式"(research consultation mode1),它完全取消咨询台,但建立一个“问讯台”和“研究咨询服务处”。此外,建立“流动参考馆员”(floating 或 roving reference librarian)制度也是参考服务的一种趋势。

传统模式最明显的不足是,它在指向上最有用,但对复杂并且有深度的问题处理往往简略而肤浅。这是因为由于其他用户的排队等候而影响了对问题的进一步澄清。另外一个不足是由于咨询台人员的流动,用户不能随着查询的进行而继续咨询。W. L. Whitson 将传统模式的缺点总结为:成本高,缺乏控制,员工使用不灵活,缺乏责任制,抬高不切实际的用户期望,重复性劳动,图书馆员的形象是办事员。[3]

用户利用参考咨询的人数在逐渐减少。据 Carol Tenopir 调查,有 84% 的图书馆在咨询台提出的咨询问题在减少。用户现在可以利用大量的资源并且可以很容易地自己找到基本问题的答案。当然提交到咨询台的问题比过去几年更为复杂,要花费更多的时间才能解答。甚至一些用户在向参考馆员咨询之前,已经自己查询了网络或其他电子资源。

1.2 数字化信息资源与日俱增

电子期刊、电子图书、光盘数据库和网络数据库越来越丰富,出版物数字化和网络化的趋势越来越明显。网络上的参考源正在变成参考馆员和用户解决问题的重要途径。馆藏数字化资源的增加既引起用户积极利用这种馆藏的兴趣,他们也发现,他们所面对的需要解决的问题更多,更为复杂。这不仅包括英文的电子资源占绝大多数,利用起来也并非唾手可得,而且以计算机和网络为手段利用电子资源在技术上的难度更大。越来越多的用户选择在家中或办公室利用电子或网络资源,他们对帮助的需求也就更为强烈。为此,参考馆员需要向远程用户提供支持通道。国外的多数图书馆员感到,仅仅在网上提供馆藏内容是不够的,必须有专人帮助用户学会使用这些资源,找到所需的信息,从而与提供电子馆藏形成互补。

1.3 网络技术飞速发展

虚拟参考服务之所以能够实现,其中一个很重要的原因,是网络技术的发展为在网上提供参考服务提供了可能。没有因特网,就不可能有今天意义上的虚拟参考服务。数字化参考咨询可以充分利用为商业领域建立的技术和服务模式。例如,电子商务的发展促进了在网上提供个性化服务的系统的开发。这样,在网上提供客户关系管理软件的新的行业便形成了。

客户关系管理(CRM)软件和网络呼叫中心是虚拟参考服务不可缺少的组成部分。客户关系管理(CRM)是能使组织向远程用户提供个性化帮助的软件和服务,能向大量客户提供个别的帮助。CRM 软件能使用户服务人员记录服务请求,显示用户服务历史,查找类似的服务请求(案例),迅速而一致地解决问题,监控不同时期用户服务质量。将 CRM 软件应用在参考服务环境,能使多家服务机构共同参与服务,合并馆内和为远程服务的工作流程,通过减少冗余和共享专业知识而实现规模经济,在答复同样的咨询时实现更高的标准化,促使同行间的取长补短和其他质量保证计划。

网络呼叫中心将电话、电子邮件、聊天、视频等输入在一个强大的工作站内集成为一体(见图 1)。[4]信息专家可以利用 FAQ、语音识别数据库、便捷参考馆藏、电子工具书和其他信息源、在 CRM 系统内积累的服务历史状况以及直接解答咨询的各种服务协议(硬件、软件、参考),提交专家应答,或与专家预约。

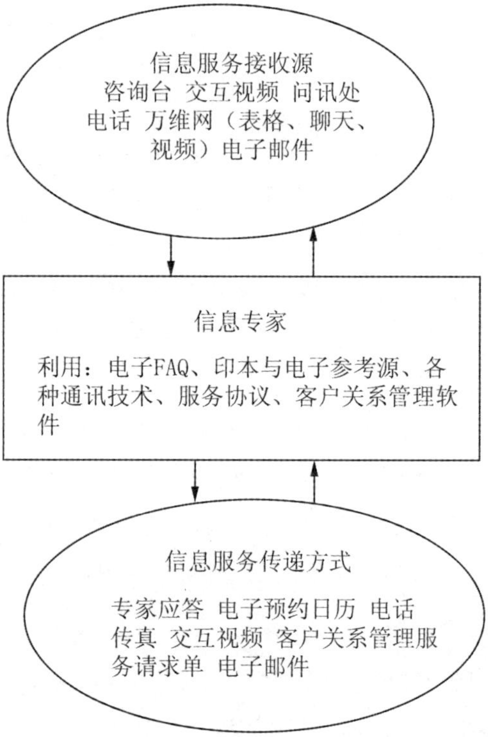

图 1 网络呼叫中心示意图

1.4 商业和非商业咨询公司提出严峻挑战

组织网上信息似乎是图书馆员的专长,但网络公司(如 Yahoo)以及商业性的专业网站 About.com 等似乎有取而代之之势,对图书馆的核心职能——参考,提出挑战。商业公司,如 Askleeves,一天能收到 300 万个咨询。对 AskJeeves 的答案不满意,可以利用 AskJeeves 免费的 Answer-Point,在这里用户可以通过电子邮件提出或回答问题。或者,可以访问对 AskJeeves 提供广告支持的收费服务 Exp. com,阅读各个专家的服务价格和资历。其他一些靠收费或广告支持的网站如雨后春笋般涌现,如 AskMe. com. AskAnything. com,有的还招聘图书馆员,Webhelp. com 甚至向困惑的冲浪者提供免费的现场帮助。

一些成功的非商业性 Q&A 项目并不是图书馆的。AskEric 是由国家教育图书馆建立的,每周处理 1400 个咨询。这些问题一半来自教师,一半来自管理人员、研究人员、图书馆员和一般公众。美国教育部主办有虚拟咨询台 VRD(www. vrd. org),为中小学师生提供专家咨询服务。数学方面有 Ask Dr. Math,科学方面有 Ask a Scientist,青少年问题有 Ask Alice。对图书馆员来说,这表明一种威胁和机会。人们花大量时间在网上寻求答案,但往往苦于没有合适的途径。用户或者选择商业网站,或者选择图书馆。图书馆不能与商业机构直接竞争,直接竞争也不是图书馆的目标,但图书馆必须让公众了解图书馆提供免费的、有效的服务。美国国会图书馆的 Diane 说:"到了图书馆在社会中重新建立知识中心的时候了。"[5]

2 虚拟参考服务的发展

2.1 提供服务的主体多样化

许多 DRS 是由政府机构、大学系部和专业团体提供的。这种情况下,解答通常是由具有专业技能或知识的人提供的。图书馆提供的服务通常是免费的,其他机构提供的服务有的是免费的,有的是商业性的。

2.2 对商业软件进行改造

新技术提供了巨大的能力,包括不仅能够向用户推送网站,而且能够移动用户的光标(需要下载软件),在网上交谈,举办电视会议。虚拟参考服务的最新发展是实时虚拟参考(real time virtual reference),或者叫实时联机咨询(1ive online reference)。但实时虚拟参考尚处于早期阶段(在多数情况下,处于计划阶段)。东南研究图书馆协会成立了一个委员会,调查和推荐实时虚拟参考软件。其中用得比较多的是聊天软件,如 AOL 的 Instant Messenger 或 Human Click,通过聊天进行咨询接洽。有图书馆员预测:"在不久的将来,我们可以让图书馆员在家中利用 Instant Messenger 开展参考工作。"[6]一些图书馆,特别是大学图书馆已经利用或改造聊天或商业呼叫中心软件,实时与冲浪者沟通。向浏览器发送网络资源。实时软件允许图书馆员向用户浏览器发送网站,同时可与用户聊天。

值得一提的是美国图书馆系统与服务公司(LSSI)。LSSI(http://www.1ssi.com/)已经为图书馆开发了一套产品和服务。几十所大学和公共图书馆与LSSI签订合同,但多数处于测试阶段。尽管LSSI是这一方面目前惟一的销售商,但50多家公司正在开发基本软件。城市图书馆合作系统24/7计划(洛杉矶)正在测试4种软件(E-gain、Webline、WebEx、laceWare)。

2.3 合作提供数字参考服务

多数情况下,没有一个图书馆拥有足够的人力资源,可以全天候地(每天24小时、每周7天)提供虚拟参考服务。然而,如果更多的图书馆进行合作分配和分担虚拟参考,这个目标就可以实现。如果这些图书馆分布在不同地区,合作就可以利用时区差异,缓解在晚上提供服务的负担。

一个最雄心勃勃的虚拟参考计划是美国国会图书馆正在实施的合作数字参考服务(DRS)。OCLC最近已与国会图书馆建立合作关系,参与这一计划的进一步开发。CDRS将通过图书馆和其他机构间国际的、数字化网络,向研究人员随时随地提供专业参考服务。其目标是:运用最新的技术,在最好的环境下,利用因特网和图书馆所拥有的其他资源,提供最好的答案。其目的是建立一个全球图书馆网络,该网络可以合作提供一个有效的系统,来回答参考咨询问题。CDRS对图书馆的支持是:向终端用户提供另外一种服务的选择。对用户的支持是:与CDRS相连发送问题,由专家和全世界的机构提供最好答案。到目前为止,只限于图书馆之间的问答咨询问题,共有60多个图书馆和其他机构参加(包括香港科技大学和香港中文大学)。

这不是一个实时的类似聊天的联机参考系统,而是提交问题后迅即(但不一定立即)回复答案的系统。主要有3部分构成:(1)成员馆资料:成员馆的优势和特点。(2)请求管理器数据库:这是一种登录、路由选择和解答咨询问题的软件。(3)知识库:可检索的大量问题和答案的数据库。CDRS的过程:先是请求馆向系统登录一个问题(代表用户)。问题包括附加的元数据,如关键词、主题词、教育层次、所需答复时间、已查询过的资源等。第二步,如果功能完整的话,将自动向知识库提问。如果问题(答案)存在,则自动返回请求馆。否则,问题提交到请求管理器,进行分析和分配。请求管理器是CDRS的主体。它拥有成员馆的资料,并使用"最佳匹配"运算法则,向相应的成员馆发送问题,获得答案。第三步,答复图书馆接收电子邮件讯息,并登录到系统中,利用一个ID号码检索问题。利用馆内的专业知识和资源以及其他网上资源和服务,对问题作出答复。第四步,问题一旦答复,通知就返回请求馆,并将答案存储在结果库中。与此同时,问题和答案加到知识库中,进行编辑,去掉个人资料,增加其他的关键词和主题词,对 URL 和书目引文进行标准化,并对时间敏感的数据加上标记,以便以后审查。将来,还将开展馆际互借(ILL,Inter Library Loan)、从哪里可买到所引图书的信息,以及文献传递功能。

一些图书馆转向联合体开展区域性参考服务。例如,洛杉矶(城市图书馆合作系统 24/7 参考计划)和旧金山(Bay Area 图书馆计划)地区的联合体开始培训馆员测试实时参考服务软件。2000 年 11 月,俄亥俄的 NOLA 地区图书馆系统开始一项实时参考项目。每晚上 4 个小时,每周 5 天工作。该系统没有选择常用的图书馆 URL。而是选择更容易记忆的 AskUsQuestions. com(http://www. askusquestioas. com)。14 个参加馆在第 1 年的试用期支付 3500 美元,以支付图书馆人员晚上在家中工作每小时 20 美元的工资。两个月后,服务系统每周收到 25—30 个问题,用户平均等待时间为 30—45 秒。NOLA 计划再增加 25 个图书馆,并将服务时间延长到白天。由 illinos 8 所大学图书馆参加的联合图书馆系统试验实时、网络化的全天候便捷参考服务(www. rsa. 1ib. il. us/ready)。

3 虚拟参考服务需解决的问题

电子资源的引入导致对参考咨询及服务模式重新定义。参考服务的本质在于馆员与用户之间的交互。网络为这种交互提供了最有效、最便捷的手段。数字图书馆建设中。必须充分考虑以虚拟参考服务为核心的信息服务问题。在这一方面,国外已经比我们先行一步。我们要实现参考咨询从传统到虚拟的变革,还有很多工作要做。

3.1 知识库的建立

知识库是参考咨询的资源基础,就像传统的参考咨询必须配备各种工具书一样。知识库的建立可以通过集中建库和累计建库两种方式来解决。知识库要形成规模,内容要新颖,检索要便捷。知识库在我国还是一个薄弱领域,需要计算机、出版和图书情报各方面的共同合作。

3.2 DRS 的技术解决方案

提供虚拟参考服务必须利用虚拟参考产品。在一件虚拟参考产品中需要具有下列特征:

(1)建立能解答各种问题的知识库是用户在求助于参考馆员之前自行查找答

案和参考馆员提供参考服务的重要资源。(2)网上聊天已成为网络用户最受欢迎的一种交流方式。但聊天的内容往往限于简单问题。(3)电子邮件目前是人们利用网络最频繁的方式。电子邮件通常用于解决比较复杂的咨询问题的交流。(4)可与用户交互,并可控制用户的网页浏览器,特别是提供网络数据库、电子期刊之类的服务。图书馆员可能想看看用户浏览器正在显示什么,通过遥控操作用户的话路,或向用户推送其他的网页。通过这些共同浏览特征,图书馆员可以更好地看到用户的问题,更容易地演示解决办法。(5)预构信息。许多重复性的内容可实现自动化。为减少虚拟参考系统操作员的打字量,应该有某种设施通过键盘或鼠标向远程用户发送经常使用的文本。(6)数据记录与统计报告。能够知道系统如何被使用,利用模式,评价整个系统的效益。

3.3 DRS 服务质量

答案的质量和事实的准确性对所有的参考咨询都是至关重要的。合作提供参考服务取决于维护高水平的参考服务。CDRS 制订有《CDRS 服务水平协议》,对质量(5 条)和速度(6 条)都有明确的规定。

3.4 DRS 的馆际合作

参考咨询服务的一个重要保证是随时随地。要做到这一点,仅仅靠一个馆的力量无法胜任。数字化参考咨询的一个重要特点和发展趋势就是合作提供参考咨询。这既涉及技术问题,也涉及管理问题,如管理规范、人员培训、市场推广等。只有 DRS 的功能保证图书馆和用户享受到 DRS 所带来的利益,DRS 的馆际合作才会成功。

参考文献

[1] http://www.vrd.org/about.shtml

[2] Card Tenopir. Virtual Reference services in a Real World. Library Journal, 2001(12):38

[3] Soo Young Rieh. Changing Reference Service Environment: A Review of Perspectives from Managers, Librarians, and Users. The Journal of American Librarianship, 1999(3):178－186

[4] Chris Ferguson. "shaking the conceptual foundation" too: integrating research and technology support for the next generation of information Service. College and research libraries, 2000(4): 300－311

[5] http://lcweb.1oc.gov/rr/digiref

(原文载:《中国图书馆学报》,2003(2))

参考咨询工作的数字化挑战

在计算机发展史上,最值得纪念的是IBM生产出第一台个人计算机,在网络发展史上最值得纪念的Mosaic被Netscape所取代,或者说,比尔·盖茨最终决定微软认可网络。同样,在参考咨询工作发展史上,最具有挑战意义的变革是数字化。虚拟咨询台(Virtual Reference Desk)从根本上改变了图书馆员与用户的交互关系,将参考咨询服务带入了一个新的纪元,参考咨询工作重新焕发了生机,成为图书馆服务新的生长点。

1 数字参考咨询是第二代数字图书馆不可缺少的一部分

数字图书馆经历了从第一代数字图书馆到第二代数字图书馆的转变。第一代数字图书馆是数字信息检索点(points of access to digital information),强调的是内容(content)、数字资源(digital resources)。《美国情报科学学会学报》(JASIS)2000年第3、4两期特刊“数字图书馆”发表的数字图书馆论文,没有一篇谈的是数字图书馆服务问题,尽管其编辑谈到了“数字图书馆有能力提供从前所不可能实现的服务层次”;第二代数字图书馆是信息服务提供者(information service providers),强调的是机构(institutions)或服务(services)。美国的《信息处理与管理》杂志1999年第3期“数字图书馆进展”专刊编者在评论中阐明,数字图书馆是在一个复杂设计的空间内运作,这个空间由社区、技术、服务和内容四维构成,强调了服务在数字图书馆中的重要地位。C. Borgrnan早在1992年就提出,数字图书馆(当时称电子图书馆)是:(1)服务;(2)基础设施;(3)信息资源及文本、数值、图表、声音、图像数据库;(4)查找、检索和利用现有的信息资源的工具和能力。[1] 1994年美国召开的数字图书馆研讨会强调服务完备的数字图书馆必须实现传统图书馆的所有的必要的服务,在此基础上,发展数字存储、查找和交流的优势。

同样,B. G. Sloan在1998年就指出了数字图书馆参考咨询和信息服务的缺乏。[2] J. V. Lombardi提出“帮助用户在数字化泛滥的世界中查找资源是参考咨询的第一要务”。[3] G. Marchionini和E. A. Fox更是态度鲜明地指出:“服务反映了服务于用户群的系统所提供的功能。方便查找和浏览的存取服务是迄今数字图书馆研究的核心,但极需要关注参考咨询与问答、即时帮助,培养公民的信息素养,简化用户参与度。”[4]

2 数字参考咨询适应了用户分布性特点

图书馆电子资源的激增使得用户不用到图书馆就可利用图书馆从事研究工作。用户可以在家里、办公室、实验室或移动中利用全文数据库、数字化图书馆资源、电子图书、电子期刊。与此同时,远程获取电子资源也要求提供相应的服务支持对资源的利用。例如,美国宾州州立大学图书馆拥有300多种数据库,这么多的数据库常常会使一些用户不知所措。远程从事研究的用户不仅希望得到查找哪一个数据库方面的帮助,而且希望得到与面对面咨询时一样好的服务。这也正是我们新的责任。对此,美国图书馆界已给予高度的重视。大学与研究图书馆协会(ACRL)“远程学习图书馆服务指南”指出:“无论学生、教师和教学计划在什么地方,获得充分的图书馆服务和资源,是高等教育提高学术能力不可缺少的。远程学习者与传统校园里的师生拥有同等的利用图书馆服务和资源的权利。”[5]

用户对联机满足所有的信息需求的期望越来越高,越来越多的用户期望网络无所不能,应有尽有。即使一般的网络上的电子资源或全文数据库,并不能提供有关学科的最好的信息,用户仍有可能以牺牲质量为代价,换取联机检索的便利。[6]

参考咨询服务必须适应这种转变,实现从围绕着传统咨询台的参考咨询到围绕着用户的参考咨询转移。数字参考咨询延伸了参考咨询服务的空间。用户在哪里有需要,参考咨询就在哪里提供服务。这是信息技术给参考咨询服务带来的最大变化,也是参考咨询服务的一场革命。Chris Ferguson 把图书馆参考工作仍然一成不变地围绕着物理实体和作为场所的图书馆进行构建称为古代和中世纪托勒密宇宙论的“地心说”,即用户必须到图书馆中来,利用图书馆必须寻求图书馆员面对面的帮助。他还把参考咨询服务围绕着用户进行称为哥白尼的“日心说”,即,信息和服务向用户流动。这一学说从根本上改变了图书馆员与用户的关系。

3 数字参考咨询适应了用户行为的变化

传统的参考咨询对某些习惯了有图书馆员指导查找信息的用户而言是最方便的,但那些习惯于独立工作的用户,更喜欢数字参考咨询服务所带来的方便和匿名性。无论是馆内咨询,还是网上咨询,用户最看重的是所提供的服务能否给他们带来最大的方便。许多人观察到一种现象:即使用户来到图书馆,在终端前查找资料,他也通常不愿意去咨询台(可能近在咫尺),而选择网上咨询。“非中介性”(disintermediation)正成为当代图书馆的最重要特征之一。正如 J. Koyama 所说:

"信息时代的用户不局限于,也不关心建筑物和参考咨询台的工作时间,也不关心二者的差别。他们对服务提供者按照地域限定主要用户的分类方法提出挑战。他们接受参考服务更愿意以匿名形式,而不是面对面形式,这样可以摆脱由图书馆员控制的面对面交流本身的拘束。"[8]

根据 Pittsburgh 大学图书情报学院 Sara Fine 教授的观察,用户往往选择那些容易得到的资源,而不是与他所要解决的问题最相关的资源。因此,用户利用得最多的是他能够看得到、摸得着的资料,而不用弯下腰或站在梯子上。他把这一规律称为"最小阻力原则"(The Principle of Least Resistance)。[9]同样,如果用户可以在办公室、实验室或家里得到信息资源和图书馆员所提供的帮助,他选择不到图书馆也是自然而然的了。网上用户期望能够联机查找信息,期望联机查找信息时得到与在图书馆中同样的支持。

Steve Coffman 曾经推测,商业咨询服务(如 Ask Jeeves 和 WebHelp)的快速发展可能意味着它们所提供的答案被用户充分地认可。如果一定要求在高质量但不方便的图书馆参考咨询和迅捷方便的网络之间作出选择,多数用户似乎将选择网络。[10]Terry Casey 利用电话和专题小组对美国俄亥俄州民众的调查,反映了人们用户行为的变化。当被问及"当你查询信息或问题的答案时,你首先选择的是什么?"时,在 1998 年 12 月底,25% 的答复者说他们去公共图书馆,23% 的人说去上网。2000 年 6 月对同一个问题的调查结果显示出巨大的反差:35% 的人选择上网,而只有 12% 的人去公共图书馆。[11]这种趋势肯定会继续下去。这给了我们一个巨大的警示:参考咨询如果不实现数字化,将失去越来越多的用户。

上网的人无疑会越来越多,通过网络提问的人也会越来越多。根据 2002 年 1 月由 Search Engine Watch 编辑的数据,[12]仅仅 7 大搜索引擎一天的搜索量就达 3 亿次。根据美国教育统计中心的统计,每年美国全国大学和公共图书馆咨询量为 3.096 亿次。换句话说,网络一天的搜索量相当于图书馆全年的全部咨询量。而且,似乎许多人多数时间都能从网上找到所需查找的东西。《NPD 新媒体》2000 年的调查表明,33 000 名答复者中,有 81% 的人总是或多数时候能利用搜索引擎找到想要找的东西。另外一项调查的结果却不尽一致。据 2001 年《美国医学协会学报》上的一篇文章提供的资料,"不到四分之一的搜索引擎首页链接引向相关的内容,即使找到了相关的网站,其中的信息一半以上的时候要么不完整,要么不准确。即使 NPD 的数字准确,仍有 19% 的人没有找到所要的答案,仍然有许多人继续需要帮助"。[13]

那么,什么情况下,网民们需要提供帮助?根据 Steve Coffman 的总结,有以下

6 种情形:[14]

(1)当搜索引擎未能找到所要查找的内容时人们需要帮助。研究表明,多数人检索过程粗糙。要么输入太多,要么太少,要么拼写错误,要么犯各种各样其他基本错误。而信息就

在网上,但在这些情况下什么都查不到。所需要做的,就是构建能够找到信息的正确的检索式。

(2)查找权威信息时人们需要帮助。网上信息良莠不齐,高质量的信息很多,但也掺杂过时甚至是错误的信息。人们需要那些训练有素的人帮助他们将麦粒儿从麦壳中分离出来。这些人知道怎样区分权威信息与随意发布的信息。

(3)查找没有偏见的信息时人们需要帮助。与图书馆员不同,多数人用来在网上查找信息的工具是用作商业目的——为了赚钱。当问 Ask Jeeves 什么是最好的搜索引擎,你只能得到一个答案:Ask Jeeves。也许我们会求助于 Jeeves,但只有 Jeeves 自己会认为,他会对网上提出的每一个问题提供正确的答案。

(4)当需要的信息不能免费利用,人们也需要帮助。如果你想从网上查找若干年前报纸上的一篇文章,很可能什么都找不到,或拥有的比例很小。实际上,网上信息与过去几百年出版的图书、发表的文章、研究报告和其他知识内容相比,只是占很小一部分,但用户往往认为网上应有尽有。

(5)当人们不能确定他们需要什么时他们需要帮助。传统的参考咨询总是尽力通过会面澄清用户的问题,利用拥有的知识和信息帮助用户缩小需求范围,并将需求转换为查询语言。没有证据表明人们在网上突然改变了这种方式,也没有一种搜索引擎能够进行咨询会面。

(6)人们需要免费获取所有的服务。过去的上百年里,人们一直从图书馆获得免费的参考咨询服务。一些试验付费模式的公司(如 Answer. com 和 Exp. com)声名急转直下,或发现用户不愿意付费时试图把服务卖给公司。有些提供内容的网站(如 Britannica. com)想通过广告或其他财源保持网站向用户免费利用,但除了 Yahoo 等少数用户量最多的外,这一策略也以失败而告终。为了弥补损失,一些公司试验预订模式,用户按月付费利用网站的内容或服务,然而尝试这种方式的公司(Slate,San Jose Mercury News)发现,只要一收费,就很快失去了大部分的用户。

4 数字参考咨询面对商业咨询公司的挑战

既然商业和非商业网站都在提供网上参考咨询,图书馆可否放弃这块阵地,让位给商业和非商业网站?如果这样,对用户将产生怎样的影响?对我们这个行业

将产生怎样的影响?

尽管商业性网络参考咨询服务力图掩盖这一点,但事实是,他们的第一要务是保护和加强投资者的商业利益。一旦需要他们在满足用户的利益与公司的利益之间作出选择的话,失去的总是用户的利益。更糟的是,用户很可能甚至并不知道自己失去的利益。

商业咨询服务绝非无所不能。北卡罗来纳州的一个联合体系统对 Ask Jeeves 进行了非正式的测试,向它发送了 12 个成员馆已回答的 12 个问题。这些问题既不刁钻,也不神秘,只是这些图书馆通常接收的问题,但 Ask Jeeves 一个也回答不上来。[15]

尽管商业服务(如 Ask Jeeves)利用因特网寻求答案,但图书馆开展的数字参考咨询不仅利用因特网,而且利用图书馆员的专业知识和技能以及图书馆浩如烟海的馆藏,利用的不仅有数字信息资源,而且利用印本型的文献资源。更为重要的是,图书馆数字参考咨询在答复时间上并不比商业服务长,在提供的答案上更完整、质量更高。

尽管如此,商业咨询公司从资金、用户数量、服务时间等方面具有很大的优势,而且,商业公司在营销宣传、软件开发、创新能力等方面都对图书馆参考咨询提出严重的挑战。图书馆必须扬长补短,发挥资源和人才优势,学习商业咨询公司的经营思想,找准自身在市场中的位置,继续赢得用户信赖,成为用户解决问题的首选。

5 数字参考咨询为远程教育提供强有力的支撑

在远程教育条件下,学生不像传统校园里的学生那样,可以去图书馆,也可以在宿舍、家里利用图书馆的资源。而分布在各地、甚至各国的远程教育学生除了利用网上提供的资源和服务外,别无选择。

英国的开放大学(Open University)是英国最大的远程教育机构,拥有约 20 万名学生,学生分布在英国、欧洲大陆和世界其他地方。学校提供 360 门课程,学位从本科到研究生。所采取的教学方式叫做“支持开放学习”,学生基本是在家里做功课,教学资料除邮寄外,有的还以联机的方式讲授。美国的宾州世界大学(Penn State's World Campus)是一所虚拟大学,学生遍及美国全国和 20 个国家。这所学校的成功一定程度上取决于图书馆远程提供的资源和服务对教学计划的支持。宾州州立大学图书馆多数电子资源已延伸到远程用户,并引入虚拟参考咨询服务保证用户在利用图书馆的过程中得到个别的帮助。

可以预见,随着网络的普及,远程教育将迎来更大的发展机遇。远程提供资源和服务将是远程教育成功的关键。而数字参考咨询更在其中扮演十分重要的角色,支撑用户利用文献信息资源和获取知识的整个过程。

6 数字参考咨询给参考馆员提出了更大的挑战

在传统图书馆中,参考咨询一直是图书馆员的核心能力。同样,在数字图书馆环境下,数字参考咨询也将成为图书馆员最大的竞争优势之一。相对于传统的参考咨询,数字参考咨询服务工作更具有挑战性。在网络环境下,要求参考馆员具有传统参考咨询的所有技能,同时又要求具有计算机和网络的知识和技能,具备更丰富的参考源的知识,特别是网上参考源的知识,善于运用文字与用户交流,准确而恰当地表述检索策略和检索结果,对时效性要求的提高意味着对专业能力要求的提高。这些都给参考馆员带来了新的挑战。只有不断学习,不断探索,才有可能适应新的形势对参考咨询发展的需要。但这也证明了参考馆员的价值所在,证明了参考馆员在数字时代重新找到了自己的定位,并得到了用户的尊重和欢迎。

参考文献

[1] C. Borgman. What are digital libraries? Competing visions. Information Processing & Management, 1999(3):227 -43

[2] B. G. Sloan. Service perspectives for the digital library remote reference services. Library Trends, 1998(1):117 -43

[3] J. V. Lombardi. Academic libraries in a digital age. D - Lib Magazine, 2000, 6(10). http://WWW. dlib. org/dlib/october00/lomberdi/101ombardi. html

[4] Gibinda G. Chowclury. Digital libraries and reference services: present and future. Journal of Documentation, 2002(3):258 - 283

[5] ACRL Guidelines for Distance Learning, Library Services. http://ces pian. switchinc. org/distleam/guidtines

[6] Lesley M. Moyo. Reference anytime anywhere: towards virtual reference services at Penn State. The Electronic Library, 2002(1):22 - 28

[7] Chris Ferguson. Shaking the Conceptual Foundations, Too: Integrating Research and Technology Support for the Next Gemeration of Information Service. College and Research Libraries, 2000, 61 (4):300 - 311

[8] 同[7]

[9] Sara Fine. Reference and resources: the human side. The Journal of Academic Librarianship, 1995 (1):17 - 20

[10] Steve Coffman. The librarian and Mr. Jeeves. American Libraries, 2000(15):66 - 69

[11]Abe Anhang, Steve Coffman. The Great reference debate. American Libraries, 2002(3):50 – 54

[12]www. searchengine watch. com/reports/perday. html

[13]同[11]

[14]同[11]

[15]Diane Nester Kresh. Offering high quality reference service on the Web. D-Lib Magazine, 2000, 6(6). http://www. dlib. org/dlib/june00/kresh/06kresh. html

（原文载：《图书馆建设》，2003(3)）

试论新一代学科馆员的角色定位

学科馆员(subject librarian/subject specialist)最早于1972年见诸文献,[1,2]表明在国外图书馆学科馆员制度的建立有35年以上的历史。清华大学图书馆1998年引入学科馆员制度,[3]标志着学科馆员作为一种新的服务模式得到广泛认可和接受。学科馆员作为图书馆与用户的联络人、用户信息素质培训者、参考咨询馆员等角色,在了解用户需求、提高用户素质、提供咨询服务等方面起到了关键性作用,受到了用户的普遍欢迎,也确立了图书馆服务新的形象。推动了图书馆服务层次的提升。

在信息环境、用户需求、用户行为发生了重大变化的今天,学科馆员如何因时而变,充分地利用环境的变化,根据用户新的需要,调整自己的定位,创新服务模式,发挥新的作用,将对学科馆员提出新的挑战。可以说,今天的学科馆员的角色定位正在发生重大改变。新一代的学科馆员的角色更应该是信息环境的"战略顾问"、排忧解难的"社区民警"、提供全方位呵护的"私人医生"、善于推广知识和技术的"农业推广教授"、精于运用市场营销策略的"市场营销专家"、长征路上播撒火种的"工农红军"、具有综合管理能力的"图书馆馆长"。如果说,传统学科馆员的范式可以称为第一代学科馆员或学科馆员1.0(Subject librarian1.0),那么具有这种新的角色的图书馆员可以称为新一代的学科馆员,或第二代学科馆员,[4]或学科馆员2.0(subject librarian 2.0)。[5]

1 信息环境的"战略顾问"

今天的用户处在一个信息既富有又贫穷的时代。在信息的汪洋大海中,不是每个用户都能徜徉自如、驾轻就熟。很多用户在面对泛滥的信息时,常常不知所措、无能为力。要求一个用户熟悉他所面对的和将要面对的复杂的信息环境,是不客观也不现实的。这就需要学科馆员能充当用户的信息环境的战略顾问(CIO/CKO),帮助用户认识和分析信息环境在发生什么样的变化,未来将发生哪些变化,为用户分析、设计、规划所处的信息环境,帮助用户处变不乱,举重若轻,条陈理析,从容应对。这是学科馆员的新使命,新一代的学科馆员应义不容辞地承担起这个新责任。

在学术出版方面,出版数量和出版形式都在发生变化,而且还将持续地变化。其中最值得关注的是电子出版、开放获取出版、自我出版、即时出版、按需出版等。出版领域最重要的变化是电子化、网络化,将对传统的以印本为主体的出版方式产生深刻影响,也深刻影响作者和用户的信息交流方式。学科馆员要善于分析出版方面的趋势和倾向,从促进更广泛的学术交流的意义上,引导用户的投稿和出版行为,选择最能体现学术价值和学术影响力的出版方式。

知识产权的复杂性也足以给用户带来诸多的困扰,常常使用户不能有效地保护自己的著作权,在出版市场上往往处于消极、被动的境地。发表的作品本可享有自己的著作权利,却可能被出版社的一纸合同而发生转移,而自己却茫然不知。学科馆员要懂得有关知识产权的知识,学会运用著作权法,帮助用户维护应有的权利,并充分地利用开放获取所提供的包括自存储在内的新的权利模式。

学科馆员还要善于利用各种新的信息工具,帮助用户学会更有效地获取、整理、分析、检索参考文献和个人生成的各种成果。要帮助用户选择、比较、分析和利用参考文献管理软件(Endnote)、情报分析工具(Derwent 分析家)、科研成果社会影响(SCI)等等。把以前图书馆员自己替用户使用的工具,教会用户自己使用,提高科研效率,提高用户的信息素质。

2 排忧解难的"社区民警"

根据公安部日前下发的《关于实施社区和农村警务战略的决定》,要求在城市原则上以社区为单位划分警务区,配置社区民警。[6] 在城市的很多社区,"有困难,找警察"的宣传提示牌随处可见,给居民以及时的提醒,为居民提供了在受到困扰时寻求帮助的途径。社区民警使得警察与民众的联系更为紧密,架起了随时随地相互沟通的桥梁。学科馆员也应起到类似的作用,只不过他们直接面对的是研究型的用户,解决的是科研用户的信息需求问题。通过建立"学科化信息服务站",确立学科馆员在一线用户中的显示度和影响力。"信息获取有困难,垂询学科馆员",应成为用户的一种自觉意识和主动行为。

学科馆员要通过多种形式宣传自己,善于把学科馆员自己推销出去。只有用户认识、了解、认可、接受了你,你才可能根据他的需要提供个性化的服务。这对学科馆员服务初期或建立新的用户关系尤为重要。可以利用的途径除"学科化信息服务站"外,还包括业务名片、节日贺卡、小的宣传礼品、参加用户举办的活动,等等。宣传的目的是使得用户能"首先想到你,广泛地知道你,方便地找到你,有效地利用你,良好地评价你"。学科馆员服务的目标就在于此。能很好地做到这五个方面，就是一个成功的学科馆员。

学科馆员与社区民警还有一点类似，就是平时的工作场所不在办公室，而是融入用户的工作与生活之中，与用户保持密切的联系和沟通。根据美国的调查，学科馆员最重要的技能是沟通(communication)。[7]通过与用户保持密切、频繁的接触，及时了解用户的需求，随时解决用户查找和利用信息上的困难。只有与用户打成一片，成为用户工作和生活中的一部分，才能被用户所接纳，才能与用户结成伙伴关系，才能更好地为用户服务。学科馆员要充分地融入用户社区(网络社区和实体社区)，充分地利用用户的各种活动机会，更多地创造与用户沟通的机会，保持与用户最大限度的接触，为用户的科研需要保驾护航。如果说社区民警是社区的“和谐使者”，那么学科馆员则应成为一线用户的“信息使者”。

3 提供全方位呵护的“私人医生”

有个头疼脑热，一个电话，私人医生便带着听诊器、血压计和齐全的药品到家中给自己看病。这是国外电影中常见的富豪级医疗待遇。然而随着社会的发展，私人医生已经进入中国。私人医生诞生于20世纪60年代。私人医生以生物—心理—社会医学模式的全科医学理论为指导，因其强调以人为中心、以家庭为单位、以整体健康维护与促进为方向的长期负责式照顾而深受欢迎，很快风靡欧美，并被世界医学界公认为“理想医疗保健体系的首要环节”。

图书馆员长期以来习惯于阵地式的服务，坐等用户上门，如果离开了图书馆这幢大楼，便无能为力，一筹莫展。新一代的学科馆员就是“随叫随到”的私人医生，根据用户的需要，到用户的办公室、实验室、研究室提供信息帮助。这才是真正体现图书馆服务的以人为中心，体现用户服务的服务到人、责任到人。走出图书馆，跳出图书馆的围墙，到用户的身边提供全方位的信息呵护，这是图书馆服务范式的根本性转变。

与医院的专科医生不同，私人医生属于全科医疗，他们对会员的健康状况、疾病史有着全面的了解。私人保健医生可以为会员提供更为全面的服务。避免了医生对患者的病情不熟悉而造成的误诊。同时，大大提高了医疗服务的精准性，节约了会员的时间、金钱和精力。学科馆员与一般图书馆员的区别就像私人医生(全科医疗)与驻院医生(专科)的区别。学科馆员要懂得资源，也要懂得服务；懂得图书馆学，也要懂得某一或某几个学科领域；懂得图书馆业务，也要懂得用户和科研。学科馆员应该像私人医生一样，对用户如何利用信息和科研中所需要的信息有全面的了解。由于学科馆员与用户的密切联系和对用户的熟悉，就可以避免在提供资源和服务上的“误诊”,提高信息服务的针对性,节省用户的时间、金钱和精力。与私人医生不同的是,在中国科学院的环境下,这不是贵族消费,而是所有用户都可以享受的服务,而且是免费的。

4 善于推广知识和技术的“农业推广教授”

据报道,中国农业大学从2006年开始设立农业推广教授制度,担负基层农业科技推广工作。他们的考核不再以论文为指标,而是更注重他们在农村推广的技术成果和给农民创造的效益。[8]这是一种新的专业技术职务制度,是教授聘用方式的重要改变。它对大学教授走出象牙塔,将知识和技术转化为强大的生产力,让广大的农村和农民切实感受科学技术给他们带来的实惠和效益,具有深远的历史意义。他们所创造的成果,不是论文的数量可以衡量的,而是他们帮助农民提高的产量和给农业科学种植带来的根本性的变革。

图书馆员也不应该在图书馆里坐而论道。图书馆的一切学问都应该体现在对用户的服务上。与其写了100篇不疼不痒的文章,不如为一名用户解决了他利用信息中的困惑。图书馆存在和发展的真谛就在于它为用户提供了什么服务。评判图书馆服务的标准就是它为多少用户提供了什么样的服务。学科馆员到一线为用户提供直接的信息服务,为的就是将丰富的信息资源充分地揭示出来,拉近信息与用户之间的距离,将图书馆的理论和方法广泛地应用到实践之中。对于图书馆员而言,蜷缩在图书馆,前景黯淡;融入用户之中,海阔天空。

如同农业推广教授一样,对学科馆员的考核评价重在其服务的用户的数量和效果,而不是发表的论文数量和授课的时数。学科馆员不仅要掌握知识,更重要的是善于运用知识,将知识转化为为用户服务的实际效力。学科馆员做得好与不好,用户是唯一的决定性的一票。让用户满意的,是好的学科馆员,也才是好的图书馆服务。学科馆员的服务代表着图书馆的服务,决定着用户对图书馆的评价。学科馆员的背后,有从事资源建设、技术支撑等一大批图书馆员的支持,学科馆员的服务也是对图书馆服务能力的检验。

5 精于运用营销策略的“市场营销专家”

如果把图书馆的到馆服务喻为店铺销售,那么,学科馆员的服务则就是人员推销(personal marketing)。世界上任何一个成功的企业,没有一个不讲求人员推销,不重视人员推销。人员推销的魅力不是店铺销售所能比拟的。可能,在图书馆,人们还不大习惯、也不擅长学科馆员的人员推销。这有观念上的问题,心理上的问题,也有能力上的问题。人员推销讲求沟通的艺术,讲求关系营销,讲求口碑营销,讲求网络营销,讲求客户关系管理(CRM)。市场营销是每个学科馆员的必修课。

学科馆员不能仅像推销员(seleman)推销产品那样,仅仅知道去一味地推销信息。学科馆员要从推销员转变为市场营销专家,善于运用市场营销策略,善于运用产品市场营销组合(6P——产品 Product、价格 Price、地点 Place、促销 Promotion、权力 Power、公共关系 Public Relations),要能够根据用户的不同需要,巧妙地运用不同的变量,为特定用户设计不同的个性化的信息营销策略。

学科馆员要成为信息方面的营销专家,就必须具备营销专家的素质和能力,掌握营销策略,向营销专家学习,重视服务品牌,讲求创造客户,学会经营客户,建立用户忠诚,学会并利用各种营销方式与技巧,把用户所需要的信息资源和服务有效地推广出去,成为用户离不开的信息助手。图书馆应造就一大批营销专家型的学科馆员,创造市场、激活市场,最终在激烈的竞争中赢得市场。

6 长征路上播撒火种的“工农红军”

长征是中国革命历史上辉煌的一页,红军是人类战争史上的奇迹。毛主席对长征曾有过这样的评价,“长征是宣言书,长征是宣传队,长征是播种机”。长征宣告了帝国主义和蒋介石围追堵截的破产,长征把为人民建立幸福国家的宗旨告知广大民众,长征为未来革命的发展播下了无数的火种。

图书馆的发展也似乎到了一个大转折的关头。信息环境的变化将图书馆带到了激励竞争的形势面前。OCLC 的报告深刻地揭示了在用户的需求与行为已经发生变化的今天图书馆所处的地位。[9]因此,图书馆员应深刻认识到自身所面临的挑战和压力。学科馆员就是长征路上的红军,勇敢地承担起时代所赋予的角色,担负起开拓者的重任,给图书馆创造新的发展机遇,确立图书馆新的发展定位。

学科馆员的服务是宣言书,它昭示着图书馆服务从普遍的没有差别的到馆服务,到直接融入用户之中的个性化的服务的一个转型。用户可以不来图书馆,但学科馆员的学科化服务将与用户形影相随;学科馆员是宣传队,将用户一切可以利用的资源和服务广泛地推介和揭示,成为沟通图书馆与用户之间的桥梁;学科馆员是播种机,将信息的种子和学科化服务的思想广撒在更多的用户之中,成为用户须臾不可离开的合作伙伴。

学科馆员的长征之路还很漫长,也将异常艰苦,要克服诸多意想不到的困难。学科馆员要学习长征精神,无论在任何情况下,敢于斗争、敢于胜利的信念不能丢。实际上,学科馆员所探索的学科化服务之路,天时、地利、人和,有着得天独厚的优势和条件。发生的任何困难都是前进路上的困难,没有不可逾越的。学科馆员只要心里装的是用户,时刻确立服务的思想,就一定能趟出一条全新的学科化服务之路,这在图书馆发展史上也是第一次,将创造图书馆发展的新的里程碑。

7 具有综合管理能力的"图书馆馆长"

与一个图书馆内其他只负责一个方面的任务的图书馆员不同,学科馆员是一个具有较高要求的角色。他不仅要熟悉图书馆的业务规范与业务流程,懂得资源的采集政策,熟悉到馆的资源和与他的学科领域相关的资源,而且还要懂得图书馆的资源布局和服务体系,了解图书馆资源和服务的每一个新的变化和进展。同样重要的是,他要能够协调与馆内相关部门的业务关系,善于利用一定的手段,调用不同部门的力量,而且必要时参与协调馆外文献情报机构的力量。在整个的工作中,要保持相当的前瞻性,保持对变化的敏感性,保持对业务的创新性。对于学科馆员业务能力和管理能力的要求,至少是对一个中等规模的图书馆馆长的要求。

尽管这样一种理想的学科馆员能力模型在现实中称职者不多,但这应成为学科馆员的一种追求和奋斗目标。就一个合格的学科馆员而言,他本身就应该具有这样的素质,只是在每个人的身上所体现的程度不同。缺失了任何一个方面,都可能给工作带来被动,难以给服务带来应有的效果。学科馆员的这种能力不是在学校学出来的,也不是天生就具备的,需要在实践中不断地磨炼,不断地培养。如果说,第一代学科馆员只要具备某一种能力就可以提供用户比较满意的服务的话,第二代学科馆员则必须具备这种综合性的业务能力和管理能力,才能适应今天复杂的信息环境下学科化服务的需要。

综上所述,学科馆员不是一种单一的角色,而是多种角色的综合体,需要具备多种不同的能力。要让用户接受学科馆员和这种新的角色,还需要一个过程。但学科馆员要想尽快地进入角色,就必须学会学习,学习 CIO/CKO 对信息和知识的掌控和运用,学习社区民警如何帮助人们排忧解难,学习私人医生对客户的关怀备至,学习农业推广教授扎根一线推广知识和技术,学习营销专家超凡的营销策略,学习红军的坚韧不拔的开拓精神,学习图书馆馆长的综合业务与管理能力。这是新一代学科馆员努力学习和不断追求的目标。

(致谢:本文的部分观点来源于张晓林、孙坦等馆领导,特致谢忱!)

参考文献

[1] Krzonkalia P. Subject Specialist and Departmental Head: Results of a Time and Motion Study. Bibliotheksdienst, 1972(6): 242 - 246

[2]Holbrook, A. The subject Specialist in Polytechnic Libraries. New Library World, 1972, 73(867): 393-396

[3]郭依群,邵敏. 网络环境下大学图书馆学科馆员职责的扩展——清华大学图书馆案例研究. 大学图书馆学报,2004(5):51-55

[4]李春旺,李广建. 学科馆员制度范式演变及其挑战. 中国图书馆学报,2005(3):51-54

[5]What Does a Web Services Librarian Do:Subject Librarian 2.0?. http://wulibraries.typepad.com/webserviceslibrarian/2006/04/subiect librarian.html

[6]徐京跃,田雨. 公安部要求配置社区民警和驻村民警. http://www.xj.xinhuanet.com/2006-10/09/content/8209202.htm

[7]Gary W. White. Academic Subiect Specialist Positions in the United States:a Content Analysis of Announcements from 1990 through 1998. the Journal of Academic Librarianship, 1999(5): 372-82

[8] 中国农大推出农业推广教授制度. http//news.sina.com.cn/o/2003-07-28/04199587693s.shtml

[9]OCLC. Perceptions of Libraries and Information Resources(2005). http://www.oclc.org/reports/2005pereevtions.htm

(原文载:《图书馆理论与实践》,2007(3))

第二代学科馆员与学科化服务

学科馆员制度在过去的年代里已经发生了深刻的变化。[1]传统学科馆员主要职能是学科资源建设、与用户联络、参考咨询、用户培训等。这样一种模式改进了图书馆与院系和校领导的关系,促进了图书馆与学术界的交流,增强了图书馆面向用户的形象。[2]但传统学科馆员的角色定位、职责要求以及工作方式都无法适应新的环境的变化和用户需求,而必须进行变革和创新。学科馆员必须在学术交流的背景之下,从用户的立场和需求出发,协调全馆和各方面的力量,融入一线,嵌入过程,提供学科化、个性化、知识化、泛在化的服务,提升用户的能力,为科学研究提供全方位的信息保障环境。

如果把传统的以联络人为主要特征的学科馆员称为第一代学科馆员的话,那么以融入一线、嵌入过程为主要特征的学科馆员可被称为第二代学科馆员。应该说,第二代学科馆员仍在形成之中,目前还只是一种雏形。我们对其定位、职能、作用的认识还十分有限。但我们认为,从第一代学科馆员,逐步过渡到第二代学科馆员,才能更好地适应用户需求和行为的变化,适应用户信息环境的变化,适应图书馆服务模式与机制创新变革的需要。中国科学院国家科学图书馆(文中简称国家科学图书馆)学科化服务的实践,也初步证明了第二代学科馆员的重要意义和作用。

1 学科化服务的背景与第二代学科馆员

对图书馆而言,当今最大的变化就是用户信息环境的变化。长期以来图书馆一直被作为信息获取不可替代的机构。今天,这样一种地位已经被打破或发生了动摇。OCLC 的“用户对图书馆和信息资源的认知”报告提供了一个明确的结论:用户已经将搜索引擎作为信息获取的首选。[3]带来的结果是用户与搜索引擎的关系日渐亲近和密切,而对图书馆则变得愈加疏远和陌生,图书馆将因此而失去越来越多的赖以生存和发展的用户,图书馆也将因此而失去信息社会和网络化时代的竞争力,这显然不是我们愿意看到的。

今天的用户生存在网络化环境下。用户获取信息就是要求方便、快捷、简单。[4]用户往往认为,网上无所不有。[5]即使找不到所需要的信息,也想不起来或不愿意求助利用起来颇为不便的图书馆,包括数字图书馆。用户希望能足不出户,可以在办公室、实验室、家中、出差途中随时随地获取和利用所需要的信息;希望所需信息直接到桌面,而不用到物理的图书馆中或登录图书馆的网站;希望他的需求能得到及时、专业的帮助。用户所在的信息环境不是信息贫乏,而是信息富有,但他需要解决的问题常常得不到及时、有效地解决。用户的信息需求本质上是知识需求,但知识常常遗失在信息的汪洋大海中(knowledge lost in information)。[6]

这样一种环境,对图书馆的组织模式和服务模式提出了新的挑战。图书馆可能会以网络形态出现(称为 Cybrary[7]),可能是泛在图书馆(Ubiquitous Library[8])。图书馆必须充分认识环境发展的严峻性和自身变革的紧迫性,充分认识用户需求与行为变化所产生的影响,积极地应对变革,加快图书馆从面向图书馆到面向用户的转型。为此,图书馆必须面向未来,思考并提出创新发展的对策。美国大学与研究图书馆协会(ACRL)2007 年 4 月一次会议上提出的关于大学图书馆未来的十大假设,应引发我们对图书馆未来发展方向和趋势进行更多的关注。[9]

2 两代学科馆员的区别

第一代、第二代学科馆员只是相对的概念,两者之间的界限并非泾渭分明。第二代学科馆员也还是一个发展中的概念。第二代学科馆员的工作是第一代学科馆员工作的延伸和深化。但第二代学科馆员在服务地点、服务的逻辑起点、服务深度、服务内容、服务的责任、角色定位和服务手段等方面,都与第一代学科馆员有着本质的不同。

在服务地点上,第一代学科馆员主要是在物理的图书馆中提供服务,仍然是以图书馆(物理图书馆或数字图书馆)为中心的服务。第二代学科馆员在提供阵地服务同时,工作重点转向用户的社区,延伸到用户的一切空间,融入用户的虚拟社区和用户的场景:办公室、实验室、野外台站以及用户的 BBS、RSS、Blog、Wiki、Folksonomies、Tagging 等,成为学科馆员 2.0。[10]用户在哪里,服务就在哪里。有用户的地方就有图书馆的服务。

在服务逻辑起点上,第一代的学科馆员是从图书馆的资源出发,从宣传推广本馆的资源和服务出发,仍然没有超越一个图书馆或图书馆的限制。第二代学科馆员尽管很强调图书馆本身的资源和服务,但逻辑起点是基于用户的需求。用户需要什么,学科馆员就提供什么。学科馆员所提供的信息来自整个信息世界,充分地利用网络和其他图书馆的资源,并为此建立必要的渠道。

在服务深度上,第一代学科馆员基本上提供的是文献服务或信息服务,解决的是基于文献单元或信息单元的需求问题，而没有深入到用户需求的内容之中，提供基于知识单元的服务。第二代学科馆员则需要运用自己的学科知识，深入到用户的科研课题之中，跟踪服务需求，综合运用各方面的资源和各种信息工具，面向用户问题的解决提供方案和对策，深入到用户的知识需求的解决过程之中，善于挖掘用户的真实和潜在需求，与用户互动协作，进行知识捕获、分析、重组和应用。[11]

在服务内容上，第一代学科馆员主要从事图书馆与院系和用户的沟通联络、学科资源建设、参考咨询、用户培训等工作，服务内容仍然是单一的，缺乏系统性和整体性。而第二代学科馆员服务的核心是追寻用户的学术交流过程，构建用户信息环境，将服务内容与用户的整个学术交流过程紧密结合起来，包括课题策划、内容分析、创新性论证、研究过程、论文发表、成果评价、知识产权等，为此提供全程式的服务。

在服务责任上，第一代学科馆员只是整个图书馆服务责任的链条中的一环。有多个部门、多个人员对用户的需求或用户的问题负责。结果可能是责任不清，谁都可以逃避责任，用户的需求和问题仍不能及时有效地解决。而第二代学科馆员则是用户服务的策划者、实施者、推动者和第一责任人。特定学科领域用户的所有需求和问题都是由该领域的学科馆员负起全责，自己或协调解决所有相关的服务问题。

在角色定位上，第一代学科馆员角色定位是面向图书馆的用户信息需求，仍以图书馆为中心，以信息为中心。第二代学科馆员则应充当用户的整体信息环境的战略顾问，将学术出版、信息组织、知识发现、开放获取、知识产权、知识管理（如机构仓储）等纳入自己的服务范畴，象社区民警一样融入到用户之中，为用户提供家庭医生般的周到、及时、全方位的呵护，善于知识的营销设计和推广，扮演图书馆馆长的角色，对资源与服务的综合利用策划、协调与创新管理[12]。

在服务手段上，第一代学科馆员主要依赖个人的知识和能力。第二代学科馆员在提供到身边的人员服务的同时，强调运用一定的技术手段，利用网络平台，提供各种形式的服务。即使物理上不在用户身边，学科馆员利用电子邮件、MSN、QQ、虚拟参考咨询及其他各种沟通联络方式，与用户之间建立起紧密互动、形影不离的服务关系。

3 国家科学图书馆基于第二代学科馆员的学科化服务的探索

国家科学图书馆建立学科馆员制度晚于某些高校。由于中国科学院知识创新工程的要求和其研究所的分散性以及用户需求和行为的变化，国家科学图书馆的学科馆员制度具有自身的特殊性，也必须站在一个新的角度，从很多方面体现了第二代学科馆员的某些特点和要求。实践证明，国家科学图书馆实行学科馆员制度和学科化服务是一种必然选择。

3.1 国家科学图书馆学科化服务简况

国家科学图书馆的学科馆员制度始建于2004年3月。为适应中国科学院知识创新工程的需要，当时的文献情报中心建立了由10人组成的兼职学科馆员队伍，人员来自资源建设部和信息服务部。他们在承担本部门的正常工作职责的同时，面向部分研究所，探索性地开展资源与服务的宣传推介工作，沟通研究所与文献情报中心的联系，为学科馆员制度的正式建立积累了初步的经验。但这种兼职的学科馆员难以协调学科馆员工作与所在部门工作的矛盾，工作目标与职责不甚明确，而且由于人数太少，无法满足众多用户多样化的信息需求。

2006年6月，随着中国科学院国家科学图书馆的组建和将工作重点转移到战略情报研究和学科化服务上来，国家科学图书馆新组建学科咨询服务部，全馆设立创新岗位42个，其中总馆20个，分馆22个，先后招聘四批专职学科馆员，其中面向社会公开招聘10人(总馆)，目前共到位学科馆员34人，平均年龄37岁。具有本科学历13人，硕士14人，博士7人(其中博士后2人)；具有自然科学背景21人，语言背景2人，图情背景11人。学科馆员在经过短暂的学科馆员工作技能强化培训后即走向服务一线，面向全院28个城市116个研究单元(其中京外研究所56个)8万名用户(科研人员4.7万人，研究生3.3万人)提供学科化服务，平均每人服务3.5个所，平均服务的用户数2300多人。

国家科学图书馆的学科化服务是一种新的服务模式和新的服务机制。它以用户为中心，以学科馆员服务为基本模式，背靠国家文献平台，依托院公共平台，面向科技创新基地、研究所、研究室、课题组和个人，建立基于研究所的、院所协同的、面向一线的服务机制，以个性化、学科化、知识化服务为手段，以提升用户信息获取与利用能力为目标，为科学研究的自主创新提供有力的信息保障。

首批全职学科馆员于2006年7月10日正式走上工作岗位，从参考咨询开始做起，从与研究所的图书馆沟通开始做起，边学习，边调研，边服务。9月6日全院武汉会议(资源建设与服务工作会议)后，学科馆员开始正式走向用户之中。10月20日，物理所“学科化服务工作站”挂牌，在全院第一个启动学科化服务，标志着学科化服务开始真正得到研究所的接纳和认可。自11月10日开始，国家科学图书馆领导与学科馆员组成学科化服务5个小分队，深入全院外地各研究所，召开学科化服务座谈会，进行资源与服务的宣传推广，拉开了全院大规模开展学科化服务工作的序幕。目前,国家科学图书馆已经在全院所有研究所全面启动了学科化服务工作,其中在78个研究所已经建立了“学科化信息服务站”(挂牌)。

3.2 国家科学图书馆学科化服务战略目标

国家科学图书馆的学科化服务有三大战略目标,三大目标相辅相成。不同时期以及不同的服务对象,战略目标的侧重点会有所不同。

一是打通资源与服务的通道,向广大的科研人员和研究生广泛地宣传、推介、揭示已有的各种资源(各种数据库)、服务系统(如网络参考咨询、跨库检索、集成期刊目录、文献传递与馆际互借等)和信息工具(随易通、e划通、科技新闻聚合服务系统、文献管理软件 Endnote 等),并根据研究所和用户的特定需要,定制、重组和集成所需要的资源,疏通资源与用户之间的“最后一公里”,使信息资源、服务系统和信息工具得到有效而充分地利用。

二是开展参考咨询和信息素质教育,授之以渔,提升用户能力。学科馆员要教会用户信息获取和利用的方法,而不是替代用户查找和利用文献。只有将学科馆员的能力转化为用户的能力,学科化服务才会产生更大的影响,学科馆员才能实现自己的使命和价值。

三是根据用户的个性化需要,提供知识化深层次的服务,建立 VIP 通道。要面向重点课题组和学科带头人,提供学科或课题的情报研究服务,跟踪学科领域的前沿发展,对学科信息进行比较、分析、综合和提炼,形成知识产品,为重点用户和课题提供知识服务。

3.3 学科化服务战略任务与措施

学科化服务的战略任务是普遍服务与重点服务相结合。目前阶段主要是面向所有用户的普遍服务,并逐渐侧重在学科或课题情报研究的重点服务。

3.3.1 普遍服务

普遍服务的背景在于,我们的许多用户仍处于信息的饥渴状态,仍找不到所需要的信息和途径,一些用户的信息行为处于“非常态”,我们的系统、平台、服务也不够强大,相当数量的用户不知道我们的资源和服务,大量的信息资源没有得到有效的发掘和利用。为此,学科馆员要通过自己的服务,使更多的用户受益,使用户了解并学会利用与其相关的资源和服务,打通用户资源获取的障碍,跨越资源利用上的本地限制,建立更多的自助式服务,并引导、指导用户的利用,培养用户具备与学科馆员同样的能力。

国家科学图书馆积极鼓励学科馆员经常性、制度性地深入各科研院所,融入科研一线之中,密切与用户的联系,沟通图书馆的资源与用户的需求,采取馆长推荐信、业务名片、宣传彩页、学科馆员联系单、学科馆员网页、学科化服务站、视频课件、资源与服务指南、荧光笔、便签、小光盘等多样化的宣传推广手段,不仅宣传国家科学图书馆新网站,更主要的是宣传用户所需要的资源、服务和工具,形成用户培训的常规化、系列化、品牌化,扩大培训的受众面,同时在研究生院开设学分课程,及早培养用户的信息素质。

为适应用户的需要,2006 年 7 月 10 日,首批学科馆员上岗后,网上实时咨询从原来的每天 2 小时延长到 4 小时。同年 10 月 30 日,实时咨询时间又增至为每个工作日 12 小时(周末每天 6 小时),这种 9—9(上午 9 点到晚上 9 点)的实时咨询(面向社会的实时咨询仍为每天 4 小时),极大方便了用户随时随地的需要。科学院研究人员和研究生在院内 IP 范围内,无须登录,就可以直接进入"中国科学院国家科学图书馆网上咨询台",进入"实时咨询"。每周咨询服务时间达 72 小时。同时,将"问图书馆员"嵌入图书馆网站和资源的检索过程之中,用户可以随时启动情景敏感的网络实时咨询服务。

在普遍服务的过程中,学科馆员要能够建立一套发现用户需求、了解用户困难、推送信息服务的快速流畅的服务反应机制,随时随地了解用户的信息和服务需求,并将需求及时反馈给国家科学图书馆的有关部门,同时提出解决办法,落实解决措施,全程式督促和监控问题的解决。为此,学科馆员设计了用户需求登记表,集中反映用户的信息需求,设计了用户问题反馈交流登记单,随时地反馈用户的意见和建议。

3.3.2 用户信息环境的构建和优化设计

学科化服务的根本是用户信息环境的构建和优化设计。因此学科馆员要从文献服务(librarian)走向信息环境的构建服务(information architect),引导和指导用户学术信息流(课题信息、会议信息、同行信息、出版信息、自存储、投稿信息、评价信息……),融入用户的(虚拟)社区(Blog、BBS、MSN、QQ……)之中。国家科学图书馆的学科馆员重视与用户接触的每一次机会、每一个细节、每一次服务,建立了与用户在线沟通的 MSN 或 QQ,拥有中国科学院研究生院"空中课堂"、"科苑星空"(BBS)账号,与用户保持紧密互动。

为保障研究所的个性化信息需求,学科馆员与资源建设部的学科采访馆员一道,对研究所(特别是新建所、薄弱所)进行资源保障分析并提出资源保障建议,通过研究所科研人员发表论文的期刊、发表论文所引用的期刊以及目标机构所拥有的资源状况,结合用户调查、文献传递需求特点以及该所用户咨询的问题,提出该研究所合理的资源保障目标,并进一步提出采购、单点开通以及文献传递等资源保障建议。

学科馆员和相关部门还帮助研究所建立与当地图书馆的馆际互借与文献传递关系,帮助研究所打通信息资源与一线用户之间的服务链,为科研人员提供集成化的一站式信息服务。国家科学图书馆通过与国防科技信息中心建立国防科技信息服务系统,与中国标准研究院标准馆建立了标准文献信息服务系统,通过与国家图书馆、北京大学图书馆、清华大学图书馆、北京航空航天大学图书馆、中国农业科学院图书馆、中国地质图书馆等建立馆际互借关系,大大拓展了中国科学院用户资源利用的范围,提高了资源的保障水平。

在信息系统部的协助下,学科馆员还为没有图书馆网站的研究所建立了基于开放软件 SPT 的研究所图书馆网站。最近,技术部门还开发了专门的所级信息门户系统,正在一些研究所试验推广。汉化 MIT 的 D-Space 软件,开发了针对研究所自有知识资产的研究所机构知识仓储(institutional repository),收集管理、长期保存和开放利用研究所的学位论文、学术论文、研究报告、会议发言、专著以及其他知识资产。首先在力学研究所试点,目前正在更多的研究所进一步的试验,完善有关技术功能和政策制度,以期在全院更广泛的范围内推广建立机构知识仓储。

3.3.3 科研过程的合作伙伴

在用户的信息获取问题基本解决,用户的信息环境基本建立起来以后,学科馆员的工作重点将从普遍服务转移到重点服务,即支持用户对知识服务的需求,支持用户的科学创造。学科馆员此时将成为信息的高级专家,融入用户的科研过程,成为科研团队不可或缺的一部分,开展课题情报服务,建立真正的知识化服务,推动知识转化为生产力,在研究所的战略研究中发挥关键性作用,形成不可替代的核心竞争力。

建设嵌入到用户和科研过程的专门化、个性化、集成化学科服务机制。比如在开题与项目申报时,提供课题的研究背景、研究综述、研究进展;在课题进行中提供实验方案、数据分析、国内外研究进展与动态;在结题和论文撰写中提供比较研究、检索查新、投稿指南等;在新产品研发或申请专利中,提供市场竞争力分析;在项目时,提供有关评审报奖信息;在项目完成后,提供查新、引证分析等科研评价信息。

国家科学图书馆的学科馆员目前正在进行以上方面的尝试,还没有在更大的范围内推广。但面向学科或课题提供知识服务是图书馆服务的趋势。学科馆员要做到这一点还有很大的差距。要增强学科馆员的学术视野和情报分析的训练,加强学科馆员的学科情报研究能力,提升学科馆员面对综合复杂的环境进行前瞻性分析设计的战略情报研究能力，以此造就学科馆员的核心竞争力。学科情报研究是学科馆员学科化服务的更高目标和战略。

3.4 学科馆员服务要求

学科馆员所提供的学科化服务，要允许探索和创新，但也要有规范和制度。要将那些从实践中总结出来的好经验和做法，应用到更多的学科馆员实践之中。但也要善于发挥学科馆员自己的主动性和智慧，充分地体现学科馆员的创造性。国家科学图书馆对学科馆员没有特定具体的规定，但提出了一些原则性的要求：

- 融入一线、组织一线、服务一线。学科馆员要更多地到所里，到科研一线，到用户身边。只有融入一线，才能及时发现需求，沟通信息，解决用户的困难。要面向一线的需求组织人员、资源和服务，保障一线的信息需求。学科馆员要担负起全程服务的责任，把服务送到一线，为用户提供随时随地的服务。

- 责任绑定、服务绑定、创新绑定、考核绑定。学科馆员是所服务的研究所的第一责任人。该所用户的信息保障、信息需求、信息服务上存在的任何问题，服务该所的学科馆员都必须履行全责。学科馆员要为服务的过程和效果负责。解决不同研究所的不同问题，没有既定的模式可以遵循，没有现成的经验可以借鉴，只有学科馆员自己去探索，去创新。对学科馆员的考核，也与该所的服务效果直接关联。学科馆员在该所的知晓度、服务面、满意度都将是学科馆员的重要指标，学科馆员的考核评价主要是研究所和用户做出的。

- （广泛）知道你，（首先）想到你，（方便）找到你，（高效）用到你，（满意）评价你，（更多）利用你。学科馆员要善于利用多种推销方式，宣传推广自己作为学科馆员对用户的作用。用户知道学科馆员越多，学科馆员的服务对象就可能越多，利用学科馆员的机会就越多。在广泛地知道你的前提下，如果用户有需求，他才会首先想到学科馆员，将利用学科馆员的帮助作为一种习惯和常态。想到学科馆员以后，要能够随时方便地找到学科馆员，无论是办公电话、手机、MSN，还是其他形式。找到学科馆员以后，要能够得到高效的服务，及时帮助用户解决他迫切需要解决的问题，体现学科馆员应有的专业素养和服务能力。在此基础上，希望用户对学科馆员能有积极的评价，对职业精神、服务态度和服务水平表示认可或赞赏，这样他才有可能更多地利用学科馆员。这样就会形成一个良性的循环，学科化服务就会走上良好的发展道路。

3.5 管理保障

国家科学图书馆对学科馆员的上岗条件具有较高的要求。学科馆员要能够负责一个研究所或多个研究所学科化服务的需求分析、服务设计、服务组织管理、相关机制建设和服务考核，熟悉所服务的研究所的科研状况和用户的信息需求，提供参考咨询、用户培训、学科情报等服务工作。学科馆员要具有信息资源、信息服务、信息工具等方面的能力以及良好的用户沟通、服务组织、联络协调方面的能力。

国家科学图书馆为保障学科馆员的工作需要，设立专项经费用于支持学科馆员的办公条件、本地和京外研究到京外研究所的费用，如通讯和交通等方面的费用。设立专项经费，用于资源、服务和工具的宣传推广，印发各种宣传资料，定制少量有学科馆员联系方式的小礼品，增强了学科化服务宣传推广的力度和影响力。

学科馆员的协调工作对学科化服务的成效至关重要。国家科学图书馆在学科馆员内部按学科领域建立了6个学科团队，在总、分馆建立了4个地域团队。同时，还与资源建设部的学科采访馆员，文献服务部的文献传递、检索查新人员，情报部的动态监测快报人员、信息系统部门的技术人员建立了联动的工作关系。各团队密切配合，相互支持，协同工作，共同为一线的用户服务，为一线用户服务的效果负责。

学科馆员的学习能力将对学科馆员的职业发展有着很大的影响。除了上岗强化培训外，学科馆员还要接受各种新的资源、服务、工具以及各种政策、规范、流程的培训。同时，学科馆员还要学会应对压力，学会多任务工作，学会利用学科馆员工作平台开展工作。

制度建设对学科馆员的管理也是不可缺少的。国家科学图书馆学科咨询服务部在积累和不断修正学科馆员的相关的制度，包括学科馆员工作手册、参考咨询服务规范、宣传推广与用户培训方案、工作月报表等。制度和规范使得学科馆员开展服务工作有了基本的依据。

3.6 服务效果

学科化服务是一个持续而不断深入的过程，其服务效果的体现也不是立竿见影，总是需要一定的周期，服务的效果才会逐渐显现。一年多以来，国家科学图书馆的学科馆员从茫然困顿，到深刻感悟，从遭受冷遇，到受到欢迎，从倍受怀疑，到普遍认可，足迹遍布大江南北，初步闯出了一条学科化服务的路子，学科化服务已经在全院的用户中播下了希望的种子并初步获得了令人欣慰的收获。

学科化服务只有短短一年多的时间，但已经得到了中国科学院领导的充分肯定，得到了很多用户的欢迎和支持。我们的感受是，只要你真心为用户做事，你就会得到用户的欢迎、接纳、认可和好评。这种评价是对国家科学图书馆工作和全体科图人的肯定。有的研究所领导的评价道，“国家科学图书馆主动推行学科化服务机制，对知识创新工程和研究所产业化的发展都会起到有力的促进”。“学科化服务的介入，可以让研究人员方便、快捷地获取所需要的信息，节省大量的时间和精力，提高科研工作效率，更好地开展科学研究，多出创新成果和创造较好的经济效益”。“国科图的发展思路是清晰的，感受到信息服务的层次和质量出乎意料，服务这样周到，而且实地来做宣传，感受深刻”。“今后学科馆员更会是我们科研工作中得力的信息助手”。有的用户反映，你们的服务做得这样好，真的让人觉得就像上帝。有的科研人员说，回国以后发现，国内的图书馆服务水平与国外重要学术机构相比并不差。

4 结语

用户信息环境发生根本性变化，图书馆也必须因应而变，保持对用户需求变化的高度敏感，动态适应用户的变化。面对这样一种变化，图书馆服务能力和用户能力需要根本性提升。其中很重要的手段就是学科馆员服务及其模式的不断创新。新一代学科馆员的重要意义在于体现泛在图书馆、图书馆 2.0 和服务的泛在化的新的服务模式和机制。这样一种机制不仅将激发用户更多更高的需求，而且也将促使全馆业务布局的调整和业务与服务模式的转型。学科化服务不仅仅是学科馆员一个部门的事，而是全馆的合力所在，作用所在。学科馆员也需要在变化着的环境及用户需求中不断深化和拓展学科化服务的模式和机制。

参考文献

[1] Martin J. V. Subject specialization in British university libraries: a second survey. Journal of Librarianship and Information Science, 1996, 28(3): 159 - 169

[2] Stebelman S, et al. Improving library relations with the faculty and university administrators: the role of the faculty outreach librarian. College & Research Libraries, 1999, 60(2): 121 - 130

[3] OCLC. Perceptions of Libraries and Information Resources (2005). http://www.oclc.org/reports/2005perceptions.htm

[4] Doutherty R. M. Being successful in the current turbulent environment. The Journal of Academic Librarianship, 2001, 27(4): 263 - 267

[5] Herring M. Y. 10 Reasons Why the Internet is no substitute for a Library. http://www.ala.org/ala/alonline/resources/selectedarticles/10reasonswhy.htm

[6] Chathan M. A. Knowledge lost in information. http://www2.sis.pitt.edu/ ~ dlwkshop/report.pdf

[7] Boone M. D. Steering the cybrary into the twenty-first century: who is the leader?. Library Hi Tech, 2001, 19(3): 286 - 289

[8] Li L. L. Building the Ubiquitous Library in the 21 stCentur. http://www.ifla.org/IV/ifla72/

papers/140-Li-en. pdf
[9]ACRL. Top Ten Assumptions for the future of academic and research libraries. http://www. ala. org/ala/pressreleases2007/march2007/acrlfl07. htm
[10]Johnson K. Subject Librarian 2.0? The Song Remains the Same, It's Just a Cover Song Using New Instruments. http://www. higheredblogcon. com/index. php/subject-librarian-20/
[11]张晓林. 走向知识服务:21 世纪中国学术信息服务的挑战与发展. 四川大学出版社, 2001
[12]初景利. 试论新一代学科馆员的角色定位. 图书馆理论与实践,2007(3):1－3

(原文载:《图书情报工作》,2008(2))

论图书馆服务的泛在化

——以用户为中心重构图书馆服务模式

当今意义上的图书馆包括物理图书馆和数字图书馆。数字图书馆大大超越了为到馆用户提供服务的局限，将图书馆的服务延伸到图书馆的围墙以外，使得“任何用户”可以在“任何时间”利用图书馆的服务。由于用户需求的存在，物理图书馆和数字图书馆各自满足了用户的一部分需要，但从泛在图书馆的角度看，目前的图书馆服务仍然是以图书馆（物理图书馆和数字图书馆）为中心，而不是以用户及其需求为中心。用户仍然需要到物理的图书馆或登陆图书馆的网站才能得到图书馆的服务。服务范围和服务对象是固定的，服务内容和服务功能是有限度的，服务场所和服务空间是明确的，服务手段和服务机制是常规的。泛在图书馆则需要真正以用户为中心，重构以用户及其需求为中心的图书馆服务模式。

1 泛在图书馆与图书馆服务的泛在化

泛在图书馆（ubiquitous library），是国外近几年提出的一个概念，是全新的图书馆理念。泛在图书馆的重要意义在于它突破现有物理图书馆和数字图书馆的藩篱，打破人们对图书馆的传统认识，真正从用户及其需求出发，遵循用户新的需求，适应用户的行为变化，将图书馆的服务融入用户科研和学习的一线，嵌入用户的科研和学习过程之中，用户在哪里，服务就在哪里，拉近与用户的距离，消除与用户之间的隔阂，模糊和淡化图书馆与用户之间的边界，创造图书馆服务与用户空间和过程有机融合的一种新的平衡状态，为用户提供一种到身边、到桌面、随时随地的服务。

国外也有人将泛在图书馆称为渗透性图书馆（pervasive library）[1]或弥散式图书馆（diffuse library）。[2]泛在图书馆就是无所不在的图书馆，其本质是图书馆服务的泛在化。泛在图书馆的概念最早大约出现于2004年前后。Neal Kaske发表了“泛在图书馆在这里”的文章，提出泛在图书馆的无时不在性。[3]1995年，马里兰大学图书馆馆长Charles B. Lowry博士在一篇文章中提出，使用“虚拟图书馆”、“电子图书馆”、“数字图书馆”不能准确地描述图书馆正在发生的变化，建议使用更好的一个词“泛在图书馆”，而该词已经在马里兰大学图书馆使用一段时日了。[4]随后，他又在2003年制定、2006年修订的马里兰大学图书馆五年规划中，以“泛在图书馆”为题，详尽论述了泛在图书馆的构想。[5]他使用“泛在”一词来表达图书馆以“渗透”的方式在校园提供利用，基本上是通过电脑桌面来实现的，并总结了泛在图书馆的若干特征。2007年他还应邀到日本国会图书馆做了题为“泛在图书馆：现状与未来的一些评论”的报告，传播他的泛在图书馆思想。[6]2006年，南乔治亚大学图书馆的Li Lili在国际图联大会上发表了“建设21世纪的泛在图书馆”的演讲，探讨了在数字时代泛在图书馆的主要技术解决办法和基于网络的泛在图书馆信息基础结构，引起广泛关注。[7]

W. P. Lougee认为，数字时代图书馆的角色正处在前所未有的不断发展变化之中，主要经历了3个发展阶段：分布式技术的发展、开放范式与模式的发展、泛在图书馆的出现2。日本的Toshiro Minami认为图书馆在变化，下一阶段的图书馆就可能是泛在图书馆。[8]2005年，德国的Oliver Obst博士认为，未来的医学图书馆是隐形的，并将图书馆的发展分成4个步骤：传统图书馆、数字图书馆、移动图书馆、泛在图书馆[9]。作者认为，泛在图书馆是无形的，比如完全融入用户中和周围持续的信息流中，不需要启动任何设备，它总是客观存在的，但人们却可能意识不到。

人们对泛在图书馆概念和内涵的理解有所不同，研究的角度也有差异。在我们看来，泛在图书馆表明图书馆新的发展方向，而这样一种发展是符合用户需求，适应用户行为的。不论我们使用什么样的概念，可以确定的事实是，向用户提供随时随地(point of need)的图书馆服务是对我们新的挑战。如果图书馆的服务远离用户一线，不能主动地融入到用户的日常过程之中，用户也将远离图书馆。因此，图书馆必须将自己的服务阵地前移，不是在后台，而是走到用户的身边。

中国科学院国家科学图书馆不断创新服务模式，积极调整服务策略。鉴于中国科学院用户广泛分布的特点，在2003年实施“资源到所、服务到人”的战略，采取多种方式，将资源开通到科研人员的桌面基础上，2006年，则进一步实施“融入一线，嵌入过程”的战略，建立专职的学科馆员团队，深入科研一线，提供到所、到组、到人的服务。同时，开发或引入各种信息工具，有效支撑用户的科研过程。国家科学图书馆的事实证明，在传统的图书馆服务以外，图书馆的服务具有广泛的需求和无限的发展空间。图书馆的服务只有融入到用户的场景和社区，才会显示图书馆更大的功能，才会拥有无限的发展潜力。

2 服务范围与服务对象的泛在化

图书馆的服务范围和服务对象通常都有非常明确的政策。这既受到资源数量的限制，也受到资源的知识产权的限制。所以，我们对用户有合法用户和校外（院外）用户之分。对合法用户，提供全方位的服务，而对校外用户，则提供有限度的服务。在实践中，特别是在网络环境下，用户的这种划分带来很多困惑。比如，如何区分网络上的用户哪些是合法用户，哪些是校外用户？随着网络的发展，更多的用户是网络用户，也难以要求用户提供其身份的合法性。

从泛在图书馆的角度，图书馆应在合法的条件下，最大限度地扩展服务的范围，将服务延伸到更多的用户中，特别是网络用户。对非本校的到馆读者，应给予读者最大限度地利用资源和服务的权利。对于网络合法用户，则应给予与到馆读者同样的服务待遇。对于不可确定身份的网络用户，通过技术手段确认其身份，比如电子邮件、网络地址等。如果还不能确认，则应给予与合法用户同样的待遇，尊重用户平等利用图书馆的权利。

在图书馆的服务中，资源的使用涉及到许可问题，应严格遵守有关协议，比如文献传递。但图书馆为用户提供的更多的服务是不一定依赖资源提供的，比如参考咨询、用户培训、资源与服务的宣传推广、信息交流与反馈等。应使图书馆的服务为更广泛的用户所享用，图书馆才会有更坚实的发展根基。泛在图书馆特别强调，将图书馆的服务融入到用户的虚拟社区中，与 BBS、Blog、Mailinglist、Folksonomy 上的用户紧密户动，提供及时有效的服务，作为图书馆服务的重要内容。

中国科学院国家科学图书馆物理图书馆既接待院内读者，也接待院外读者。在网络参考咨询上，对于所有的表单咨询，无论院内外，一视同仁给予解答。对于实时咨询，对院内实行每天 12 小时的服务，对院外，保持每天 4 小时的服务。图书馆建立专用的电子邮件，接收并及时处理来自院内外用户的服务请求。特别是，学科馆员按照学科领域，分工负责监控、解决用户通过“科苑星空”（BBS）提出的有关信息利用方面的问题。学科馆员还经常性地到研究所，为研究所、课题组、实验室、个人甚至野外台站提供服务。有用户的地方，就有图书馆的服务，已经成为国家科学图书馆的基本理念和服务模式。

3 服务内容与服务功能的泛在化

图书馆为用户提供文献服务不容争议，但除了文献以外，图书馆似乎就无能为力了。上千年来，这一直是一个传统，并一直作为图书馆的竞争优势。我们也必须承认，文献是图书馆的基础，也是用户利用图书馆的重要原因。图书馆成百上千年来积累的文献资源，是其他任何机构所不能取代的。但从未来发展看，如果图书馆仅仅抱着文献不放，不拓展资源范围，不延伸服务内容，不增强服务功能，则难以适应变化着的用户需求,难以确立自己的核心能力。

从用户的需求看,他并不看重图书馆拥有什么,不是因为图书馆拥有什么就利用什么,而是根据自己的需要,组织包括文献在内的各种资源,构建可能包括图书馆在内的信息环境。用户的科研需要往往是综合性的,包括科学文献、科学数据、种质资源、设施仪器、科学会议与文献管理和情报分析工具(如 Endnote、TDA)等科研对象,并实现这些资源有机集成,获得知识浏览、发现和分析服务。在基于网格的 e-science 环境下,用户将对非文献资源、各种资源的集成以及知识服务的需求更为迫切。如果图书馆不能融入到 e-science 的环境中,图书馆就可能被抛弃。而图书馆融入 e-science 的前提是能为用户构建综合知识环境。

国家科学图书馆提供文献服务是全部服务中的一小部分。除文献外,还提供科学数据,目前正在规划综合知识资源的建设。购买了 ISI 的文献管理软件 endnote,面向全院的科研人员和研究生推广使用。购买并使用了 ISI 的情报分析工具 TDA(德温特分析家),目前在力学所正在进行建立机构知识仓储(institutional repository)的实验,正在推动开放获取期刊和机构仓储的政策和发展。所有这些,都似乎不是传统图书馆范畴内的事情,但是用户需要的,就应该坚定地推行。我们不能以"这不是我们的事情"、"我们不具备这样的能力"为借口而可以有所不为,那将失去我们自己发展的良好的机遇。市场你不去占领,很快就会被人所占领。你自己的生存空间必然越来越小。

4 服务场所与服务空间的泛在化

图书馆员常常被定义为在图书馆里工作的人。离开了图书馆,图书馆员则似乎没有了用武之地。这与医生、律师、咨询师、教师等许多以知识为对象的职业工作者有很大的不同。他们离开了医院、律师事务所、办公室同样也能有效地开展工作。图书馆员过于依赖环境和设施,也说明图书馆员目前还不是真正意义上的知识工作者,还不能主要运用自己的专业知识和技能提供服务工作。在今天的数字化、网络化、信息化、知识化时代,图书馆员的核心能力必须重构,从文献服务和信息服务,转变为知识服务。这是今后若干年对图书馆员能力的挑战。

图书馆员有了知识服务的能力,他就可以以用户为中心提供用户所需要的服务。图书馆员可以在图书馆里提供服务,也可以到用户一线提供服务,可以在用户的虚拟社区提供服务。图书馆的服务则可以与用户形影相随。用户在哪里,图书馆的服务就在哪里。有用户的地方,就有图书馆的服务,图书馆的服务与用户的需求形成一种紧密耦合、良好互动的关系。从根本上讲,这是用户真实的服务需求。

更多的图书馆员需要从作为建筑的图书馆的迷恋中走出来，运用自己的知识、技能和智慧，到用户那里去开辟新的服务阵地和服务空间，去展现图书馆员的作为，去实现自己的潜能和价值。

中国科学院国家科学图书馆的学科馆员从某种意义上就扮演了这样一种角色。[10]全馆(总分馆)34 名学科馆员服务的主要场所不是在图书馆的办公室，而是全院 116 个服务单元(研究所、野外台站)的一线和用户所在的各种虚拟空间。学科馆员运用自己的学科知识、文献情报技能和良好的服务能力，为用户提供包括检索和工具的培训、文献信息咨询、学科情报研究、研究所资源配置分析、用户个性化知识环境构建等服务，受到了用户的热烈欢迎和好评，极大地提高了图书馆在研究所和用户中的显示度、贡献度和影响力，也激发了学科馆员的成就感和职业归属感。

5 服务手段与服务机制的泛在化

用户众多，需求无限，与有限的图书馆人力形成矛盾，再将服务的阵地延伸到用户一线更是如此。解决这一问题，需要从两个途径来入手。一是改进服务手段。为此，需要加大新技术的开发和应用的力度，通过技术手段，提高服务的效率和效益。在图书馆服务人员的身后，需要功能强大的技术平台的有力支持，需要有相关的技术人员的积极协助。技术是图书馆服务不断提升的重要驱动力。图书馆员必须学会利用技术手段开展工作，通过平台、工具的运用解决用户的问题。二是完善服务机制。首先，要通过岗位迁移，将大量的图书馆员从资源采访加工、阵地服务中解脱出来，同时通过对外公开招聘，大量增加高素质的从事一线服务的图书馆员，以服务为核心配置人员队伍和力量。其次，要以服务为核心重组业务流程和业务布局，全馆各部门、各岗位对服务部门和服务人员给予积极的支持和配合，形成内部业务关系上的紧密互动的关系。全馆都要为最终的服务效果负责，为服务能力的提升负责。

中国科学院国家科学图书馆十分重视服务手段的改进。总分馆信息系统和技术部门先后开发了符合用户利用图书馆习惯、一站式、情景敏感的新的图书馆网站(www. las. ac. cn)，建成了集成院内外 20 000 多种期刊的集成期刊目录系统，开发了一次输入、从多个数据库检索的跨库检索系统，开发了具有集成 RSS 服务的科技新闻聚合服务系统，开发了不脱离用户的环境、不中断用户的思维过程，直接点击关键词就能查询数据库和启动图书馆服务的“e 划通”系统，引进了 ISI 的 TDA。这些系统节省了图书馆服务人员的时间和精力，增强了服务的效果，体现了图书馆服务的智能化水平,也为用户的自助服务提供了极大的方便。

在服务机制上,2006 年 6 月开始,国家科学图书馆确立"融入一线、嵌入过程"的战略,设立了专门的学科咨询服务部,从资源建设、文献服务等部门迁移业务能力强的人员,同时面向社会公开招聘硕士和博士,组建了目前有 34 人的专职学科馆员队伍。学科馆员保持与资源建设、信息系统、文献服务、情报研究以及科学文化传播中心、档案馆等部门的密切沟通,反映和分析用户的需求,发现并跟踪图书馆工作中存在的各种问题的解决,通过这样一种工作机制,不断提升为用户服务的水平,增强为用户服务的效果。2008 年,国家科学图书馆还将增加学科馆员队伍的规模,进一步强化以学科馆员为主体的一线服务。

国家科学图书馆还不是完整意义上的泛在图书馆,无论在技术手段的运用上,还是有效融入用户的服务空间上,都还有很长的路要走。但图书馆服务的泛在化是大势所趋。图书馆服务的泛在化,并不意味着图书馆服务的泛化。图书馆服务仍然要有所为,有所不为。我们要充分地分析和论证用户真正的需求是什么,图书馆能够给用户提供什么样的服务。要通过需求拉动图书馆的服务,将需求作为图书馆服务不断创新的动力源泉。敢于超越旧制,敢于打破传统,敢为天下先。没有人规定图书馆一定不能做什么。所以,泛在图书馆是一种理念,也是一种图书馆形态。泛在图书馆给我们的启示,更重要的在于,图书馆不能将自己局限在有限的空间和能力范围内,而是勇于拓展自己的发展空间,延伸自己的能力范围,不断地超越自己,彰显自己在网络时代、信息和知识社会中的价值和作用。

参考文献

[1] Chad K. ,Miller P. Do Libraries Matter. http://faculty. fim

[2] Lougee W. P. Diffuse Libraries: Emergent Roles for the Research Libraries in the Digital Age. http://www. clir. org/pubs/reports/pub108/pub108. pdf

[3] Kaske N. The Ubiquitous Library is Here. Portal: Libraries and the Academy, 2004(4):291 - 292. http://muse. jhu. edu/login? uri =/journals/portal_libraries_and_the_academy/v004/4. 2kaske. html

[4] Lowry C. B. Let's Call it the"Ubiquitous Library"Instead. Portal:Libraries and the Academy,2005(3):293 - 296. http://muse. jhu. edu/journals/portal_libraries_and_the_academy/v005/5. 3lowry. html

[5] Lowry C. B. The Ubiquitous Library. http://www. lib. umd. edu/deans/ublibreport. html

[6] Librarians from University of Maryland Invited to the NDL. National Diet Library Newsletter. http://www. ndl. go. jp/en/publication/ndl_newsletter/157/572. html

[7] Li Lili. Building the Ubiquitous Library in the 21th Century. http://www. ifla. org/IV/ifla72/

papers/140-Li-en. pdf
[8]Minami T. Needs and Benefits of Massively Multi Book Agent Systems for U-Libraries. http://www. springerlink. com/content/6ln9wmjtv1rf5r8c
[9]Obst O. The Medical Library of the Future: Be prepared for the invisible. http://www. inforum. cz/pdf/2005/Obst_Oliver. pdf
[10]范广兵，初景利. 泛在图书馆与学科化服务. 图书情报工作,2008(1):105-108

(原文载:《图书馆建设》,2008(2))

图书馆服务要实现战略重心转变

服务一直是图书馆的最重要属性和本质特征。在图书馆的发展中,服务正在并将扮演越来越重要的角色。有什么样的图书馆就有什么样的服务,同样,有什么样的服务就有什么样的图书馆。在数字化网络化时代,在从传统图书馆到新型图书馆的转型过程中,图书馆必须适应信息环境和用户行为的变化,重新确立自己新的定位,大力拓展新的功能,完成自己的变革和转型。为此,图书馆要逐步实现从物理图书馆服务到嵌入式泛在图书馆服务的转变,从印本文献服务到网络资源服务的转变,从文献信息服务到知识服务的转变,从馆员中介的服务到用户自助服务的转变,从普遍服务到个性化服务的转变,从单向的用户服务到用户参与的服务的转变,从单一的图书馆服务到协同共享服务的转变,从纯粹的图书馆到知识管理与服务中心的转变。

1 从物理图书馆服务到嵌入式泛在图书馆服务的转变

在数字图书馆出现以前,图书馆建筑一直是图书馆为用户服务的唯一场所,用户利用图书馆必须到物理的图书馆中来,物理图书馆的服务是图书馆服务的代名词和全部内容,物理图书馆在图书馆服务中具有举足轻重的地位。如果读者不来图书馆,则图书馆的服务也无从谈起。因此,读者到馆率成为衡量图书馆作用的最重要的指标。但是,在今天的数字化网络化的环境下,图书馆服务完全可以打破时空界限,超越图书馆建筑的限制,在用户所在的地点随时随地地提供服务,用户在哪里,服务就在哪里,[1]所谓嵌入式泛在图书馆正是体现这样一种服务模式和机制。

今天的绝大多数图书馆正在经历服务模式的嬗变,正在通过数字图书馆的网络服务为不到馆的用户提供服务,通过学科馆员等制度实现图书馆服务阵地从图书馆到用户一线的前移,但总体而言,图书馆的思维模式仍停留物理图书馆时代,图书馆的服务重心仍然是物理的图书馆,服务的重点仍然是到馆的用户。无论是嵌入一线的服务,还是网络时空的服务,都没有得到足够的重视,投入的人力、物力、财力资源都远远不够。嵌入式泛在图书馆的理念尚未得到图书馆人的充分认可和广泛接受。

从到馆用户的分析看，绝大多数用户到馆只是利用图书馆的物理设施，寻求一个安静的学习场所，而不是真正利用图书馆的馆藏资源和图书馆员的服务。可以预见，随着网络设施的不断改进，随着伴随着网络长大的一代（90年代以后出生的网络一代）的用户行为的变化，到物理图书馆寻求到馆服务的需求强度将日渐降低。图书馆只有及早做好准备，适应变化，在业务布局、岗位设置、服务重心作出调整，才能在竞争中站稳脚跟，始终抓得住用户，而不是被用户所抛弃。在嵌入式泛在图书馆时代，检验图书馆成功与否的标志仍然是为多少用户提供了什么服务，只不过此时更多的用户是在他的办公室、实验室或虚拟空间。

2 从印本文献服务到网络资源服务的转变

印本文献往往是图书馆多年来不断积累的引以为自豪的最重要的资源，馆藏量与图书馆的规模常常相提并论。在印本时代，印本文献的搜集、整理往往需要投入巨大的人力和代价。在数字时代，电子资源正占据馆藏的主体，一些研究性质的图书馆的馆藏资源甚至在朝 E-only 的方向发展。而且，对图书馆为用户服务的资源而言，已经扩展到整个网络空间，大大超越了馆藏资源的制约。由于越来越多的资源是数字化网络化的，因此，图书馆员需要为用户提供对整个网络空间信息资源的导航、整理和利用。在用户端，他已经感受不到馆藏与非馆藏的区别，而是集成的一站式的资源获取和利用。

尽管在可以预见的未来，印本文献的出版还将继续，但其数量和比重必然不断降低。即使出版界还将继续出版印本图书、印本期刊，但图书馆或因经费的限制、人力成本以及用户的利用需求，将不断加大对电子资源的投入，甚至人们认为最习惯的图书阅读也将实现从印本到电子书的转变。国外学者预测大学图书馆在2050年消亡的六个重要理由之一就是电子书取代印本书。[2]

从印本走向电子将是一个不容置疑的变革。用户也将从不接受到接受，从不适应到适应。IPad 等新型阅读设施的成功显然就是人们接受阅读载体改变的一个最重要的事实。任何为印本所做的辩护都是苍白无力的。到馆藏的虚拟资源占据主导地位时，馆藏的印本资源必然成为配角，很有可能成为一个远离服务一线的存储图书馆，用户有需求可通过文献传递实现快速传递利用。图书馆的空间变异为 Information Commons、Learning Commons、Knowledge Commons 等，图书馆的学术交流功能、与用户的直接互动、参与用户的科研教学过程的功能将显著增强。

3 从文献信息服务到知识服务的转变

无论是文献服务，还是信息服务，都是提供基于文献单元的图书馆服务，这具有很强的印本时代的特征，也受到人力资源能力的很大限制。在数字化网络化时代，特别是今天各馆新招聘人员具有较强的学科背景和科学研究训练，具有硕士或博士学位，图书馆已经具备了提供知识服务的基本条件。无论我们如何定义知识服务，知识服务强调的融入了图书馆员知识和智慧体现了知识增值性的一种高智力的服务。从用户对未来图书馆服务的需求而言，用户并不是不要图书馆的服务，而是需要能直接支持其科研教学过程的知识服务。在许多图书馆，知识服务还停留在概念阶段，但知识服务作为一种服务战略方向已得到业界的充分认同和积极支持。

要实现知识服务，图书馆员就要打破文献单元的限制，深入到科研或任务过程之中，根据科研或任务需要，对细粒度的知识单元进行重组、挖掘、萃取、分析、调用，生成直接支撑科研或任务过程的增值知识成果，提高工作效率和效益，从中也实现图书馆服务的有机嵌入。[3]未来图书馆的成败，很大程度上将取决于图书馆员嵌入用户过程提供知识服务的能力和效果。图书馆员的角色也将从依赖物理图书馆提供文献服务，转变为可以在图书馆以外，在用户的身边，提供具有律师、医生同样性质的知识型劳动，体现知识服务的价值和不可或缺性，成为信息专员、情报专员、学科专家、高级咨询师等新的图书馆员角色。

要实现这样一种转变，需要图书馆员脱胎换骨的蜕变，以一种新的形象和新的能力带给用户不同的体验和认知。当图书馆的信息资源已经是数字化的，当图书馆员已经是硕士博士学位获得者，图书馆所提供的服务如果不能实现知识服务，则与图书馆所肩负的知识服务的职能不相适应，也无法适应用户对图书馆服务新的需求和期望。从文献与信息服务到知识服务，是一个渐进的过程，需要持续的探索和艰辛的努力，但这个趋势不可能逆转。知识服务的深度或许有差别，但在服务中更多地体现知识、智力和智慧，成为知识驱动的服务，将成为与传统图书馆服务的分水岭。

4　从馆员中介的服务到用户自助服务的转变

历史上，图书馆学是以“图书馆是中介机构，图书馆员是图书馆与用户之间的中介”作为重要的理论基础，[4]这在印本和物理图书馆时代是没有疑问的，但在数字化网络化和知识服务的时代，则必须加以修正。今天的许多用户更习惯于自助(self service)，更习惯于通过网络获取自己所需，因而越来越多绕开了所谓的中介，而更多地走向自助，借助于自助实现自己的目标。过去图书馆所习以为常的中介服务，正通过一些技术手段，逐步地让位于用户的自助，国外的相关研究也充分地证明了这一点。OCLC 的报告多次提到用户自助的需求,[5]给图书馆提出了严重的警示。在今后和未来,如果图书馆不扭转中介服务的尴尬,提供以知识服务为核心的新型服务,则用户必然绕开图书馆的服务,最终抛弃图书馆和图书馆员。

尽管在今后相当长的时间,中介服务仍将存在,因为用户的需求是多样性的,但主流和主导的图书馆服务不是中介。因此,图书馆应为用户自助提供更多的便利条件,引导和鼓励用户使用图书馆的自助服务,从而将图书馆员解脱出来,以便从事更加有智力性和挑战性的工作。用户能自己做的,就坚决地交给用户做。图书馆员的作用不是替代用户,而是协助和支持用户,培养用户提升信息能力。当然,自助服务还不能取代图书馆员的服务,图书馆员所给予的人性化、个性化和专业的服务不是系统或设施所能替代的。

无论是国内还是国外,图书馆的自助服务正在蓬勃发展。小从联机填写申请,大到城市街区自助图书馆,都为用户提供了一种多样化的选择,适应不同人群的不同需要。但总体而言,自助服务的类型和作用还远远不够,服务的需求和空间还很大。顺应用户的自助需求,加快自助系统的开发,提供更多的自助服务项目,并进而嵌入到用户的流程之中,是今后图书馆服务需要重点解决的问题。自助服务必须简单易用,界面亲切友好,必须能够提高用户的效率。要加强对用户自助服务的引导和指导,提高用户自助的意识和积极性,尽可能地通过技术手段来提高成本效益。

5 从普遍服务到个性化服务的转变

传统的图书馆服务往往是被动的服务。用户只有求助于图书馆员,才能得到所期望的服务,而且常常是程序化、流程化的服务,千人一面,一视同仁。这种普遍服务如果在物理图书馆时代有其必然性,但在今天的讲求品质和效益的时代,如果图书馆的服务不能量体裁衣,不能体现个性化,根据用户的特定需求重新组织图书馆的资源和服务系统,则不能适应当今主体用户的需要。随着信息富有而知识贫穷现象的出现,个性化服务将越来越被用户所看重,将在图书馆的服务中发挥日益重要的作用。

信息技术的应用为个性化服务提供了可能。[6]所谓的个性化服务不是依赖智力和体力,而是融入了人的智慧的系统设计。Personal library、信息过滤、Alert 服务、RSS 等定制服务体现的正是个性化。从某种意义上,知识服务一定是个性化的服务。个性化服务正是充分地使用用户特定需求的信息技术与知识服务的结合。就用户的需求而言,所有的需求都是个性化的,因此如果服务不是个性化的,则不可能最大限度地满足用户的需要。

长期以来,图书馆对用户的个性化需求重视不够,常常以不变应万变。从今后的发展看,个性化需要的满足是检验图书馆服务成效的重要指标之一。对相当数量的图书馆而言,由于技术力量薄弱,人员素质不高,个性化基本上无从谈起。对此,也只能充分挖掘一切潜力,借助各方力量,引进和应用成熟的系统,加快个性化应用的速度。个性化服务是图书馆服务的重要方向,要不遗余力地推动图书馆的个性化服务向深度和广度发展。

6 从单向的用户服务到用户参与的服务的转变

传统图书馆服务的基本模式是或者用户求助于图书馆,或图书馆向用户提供某种服务,所有这些服务都是单向的,用户与图书馆之间基本没有回路,基本上没有持续的互动,用户在图书馆的服务中基本上处于被动的角色。尽管一些图书馆建立用户委员会或资源建设咨询小组等,由于多方面的原因,实际上所发挥的作用有限,用户对图书馆的支持不够。实践证明,这种依靠少数用户参与图书馆事务的做法并没有产生应有的效果。

在网络环境下,实现用户参与图书馆的服务需要从系统和机制上加以推动。Web2.0 为这种参与提供了机会和可能。通过建立 BBS、博客、微博、flickr、书签以及图书馆的用户社区,图书馆就能从多个方面邀请和支持用户参与资源采选与评价、咨询提问与解答、系统测试与评估、工具的宣传与推广等等。在这样的一种自发性的用户参与以及图书馆与用户的互动中,图书馆与用户之间建立了紧密的协同互助的关系,增强了彼此的信任,扩大了相互联络与沟通的机会,形成了一个紧密结合的互动合作的联合体。

用户的参与是图书馆服务有效性和相关性的重要保证。还有很多图书馆没有认识到这一点,或没有建立一种可靠而持续的机制。用户参与体现的也是法律赋予的用户的权利,如平等权、隐私权、知情权等。[7] 图书馆应加强用户参与的管理,积极利用网络技术为用户的参与提供基础设施,不断完善用户参与的机制和政策,注重用户参与的效果和对服务的支撑能力,增强用户参与的广泛性和参与度,充分保障用户的民主权利。

7 从单个图书馆服务到协同共享服务的转变

今天的图书馆无论规模多大、实力多强,都不可能完全依靠自身的力量满足用户的各种信息需要,为用户提供完备的服务。总分馆制、图书馆系统、图书馆联盟、图书馆联合体等组织形式正是适应这样一种需要而产生的,其重要职能是为用户提供协同共享的图书馆服务。这种协同共享已经成为今天的图书馆生存方式和发展能力。没有图书馆能够独善其身,孤军奋战,而是必须寻求积极而有效的合作,包括与其他图书馆的合作,与出版商的合作,与数据库商的合作,与信息技术开发商的合作等。

仅就与图书馆的合作而言,在网络环境下可以实现物理图书馆时代所不可能实现的信息资源共享和各种联合服务,实现服务的规模化、高效率、标准化和精细化。数字资源建设、文献传递、联合式网络参考咨询、信息资源开放获取等等都体现了多馆的合作,乃至国际图书馆界的合作。国际上越来越多的图书馆已经认识到协同共享对图书馆发展的意义和前景,在为图书馆联盟做出共享的同时,也享受共享服务所带来的利益。

数字图书馆项目的一个重要意义是为各参与图书馆提供信息基础设施,为协同共享服务创造机会和平台。加州大学数字图书馆(CDL)的建立使得加州大学十个校园能够共享数字图书馆的服务。[8]日本的 NII 承担一个机构无法完成的项目,为日本的学术界建立了基于网络空间的科学基础设施,包括机构知识库计划。[9]

8 从纯粹的图书馆到知识管理与服务中心的转变

21 世纪的前十年,图书馆最大的变革莫过于其内涵从单一的以馆藏为中心的服务,正逐步拓展到以用户为中心的知识管理和知识服务。知识是图书馆的本质属性,而知识管理和知识服务是图书馆的核心职能。图书馆更重要的意义不在于馆舍和馆藏,而是其为用户提供知识管理和知识服务的能力,围绕着用户的特定需求重新组织资源、组织服务和开发系统,建立灵活的嵌入用户过程的服务机制。国外甚至有的图书馆已经改了名,国内则有若干图书馆与计算中心或信息中心合并,以体现图书馆功能的变化和新的发展需求。

在知识管理与知识服务中心框架下,图书馆更多的体现研究机构的性质,根据用户的需求组成课题小组承接任务,为用户提供深度的情报研究、课题情报跟踪、政策监测、环境扫描、前沿分析等等,也包括提供并介入机构知识库服务、开放获取出版咨询与指导等学术交流过程。在此情境下,图书馆员(或称为信息专员、情报专员)成为用户科研过程的积极参与者和合作者,成为用户科研项目的战略伙伴。

中国科学院多位领导都提出图书馆应成为知识工厂、知识管理与知识服务中心,要求图书馆实现从 data 到 information,从 information 到 intelligence,最后到 solution,代表了战略科学家对图书馆的需求和期望。这意味着图书馆从传统图书馆到新型图书馆的转型,从未来发展的眼光审视图书馆变革创新的需要,对图书馆实施结构和功能的改造。这对图书馆而言,一定是一个痛苦的过程。但也只有经历浴火重生,图书馆才有可能为自己创造一片新的天地,图书馆才可能有美好的未来。

参考文献

[1]Maureen Nolan, et al. Science Experiments: Reaching Out to Our Users. Issues in Science and Technology Librarianship,2008(55). http://www. istl. org/08 - fall/article1. html

[2] Brian T. Sullivan. Academic Library Autopsy Report, 2050. http://chronicle. com/article/Academic-Library-Autopsy/125767/

[3]Jake Carlson, Ruth Kneale. Embedded librarianship in the research context. College & Research Libraries News, 72(3):167 - 170

[4]吴慰慈主编. 图书馆学基础. 北京:高等教育出版社,2004

[5]OCLC. Perceptions of Libraries and Information Resources(2005). http://www. oclc. org/reports/2005perceptions. htm

[6]Fengrong Gao, et al. Personalized Service System Based on Hybrid Filtering for Digital Library. Tsinghua Science&Technology, 2007,12(1):1 - 8

[7]房明,温国强. 国内关于图书馆用户权益研究综述. 图书馆杂志,2009(4):10 - 13

[8]阎军,杨志萍. 加州大学数字图书馆考察报告. 数字图书馆论坛,2011(1):16 - 21

[9]National institute of infomatics. http://www. nii. ac. jp/en

(原文载:《城市图书馆研究》,2012(1))

我国图书馆学科服务的难点与突破

近些年,大学图书馆和专业图书馆在服务创新方面的最大亮点之一莫过于学科服务。学科馆员成为图书馆中的一种新岗位,也被赋予了更多的责任和使命。学科馆员或通过对外招聘或通过内部遴选,成为馆内外引人关注的图书馆新型专业人才。图书馆管理者也对学科服务改变图书馆的地位和形象寄予厚望。另一方面,国内图书馆的学科服务还是新生事物,发展并不平衡。各图书馆的学科服务都处于探索期,很难说已经有成熟的模式或机制。存在一些问题也是发展中的问题。其中的一些难点是由多种原因共同造成的,需要具体问题具体分析。学科服务如果真正产生成效,必须突破这些难点,必须找到困扰学科服务推进的主要瓶颈。

1 现状分析

我国图书馆以清华大学图书馆 1998 年首创学科馆员制度开展学科服务、以中国科学院国家科学图书馆 2006 年实施“融入一线、嵌入过程”的新型学科服务以来,学科服务的发展很快,已经有越来越多的大学图书馆和专业图书馆开始设立学科馆员岗位,积极推进面向院系和科研一线的学科服务工作。CALIS 已经将学科服务作为十二五的重点工作,为此,在 CALIS 三期项目中在一年半的时间里举办了 5 期学科馆员培训班,共有 200 余所高校图书馆的 326 名学科馆员(或未来的学科馆员)参加。可以相信,在未来的若干年,大学和专业图书馆的学科服务将会有更大的发展。很多图书馆将学科服务视为深化用户服务、推动图书馆转型的重要手段。

但我们也应该看到,不少图书馆对学科服务还抱有深深的疑虑,认为在现有的环境下开展学科服务困难重重,条件还不成熟,有很强的畏惧心理,缺乏应有的自信。有一些已经设立了学科馆员岗位的图书馆也反映,学科馆员很难得到用户的接受和认可,无法融入到教学或科研过程中,学科服务的效果不很理想。有人认为,我国高校图书馆推行学科服务 20 多年,大多成效不明显,有的几乎没有成效。[1] 即使“985”高校图书馆的学科服务仍存在不少问题。[2] 因此,人们似乎有些怀疑学科服务的意义和价值,甚至有人发出“学科服务:能走多远?”的困惑。[3] 因此,一些图书馆还处于观望阶段,一些图书馆只是先趟趟水、试试看,一些图书馆的学科服务则裹足不前，在艰难地徘徊。

不同的图书馆有不同的环境，领导层的支持、图书馆的资源、馆员的素质、用户的需求等很多方面都存在着差异。但这些都不能成为搞不好学科服务的理由。路都是趟出来的，没有两个图书馆的情境是完全相同的。要为成功找办法，不为失败找借口。学科服务作为一种新型的图书馆服务，没有现成的模式可以遵循，也没有既定的经验可以借鉴。在现阶段，唯有不断地摸索和大胆实践，才有可能闯出学科服务的新天地。因此，要敢于突破难点，要善于突破难点，解决制约学科服务发展的各种症结。

2　学科服务的难点与分析

学科服务的难点是什么，每个图书馆可能各有不同。在某个图书馆的难点并不一定是另外一个图书馆的难点。在某个图书馆很容易做到的事情，在另外一个图书馆就异常艰难。很重要的一点，每个图书馆都要学会找到本馆学科服务的难点或障碍，要善于对这些难点或障碍进行深入的分析，提出解决难点的对策或策略。从笔者从事学科服务的感受和对一些图书馆学科服务的了解，总体而言，目前国内图书馆学科服务的难点主要表现在学科服务的规划与设计、确立学科服务的基点、学科馆员的角色、学科服务的系统性和协调性、学科服务考核方法。

2.1　学科服务的规划与设计

在设立学科馆员制度与岗位、开展学科服务之前，必须加强学科前期规划的设计，给予足够的投入，做好充分的调研，包括国外、国内各图书馆开展学科服务的情况以及如何开展学科服务的。结合本馆的实际，包括员工的学科背景和学历，特别是结合本校的需求，有针对性地提出本馆学科馆员的岗位设置、职责设计、工作机制、与其他部门和岗位的关系、考核办法等。要因地制宜地制订学科服务的工作方案，目标不可过低，也不可过高，量力而行，但也要富有挑战性，要给予学科馆员必要的压力，保持工作的饱满和自由发挥空间。在初期，可将任务设计得粗放一些，以便更好地发挥学科馆员自己的主观能动性和创造力，鼓励学科馆员根据服务对象的不同去大胆探索。学科服务开展一段儿时间后，学科馆员的经验和能力有所提升，再设计相对细微的学科服务指南。如果学科服务不能突破这个难点，那学科服务必然是盲目的，战略是模糊的，定位是不清的，也不可能达到预期的效果。

2.2　学科服务的基点

目前一些图书馆开展的学科服务的基点失衡，更多地从图书馆的角度出发，将图书馆的目的与用户的需求对立起来,忘却了图书馆存在与发展的根本。图书馆设立学科馆员岗位的目的并不在于宣传推广图书馆的资源和服务,而是因为用户有需求,图书馆的服务要以用户及其信息需求为中心,根据其需求组织资源和服务。学科馆员也不仅仅是促进用户对信息的利用,而是以用户及其研究过程为中心,通过信息的利用支撑其科研过程。学科馆员也不仅仅是提供信息的获取、检索和利用,而是实现信息利用的目的——真正解决用户科研过程中的信息需求问题。从这个意义上,学科馆员必须站在用户的立场上,而不是图书馆的立场上,要以用户的思维和视角,而不是图书馆员的思维和视角,来看待图书馆的信息资源与服务,审视图书馆的一切工作,督促和监控图书馆资源和服务问题的解决。如果学科馆员不能突破这个难点,实现从地心说到日心说的转变,[4]那学科服务永远不会得到用户的认可,也不可能产生应有的效果。

2.3 学科馆员的角色

传统学科馆员的角色是联络、培训、信息素质教育等,仍然属于中介的性质。在今天自助服务盛行、中介的作用大大弱化的时代,如果学科馆员继续履行联络员的角色,仍然充当信息中介,而不能融入科研教学过程,不能成为科研教学不可缺少的伙伴,服务仍停留在浅层次上,那么学科服务的吸引力和影响力必定有限。所以,学科馆员必须成为嵌入式信息专员(embedded informationist),[5]走出图书馆的围墙,将服务的阵地前移到用户一线,将学科服务融入教育、嵌入科研,与科研人员结成研究团队,直接支持科研人员的科学创造,适应以数据为驱动的科学研究模式的转移。如果学科馆员这个难点不能突破,仍然习惯于固守在自己的办公室,在数字化网络化时代用户基本上不到图书馆,而图书馆员也不能到用户身边去,那图书馆与用户的关系就是死结,那被抛弃的只能是图书馆员自己。

2.4 学科服务的系统性和协调性

学科馆员是全馆图书馆员的一个团队,但一定是全馆最核心、最重要的团队,其他所有团队(资源、技术等)都要为学科馆员团队保驾护航,提供在资源、技术方面一切必要的支持。学科服务是全馆服务体系中的一部分,但一定是全馆最关键、最有价值的服务,其他所有的服务都必须服从和支持学科服务。因为在今天的环境下,学科馆员是一线指战员,学科服务是图书馆服务的前线。全馆上下都要支持前线,满足一线指战员的需要。为此,学科服务的系统性和协调性是学科服务制胜的关键。学科馆员不是单打独斗,是全馆业务体系中与其他业务模块紧密关联的一个枢纽。做好了学科服务,全馆就是一盘活棋。否则,满盘皆输。任何努力,如果偏离了学科服务这个主流,都将事倍功半。如果学科服务不能突破这一难点,任凭学科馆员再辛苦,其服务成效都将大打折扣。学科服务是全馆的事业,是全馆业务的灵魂。学科馆员要在学科服务中充分地调动多方面的积极因素,充分地发挥自身的主体作用。

2.5 学科服务考核方法

学科服务是一种服务,而服务的考核是看效果,看服务对象的评价,而不是看过程,也不是看服务提供者自身的述职汇报。任何考核都是一种导向,都是一种激励。但如果沿用传统的图书馆员的考核评价方法,以自我评价代替用户评价,以过程评价代替效果评价,那么这种简单的学科服务考核方法,必将抑制学科馆员的创造力,可能带来更多的形式主义和做表面文章,而忽视了对用户科研教学的支撑程度和贡献大小。为此,需要建立一套更客观的由第三方参与的、由用户主导的、侧重于效果的考核评价和激励机制。学科馆员服务的好不好,由所服务的用户来决定。学科馆员业绩大小和绩效多少,取决于用户的感受和基于感知的评价。如果学科服务不能突破这个难点,那学科服务就很可能是一潭死水,激不起任何涟漪。学科馆员将因此意志消退,激情消磨,学科服务难言创新与发展。

3 学科服务寻求突破的若干对策与策略

不同的图书馆,学科服务的难点可能不同,解决的思路与对策也各有差别。各图书馆应深入研究影响本馆推进学科服务的主要问题与障碍,系统考察制约学科服务深入而持续开展的各种因素,确立解决这些问题的轻重缓急和时间表,采取一切有效措施,突破这些难点和关键点,克难攻坚,调动各方面的有利条件,创新思维模式,探索多种可行的解决路径,化被动为主动,为学科服务创造良好的生态环境。

3.1 要加强学科馆员团队建设

人是最宝贵的资源。学科服务的成功与否,很大程度上取决于学科馆员团队建设。要从对外招聘、内部岗位聘任等把好入口关,根据学科馆员的职责与条件要求,聘用具有学科背景、较高的学历、一定的专业资历的专业人才。学科馆员的数量要适宜,有规模才有效应,根据服务的广度和深度,逐步增加岗位。学科馆员要以专职为主,中小型图书馆也可考虑兼职,或专职与兼职相结合。要加强对学科馆员的岗位培训以及业务中的指导,重视在实践中加以培养和锻炼。要将学科馆员的能力建设放到首位,舍得投入,强化学科馆员的专业技能。同时,要培养学科馆员的相对独立性,保持学科馆员的用户视角和用户思维,站在用户的立场始终代表用户的利益。服务需要热情,需要较高的情商,要保护学科馆员的工作激情与活力。

3.2 学科馆员工作要循序渐进

不同时期,学科馆员的服务有不同的目标和不同的要求。目标要切实可行,要具体可操作。要从基础做起,扎扎实实做好基本的服务,保证基本服务到位和有效覆盖。同时,可以以预研项目的方式,支持学科馆员对深度服务的探索,鼓励学科馆员在做好基本服务的同时,适时开展深度的学科服务,比如嵌入研究课题的情报服务等。一定时期后,可对学科馆员适当分工,对资深的学科馆员专注于深度的服务,其他学科馆员则致力于基本服务,并在彼此之间建立协同的工作关系,相互配合,相互支持。在总体布局和任务分工上,要体现任务的均衡性,合理使用人力物力财力资源,在普遍服务与深度服务之间寻求平衡。要避免贪多求全,一哄而上,顾此失彼,否则,很可能适得其反。

3.3 需要馆领导的强有力支持和其他部门的积极配合

馆领导的支持是非常关键的。领导意识到,就能够动员全馆的力量,调动全馆乃至学校的资源,为学科服务提供一切必要的支持。但也不必等待和观望。图书馆员要发挥自身的主观能动性,积极向领导呼吁,积极提出合理化建议。同时,要创造条件做必要的先期探索和试点,敢于尝试,敢为天下先。要通过效果来证明学科服务的价值和意义,要通过事实确认学科服务的模式与机制。其他相关部门的积极配合也是不可缺少的。相关部门在资源、技术、工具、相关知识与技能等方面的优势要能转化为学科馆员的能力。全馆都要支持学科服务。支持学科服务就是支持为用户的服务,而为用户的服务是全馆各部门工作的最终目的。全馆业务要与学科服务形成衔接的关系,满足学科服务所需要的一切支持。

3.4 融入一线具有不可替代性

在今天的数字化网络化环境下,在用户即查即得的信息需求方式下,用户到馆获取信息已经成为一种奢侈的信息消费方式,成本效益极低。用户不到图书馆,迫使图书馆设立学科馆员队伍融入到一线(办公室、实验室、会场、野外台站等用户所在的地方),参加用户的各种各样的活动(学术会议、研究生开题答辩、项目论证,乃至休闲娱乐),与用户结成稳定而可靠的合作伙伴关系。通过到一线,加深与用户的感情,加强与用户的沟通,更多而及时地了解用户的困难和需求,深度地认识用户所承担的项目,探讨合作的切入点和具体的合作方式。网络、电话等手段也是必要的,但都不能代替融入一线,嵌入过程。学科馆员需要通过融入和嵌入,得到用户的信任、认同和支持,学科馆员必须跨过这一道门槛。

3.5 要加强以用户满意度为中心的效果考核

学科馆员的服务不能按常规的年终述职或个人总结来衡量。年终述职或个人总结是需要的,但只能是辅助性的。任何服务都必须体现效果,通过第三方,以用户的感知作为服务评价的主要依据。用户的感知可以以满意度的形式表现出来。关于图书馆服务的评价,国内外已经有很多成熟的方法。学科服务要借鉴和利用这些方法,选择学科馆员的样本服务对象,从不同的层面测度学科服务的效果。这样一种测度,不单单是针对学科馆员的,也是对全馆工作效果的检验。要将考核结果与上级部门的支持关联,与学科馆员的绩效挂钩,为全馆工作的改进提供参考。

4 结语与思考

我国的学科服务任重而道远,不要指望一蹴而就,也不要简单化对待学科服务。对每个馆而言,都需要一个艰难的摸索期,需要一个用户从不接受到接受,从不认可到认可的过程。学科馆员唯有靠自己的实力证明学科服务的价值,别无捷径。在当今的形势下,图书馆必须全力支持学科服务,推动服务创新,将图书馆的发展置于解决用户的需求之中。学科服务再艰难,都要去寻求突破,探索图书馆服务在新环境下持续发展的道路。学科服务将从根本上转变人们对图书馆员与图书馆工作的认识。图书馆员也只有实施学科服务才能发挥自身的创造性和知识潜能。要不断总结学科服务中的问题和难点,不断寻求在理论和实践上加以解决,将学科服务不断引向深入。时间和实践将证明学科服务的历史和现实价值。

参考文献

[1]宋海沂.学科馆员制度研究热的冷思考.图书馆学刊,2011(9)
[2]万文娟."985工程"大学图书馆学科服务实践与不足分析.图书馆学研究,2012(3)
[3]超平的博客.http://www.mingzhiguwen.net/archives/1876.html
[4]张晓林.颠覆数字图书馆大趋势.中国图书馆学报,2011(5)
[5]初景利等.约翰霍普金斯大学图书馆考察报告.数字图书馆论坛,2011(1)

(原文载:《中华医学图书情报杂志》,2012(4))

四

开放获取与学术信息交流

开放使用——一种新的学术交流模式

学术交流方式现正处在急剧的转变之中。网络开始改变学术交流的方式,越来越多的科技信息正通过网络传播,且传播的费用低廉。除了印本图书期刊以外,用户期望图书馆提供电子形式的新的资源和数据库。新的期刊品种(印本和电子版)每年大量增加,书刊和电子资源的价格由于出版商的垄断每年也在节节攀升,然而图书馆经费却无论如何也跟不上资源价格的急遽上涨,图书馆不得不用较少的经费做更多的事情(to do more with less)。[1]这种状况对学术交流产生很大的影响,如果不能解决这一问题,将对学术研究带来严重的制约,国际学术界(包括图书馆界)正在积极寻求另外一种学术交流模式——开放使用(Open Access)。

1 学术交流的危机

学术信息的自由流动是学术探究和创造力的命脉,学术交流系统是科研存在的一个重要基础。这一系统曾经给学者们提供了极大的帮助,但现在信息的自由流动正在受到严重威胁,学者们正在失去对学术交流系统的控制,学术交流系统现在正在受到严重的冲击,处在围困之中,甚至处于崩溃的边缘。

图书馆向全世界学者提供的学术出版物越来越少。连年来,尽管学术信息的出版按指数增长,但图书馆却不得不削减期刊和图书馆藏。结果是,用户可以获取的学术信息资源越来越少。主要原因是,学术出版物,特别是科学、技术和医学出版物的价格扶摇直上。

现在学术交流已经成为一种数十亿美元的产业,商业性出版商每年以两位数的比例肆意提高价格。大的公司把利润和股东的需要放在第一位,出版商的竞争随着兼并的降低而引起价格攀高。图书馆无力跟上商业性期刊价格的上涨,商业性期刊的价格往往是学会或非营利性期刊价格的 3—7 倍,根据 Library Journal 的统计,在 1990—2000 年间,期刊的订购价格每年增长 10%,10 年共增长了 170%。27 个学科中的 17 个学科年增长率为两位数字。

事实上,在 20 世纪多半时间里一直运转很好的学术交流系统正趋于瓦解。如果这个问题不能很快解决,学术交流上的危机将对科研和学术产生破坏性的影响。这一危机的严重性的一些主要指标有:[2]

• 图书馆作为学术交流系统的主要力量,却无力提供研究人员所需要的信息。

• 全世界的研究人员能够利用的期刊在减少。尽管自 20 世纪 80 年代以来,全世界出版的期刊数量翻一番,但自 1986 年以来,北美平均每个研究图书馆订购的期刊削减 6%,图书的订购削减 26%。

• 可获得的学术著作数量急剧下降。1999 年,美国大学研究图书馆订购的图书比 1986 年平均减少了 26%。在同一时期,全世出版的图书每年增长 50%。

• 证据表明,全世界的图书馆正在经历类似的甚至更严重的采购数量的减少。澳大利亚的一份报告指出,1993 年到 1998 年,澳大利亚 38 所大学图书馆订购的期刊总量减少了 43.7%。近年,加拿大 24 个图书馆期刊订购经费被砍掉了 434 万加元。

• 尽管图书馆和上级拨款单位力图使文献经费保持与通货膨胀一致,但仍然感到难以为继。截至 1999 年,在过去的 12 年里,尽管消费价格指数年增长 3.3%(累计为 52%),但图书馆订购的学术期刊单位价格每年增长 9.0%(累计为 206%).这种衰落可以从另外一个角度来考察。从 1989 到 1999 的十年里,ARL 成员馆馆际互借量提高了 122.2%。这种提高表明,用户不得不越来越多地依赖从其他图书馆获取文献,而这个过程可能要花费两到三周的时间。

种种现象表明,图书馆正在被抛下。用户需要利用图书馆提供本领域最新的信息。然而在过去的十几年,许多图书馆满足用户需求的能力越来越低。

2 学术交流的革命与开放使用

网络革命正在改变学者交流的方式。在今后的十到二十年,传统的印本科技期刊将大部分被联机出版物所代替。这是很可能发生的,因为电子出版物的优势不仅经济,而且学术地位也在提高。[3]

联机出版学术期刊的一个障碍是,一些学者认为,网络是一个混乱的环境,任何人可以发表任何东西,作品在出版后可以偷偷地修改或编辑。也许最大的障碍还是传统。多年来,印本期刊在科学界已经巩固了其学术声誉,联机环境也需要建立类似的声望,研究人员才会有信心将自己最好的成果以电子形式发表,评审委员会才会全面认可这类出版物。这只是个时间问题。

不仅联机期刊需要拥有至少与印本期刊一样的质量,而且可以利用电子期刊以新的重要的方式加强学术交流。例如,当用户感兴趣的文章出现时,系统可通过邮件提醒用户。公告板可登载非正式的即将举办的会议的海报。编辑可邀请读者对发表的作品提交评论,如果作者对评论作出反映,对作品进行了修改,老的版本仍可保留在档案中。研究论文将随着开放的读者评论而成为活的文献。而在纸本环境下，这样的讨论将由于印刷和发行的原因延迟数月甚至数年。网上的讨论比印本快，而且比面对面会议更深思熟虑、更有组织。

尽管联机期刊将越来越显示其地位和影响力，但它们基本上完全由追求利益的出版商所控制，即使再有实力的图书馆都感到资源获取上力不从心。在这种形势面前，必须找到摆脱这种局面的办法。国外的学者、学术界、图书馆对这一问题给予极大的关注，并在积极寻求另辟蹊径，找到一种引入竞争、打破垄断、重构学术交流模式的办法。

美国 Kansas 大学教务长 David Shulenburger 提出的解决期刊危机的办法是建立全国电子期刊储存库 NEAR(the National Electronic Article Repository)。这是一个集中式的存放学术成果的公共域名服务设施。根据这一建议，应要求作者在作品发表后将作品提交到 NEAR，因此迫使出版商重新评估其在学术出版过程中的价值，因而降低价格。Rochester 大学教务长 Chades Phelps 提出的建议与 Shulenburger 相互补充。他提出划分现行的期刊出版系统的功能，打破同行评议过程与出版过程的联系，这一联系被许多出版商在定价实践上所利用。他认为，通过向学会支付手稿的同行评议费用，出版或传播的功能就能够转向其他的实体，如基于学科的或基于大学的服务设施。[4]

这样一种变革就是"开放使用"运动。这是一种吸引了许多学科兴趣的策略。支持这一运动的思想基础在 2002 年"布达佩斯开放使用计划"(BOAI)中得以明确。[5]这是一份由全世界数百人和学术与科技组织签署的原则声明、策略和约定。计划提出在网上获取所有学术领域的研究论文：(1)创建开放使用期刊(open access journals)。(2)创建机构的或学科的数字资源库形式的自我保存机制。倡议得到了越来越多的来自全世界的科研工作者、大学、实验室、图书馆、基金会、期刊、出版社、学术团体和学者的认可。

BOAI 的宗旨是加速国际间开展工作的进度，使各学科领域的研究成果在因特网上免费获取。BOAI 从 OSI(Open Society Institute)信息项目获得了 100 万美元的资助。BOAI 的目标是：

- 建立可持续的自我保存和开放使用出版物的业务模式和计划；
- 利用图书馆网络(如电子信息图书馆联合体 eIFL，目前有 40 多个国家参加，见 www. eifl. net)，动员全球支持开放使用；
- 支持中低收入国家的研究人员在收取团体费的开放使用期刊上发表文章；
- 开发开放使用出版、自我保存、标引和导航的软件工具和模板；

• 促进在基金会和捐赠者、科学与研究经费提供机构、图书馆和大学、政府、政策制定者和全世界的国际组织重视开放使用问题

2003 年 10 月，欧洲一些主要大学和学会（包括德国马普学会）在一次会议上呼吁促进对学术出版物的开放使用，并发表了《开放使用科技与人文科学知识柏林宣言》，宣言指出“为实现知识的全球传承和可获取这一愿景，未来的网络必须是可持续的、交互的和透明的。内容和软件工具必须是开放使用的和可兼容的”。[6]

开放使用提出了一种新的传播期刊学术信息的方法，全世界的所有读者获取期刊学术信息将是免费的。编辑评审和生产发行的费用将由某种机制而不是读者或图书馆订购方来支付（如版面费）。

在 2004 财政年度，由于面临图书馆预算的削减或紧缩，国外许多图书馆采取措施力图重新获得期刊选择和停订的控制权。杜克、康乃尔、哈佛和北卡罗来纳大学等大学图书馆均修改了与主要的商业出版社的学科条款，并且拒绝订购费必须逐年增长的合同。由于出版商制订的许可条款，这些图书馆必须大量减少期刊品种才能保证经费不超支。

图书馆界对开放使用做出积极响应。很多图书馆（哈佛大学、MIT、华盛顿大学、密歇根大学等）都在主页上宣传和推荐这种新的学术交流方式。堪萨斯（Kansas）大学图书馆把它作为一种服务内容，并提出“建立能充分满足当前和未来研究者需要的学术交流系统，需要教师、图书馆员和出版社的积极合作”，并呼吁全校一起了解这些问题，共同合作，创造变革。该校还建立了自己的机构资源库 KU Scholar Works。[7]密歇根大学图书馆成立了“学术出版处”（Scholarly Publishing Office），负责对本校教师学术成果的电子出版和传播，支持在联机环境下以传统方式出版期刊和专著，也出版那些只以电子传递形式出版的学术著作。[8]

2004 年 5 月，MIT 图书馆馆长 Ann J. Wolpert 既是通报又是要求支持解决整个学校面临的严重的问题。他指出“在过去的几年里，对学校和图书馆的财政压力使得变革学术出版系统变得更为明显、更为紧迫。无力支付越来越昂贵的内容，并且在许可的限制内，受制于不合理的利用条款，以及对停订期刊实施惩罚，所有的图书馆感到，越来越难于适应学校不同学科师生的需求”。[9]华盛顿大学图书馆呼吁“到了华盛顿大学的员工采取行动改革学术交流结构的时候了”。[10]

约翰·霍普金斯（Johns Hopkins）大学为鼓励研究人员支持新型学术交流系统的发展，作为机构会员参加了 BioMed Central。这样研究人员向 BioMed Central 出版的期刊提交论文就可以免交 500 美元的版面费。并且陈述在 BioMed Central 发表文章的诸多理由：

- 开放使用；
- 无须版权转移；
- 被 PubMed 收录和其他工具编为索引；
- 同行评议快速；
- 即刻出版；
- 随时了解阅读你的文章的人数；
- 文章得到 BioMed Central 的宣传推广。

根据 Open—access journals(http://WWW.doaj.org)提供的数字，该目录目前收录免费的、全文的、高质量的科技和学术期刊 1148 种，其中 309 种可检索到文章，目前已收录 54 584 篇文章。目标是囊括所有的学科和语言。[11]

从国际上看，开放使用资源主要有三种类型：机构资源库、学科资源库和开放期刊。

机构资源库(Institutional repositories)是大学创建的知识产品的数字化档案库，提供给校内外的终端用户利用，没有或只有很少的限制。机构可以独立创建，也可以参加到州或地区性联合体之中。一些机构，如 Caltech 和加州大学，已经建立了这样的资源库。MIT 正在建立的资源库 DSpace 将收录学校教授们的研究资料，并允许研究人员对他们所提供的每一种资料选择获取级次。

学科资源库(Disciplinary repositories)是某些学科所利用的，目的在于促进研究资料的共享和保存。这些资源库(称为"eprint servers")在各自的领域参与的程度很高。资源库所涉及的学科包括古典文学、哲学史、经济学、化学、认知科学、数学和物理学。

开放期刊(Open Access Journals)是一种网络化的免费期刊，提供给广泛的用户利用。开放使用正在引起广泛的关注，它的特点是：

开放使用(open access)是一种成本低、效益大的传播和利用信息的方式。它有别于传统的建立在订购基础上的出版模式，而是利用数字技术和网络通信而实现的另外一种模式。美国研究图书馆协会(ARL)所使用的概念的是，开放使用指的是作者提交不期望得到直接的金钱回报的作品，用户可以免费在公共网络上利用，用于教育和研究。"布达佩斯开放使用计划"(Budapest Open Access Initiative)提出，开放使用将使用户阅读、下载、拷贝、传播、打印、检索或链接到作品的全文，爬行寻找索引，作为数据传递给软件，或用于其他任何合法的目的，而没有经济、法律或技术上的障碍。开放使用不适用于作者期望获得经济利益的资料。

开放使用是在当前的版权法的法律框架下实现的。作者拥有作品的原始版权。在出版的过程中,作者可以将版权转让给出版社,由出版社将作品放到网上,或作者自己保留将作品放到机构或学科服务器上的权力。然而,作者保留对作品完整性的控制权,容许适当地承诺和引用。

开放使用对读者是免费的,但对出版者是不免费的。出版数字式开放使用的文献的成本比生产印本文献要低得多,但需要一定的经费和人力资源。要求作者或机构出一定的传播费,作为开放使用的经费开支,这与传统图书馆的订购模式是不同的。

开放使用关注的是学术研究成果。开放使用关注的是学者提供给社会的文献形式的科研成果,而不期望得到直接的金钱回报,包括同行评议期刊文章、预印本、预研成果和数据库。

开放使用与同行评议。开放使用并不意味着可以绕过同行评议。同行评议是独立于媒介的,无论对印本期刊还是联机期刊都是必要的。联机期刊并不存在更大的困难。

实现开放使用的标准是开放档案计划(Open Archives Initiative,OAI)。OAI 建立和推动互操作标准,旨在促进内容的有效传递。OAI 元数据收割协议(OAI Metadata Harvesting Protocol)允许第三方服务机构从分布的资源库中收集标准元数据,并根据组合的元数据进行检索,以确认并最终检索文献。尽管 OAI 的许多支持者鼓励开放使用,即免费利用因特网上的作品,但 OAI 的基本技术框架和标准并不受所提供的内容类型的约束,也不受围绕着内容的经济模式的约束。

3 国外主要的开放使用计划

开放使用计划的目的是建立一个有别于由商业出版商出版的传统的期刊的另外一种模式,强调解决期刊的传播、开放使用和保管等问题。国外图书馆和其他机构已经建立了若干开放使用计划,正在形成一种新的学术交流模式。

3.1 SPARC(学术期刊出版与学术资源联盟)[12]

SPARC 是一个全球范围的研究机构、图书馆和组织于 1998 年发起的联盟,旨在加强更广泛的讲求成本效益的对同行评议的学术成果的获取,并推动学术交流市场的竞争,积极推动开放使用期刊和机构资源库的建立。2002 年成立的 SPARC 欧洲部(Europe office)拥有 10 个国家的 39 个成员,本部在英国的牛津。

SPARC 计划包括:

- SPARC 新期刊计划。支持孵化具有竞争性的与高价位的商业性期刊不同的期刊。Organic Letters 是有别于 Tetrahedron Letters 的一种新刊,由美国化学学会

(ACS)出版,由 SPARC 支持。在不到四年的时间里,Organic Letters 已发表了 14000 多页的在有机化学领域的原创研究成果。根据 2001《ISI 期刊引证报告》,2001 年,它的影响因子超过了它的竞争对手;

• SPARC 前沿计划。通过技术或创新性商业模式,支持获得竞争优势的各种大胆尝试;

• SPARC 科技界。计划支持建立非营利的门户,将经过同行评议的研究成果或其他内容收集在一起,满足松散的科技界的需要。

3.2 CREATE CHANGE[13]

CREATE CHANGE 是由美国研究图书馆协会(ARL)、美国大学与研究图书馆协会(AC&RL)和学术出版与学术资源联盟(APARC)共同发起的,项目的经费由这三个组织和 Gladys Krieble Delmas 基金会提供。

CREATE CHANGE 的核心目标向全世界的学者、学生和其他可能受益的人提供对学术研究成果的利用。为此,采取的策略是:

• 将学术交流的控制权从商业出版商回归给学者;

• 影响学术出版社将尽可能广泛的传播学术信息作为他们的首要任务,坚持对学者和图书馆友好的价格政策和做法;

• 建立与商业性学术出版物并行的出版物,既要使新的期刊具有竞争性,以可以买得起的电子形式出版,又要使学术研究成果能更直接地提供给学者;

• 促进同行评议制度的变革,以便更有利于获取学术研究成果。这种变革包括终身教授和提升的标准从重数量到重质量,并且要充分承认电子出版物是交流研究成果的手段。

CREATE CHANGE 力图实现:

• 帮助教师、管理者和其他相关人员充分认识近来出现的学术交流系统的危机;

• 促进图书馆决策者对这一问题的理解,并支持采取相应的措施(如取消订购某些期刊);

• 激发学术交流系统中的人员开展讨论,包括与知识产权相关的问题;

• 促进人们采取具体的行动,如给出版商写信,拒绝编辑那些定价历来不可接受的期刊,或提交论文或评论。

3.3 科学公共图书馆(PLoS)[14]

科学公共图书馆(PLoS)是由 3 万多名科学家签署的一项基础计划,是一个由科学家和医生参加的致力于使全世界的科技和医学文献成为公共资源的非营利的组织,旨在鼓励出版社在出版的6个月内将期刊寄存在中心档案库中,如PubMed Central。这些科学家认为,在中心资源库中以通用的格式存储多个来源的信息,能显著增强他们跨库检索、处理数据、开发将文献与各种其他信息源进行集成的工具的能力。由于得到出版社的呼应有限,PLoS的领导者计划建立自己的一套开放使用期刊。

其目标是:

• 向全世界任何地方的科学家、医生、患者或学生提供对最新的科技成果不受限制的

利用,从而向全世界的保存和传播科技知识的图书馆打开大门;

• 实现免费检索发表的每一篇文献,查找特定的思想、方法、实验结果和观察现象,从而促进研究、医学临床和教育成果的传播;

• 使科学家、图书馆员、出版社和企业家获得新的途径,探索和利用全世界的科技思

想和发现的宝库。

PLoS正在与科学家及其学会、经费支持机构和其他的出版社合作,实现使每一篇发表的文章都能开放使用这一更宏大的目标,开发使文献对科学家和公众有用的工具。

2003年10月13日,PLoS Biology以印本和联机两种形式出版了创刊号。PLoS Medicine也将随后于2004年秋季出版。

3.4 PubMed Central[15]

PubMed Central是生命科学期刊文献数字化的资源库,由美国国家医学图书馆生物技术信息国家中心开发、管理和支持的。利用PubMed Central是免费的、不受限制的。参加PubMed Central是自愿的,出版社可以随时随地寄存期刊文章。版权仍属于期刊或作者。

PubMed Central(PMC)是生命科学期刊文献的数字档案库,由设在美国国家医学图书馆(NLM)的国家生物技术信息中心(NCBI)建立和管理。PubMed Central旨在在数字时代起到世界级图书馆的作用。它并非是期刊出版社。PubMed Central的特征:

• 免费和无限制的获取。

• 出版社志愿参加。参加的期刊必须满足某些编辑标准。所有经过同行评议的原创性研究论文均被收录在参加了PMC的期刊中。

• 视情况不同,期刊出版社或作者拥有版权。

3.5 BioMed Central(BMC)[16]

BMC 是独立的商业性出版社,致力于提供对同行评议的生物医学研究期刊的快速、免费的利用。BMC 出版 50 多种生物学和医学方面的联机期刊,并利用向作者收取的费用和机构会员费,为开放使用的期刊提供资助。在 BMC 期刊上发表文章的作者拥有版权。其特点是:

• 联机提交论文,论文经过同行评议,对愿意参与开放使用的科研人员不收费。联机期刊直接由编辑部负责。

• 在 BioMed Central 期刊上发表的原创性研究论文的作者拥有版权;

• 支持 PubMed Central 和其他的数字资源库,鼓励作者对成果的自我保管。

3.6 BioOne[17]

BioOne 是学会、图书馆、大学和私营部门的一项新的合作。BioOne 提供对全文的、高影响力的生物科学研究期刊的利用。绝大多数期刊是由小的学会和非商业性出版社出版。在 BioOne 之前,这些资料只能以印本形式得到。BioOne 的特征是:

• 实现对生物科学领域核心研究成果的完整链接和轻松获取;

• 与高价位的商业性出版的期刊相比,是具有成本效益的替代品;

• 建立了一种机制,实现学会出版的高价值非营利的期刊保持独立与活力。

3.7 arXiv.org 预印本资源库[18]

arXiv.org 最初建立的目的是快速传递高能物理领域的研究成果。1991 年由物理学家 Paul Ginsparg 建立,是物理学和相关学科、数学、计算机科学和认知科学领域预印本的全自动的电子保管与传播预印本档案库。这项服务以前是 Los Alamos 国家实验室提供的,2001 年转给康乃尔大学,已成为传播物理学、数学、非线性科学、计算语言学和神经科学的主要的论坛。其特点是:

• 科学交流的互动机制,补充并且常常代替传统的纸本出版物。

• 通过因特网免费获取。

• 最低限度的编辑疏漏;其他研究人员作出评论,既有支持,又有反对。

3.8 Euclid[19]

Euclid 是康乃尔大学图书馆建立的项目,旨在促进理论和应用数学以及统计学领域有效的和负担得起的学术交流。Euclid 项目以用户为中心,力图建立一种有效的并且价格可以承受的数学和统计学期刊文献传播环境,通过与学会出版社、专业学会和大学图书馆合作，满足对独立的和学会期刊的特殊需求。全文检索、参考文献链接、通过 OAI 实现互操作、数据的长期保存都是该项目的重要特征。

项目的最终结果是建立独立的和学会期刊富有活力的联机信息共同体，保证数学和统计学将继续从商业企业、学术团体和独立的出版社良好的利益平衡中受益。Euclid 项目也是 SPARC 项目的一个科技界合作者。

3.9 D—Scholarship 资源库：[20]

佛罗里达州立大学图书馆新的 D—Scholarship 校园数字资源库，包括定制的工具和系统，从而学校的各院系能够自动地自我存档、管理、传播和以电子方式保管研究成果和教学资料。[21] D—Scholarship 收录的资料包括文件和预印本、技术报告、会议录、研究数据、电子演示文稿、多媒体文件和简单的网络文献，几乎包括了所有的电子载体。

3.10 DSpace[22]

DSpace 是一个为获取、传播和保存麻省理工学院（MIT）知识成果而建立的数字资源库，是由 MIT 图书馆和惠普公司共同建立的项目，提供对 MIT 教师和研究人员需要保存的数字作品的稳定的、长期的保存。

MIT 图书馆 2000 年初与惠普公司宣布了一项 180 万美元的合作计划，在 MIT 共同建设数字资源库。同年 4 月，安德卢·梅隆基金会给 MIT 的捐赠使 MIT 图书馆能够制订一项业务计划，将 DSpace 研究项目转变为可持续的技术平台和服务，由 MIT 图书馆进行管理，得到了 MIT 的学者和数字学术资料的用户的支持。

DSpace 可实现：

- 对用户：DSpace 通过网络提供对 DSpace 内容的获取；
- 对作者：DSpace 提供对各种载体的数字化传播和长期保存的优势，包括文本、音频、视频、图像、数据库等等。作者可以将数字作品存贮在馆藏中，由 MIT 工作人员负责维护；
- 对机构：DSpace 通过一个界面提供利用该机构所有的研究成果的机会。

DSpace 是一个开放源代码软件平台，使机构：

- 利用提交流程模块获取和描述数字作品。
- 利用网络通过检索系统传播一个机构的数字作品。
- 长期保存数字作品。

目标：

- 建立电子系统，获取、保存和交流 MIT 教师和研究人员的知识成果；

• 支持其他机构采用或联合。

DSpace 的特征是：

(1)是一个机构资源库。

(2)支持各种各样的数字形式和内容类型。包括：文本、图象、视频、音频。

(3)数字化保存。

(4)获取控制。DSpace 允许内容提交者对 DSpace 中的资源的获取进行限制，可以是馆藏层次上的，也可以是各资源层次上的。

(5)查询与检索。DSpace 在内容提交过程中，利用 Dublin Core 元数据方案对每件作品进行著录。著录结果进入关系数据库中，利用关系数据库通过搜索引擎进行检索。

(6)开放源代码软件。DSpace 软件将通过开放源代码 BSD 许可提供利用。这将使其他机构可以利用 DSpace 软件建立自己的资源库。

开放使用对我国学术界、图书馆而言，具有更大的意义。长期以来，我国学术研究由于受制于国外出版商，很多学术资源不能利用和共享，也影响了中国科学研究与世界的交流。开放使用为促进我国科学研究的发展与学术交流提供了新的机遇，也为图书馆为用户提供更多、更好的资源和服务提供了可能。2004 年 5 月 24 日，中国科学院院长路甬祥、国家自然科学基金委员会主任陈宜瑜在北京分别代表各自机构签署《柏林宣言》，表明我国科学界对推动全球科学家共享网络科学资源的支持。我国科学界、出版界和图书馆应携起手来，支持并参与开放使用战略，并积极创建中国自己的开放使用学术资源。

参考文献

[1]Thomas Baker. TIAC White Paper. http://www. Tiac. or. th/tiacweb/Baker/scction2 - 1. html

[2]The Scholarly Communication Crisis. http://www. createchange. org/librarians/issues/silent. html

[3]Thomas Baker. TIAC White Paper. http://www. Tiac. or. th/tiacweb/Baker/Sectionl - 3. html

[4]Putting Scholars Back in Control. http://www. createchange. org/librarians/issues/putting. html # Page5B

[5]Budapest Open Access Initiative. http://www. soros. org/openaccess/read. shtml

[6]The Berlin Declaration on Open Access to Knowl-edge in the Sciences and the umanities. http://14rWW. zim. mpg. de/openaccess-berlin/berlindeclaration. html

[7]KU ScholarWorks. https://kuscholarworks. ku. edu/index. jsp

[8]Scholarly Publishing Office. http://spo. umdl. umich. edu/

[9]Th e Changing Environment of Scholarly Communication: Challenges and Opportunities for Faculty.

http://libraries. mit. edu/about/journals/wolpert. html

[10] Scholarly Communications at the UW Libraries. http://www. 1ib. washington. edu/ScholComm/

[11] Directory of Open Access Journals. http://www. doaj. orgl

[12] Scholarly Publishing and Academic Resources Coalition. http://www. ar1. or/sparc

[13] CREATE CHANGE. http://www. createchange. org/home. html

[14] Public Library of Science, PLoS. http://www. publiclibraryofscience. org/

[15] PubMed Centra1. http://www. pubmedcenta1. org

[16] BioMed Centra1. http://www. blomedcentra1. com

[17] BioOne. http://www. bioone. org

[18] arXiv. org e-Prirtt archive. http://www. arxiv. org

[19] Project Euclid. http://projecteuclid. Org/Dienst/UL/1. 0/Home

[20] FSU D-Scholarship Repository. http://diglib. 1ib. fsu. edu/

[21] FSU D-Scholarship Repository whitepaper. http://diglib. 1ib. fsu. edu/iratfsu2. pdf

[22] DSpace. http://www. dspace. org

（原文载:《图书情报工作动态》,2004(8)）

开放获取的发展与推动因素

信息和知识是学术研究最重要的基础。能够对信息免费地、不受时空和其他任何限制,方便而自由地获取和利用,一直是每个学者和全社会的共同愿望和美好理想。开放获取正是为实现对信息平等、公开地获取而产生的一种学术出版与交流模式。它打破了商业出版商对信息的垄断,建立了一种新的学术与信息交流机制。尽管发展的时间不长,但显示出强劲的发展势头。开放获取与学术界等各领域有着十分密切的关系,在开放获取的发展过程中,社会各界起到不同的推动、促进作用,影响着开放获取的发展进程。

1 开放获取的早期推动

在科学期刊出版的早期,就孕育着开放获取的思想。1665 年,科技期刊《伦敦皇家哲学会刊》(Philosophical Transactions of the Royal Society of London)问世以来,[1]科研人员发表论文就一直不需要支付任何费用,而是将期刊论文交换为另外一种无形的利益,比如标志着他们比其他科研人员更早地研究同一问题的发表时间证明、学术声望、引文率以及提升他们的职业影响力。[2]300 多年来,作者们发表的成果都是以印本的形式进行传播。其成本通过期刊的订购费来提供。

但近些年来,随着学术出版的商业化,期刊的价格不断上涨,商业出版商对信息的垄断,知识和信息的交流变得越来越困难。现有的学术交流系统越来越引起人们的不满,其结果是引发全球对这一问题的关注,从而产生了开放获取。开放获取针对的是存在的两个方面的问题:[3]一个是所谓的“期刊危机”(serials crisis)。期刊价格的猛涨阻碍了对学术研究成果的利用,给图书馆和科学研究带来了严重的期刊危机。这导致了一种恶性循环:砍刊导致价格更高,高价导致更多地砍刊。期刊的这种价格危机将图书馆置于无法向科研人员提供对信息的利用这样一种危险的境地;[4]另一个是“获取危机”(permissions crisis)。商业出版商对期刊文献利用上所实施的种种限制,除了实行高价政策外,一些出版商规定论文的版权归出版者所有,作者发表论文的前提是转让版权给出版者,用户必须在购买了许可后,在经历了需要注册用户名、密码、提供 IP 地址、限定并发用户数、限制下载量等重重障碍后,才能获取对文章的利用。

开放获取的演进经历了一个漫长而复杂的过程：[5]从最初的联机但不免费（也许还很贵），到联机不免费，但可花费得起，到联机免费，但只限于引文、文摘或目次，而不是全文；从最初的预印本本身是联机免费的但后印本不免费，到预印本（在期刊网站上）提交或接受时联机免费，但后印本只在印本出版一段时间后才联机免费；有的期刊的专号（special）是联机免费的，但普通刊期并不免费；有的期刊可以免费联机检索，但并不能免费联机阅读，后来能免费联机阅读，但不允许免费扫描或打印，或其他的利用限于“合理使用”。即使能免费阅读、打印等，但限于一次一篇文章，因而不能免费或有效地滚动。后来又发展到可以免费联机地阅读文本，但不包括图表、多媒体附录、数据库等；对最新的一期联机免费，但对过期并不联机免费，或只是过期联机免费，当期并不免费。后来虽然对所有的期号联机免费，但只有在付费可以获取期刊若干个月以后，或者在一定的时间以后；只对注册用户免费，即使注册是免费的；对某些读者免费（如支付了会费的会员。在某一机构工作的人员，在某个国家居住的人），而不是对所有的因特网用户。联机免费的只是作者选择并预付了费用的文章，由此产生了真正的开放获取。

从技术的角度讲，开放获取一个重要的推动力量就是因特网。在印本时代，即使是版权所有者想开放获取，无论从实际上还是经济上都是不可能的。网络的发展和普及促进了开放获取的产生和发展，为开放获取提供了技术保障和实践的可能。1987 年，美国 Syracuse 大学 Kellogg 项目创建了《成人教育新视野》（New Horizons in Adult Education）。成为早期的免费的联机的同行评议期刊。

从正式的意义的角度，“开放获取”和“开放获取运动”只可追溯到 20 世纪 90 年代初。“开放获取运动”最初的倡导者是科学家 Paul Ginsparg、Steven Harnard 和 Harold Varmus。Paul Ginsparg 是洛斯·阿拉莫斯国家实验室的物理学家，他建立了 e-print-arxv. org；Steven Harnard 是弗吉尼亚理工学院的认知科学教授；Harold Varmus 是诺贝尔奖获得者、美国国家卫生研究院院长。他们一致倡导对知识的平等获取。

1991 年，arXiv（http://arXiv. org/）的建立，是开放获取发展的里程碑。arXiv 是由 Pual Ginsparg 建立的物理学、数学、计算机科学和非线形科学领域遵循 OAI 协议的电子预印本资源库，是免费的联机学术成果最早的资源库之一。2001 年，arXiv 网站从拉斯阿拉莫斯（Los Alamos）国家实验室迁到康乃尔（Cornell）大学。

由于开放获取文献分散在许多学科资源库、机构电子印本库、机构知识库和开放获取期刊中，学者很难查找某一个学科所有需要的资源，学者们不得不连续地逐个查找系统。为解决这一问题，开放存档计划制订开放存档计划元数据收割协议

(Open Archives Initiative Protocol for Metadata Harvesting,OAI-PMH),制订了建立开放获取资源库的指南和协议,并提供对可以用于建立开放获取档案库的工具的链接,实现检索系统(服务提供者)从各种资源库和知识库中检索开放获取文献的元数据,并对这些数据加以集成以便一次提问就能检索到所有的结果,OAI-PMH 的第一版于 2001 年发布。

2004 年 7 月,美国科学院院刊(PNAS)的编辑召开了一次电子期刊峰会,讨论科研成果的开放获取问题。来自大学的 60 名出版商和信息专业人员以及 4 名图书馆员参加了峰会,对 NIH 开放获取建议进行了热烈的讨论。多数与会者认为,这将是改善资助的研究成果广泛传播的重要步骤。

2004 年 8 月,25 位诺贝尔获奖者要求美国政府将所有纳税人资助的研究论文免费提供利用。在给美国国会和国家卫生研究院的信中,这些诺贝尔获奖者"反对建立阻碍科学知识传播的种种障碍"。签名者包括 DNA 的共同发现者 James Watson 以及 2003 年化学奖双双获得者 Peter Agre 和 Roderick MacKinnon。

2 开放获取计划

一些国家建立了全国性的开放获取计划,推动了开放获取从理念到实践的发展,产生重要的示范作用。其中包括英国的 FAIR 计划(http://www jlsc. ac. uk/programmer. html)、荷兰的 DARE(http://www. surf. nl/dare)、德国的 DINI(http://www. Dini. de/)、澳大利亚各大学等。在发展中国家也有很多成功的开放获取计划,包括 Bioline International 拥有 40 多个发展中国家的电子版开放获取的期刊。拉丁美洲于 1998 年启动了 SciELo 项目,创办西班牙语和葡萄牙语科学期刊的开放获取版本,提供对拉丁美洲和加勒比海地区的期刊的开放获取,其目录到目前为止包括约 200 种期刊。非洲期刊在线(AJOl,African Journals Online)提供 60 多种非洲国家出版的期刊的题名、文摘,并可以根据需要免费索取全文 AGORA(Access to Global Online Research in Agriculture)提供全球对农业科技文献的获取。HINARI(InterNetwork Access to Research Initiative)提供对生物医学期刊的获取。电子出版发展基金会(EPT,Electronic Publishing Trust for Development)成立于 1996 年,推动了对全世界学术文献的开放获取,促进了那些受传统出版困扰的国家的生物学期刊实行电子出版。"Ptolemy Project"向发展中国家的医学研究者和临床医生提供对有许可的电子期刊和其他电子资源的免费获取,条件是其研究成果被多伦多大学所接受。

印度有许多不需作者支付出版费用的开放获取期刊。印度科学院(Indian

Academy of Sciences）的全部 10 种期刊以及印度国家科学院（Indian National Science Academy）的全部 4 种期刊都是开放获取期刊 印度国家科学院已经将所有期刊的过刊全部回溯开放获取，印度科学院电开始着手类似的数字化回溯项目。印度科学学会会刊（Journal of the Indian institute of Sciences）的期刊可以回溯到 1914 年出版的第 1 期。国家信息中心（National Informatics Centre）的印度 Medlars 中心的 33 种生物医学期刊出版开放获取版本，并建有开放获取书目数据库，提供 50 多种印度生物医学期刊中论文的题名和文摘。Medknow 出版公司已帮助 30 种医学期刊实现了从印本到电子开放获取的过渡，且大多数期刊过渡，运营情况要好于以往。

3 开放获取学术会议

国际社会多次召开会议研究和探讨解决信息的开放获取问题，并在会上或会后提出了多个有奖开放获取的宣言。这些会议和声明对于更广泛地宣传开放获取、统一人们对开放获取的认识、推动开放获取的发展，具有十分重要的意义。2000 年 3 月 2—4 日，在美国亚利桑那州的一个小城滕比（Tempe）召开了由美国大学协会、研究图书馆协会和堪萨斯大学继续教育中心联合举办的一次会议会议的目的是促进学术出版各相关领域就学术出版系统的改革展开讨论，并形成一致的意见。会后发布《新型学术出版系统原则》（简称“滕比原则”），提出建立一种用得起的新的学术交流系统。2001 年 12 月。开放社会协会（OSI）在布达佩斯召开会议，会议产生了《布达佩斯开放获取倡议》这一倡议旨在推进国际社会共同努力，将各学科领域的研究成果提供到网上免费供人们利用。2003 年 4 月 11 日，在位于马里兰州毕士达的 Howard Hughes 医学研究所召开的会议上，起草了《毕土达开放获取出版声明》，并于 2003 年 6 月 20 日正式发布，提出要促进快速而有效地过渡到开放获取出版。2003 年 10 月 20—22 日，在德国马普学会召开的“科学与人文知识的开放获取会议”上，世界各国的专家讨论了通过因特网获取科技知识和文化遗产的新的途径。10 月 22 日，马普学会主席 Gross 教授与德国和国际上大的科研机构（包括中国科学院）的代表签署了《开放获取科学与人文知识的柏林宣言》（简称“柏林宣言”）。2003 年底举行的联合国信息社会世界高峰会议（www. Itu. int/wsis）宣言进一步表达了对科技出版开放获取的支持。联合国主办的高峰会议由国家和政府首脑和政府问和非政府组织以及民间社会和私营组织的领导参加。高峰会议有助于形成世界舆论，说服各国领导人提供政治支持。

国际社会发布的重要声明包括：滕比新型学术出版系统原则（Principles for

Emerging Systems of Scholarly Publishing，即 Tempe Principles，2000）、学术出版与学术资源联盟独立宣言（SPARC Declaring Independence，2001）、哈瓦那关于平等获取健康信息的宣（Declaration of Havana Towards Equitable Access to Health Information，2001）、布达佩斯开放获取倡议（Budapest Open Access Initiative，2002）、毕士达开放获取出版声明（Bethesda Statement on Open Access Publishing，2003.6）、美国大学与研究图书馆协会学术交流改革原则与策略（ACRL Principles and Strategies for the Reform of Scholarly Communication，2003.8）、惠康基金会支持开放获取出版的立场声明（A position statement by the Welcome Trust in support of open access publishing，2003.10）、科学与人文知识开放获取的柏林宣言（Berlin Declaration on Open Access to Knowledge in the Sciences and Humanities，2003.10）、信息社会世界高峰会议原则宣言与行动计划（WSIS Declaration of Principles and Plan of Action，2003.12）、世界经合组织关于获取公共资金资助的研究数据的声明（OECD Declaration on Access to Research Data From Public Funding，2004.1）．国际图联关于学术文献与研究文献开放获取的声明（IFLA statement on Open Access to Scholarly Literature and Research Documentation，2004.2）、华盛顿特区关于科学的免费获取原则（Washington D. C. principles for Free Access to Science，2004.3）、澳大利亚八所高校关于学术信息开放获取的声明（Australia Group of Eight Statement of open access to scholarly information，2004.5）、澳大利亚大学图书馆员委员会关于开放获取的声明（CAUL Statement on Open Access，2004.9）、苏格兰开放获取宣言（The Scottish Declaration on Open Access，2004.10）、开放获取萨尔瓦多宣言：发展中国家的观点（Salvador Declaration on Open Access：the developing world perspective，2005.9）等。

4 大学与学术团体积极参与开放获取

自 2003 年以来，由于不堪忍受商业出版商肆意提高期刊或数据库的价格，美国的很多大学纷纷发表声明、公开信、决议、建议或采取行动，抗议高昂的期刊价格、不灵活的捆绑销售方式以及压制性的许可条款。为此，取消了部分期刊或数据库的订购，提出了新的机构政策，支持开放获取。其中包括加州大学、哈佛大学、康乃尔大学、麻省理工学院、康涅迪格大学、斯坦福大学、马里兰大学、印第安纳大学、北卡大学、堪萨斯大学、哥伦比亚大学、Case Western Reserve 大学、俄勒冈大学，等等。

国际上的一些学术团体和专业学会也纷纷发表声明。阐述其对开放获取的立场，倡导作者、期刊和出版者应利用网络所创造的机会，对研究成果实行免费联机获取。其中包括美国人类学会(American Anthropological Association)提供对其成员的免费联机获取大量的人类学资源,包括数据库、照片、录像和学会所有期刊的全文内容。美国物理学会(American Physical Society)制订的所有期刊的版权转让协议,确定自2001年2月起,允许作者将论文存放在eprint服务器中。国际数学联盟(International Mathematical Union)提出将开放获取作为所有数学文献的目标,同时还向数学家提出版权建议。[6]计算机械协会(Association for Computing Machinery)对预印本提出了若干规定(rules for preprints)。其他发布开放获取声明、报告和建议的学术团体报告美国心理学会(American psychological Association)、学术与专业学会出版商协会(Association of Learned and Professional Society Publishers)、弗罗里达昆虫学会(Florida Entomological Society)、地质学会(the Geological Society)、英格兰高等教育资助委员会(Higher Education Funding Council for England)、国际科学理事会—联合国教科文组织(ICSU—UNESCO)、英国物理学会(Institute of Physics)、国际理论与应用物理联合会(International Union of Pure and Applied Physics)、医学图书馆协会(Medical Library Association)、俄罗斯生物精神病学学会(Russian Society of BioPsychiatry)。

德国、法国、瑞士的主要研究团体都已经签署了《柏林宣言》,呼吁对研究成果的免费获取。签字者包括马普学会(MPS)和德国的主要研究资助机构DFG。法国的两个主要的资助机构法国国家医学研究所(INSERM)和法国科研中心(CNRS)也在宣言上签了名。事实上,德国和法国以及整个欧洲的所有主要研究机构(包括挪威和匈牙利)都签署了这一宣言。澳大利亚、法国、希腊、匈牙利、意大利、挪威、葡萄牙、瑞典的主要研究机构已经承诺将其研究成果开放获取。[7]加拿大图书馆协会(CLA)于2005年6月17日在卡尔加里举行的60届年度大会(6月15日—18日)上签署开放获取决议,正式宣布对开放获取的支持。[8]2004年2月。OSI(开放社会协会)还发布了《将订购期刊转化为开放获取的业务规划指南》(第三版)。[9]

5 经费资助者对开放获取的推

开放获取期刊的经费来源主要是向作者收费,但也包括其他多种来源。全世界有一半的开放获取期刊的主要经费来源是收取论文出版费用,出版费用通常由作者的研究资助者或所在机构支付,而不用作者自己掏腰包。在美国,雇佣了数百名生物医学科学家的非营利的医学研究机构Howard Hughes医学研究所。现在已经制订了每人每年至少提供3000美元的开放获取出版政策。两个著名的开放获取出版商科学公共图书馆(Public Library of Science, PLoS)和BMC(BioMed

Central)对于有经济困难的作者则免收出版费用。

国际上越来越多的基金会明确表示允许使用基金会专款用于支付开放获取的出版费用,尤其是惠康基金会(Wellcome Trust)、霍华德医学研究所(Howard Hughes Medical Institute)和美国国家健康研究院(NIH, US National Institutes for Health)积极支持开放获取出版。一些基金资助机构制订了书面声明,允许利用专款支付文章的出版费用。英国的惠康基金会(Wellcome Trust)每年在生物医学领域花费4亿英镑的经费。基金会支持对科研成果开放而没有限制的获取,希望看到它所支持的科学能为所有的人所利用。基金会最近发布了一份报告,分析了科学研究出版存在的问题,结论是"科研成果的出版并不符合科学家和公众的利益,反而被意欲增强市场地位的商业市场所主宰"。为推动开放获取,惠康基金会已经要求其他的经费资助机构参与进来,支付作者开放获取的出版费用。惠康基金会要求受其资助的研究成果在出版后6个月内开放获取。[10]其他参与推动开放获取的研究机构包括加拿大健康研究所、法国科研中心、爱尔兰健康研究委员会、以色列科学基金会等。

6 开放获取的重要组织

在开放获取期刊的出版和保存方面起重要作用的三个组织是:PubMed Central、BioMed Central 和科学公共图书馆(Public Library of Science, PLoS)。这三个组织作为开放获取机构知识库和开放获取期刊的代表,奠定了开放获取在学术交流系统的重要地位。使开放获取在整个学术界产生了重要的影响力,开放获取获得了更广泛的认同。

PubMed Central 是一个免费提供生命科学期刊的资源库,由美国国家医学图书馆的国家生物工程信息中心负责管理。其前身是收录 e-prints 的 E-biomed,2000年做了重大修改后形成 PubMed Central。BioMed Central 建立于2000年,是一个营利性的出版公司,出版了100多种生物医学期刊。科学公共图书馆(PLoS)是非营利性组织,成立于2000年。它做的第一件事情是发布公开信,试图说服生物医学出版商在出版的6个月内将其期刊免费提供利用。大约180个国家的3400名科学家最终签署了公开信,承诺到2001年9月后不再在不符合这一要求的期刊上发表文章。由于公开信没有得到应有的响应,PLoS 开始出版自己的开放获取期刊。在得到 Gordon 与 Betty Moore 基金会900万美元为期5年的捐款后,PLoS 于2003年10月创建了第一份全文的、同行评议的联机期刊《PIoS 生物学》。还陆续出版有《PIoS 医学》、《PLoS 遗传学》等,发表经过同行评议的医学研究文章,研究文章综述以及有关国际医学发展、有争议性的医学问题,被忽视的疾病和其他与健康有关的专题文章。[11] 与 arXiv. org 不同,科学公共图书馆是作为非营利机构建立的,接收慈善组织的经费支持。它的运行模式是成本回收型,作者(不是订购者)支付发表作品的费用。这种作者付费模式是开放获取出版的判定特性之一。它深刻地改变了知识的生产和传播,因为产品(同行评议的文章)对通过网络利用它的任何人都是免费的。

7 期刊编辑与出版商对开放获取的推动

期刊价格的上涨和对用户利用上的种种限制也引起了一些有良知的编辑的强烈不满。有的编辑甚至另起炉灶,创建另外一种期刊。1989 年 6 月,Vegetatio 杂志的编辑 Eddy van der Maarel 和编辑部的大部分人员辞职,创办了 Journal of Vegetation Science,并发表了他辞职的声明。[12] 在随后的年代,又有不少编辑做出同样的举动。

开放获取还引起了一些出版商的积极参与。2002 年,自然出版集团(NPG)是最早的允许作者将其投稿的论文存放在个人网站上的出版商之一,要求的是排他性许可出版,而不是要求作者转让版权。2005 年 1 月 10 日, 自然出版集团鼓励集团出版的原创研究论文的作者,在论文发表后的 6 个月后,向相关的资助机构的档案库提交作者被接受的同行评议的手稿。此外,还鼓励作者在论文发表的 6 个月后,将手稿存放在所在机构知识库(以及个人网站)中。这一政策的目的是拓展科学传播的范围,满足作者以及科研资助机构对研究成果的需要。

E1sevier 是科技期刊最大的出版商,也是宣布向开放获取作出新的妥协的第一批出版商之一。Elsevier 的作者现在允许将自己的文章存放在机构知识库中,这些知识库必须是由文章中所报道的承担了该项工作的机构维护的。该公司期望它所出版的文章受到影响的不超过 4—5% 。市场分析家认为,Elsevier 因为竞争将被迫增加开放获取文章的数量。

Springer 是继 Flsevier 之后世界上第二大学术出版商。它提出了一种"open choice" 的出版策略,有限度地在开放获取的基础上提供对科研成果的利用。为实现这种获取,在 Springer 期刊发表文章的作者每篇文章必须支付 3000 美元的费用(不包括因彩色或篇幅太长而收取的版面费)。文章将经过 Springer 正常的评审、编辑制作和标引,并以印刷和联机两种版本形式出现。Springer 将继续拥有使用越来越多的文章的版权,要求作者将自己的预印本存放在机构知识库中。Springer 期望提供这种开放获取期刊的数量从目前的 1% 增加到大约 10% 左右。如果有足够的作者选择这种有限的开放获取支付费用的话,Springer 期刊价格将下降。2005 年 2 月和 5 月,Blackwell 和 Oxford 分别提出了 Online Open 和 Oxford Open 等类似的出版策略。[13]

在过去的几个月里,有若干期刊融入或至少部分相继融入开放获取潮流中。其中包括《细胞》(Cell)出版社、《询证医学》(Evidence—based Complementary and Alternative Medcine)、《核酸研究》(Nucleic Acid Research)等。

8 政府部门对开放获取的支持

政府的支持是开放获取强大的推动力量。政府在开放获取方面最重要的作用在于制订开放获取政策,提出开放获取的要求和规定。由于政府政策的作用,更容易对开放获取产生积极的影响,加快开放获取的进程。2004 年 1 月,美国众议院(House of Representatives)拨款委员会通过了一份支持 NIH 开放获取要求的报告。该报告得到了两党的支持,要求 NIH 在 2004 年 12 月 1 日前告知它将怎样实施这一政策。2004 年 7 月, NIH 院长宣布,使用 NIH 经费的研究人员将被要求将研究成果存缴在 PubMed Central 中。如果研究人员用 NIH 的经费支付出版费(如版面费、彩色处理费、数字化发布费),PubMed Central 将必须立即加以存放,所有的论文在发表后的 6 个月内必须存缴。

NIH 在听取并仔细考虑了出版商、患者支持者、科学家、大学等方面的意见后,起草了一份 NIH 开放获取政策建议,并分别于 2004 年 9 月 3 日和 9 月 17 日张贴在《NIH 资助与合同指南》(NIH Guide for Grants and Contracts)和联邦登记(Federal Register)中,供公众作出评论,评论期为 60 天,到 2004 年 11 月 16 日。其收到了 6000 份评论。最终于 2005 年 2 月 3 日,NIH 宣布自 2005 年 5 月 2 日开始。实行一项新的政策,以加快公众对 NIH 资助的科研成果的免费获取。这一政策的目标包括:[14](1)建立一个稳定的 NIH 资助的经过同行评议的研究成果的资源库,以保证对这些重要研究成果永久地保存;(2)建立研究成果的一个可检索的平台,从而 NIH 和科研人员可以更有效地管理,更好地了解研究情况,监控科研生产率,并最终有助于确定研究的重点;(3)使 NIH 资助的研究成果更便利地为公众、卫生工作者、教师和科学家所获取。政策要求得到 NIH 全部或部分资助的科学家所完成的科研成果,在接受发表时,应将作者最终手稿的电子版提交到国家医学图书馆管理的一个网络化知识库 PubMed Central(PMC)中,以便公众可以免费获取。提交的时间为自论文正式发表的最短的时间内,最迟不超过 12 个月。[15]

英国的科研资助机构是英国的 8 个研究委员会。2005 年 6 月 28 日,8 个委员会以英国研究委员会(RCUK)的名义提出了初步立场,建议将研究委员会资助的科研成果尽早寄存到可公开获取的知识库中作为强制要求。[16]立场的主要内容包括:(1)要求所有自2005年10月1日起获得资助的人,在遵循版权和许可协议的前提下,将所发表的期刊论文或会议录寄存到一个适宜的e-print资源库中(机构知识库或学科知识库),寄存应在论文发表后的最短的时间内;(2)研究委员会鼓励但不正式要求2005年10月1日以前获得资助的人以这种方式寄存论文;(3)委员会保证允许在项目的成本中包括作者在付费期刊中发表文章的费用,只要是这一费用是合理的。该立场随即征求公众意见,截止到8月31日。据介绍,该立场得到了公众的广泛支持。2005年9月25日,研究委员会发布了继续推动开放获取的立场。[17]

2003年,明尼苏达州民主党代表Martino. Sabo提出了HR2613号立法《在国会中公共获取科学法案》(Public Access to Science Act),简称"Sabo法案"。该法案提出修改美国法典第17条,即主要由联邦政府资助的科学研究产生的作品不受版权保护。[18]2005年底,美国三位参议院议员提出了CURES法案,提出强制性实施开放获取,要求作者在论文被期刊录用时即进行存储,并且提出将开放获取政策从NIH拓展到卫生部下属的其他机构。明确提出不服从本方案的机构有可能在将来被资助机构拒绝提供资助。[19]

英国众议院(House of Commons)科学技术委员会2004年夏季在一篇《科学出版:向公众免费》的报告中,[20]呼吁国家支持开放获取,要求政府机构规定经费获得者将其文章的全文存缴在开放获取知识库中。报告还倡议建立一项资金,帮助作者支付开放获取期刊收取的加工处理费用。报告呼吁政府提供资金建立开放获取联机知识库,要求其研究得到经费支持的作者将文章存缴到这些知识库中,任何上网的人都可以看到这些研究成果。报告还建议其研究得到政府支持的作者应保留所发表的成果的版权。目前,多数科技期刊要求作者将版权转让给出版者。

芬兰教育部还成立了开放获取科学出版委员会,推动芬兰开放获取的发展。委员会提出的报告《促进芬兰科技出版开放获取的建议》,提供了芬兰开放获取的基本政策。[21]

综上所述,开放获取运动尽管只有十多个年头,但发展异常迅猛。1992年只有5种期刊提供所出版的文章的开放获取。目前,根据DOAJ的统计,[22]全世界共有2410多种同行评议的开放获取期刊。而J-Gate的统计,开放获取的期刊为3741种。[23]DOAR的统计为全世界共有500多个可互操作的开放获取知识库。[24]

尽管如此,开放获取仍处在发展过程中。全世界大约出版25000种科技与学术期刊,其中提供开放获取目前仍只占出版总量的很小一部分。据估计,全世界大约有5%的科学期刊是开放获取期刊,但在所有物理学分支中,每年可联机开放获取的科研成果涵盖了在物理学期刊上出版的所有论文的1/3。在某些特定的分支学科中,几乎100%的期刊论文都可以在开放获取知识库中找到。[25]开放获取还是一项新的事业,需要科研人员和科研机构、学术团体、科研资助机构、大学师生、图书馆员、政府机构以及每个公民的积极参与和鼎力支持,并在其中发挥应有的作用,[26]这是全社会的责任。正如《柏林宣言》所指出的:[27]"如果信息不能被广泛地利用,不能时刻处于被利用的状态,那么我们所承担的传播知识的使命仅仅完成了一半。因此。不仅通过传统方式,而且通过并且越来越多的通过开放获取方式传播知识需要得到支持。实现开放获取需要每一个科学知识的生产者和文化遗产的拥有者的积极参与并做出贡献。"

参考文献

[1] Jean-Claude Guéon. in Oldenburg's Long Shadow: Librarians, Research Scientists, Publishers, and the Control of Scientific Publishing. http://www. arl. org/arl/proceedings/138/guedon. html

[2] Peter Suber, Subbiah Arunachalam. Open Access to science in the Developing World. http://www. earlham. edu/ ~ peters/writing/wsis2. htm

[3] Herbert Van de Sompel, et a1. Rethinking scholarly communication: building the system that scholars deserve. D—lib, 2004(9). http://www. dlib. org/dlib/septemher04/html

[4] An ACRL White Paper: Open Access and the ACRL Serial Publishing Program. 2004

[5] Peter Suber. Lists Related to the Open Access Movement. http://www. earlham. edu/ ~ peters/fos/lists. htm#declarations

[6] Peter Suber, Subbiah Arunachalam. Open Access to Science in the Developing World. http://www. earlham. edu/ ~ peters/writing/wsis2. htm

[7] Open Access to Knowledge in the Sciences and Humanities: Signatories. http://www. zim. mpg, de/openaccess-berlin/sign. html

[8] http://www. cla. ca/resources/resolutions2005. htm

[9] Open Society Institute. Guide to Business Planning for Converting a Subscription-based Journal to Open Access. http://www. soros. org/openaccess/oajguides/html/businessconverting. htm

[10] Wellcome Trust. Open and unrestricted access to the outputs of pub1ished research. http://www. welleome. ac. uk/node3302. html

[11] Public Library of Science to Launch International Open-Access Medical Journal. Business Wire, 2004(5)

[12] Eddy van der Maarel statement. http://lists. topica. corn/lists/fos forum/read/message. Html?

mid =902159566&sort = d&start =44

[13] Peter Suber 著;李麟编译. 2005 年全球开放获取事业回顾. 图书情报工作动态,2006(4)

[14] NIH. Policy on Enhancing Public Access to Archived Publications Resulting from NIH—Funded Research. http://publicaccess. nih. gov/

[15] NIH Calls on Scientists to Speed Public Release of Research Publications. http://www. nih. gov/news/pr/feb2005/od-03. htm

[16] RCUK Announces Proposed Position on Access to Research Outputs. http://www. rcuk. ac. uk/

[17] Research Councils UK moves forward with position on access to research outputs. http://www. rcuk. an. uk/press/20050921reuk. asp

[18] http://sippi. aaas. ors/ipissues/legislation/? res-id =49

[19] 李麟译. 美国国会议员提出 CURES 法案建议强制实行开放获取. 图书情报工作动态,2006(4)

[20] House of Commons— Science and Technology. Scientific Publications: Free for all?. http://www. publications. parliament. uk/pa/cm200304/cmselect/emsetech/399/399. pdf

[21] Recommendations for the promotion of open access in scientific publishing in Finland. http://www. minedu. fi/julkaisut/tiede/2005/tr16/ ~16. pdf

[22] Directory of Open Access Journals. http://www. doaj. ore/

[23] Open J-Gate. http://www. openj-gate. corn/

[24] http://oaister. umdl. umich. edu/o/oaister/

[25] 同[21]

[26] Peter Suber. What you can do to promote open access. http://www. earlham. edu/ ~ peters/fos/do. htm #universities

[27] Berlin Declaration on Open Access to Knowledge in the Sciences and Humanities. http://oa. mpg. de/openaccess-berlin/berlindecla ration. html

(原文载:《图书馆论坛》,2006(6))

国内外开放获取的新发展

开放获取作为一种新的出版模式和学术交流模式，正在引起国际社会越来越广泛的关注，产生越来越重要的影响。开放获取不仅是一种机构的战略，更应该是国家的战略。关注开放获取的发展，推动开放获取的进程，不仅是我们共同的一项事业，而且更是一种责任。

1　开放获取发展的背景

开放获取是科学研究与科学交流的本质需要。能够免费地、不受限制地、随时随地获取同行的研究成果，一直是科研人员的梦想。随着出版的商业化，这一梦想被打破，并且出现了越来越严重的期刊危机、信息获取危机、学术交流危机。20世纪60年代开始，与商业出版相对立的免费、联机文献的出版，预示着开放获取前夜的到来。1987年秋，美国Syracuse大学Kellogg项目发起的《成人教育新视野》，作为早期的免费、联机、同行评议的期刊，开始接近开放获取的理念。开放获取真正的发展是在20世纪90年代，在万维网出现以后，最有影响力的是1991年8月16日由Paul Ginsparg推出的数理科学、计算机科学等领域的电子存档arXiv。同年12月1—2日，在匈牙利首都布达佩斯召开的一次会议上提出了“布达佩斯开放获取计划”，督促国际社会加快促进各学科领域的研究论文在因特网上免费获取的进程，从此引起国际社会的关注、支持、响应和参与获取的整个发展，Peter Suber的“开放获取运动时间表”提供了完整的记录。[1]

开放获取是一个渐进的过程，但近年来，开放获取的发展在加速，表现在开放获取的含义在扩展，开放获取在量的方面在发展，开放获取的影响力在提升。中国的开放获取从理论到实践也在发生积极的变化，当然仍然存在着一些问题需要解决。

近十年多来，开放获取发展迅猛，实际上受到三个因素的影响，一是期刊危机。现在的图书馆订购的印本的期刊越来越少，而订购电子期刊越来越不堪重负。数据库商对期刊的控制很严，涨价的幅度很高，而且可以任意决定期刊的价格。二是信息获取危机（许可危机）。得不到期刊，在信息的获取上就存在了很大的障碍。三是学术交流的危机。获取不了信息，学术交流就会构成一个很大的障碍，无法有效地交流，无法及时地交流，这样一种局面所产生的影响非常大。所以，从20世纪90年代初开始，国际学术界开始大力倡导建立另外一种学术交流模式(Alternative Scholarly Communication)，以抗衡传统的期刊危机、信息获取危机(许可危机)和学术交流危机。

2 开放获取含义的扩展

关于开放获取(又称开放存取，Open Access ，OA)，维基百科比较完整地定义了什么是开放获取："开放获取是在网络范围内任何人都可以免费的、及时的、永久的、全文的联机获取数字科技与学术资料，主要是在同行评议的期刊上发表的研究资料。开放获取意味着任何用户在任何地方，都可以利用因特网链接、阅读、下载、存储、打印、使用和数据挖掘这篇文章的数字内容。开放获取的文章通常具有有限的版权和许可限制"。[2] 简而言之，开放获取就是任何人在网络范围内都可以免费的、及时的、永久的联机获取研究文章的全文。[3]

开放获取最主要遵循的原则是3B(Budapest Open Access Initiative in 2002、Bethesda Principles in 2003、Berlin Declaration on Open Access in 2003)，所阐述共同的原则是:必须是因特网上免费的，用户可以阅读、下载、复制、传播、打印、检索和利用，只要是合法的，没有任何经济或法律上的障碍;作者控制版权，必须适当地加以致谢和引用;文章的全文必须存储在公共知识库中;开放获取的目标是获取"同行评议"的期刊文献，所以质量标准是得到保障的，等同于传统的期刊。[4]

开放获取不同于免费获取(Free Access)，也不同于普遍存取(Universal Access)。即使是开放获取，不同的人也有不同的理解。我们把开放获取分成两个方面:一个是它的主要特征，一个是它的附加特征。主要特征强调:(1)通过网络获取，强调同行评议，开放获取的期刊一定是同行评议的期刊，而不是自由获取(Free Access)。开放获取期刊一定是同行评议的，一定是免费获取的。但是免费的期刊不一定是同行评议的期刊，也不一定是开放获取期刊。(2)强调他人(作者、机构)付费出版，读者免费使用,强调读者利用上没有经济、法律、技术的限制;读者可以获取全文，而不是文摘。(3)强调作者和版权所有者授予全世界所有的读者免费、永久地获取、复制传播、向公众展示作品、传播派生作品、以合理的目的将作品复制到任何形式的数字媒介上的权利，以及用户制作少数印本作为个人使用的权利。开放获取的附加特征，包括自存储时的时滞、永久获取、版权所有者认同、作者拥有版权、遵循有关的开放获取的版权协议(如Creative Commons License、OAI 等)。

开放获取一般来讲是指期刊的论文，从开放获取本身以及国际上的发展看，开放获取的范畴在大大的延伸，不仅包括了期刊论文，还包括了软件、科学数据、学位论文、教学课件、图书、音频、视频、多媒体等。仅以图书为例，在2008年，图书的开放获取——即时打印(OA-POD)模式已经从外围进入主流，并且不再仅仅是试验，而是一种实实在在的选择。美国的奥巴马政府正在制订一项计划，通过联邦资金(每年5000万美元)支持社区大学和中学每年创建20—25门免费的"优质的"联机课程，向所有人开放，帮助社区大学培养更多的学生，并将基本技能教育与就业培训结合起来。[5]

开放获取不排斥同时出纸版，也不排斥营利。开放获取不一定没有纸版，纸版可能会同时出版，也会根据需要来出版。当前学术出版很重要的趋势是E-only，这与开放获取是基于网络的是一致的。开放获取本身并不是跟营利不兼容的，开放获取本身可以是营利的。BMC本身就是营利性的开放获取期刊出版商。

3 开放获取量的发展

从整个从世界范围来看，开放获取的发展只有十几年。1992年，只有5种开放获取的期刊。而根据开放获取期刊目录(DOAJ)的记录，2004年9月有1148种，2006年6月有2284种，2007年11月有2934种，2009年7月达到4264种。另，据统计，2007年全年每天增加114种，2008年全年每天增加212种。2007年比2006年增加了19%，而2008年比2007年增加了27%。[6]与前一年相比，2008年，开放获取知识库在Scientific Commons增长了72个(增长率为8%)，在OAIster增长了129个(增长率为14%)，在ROAR增长了271个(增长率为28%)，在Open DOAR增长了281个(增长率为28%)，成为拥有1425个可互操作的开放获取的知识库。[7]在这些知识库中存储的条目数，在OAIster增长了4 886 516条(增长率为34%)，在Scientific Commons增长了7 532 473条(增长率为45%)，即OAIster每天增加13 300多条，Scientific Commons每天增加20 600条以上。

开放获取量的快速增长，也可以通过搜索引擎的搜索量来加以证明。Open J-Gate是开放获取资源的搜索引擎，2008年只能搜索的开放获取期刊4000多种，现在可以搜索到5590种，其中2944种是同行评议的期刊，其他则为非同行评议的产业、专业类期刊。

现在全世界科技类的期刊大约有215万种，开放获取期刊最初是5%，现在有人统计增加到15%到20%。越来越多的期刊变成开放获取，每年大约20%发表的文章可以开放获取、阅读的。在高能物理领域，该领域的5种核心期刊以及其中一部分内容为该领域的核心期刊都可以开放获取。[8]在一些学科，物理学科每年可开放获取的成果涵盖了所有的出版论文的1/3,有1/3 可以看到开放获取的全文。

开放获取期刊发展很快，2007 年有 65 种期刊由订购型转为开放获取，是 2006 年的 2 倍。[9] 2008 年有 30 种传统期刊转换开放获取期刊。[10] 这样的转换有这样的趋势,即原来是收费的转为复合式的(部分是开放获取的，部分是传统的订购型的),而且也在从复合式的，最后变成完全的开放获取,从原来的付费出版到完全的免费出版。2008 年有 7 个开放获取的期刊出版商(Bergen Open Access Publishing、e-Century Publishing Corporation、ETC-Press (2008)、Open Humanities Press、Perspectivia. net、Poracom Academic Publishers 以及 Southern Cross Journals)出现，出版的期刊完全是开放获取的。[11]

2008 年年初，有 6 所大学建立资金帮助支付收费的开放获取期刊的发表费。在 2008 年年底，这个数字增加了一倍。有 5 所大学增加了经费支持力度。2008 年,牛津大学出版社已连续三年降低了其复合型 Oxford Open 期刊的订购价格，反映出越来越多的作者采纳了其开放获取政策。[12] 惠康基金会增加了其对收费的开放获取期刊的支持力度,梅隆基金会向 9 个学会的出版商拨款,以探索其期刊的开放获取模式。一项调查表明,开放复合型开放获取模式的出版商从 2005 年的 9%，增加到 2008 年的 30%。[13]

4 开放获取影响力的增加

开放获取已经得到全社会的高度关注和重视。PLoS 和 SPARC 等机构将 2008 年 10 月 14 日确定为世界上第一个开放获取日,[14] 以扩大人们对开放获取的意识和理解。随后上述组织又将 2009 年 10 月 19—23 日确定为第一个国际开放获取周,[15] 以进一步将开放获取日拓展为更广泛的全球性的开放获取运动。荷兰的高等教育部门则宣布 2009 年是开放获取年,[16] 借此进一步推动开放获取的发展。

2008 年开放获取最大的事件无疑是 Springer 收购了 BMC,使得这家世界上仅次于 Elsevier 的第二大学术期刊出版商,变成了世界上最大的开放获取出版商,而且 BMC 已经实现了扭亏为盈。BMC 在 2008 年只有 138 种 OA 的期刊,现在(2009 年 7 月)达到了 199 种。随着开放获取的发展,BMC 期刊的学术质量和学术影响力逐步得到学术界的认可。目前,已有 60 种拥有 SCI 的影响因子;另有 28 种期刊已被 SCI 收录,即将拥有影响因子。[17]

尽管仍然有人在质疑开放获取期刊的影响力，但开放获取期刊的影响力的增长是一个不争的事实。根据最新版(2008 年)的 Thomson Reuter 发布的期刊引证报告,59 种 BioMed Central 期刊有正式的影响因子。其中 12 种期刊是新刊,29 种的影响因子有提高,18 种期刊的影响因子没有改变。总影响因子为 50,充分表明 BioMed Central 开放获取期刊越来越成功。[18]

有的期刊的出版商(Hindawi)在期刊转换为开放获取后，投稿率比上年增长了 70% 。说明期刊转变成开放获取之后，它的影响力将会大增。期刊及其作者最为关心的是自己的期刊和作者发表文章的学术影响力。学术影响力高,人们就愿意去投稿，这是一个很自然的现象。

出版商的自存储政策也在改变，越来越多的出版商允许作者在论文发表后进行自存储。SHERPA/RoMEO 项目收集了 600 家出版机构版权转让协议中关于自存储政策的规定(2009 年 5 月),[19]并以颜色加以区分:绿色出版商——允许存储预印本和后印本;蓝色出版商—允许存储后印本,但不允许存储预印本;黄色出版商——允许存储预印本，但不允许存储后印本;白色出版商——不允许任何形式的存储。[20] BioMed Central 则建立了一个资助机构存储政策和文章收费政策的目录。[21] ROARMAP 汇总了科研机构关于自存储政策的情况。

2008 年 1 月 29 日,马普学会与 Springer 达成协议,允许马普学会 78 个研究机构的研究人员免费获取 SpringerLink 中的全部内容以及 Springer Open Choice 中马普学会研究人员发表的全部内容。目的是使所有研究人员能够获取马普机构发表在 Springer 期刊上的文章。[22]无独有偶，目前,加州大学图书馆和 Springer 达成开放获取期刊出版试合作协议。协议规定，从 2009 年起，出版在 Springer 旗下杂志上的加州大学作者文章将使用支持完整和即时开放获取的 Springer Open Choice。每篇文章无需单独收费，因为费用已经计入总的授权费之中。文章发表时遵循创作共用授权协议(署名—非商业使用)。除了可以通过 Springer 平台访问之外，最终出版的文章还将储存在加州数字图书馆的 eScholarship Repository 内。[23]

开放获取也在从鼓励政策走向强制政策。国际上的先例表明，凡是机构强制要求(mandate)自存缴的,知识库的存缴率达到 100% ;如果没有强制要求,知识库中存缴的内容只在 15% 左右。[24]由此可见，强制性的存储政策对自存储的成功具有决定性的意义。2007 年底，美国国会和总统命令国家健康研究院(NIH)对于 NIH 资助的研究实行强制的开放获取,该政策于 2008 年 1 月正式发布。这是第一份美国主要的公共资助机构实行的开放获取强制性政策。这份政策宣告了与出版商具有欺骗性的游说的长期斗争的结束，使得其他联邦机构制定类似的政策更加容易，也比以往其他任何单一政策适用于更广泛的文件。新的政策容许 12 个月的滞后期，是其他医学研究资助机构的两倍，但遵循惠康基金会开创的不妥协模式:保障必须遵守，如果某出版商不接受开放获取的有关条款，那就必须寻求另外一家出版商。同样在2008年1月,欧洲研究理事会(ERC)成为欧盟第一个采用开放获取强制政策的资助机构。在某些方面,这一政策比NIH还严厉:要求滞后期为6个月,甚至更短,不仅适用于同行评议的文章,而且还包括数据文档。欧洲研究委员会为此每年支付75亿欧元,占欧盟研究预算的15%。

在大学层面,哈佛大学文理学院于2008年2月实行强制性的开放获取政策,[25]此时在全世界已有12所大学实行强制性的开放获取。哈佛大学的政策引人注目,是因为它是美国第一所实行强制性开放获取的大学,是因为它是第一个被教师而不是校方所通过,是因为教师的投票是匿名的,是因为它是哈佛。三个月后,哈佛大学法学院匿名投票支持自己的开放获取强制政策,到了年底,几乎哈佛的每个学院都在考虑实行强制性政策,如哈佛大学法学院、[26]肯尼迪学院、[27]教育研究生院[28]已先后制订了自己的开放获取政策,成为哈佛大学中率先制度开放获取政策的四所学院。哈佛大学文理学院的政策激起许多其他学校的效仿。如斯坦福大学教育学院,John Willinsky提出采用哈佛的强制性开放获取模式,当天下午就得到了全体教师的匿名投票通过。匿名投票有力地驳斥了出版商关于开放获取发展缓慢以及强制性政策表明教师不想要开放获取的言论。[29]哈佛大学医学院图书馆与医学史中心建立了Countway知识库,[30]是其HMScholar计划的一部分,作为一种数字化的服务,采集、保存和传播哈佛医学院、哈佛公共卫生学院的学者所创造的数字资料,并反映该机构的历史和教育使命。

2008年,开放获取学术出版商协会(OASPA)[31]成立。该协会将在促进同行评议的开放获取期刊、教育决策者、确定专业标准、共享最佳实践,以及团结各式各样的、大大小小的、营利非营利的出版商方面发挥着关键性作用。发起单位包括开放获取的开拓者BMC、PLoS和Hindawi以及多家小型开放获取出版商,共30家成员。

5 我国开放获取的发展

我国开放获取的发展经历了一个从认知到实践的过程。2003年12月9日,中国科学院院长路甬祥在柏林代表中国的科学家签署了柏林宣言。2004年5月24日,路甬祥院长代表中国科学院、陈宜瑜代表国家自然科学基金委分别签署了柏林宣言,表明中国科学界和科技资助机构对开放获取的支持。

国内学者从2004年开始关注关于开放获取的问题,2004年国内多人不约而同地发表了几篇有关开放获取的文章,[32]开始了正式对开放获取问题的关注和研究。至今,根据中国期刊网的查询,国内发表的有关开放获取的论文600余篇,还有多篇学位论文,多份研究报告,包括国家自然科学基金和国家社科基金在内的多项研究课题。2005 年,中国科学院文献情报中心举办了关于开放获取的国际会,当时的科协副主席胡启恒院士在会上作了报告,阐明中国科学界对开放获取的支持,认为开放获取是科学的内在理念,是科学家的责任。[33]当时(2005 年),很多人不知道什么是开放获取,对它缺乏更多的了解。

在实践方面,2003 年 8 月 12 日,一群年青的学者创立了奇迹文库。[34]国家科技图书文献中心建立了"中国预印本中心"和"国外预印本门户",[35]并且正在建立"开放获取期刊集成检索系统"。由教育部科技发展中心主办的"中国科技论文在线"正在产生更广泛的影响力,至今(2009 年 7 月)已首发论文33 732篇,同行评议20 030条,优秀学者论文共61 342篇,自荐学者论文共12 127篇,科技期刊论文共164 367篇。[36]还有人建立了开放存取资源图书馆,提供开放存取资源和开放获取论坛。[37]国家图书馆建立了"图书情报学开放文库",[38]旨在为广大图书馆界的研究和工作人员提供一个免费、实时、开放的平台。

根据 DOAJ 的统计,中华医学会的《中华医学杂志英文版》于 2004 年首次进入 DOAJ ,2005 年由中国科学院昆明动物所主办的《动物学研究》随后进入,2006 年有 2 种期刊进入,2007 年有 1 种期刊进入,2008 年有 6 种期刊进入,2009 年有 3 种期刊进入。目前(2009 年)共有 14 种期刊进入 DOAJ。根据 Directory of Open Access Repositories ,登记在册的机构知识库共 7 个,分别是香港城市大学机构知识库、香港大学学者库、香港科技大学机构知识库、香港大学论文在线、香港理工大学机构知识库、中国西部环境与生态科学数据中心、厦门大学学术典藏库。

中国科学院国家科学图书馆近几年推出一系列开放获取的举措,积极推动开放获取运动。2006 年在力学所试点建设基于 D-Space 的机构知识库,[39]随后国家科学图书馆自己建立了自己的机构知识库,[40]并在半导体所、软件所等多个研究所建立了机构知识库,更多的研究所机构知识库有望在年内建成。国家科学图书馆主办的《图书情报工作》于 2007 年 12 月 7 日创办了一种类似开放获取的网刊。[41]《图书情报工作动态》已经全文放到了国家科学图书馆机构知识库中。中国科学院国家科学图书馆建立了中国开放获取门户,[42]为中国的科学家们了解开放获取、研究开放获取的学者从事开放获取研究、政策决策者们制定相关政策提供参考。

尽管中国的开放获取理论研究与实践都发生了积极的变化,但存在的问题也不容忽视。坦率地讲,中国有关各方对开放获取的关注度还不高,对开放获取的参与度不够,中国的开放获取期刊在数量上与世界的差距还很大,机构知识库、学科知识库数量仍然有限。中国的开放获取还任重道远。

中国的开放获取需要解决的问题是:

（1）应该提出清晰而一致的国家开放获取战略。国家层面的开放获取战略对推动国家的开放获取具有重要影响。目前采取的是自下而上的策略，在一些机构自主地建立机构知识库，一些期刊自发地转换为开放获取期刊，但如果没有国家层面的政策支持和国家层面的战略规划，开放获取难以有实质性的进展。根据欧盟科技研究委员会的一份调查所提出的行动建议，国家战略应解决的是开放获取、版权、科研成果传播的投入、数字订购的增值税、知识库与互操作问题，以及相关利益方的参与。[43]我们国家应明确开放获取的政策，并且应首先解决建立知识库，存缴并开放存取国家资助的科研成果。

（2）应积极协调各方的立场与利益。开放获取从某种意义上是国家、机构、出版商、作者、用户之间的利益之争。应站在什么立场上，应如何协调有关方面的利益，是能否推进开放获取的关键。必须从国家利益、社会利益、用户利益和长远利益上，制订开放获取的政策，协调各方的利益关系，避免以局部利益替代整体利益，避免以商业利益冲击公共利益。国家的政策将在开放获取的发展方向上起主导而关键性的作用。

（3）应继续加强开放获取的宣传与普及。目前，开放获取的研究与实践还主要在图书馆界，做了不少研究工作，发表了相当数量的文章，也开始建立机构知识库。在期刊界，尽管有了若干开放获取期刊，但期刊界的整体认知度还不高，在整个学术界、科研资助机构、国家政策部门，开放获取依然没有纳入议事日程。还有相当数量的科研人员对开放获取期刊和自存储缺乏认识，开放获取的宣传和普及工作远远没有到位，为此，需要系统策划，大力宣传，加快开放获取知识的普及工作。

（4）应做好开放获取的试点和推广工作。对我们而言，开放获取毕竟是新生事物，人们对此采取谨慎的态度是可以理解的。要消除人们的疑虑，提高人们的认识，一条有效的途径就是先局部试点，再逐步推广开来。科研院所和重点大学应率先垂范，先期进行探索和实验，总结经验，宣传开放获取的成效，以此带动和影响更多的机构参与机构知识库的建设以及期刊的开放获取，吸引更多的作者和用户在开放获取方面发挥积极的作用。

SPARC（学术出版与学术资源联盟）副总裁 Heather Joseph 介绍了美国对开放获取这一问题的观点：开放获取是科学发现的基础，“如果知识共享是科学研究进步的基础，那么知识共享的速度和范围越快越广，则越会加速科学研究的进程”。[44]很显然，开放获取是加速开放获取进程很重要的途径。开放获取对读者、教师和学生、图书馆、普通公民和社会都具有非常重要的意义。关注开放获取的发展，推动开放获取的进程，应成为政府机构、经费资助机构、科研机构和科研人员、出版机构、图书情报机构、广大读者的共同要求和社会责任。

参考文献

[1]Timeline of the Open Access Movement. http://www. earlham. edu/peters/fos/timeline. htm

[2]Open access. Wikipedia. http://en. wikipedia. org/wiki/Open-access

[3]Open access. http://www. eprints. org/openac2cess/Bethesda statement on Open Access Publishing. http://www. earlham. edu/peters/fos/bethesda. htm

[4]Mark E. Funk. Open access—dreams and realities. http://www. ifla. org/IV/ifla73/papers/098-Funk-en. pdf

[5]U. S. Push for Free Online Courses. http://www. insidehighered. com/news/2009/06/29/ccplan

[6]Open access in 2008. http://www. earlham. edu/2peters/fos/newsletter/01 –02 –09. htm

[7]OpenDOAR. http://www. opendoar. org/about. html

[8]Towards Open Access Publishing in High Energy Physics —Report of the SCOAP3 Working Party. http://www. zzz. gov. cn:2008/wscx/zfbzgl/zfbzsq/index. jsp? flag = 1#

[9]Open Access in 2007. http://www. arl. org/sparc/publications/open-access-in-2007. shtml

[10]Open access in 2008. http://www. earlham. edu/peters/fos/newsletter/01 –02 –09. htm #2008

[11]Seven new OA journal publishers in 2008. http://www. earlham. edu/peters/fos/newsletter/01 –02 –09. htm

[12]Peter Suber. Open access in 2008. http://www. earlham. edu/peters/fos/newsletter/01 –02 –09. htm# 2008

[13]同[10]

[14]Open access day. http://openaccessday. org/

[15]Open access week. http://www. openaccess2week. org/spread-the-word/

[16]Open access year. http://www. openaccessweek. org/category/open-access-year/

[17]Do journals published by BioMed Central have Impact Factors and are their citations tracked. http://www. biomedcentral. com/info/about/faq? name = impactfactor

[18]Most BMC journal impact factors increase. http://blogs. openaccesscentral. com/blogs/bmcblog/entry/new-and-improved-impact-factors

[19]SHERPA-RoMEO has reached 600 publishers. http://www. sherpa. ac. uk/news/romeo600. htm

[20]Publisher copyright policies &self-archiving. http://www. sherpa. ac. uk/romeo. php

[21]OA funder policies. http://www. biomedcentral. com/info/authors/funderpolicies

[22]Max Planck Society and Springer reach agreement: Access to contentvia SpringerLink and Springer Open Choice publishing guaranteed. http://www. mpg. de/english/illus2trationsDocumentation/documentation/pressReleases/2008/pressRe2lease20080204/index. html

[23]University of California Libraries and Springer Sign Pilot Agreement for Open Access Journal

Publishing. http://www. cdlib. org/SpringerUCOpen-AccessPressReleasefinal. pdf

[24] Optimizing OA Self-Archiving Mandates: What? Where? When? Why? How?. http://openaccess. eprints. org/index. php? /archives/136-guid. html

[25] Faculty of Arts and Sciences, Regular Meeting. VIII-5. http://www. fas. harvard. edu/secfas/February-2008-Agenda. pdf

[26] Harvard Law faculty votes for"open access"to scholarly articles. http://law. harvard. edu/news/spotlight/faculty-research/hls-faculty-votes-for-'open-access'-to-articles. html

[27] Harvard University Library: Office for Scholarly Communications: Open Access: Policy Texts. http://osc. hul. harvard. edu/OpenAccess/policytexts. php

[28] Harvard Graduate School of Education Votes Open Access Policy. http://www. gse. harvard. edu/blog/news-features-releases/2009/06/harvard-graduate-school-of-education-votes-open-access-policy. html

[29] 同[10]

[30] Countway Repository. http://repository. count way. harvard. edu/xmlui

[31] Open Access Scholarly Publishers Association. http://www. oaspa. org/

[32] 初景利. 开放使用——一种新的学术交流模式. 图书情报工作动态,2004,(8);乔冬梅. 国外学术交流开放存取发展综述. 图书情报工作,2004(11);李武. 一种全新的学术出版模式:开放存取出版模式探析. 中国图书馆学报,2004,(6)

[33] 胡启恒. 信息开放获取是科学家的责任. http://www. cas. cn/10000/10001/10002/2005/95000. htm

[34] 奇迹文库. http://www. qiji. cn/

[35] 预印本服务. http://www. nstl. gov. cn/index. html

[36] 中国科技论文在线. http://www. paper. edu. cn/index. php

[37] 开放存取资源图书馆. http://www. oalib. com/Index. html

[38] 图书情报学开放文库. http://dspace. nlc. gov. cn/

[39] 中国科学院力学研究所机构知识库. http://dspace. imech. ac. cn/

[40] 中国科学院国家科学图书馆机构知识库. http://ir. las. ac. cn/

[41] 图书情报工作网刊. http://www. lis. ac. cn/netjournal/net. htm

[42] 开放获取信息门户. http://www. open-access. net. cn/

[43] Results of EC questionnaire on OA. http://www. earlham. edu/peters/fos/fosblog. html

[44] 李麟. 推动 21 世纪的学术信息交流:机构知识库在开放获取运动中的作用. http://www. las. ac. cn/las/research/doc/oa/13. pdf

(原文载:《图书馆论坛》,2009(6))

国际图书馆界开放获取的研究与实践
——75 届国际图联大会开放获取论文综述

2009 年 8 月 22—27 日，我作为国际图联（IFLA）图书馆理论与研究专业委员会的常设委员，参加了在意大利米兰召开的世界图书馆与信息大会暨国际图联第 75 届大会。大会的主题是“图书馆创造未来：基于文化的传承”（Libraries create futures：Building on cultural heritage）。会议期间，我参加了专业委员会的前后两次工作会议，参观了大会举办的内容丰富多彩的展览，重点是有选择地旁听了多个不同主题的大会或专题报告，收获良多。其中，本人明显感到，开放获取已经得到国际图书馆界的高度重视与认同，并在实践中积极加以推动。

2009 年的 75 届国际图联大会的一个突出特点，是比以往的 IFLA 会议更加关注开放获取（open access，简称 OA）问题。本届会议有三个专业委员会的主题为开放获取，分别是农业图书馆专业委员会，主题为“农业信息开放获取的世界趋势”，图书馆理论与研究专业委员会，主题是“开放获取研究”，科学与技术图书馆专业委员会，主题是“世界各国科学技术研究的开放获取：战略与最佳实践”。据初步统计，在不同分会场发言的论文共 15 篇。其中包括中国科学院国家科学图书馆李麟、刘细文、张晓林合写的论文“中国科学院国家科学图书馆开放获取的实践”，张晓林教授在会上做了现场报告。大会报告和论文主要侧重在

OA 的政策与机制、OA 的问题与挑战、OA 的实践进展等几个方面。本文选取国际同行部分有关 OA 文章的重点内容进行介绍，与同仁们分享。

1　OA 的政策与机制

人们已经越来越认识到，传统的科技出版与同行评议模式不能适应今天高度分散与飞速变化的科学领域有效交流与质量保障的需要，需要通过交互而透明的向科技界和公众开放的评议、出版和讨论来加以补充。开放获取、公开的同行评议和交互讨论的好处在于，可以有效而灵活地结合传统出版和同行评议的优势。自 2001 年以来，高度成功交互的 OA 期刊 Atmospheric Chemistry and Physics（ACP，www. atmoschem-phys. net）以及越来越多的由出版商 Copernicus（www. copernicus. org）和欧洲地球科学联盟（EGU，www. egu. eu）出版的类似期刊充分证明了这一方

法的益处和意义，解决了快速的科学交流与完备的质量保障之间的两难关系。OA不仅不是一种威胁，而是改善科学质量保障水平的难得的机遇 。

OA的概念提出只有7年的历史，政府和出版商目前还在喋喋不休地争执，但世界上的一些经费资助机构和大学已在实施强制的存储政策。研究团体与研究中心、大学、资助机构、政府、国家和国际团体推出了越来越多的开放存取政策。研究资助机构正越来越多地开始对所资助的研究成果实施强制的开放获取。根据Peter Suber的建议，最重要的OA政策应包括：如果一个机构实行请求和鼓励的OA政策，而不是强制政策，那就应鼓励向OA期刊提交文章，同时鼓励在OA知识库中加以存储。但如果决定实施强制性的OA，那就应要求存储到OA知识库中，而不要求提交到OA期刊，即使也可以鼓励提交到OA期刊。各机构应要求提交作者同行评议后的手稿的最终版本，而不是正式发表的版本。OA知识库中同行评议过的手稿应包括发表版本的引文和链接。大学还应允许存缴未经评审的预印本、以前的期刊文章、会议报告（幻灯片、文本、音频、视频等）、图书手稿、图书元数据（特别是作者不能或不想存储全文的情况下），以及本校编辑或出版的期刊的内容。大学还应考虑其他类型的资源，如开放课件、管理记录、图书馆的数字化项目、学位论文等。关于时滞期（embargo），任何滞后都是对公共利益的危害。所以，时滞期越短越好（不超过6个月）。不准备出版的私人笔记和记录、保密的研究和有版税的图书应不包括在内。能申请专利的发现要么不包括在内，要么滞后期足够长以便容许研究人员申请专利。

关于OA的质量，尽管ISI从2004年就证明了OA的文章的优势和潜在的优势，也有大量的文章从不同角度证明这一事实，但似乎人们不自觉地将OA的文章质量与未必经同行评议的免费获取（free access）的文章质量等同起来。其实，仅仅从引文（被引）的角度，即使是免费获取的文章也比传统的期刊文章的引用率要高。但OA期刊总体而言，不一定遵循这样的特点。其中的原因也许与期刊的历史、既往影响力和评价制度有关。有研究表明，与非OA的文章相比，自存储的农业方面的文章具有明显的引文优势。从非OA的农业期刊中随机抽取的400篇文章的样本中，大约14%为OA的，引文量中值为4，而非OA文章的引文量中值为2。然而，在期刊层面上，2005－2007年间OA农业期刊的平均影响因子是0.29，比非OA期刊的平均影响因子（0.73）要低很多。研究还发现，联合国粮农组织（FAO）的联机免费获取的出版物同一年往往比非OA出版物具有较高的引文量，前者的平均引文量为1.74，而非OA出版物的平均引文量为0.28。因此，似乎可以得出这样的结论，开放获取对文章具有优势，但对期刊而言未必如此。

除了学术论文外,包括会议论文在内的期刊文献类型的开放获取及影响力问题也引起人们的广泛关注。一个值得重视的现象是,在开放获取的会议论文的引文来源中,学术搜索引擎和引文数据库正占据主导的地位。有关 2002—2005 年间 IFLA 会议开放获取的论文引文影响力评价的研究成果表明,607 篇英文会议论文吸引了 1157 篇正式引文,平均引文和引文中值分别为 1.91 和 1。IFLA 会议论文的大多数引文来自 Google scholar(占 76%)和 Scopus(占 20%),只有 4% 的引文来自 ISI 所收录的高影响力的期刊所发表的文章 。这充分说明学术搜索引擎和引文数据库在发现和挖掘论文的引文方面所发挥的重要作用。开放获取与搜索引擎及引文数据库的结合,将极大促进 OA 研究成果的更广泛传播和共享。

2 开放获取的问题与挑战

OA 发展到今天,尽管进展迅速、效果明显,但世界各国都还程度不同地存在一些问题,而且很多问题带有一定的普遍性,包括用户需求的把握和认知的提升。一项马来西亚大学图书馆 OA 机构知识仓储(IR)建设研究,旨在调研人们对 OA 接受的程度、所采取的计划的类型以及基于用户认知的这些计划的效能。研究表明,用户面临的若干重大的挑战是:易于使用、易于检索相关的内容、内容的更新和联机帮助支持。用户期望当利用 IR 时这些问题能很好地解决。用户还非常希望得到情报专业人员通过电子沟通渠道而提供的帮助。文章认为,一个系统无论技术上多么先进,但只有系统的用户认为它好才算是好的。对于 IR,国内外的用户似乎缺乏足够的认同,表现在 IR 所发挥的作用还不够理想,IR 的意义还没有得到用户的充分认同。用户的认知、评价和参与将是至关重要的。所以,建立一套用户认同、参与、共享 OA 的机制将是今后必须解决的问题。

不同国家的国情不同,信息环境不同,OA 的进程也会所有差别。肯尼亚的 OA 障碍的研究表明:需要建立清晰的机构和政策框架,指导开放获取交流计划的实施;需要建立开放获取的意识和能力,保障研究人员利用开放获取的机遇。同样,需要政府对研究的资助,保障联机共享本地的信息内容和促进信息的流动。这些结论对其他发展中国家不无借鉴之处。在乌干达的 Makerere 大学,2006 年在“乌干达学术数字图书馆”名义下建立了大学的 IR,但目前为止存储在其中的出版物不过 2000 多件。他们遇到的挑战是:机构版权政策状况、缺乏加强或实施强制存储的工具、提交电子版学位论文、出版商的不同版权政策、作者出版物不同版本获取上的困难、对 OA 研究成果质量的质疑、对剽窃的恐惧以及技术上的限制。这些问题在包括在内的其他国家其实都不同程度存在着。需要我们共同寻找解决这些问题的对策,打消人们的疑虑,创造一种真正适宜 OA 的政策环境和信息环境。

印度是 OA 发展比较良好的国家。印度的 OA 政策和实践相对于发展中国家是处于先进地位。但印度依然存在着 OA 过程中共同面临的一些问题。研究发现,对科研人员而言,印度的 OA 所面临的挑战主要包括:科研人员大多不了解版权和预印本问题,担心其作品失去在高影响力期刊上发表的机会;科研人员知道,由于 OA 概念的快速传播,精品期刊出版商会将基于订购的盈利模式改为作者付费而遭致对出版的收费;许多科研人员认为,网站足以替代知识库,不了解利用机构知识库的优点;许多科研人员不了解有关自己的作品的影响力的数据以及自己的科研绩效如何与同行比较;科研人员对 OA 及其内在的优势的意识程度很低,即使意识到了,他们也不了解自存储模式和方法。而在实施开放获取的途径方面面临的挑战则表现在:图书情报人员对数字图书馆、档案库、知识库等的技术和功能差别及其各自的用途认识混乱并缺乏意识;政策制定者和管理者不了解知识库的物理和功能特点;在许多图书馆和网络中心,没有建立知识库的最起码的基础设施;在多数机构,训练有素的能建立和维护知识库的人力是一个问题,许多农业机构缺乏独立的技术支持团队;多数农业机构很少采集科研人员有关需求和偏好的反馈,将科研人员融入开放获取的实施过程中是非常重要的;政策制定者不认为有必要与 OAI-PMH 相兼容,免费获取常常与开放获取相混淆 。这些问题深刻地揭示了目前 OA 发展中的难点,十分值得我们高度关注。不同的利益方,对 OA 的认识有很大的不同,OA 推进中的障碍是一种客观存在,需要寻求更积极、更有效的办法来推动持续的解决。

3 开放获取的实践进展

国际上,OA 的进展的消息不绝于耳。本次会议多数 OA 的论文都或多或少地介绍了本国或本机构在 OA 方面取得的成就。在新西兰,2005 年 11 月建立了第一个机构知识仓储,目前已经达到了 15 个,其中 8 个在综合性大学,7 个在理工或技术大学。新西兰 IR 的成功经验在于发挥学科馆员在机构知识库中的宣传推广作用。他们认为,IR 的成功,不仅与用户在 IR 中查询相关信息的能力有关,而且是否具有 IR 及其作为解决信息需求的一种信息源的潜在价值的知识是首要因素。如果用户将 IR 作为一种潜在的信息源,学科馆员在推动 IR 的建设中就具有重要的作用,这就是帮助或培训学生和科研人员确定潜在的信息源满足他们的信息需求。要保障 IR 的成功,就必须将 IR 作为用户的一种潜在的有价值的信息源,并随后得到用户的利用。IR 成功的简单公式是:文献输入 + 文献利用 = 成功的 IR。IR

的宣传推广是至关重要的,而向图书馆员进行宣传推广是促进 IR 建设的第一步,因为没有图书馆员的支持,IR 就很难在用户中得到更广泛的接受。因此,图书馆员,特别是学科馆员在推动本校 IR 和其他的 IR 作为一种用户潜在的有价值的信息源方面处于理想的地位。

OA 的建设与发展更需要国际同行间的合作与协力推动。2006 年,国际水与海洋科学图书馆与信息中心协会(IAMSLIC)建立了一个集成的开放获取模式,以促进自然海洋、河口、半盐和淡水水域环境研究的全球共享。从内容上看,该门户包括了这些环境的科学、技术、管理的所有方面,如组织与资源、经济、社会和法律问题。IAMSLIC 特别致力于促进没有足够的技术支持的研究人员和机构之间的共享。该模式包括两个主体部分:开放获取知识库和开放获取收割器。水共享知识库(http://aquacomm. fcla. edu)是基于 EPrints 的,并支持数字资源的自我提交。在过去的两年里,25 个以上的机构已经与 IAMSLIC 成员合作,开始建立基于学科的数字知识库。该知识库通过与福罗里达图书馆自动化中心签订正式协议由 AMSLIC 提供支持,该中心为整个知识库项目提供软件维护、升级、存储和备份 。开放获取需要国际同行的认同、协同和共同推动,这是 OA 发展的重要经验。

更多会议内容见会议网站: http://www. ifla. org/annual-conference/ifla75/programme2009-en. php。

参考文献

[1] Ulrich Pöschl. Interactive open access publishing and public peer review: The effectiveness of transparency and self-regulation in scientific quality assurance. http://www. ifla. org/files/hq/papers/ifla75/142-poschl-en. pdf

[2] Iryna Kuchma. Open Access policies in developing and transition countries. http://www. ifla. org/files/hq/papers/ifla75/142-kuchma-en. pdf

[3] Kayvan Kousha, Mahshid Abdoli. Citation impact of the open access agricultural research: comparison between OA and Non-OA Publications. http://www. ifla. org/files/hq/papers/ifla75/101-kousha-en. pdf

[4] Kayvan Kousha, Mahshid Abdoli. Citation impact of open access IFLA Annual Conference papers: a methodological approach. http://www. ifla. org/files/hq/papers/ifla75/105-kousha-en. pdf

[5] Kaur Kiran, Yip Ping Chia. Open Access Initiatives in Academic Libraries: Challenge to the User. http://www. ifla. org/files/hq/papers/ifla75/105-kiran-en. pdf

[6] Florence N. N. Muinde, G. E. Gorman. Barriers to open access to scientific information in Kenya, with particular reference to agricultural information. http://www. ifla. org/files/hq/papers/ifla75/101-muinde-en. pdf

[7] Miriam Kakai. The challenges of advocating for open access through institutional repository building: experiences from Makerere University, Uganda. http://www.ifla.org/files/hq/papers/ifla75/105-kakai-en.pdf

[8] Paraj Shukla, Anand P. Singh. Open Access initiatives for agricultural information transfer systems in India. http://www.ifla.org/files/hq/papers/ifla75/101-shukla-en.pdf

[9] James Revell, Dan Dorner. Subject Librarians' Perceptions of the Institutional Repository as an Information Source. http://www.ifla.org/files/hq/papers/ifla75/105-revell-en.pdf

[10] Stephanie Haas, et al. The Aquatic Commons Model: the roles of IAMSLIC, FAO and IFREMER in supporting open access to fisheries and aquaculture research and anagement. http://www.ifla.org/files/hq/papers/ifla75/101-haas-en.pdf

(原文载:《数字图书馆论坛》,2009(11))

情报学的研究现状与发展趋向

情报学起源于何时,学术界有着不同的提法。[1]通常认为,情报学是第二次世界大战以后才形成的一门科学,以布什(V. Bush)1945年在《大西洋月刊》上发表的"诚若所思"为标志,该文首次提出了机械化检索文献缩微品的设想。中国内地的情报学诞生于50年代,1956年中国科学院建立了科学情报研究所,标志着中国内地科技情报事业的开始。[2]在这半个世纪,无论是国内还是国外,情报学都经历了发展、繁荣、阵痛、困惑、再造等不断变革的过程。这种变革有时给情报学带来推动,有时则造成迷茫。特别是近些年来,随着高等教育的变革和信息技术的发展,情报学受到的冲击更多,面临的挑战更严峻。但另一方面,信息化、数字化、网络化的社会环境正在荡涤着情报学中陈旧落后的东西,为情报学的大发展孕育着新的生机和希望。

一、情报学的两难境地

总的来说,中国内地的情报学研究和工作实践除60年代中期至70年代末期处于停滞状态外,一直都在向广度和深度发展。据统计,在过去的50年中,中国内地共发表情报学方面的论文18 369篇。[3]但自从90年代中期以来,情报学似乎处于一种两难的境地:它在寻求自身发展的过程中受到了学科名称和学科范畴的严峻挑战,处于一种若即若离、若隐若现的状态之中。

1992年10月国家科委(现科技部)决定将"科技情报"改为"科技信息",引发了改名浪潮。北京大学图书馆学情报学系率先将系名改为"信息管理系",中国科学技术情报研究所改名为中国科学技术信息研究所。至今绝大多数图书情报学系更名为信息管理系,绝大多数省市的科技情报研究所更名为科技信息研究所。1998年教育部将原本科专业目录中的科技情报、经济信息管理、管理信息系统、信息学和林业信息管理等五个专业合并为"信息管理与信息系统",情报学就越来越难以在本科课程表中寻得一席之地。以"情报学"为题发表的文章越来越少,标明"情报学"的论著似乎失去了市场。相反,"信息管理学"、"信息管理概论"、"信息管理基础"等作为题名的著述则来势汹涌。尽管来自学界的将《情报学基础》或《情报学理论与方法》作为必修的基础课的呼声很高,但鲜有实际呼应者。

近些年来，全球形成了一股“信息”热潮。“信息社会”、“信息时代”、“信息技术”、“信息经济”、“信息内容”等成为使用频率很高的术语。除“竞争情报”(competitive intelligence)还借用“情报”外，情报似乎一下子被信息所淹没。人们多把 information 说成信息，把 information science 说成信息科学，几乎没有了情报和情报学的位置。

在英文中，information 对应的汉语主要有三个词：情报、信息、资讯。“情报”曾主要为图书馆情报工作者使用，“信息”通常为科学和社会各领域所使用，“资讯”最初为港台独创。在港台，资讯科学和 information science 指的是同一个学科。在内地，信息科学和情报学是不同的，而信息学(informatics)又不同于情报学。在此，我们无意区分这些概念之间的彼此异同。我们想指出的是，有关 information 术语上的混乱带来学科建设上的困境是一个不争的事实。

汉语中的“情报学”对应于英语中的 information science。但 information science 的学科性质、学科范式也并不明确。在很多情况下，人们用 information sciences 来表明一类学科或学科群。究其根本，在英语中，information 在不同场合、不同的学科具有不同的含义。人们给 information 下了很多定义，但适应的只是定义者自身的狭隘需要。[4] 因此，有人戏称，information 是一个不幸的词语。D. Bawden 提醒道，这意味着使用这一核心概念构成的术语无一不处于构建在“流沙”上的危险之中。他还进一步提出，申农(Shannon)的信息论实际上研究的是通信系统编码效率的数学分析，因此用“信号理论”(signalling theory)更为合适。从那时起，使用“信息”就引起了某种混乱。[5]

多年来，人们一直没有停止对情报学基本理论的探讨。1996 年在丹麦首都哥本哈根召开了第二届“图书馆学情报学的概念”国际会议，就情报学的核心理论和方法问题进行了深入的讨论。但此次会议仍然没有阐明情报学的核心问题究竟是什么，使得情报学的基本研究领域和学科地位问题仍未获得解决。[6] 由此可见，解决情报学的这些基本理论问题并非一朝一夕的事。

情报学作为一门学科无疑有其应有的作用，并应该得到继续发展。50 多年来，情报学也一直在不断丰富和完善自己。面对学科交叉综合、新理论新技术层出不穷这样的新形势，情报学感到阵痛也是必然的。情报学在基础理论方面确实面临着很大的困惑，传统的理论已不能适应今天的发展。但变革不等于取消，实际上，也没有一个更合适的称谓来代表情报学。信息学、信息管理、信息资源管理都不足以替代情报学，资讯科学在大陆也难以流行。因此，“情报学”作为一个学科名称仍然有其特定的意义。

在中国内地,“情报学”作为正式的学科名称仍然占主导地位,其他的称谓还没有得到广泛的接受并取而代之。在国务院学位委员会制订的研究生学科目录中,还保留“情报学”作为二级学科。专业学会仍称作“中国科学技术情报学会”,该学会与中国科学技术信息研究所主办的情报学领域权威刊物名称仍为“情报学报”,国内主要的十余种情报学刊物仍使用“情报”一词。中国国防科学技术信息学会自1995年编辑出版的年度评论(现已出版四卷)《情报学进展》也冠用“情报学”一词。

情报学与图书馆学一样,学科名称并不重要。名称只是一种形式,关键是要看它研究的实质性内容。[7]试图用所谓时髦的术语取代情报学,只会造成更大的混乱,不会对学科建设产生任何的推动作用。因此,将争论搁置起来,在情报学的学科大旗下重组和构建适应时代发展的情报学,才是恰当的选择。学科名称和相关概念仍然可以探讨和争论,但应纳入情报学的学科范畴之内。情报学有其特定的研究对象,就足以构成一门学问。而采取什么样的研究方式、运用什么样的技术方法、借鉴或创立什么样的理论都不是一成不变的,需要随着[illegible]的变化而不断地予以适应,解决由于客观环境的变化而对[illegible]题。为此,情报学需要不断地借鉴和应用新的理论和技术成[illegible]境下信息交流的特点、网络用户行为、网络信息资源的开发与利用、网络信息技术发展趋向,重视对信息服务业的理论、模式和实践的研究,加强与图书馆学、传播学、法学、IT等理论的交流与合作,并在此基础上探索情报学的核心领域与学科体系,形成建立在现代科学情报和科学交流基础上的情报学。

二、情报学的学科变革

近些年来,情报学相关的研究领域炙手可热,并产生了越来越大的影响。例如,关于信息资源管理的研究,关于竞争情报的研究,关于知识管理的研究,关于数字图书馆的研究,关于网络信息组织的研究,等等。这些问题也许不是传统情报学所研究的对象,但在现代情报学中却是不能忽视的。实际上,我们不能将某一个问题仅仅归结于是某一个学科的研究对象。很可能某一个问题需要多个学科共同研究,从不同的学科视角探索对问题的解决。这正是现代科学交叉融合的一个重要特点。我们可以将这些问题与各学科的关联性做一对比(见表1):

表1　主要研究领域的学科关联性

学科 研究领域	情报学	图书馆学	计算机科学	管理学	法学
信息资源管理	√	√	√	√	√
竞争情报	√			√	√
知识管理	√	√	√	√	√
数字图书馆	√	√	√	√	√
网络信息组织	√	√	√		√
信息政策与法律	√	√	√		√

由此可见,对某一个问题需要从不同的学科背景、不同的研究目的来进行研究或联合攻关,学科之间不存在严格的界限。相反,现代科学鼓励进行交叉性、多学科的[redacted]科学技术的发展上,吸收科学技术的最[redacted]青科学、技术和社会需求 问题,是现代科学技术发[redacted]情报学研究提出的新问[redacted]成果,尤其要关注网络环 各个国家的研究也越来越趋向一致。从全球看,情报学正在突破传统的范式,越来越多地应用现代信息技术,越来越密切地与现代科学的发展联系在一起。在美国,关于网络计量学(Webmetrics 或 Cybermetrics)、竞争情报、知识管理和网络环境下的信息资源管理正在成为情报学新的研究热点。[7] 日本十分注重对西方情报学研究的跟踪和借鉴,对情报学的研究更加注重实用性,并且往往与某一学科相联系。[8] 中国内地近五年的情报学研究,主要关注的是信息资源管理、知识管理、竞争情报、情报检索等四个方面,反映了中国的情报学研究正在步入学科前沿。[9]

情报学的学科范畴目前仍然不是确定的。在美国,information science 也有广义和狭义之分。据介绍,有人按照年代总结出近40种历史上用作"情报学"称谓的术语,分为7个领域。其中影响广泛的是 Machlup 和 Mansfield 提出的有别于图书馆与情报学和计算机与情报学的"狭义"情报学。他们认为,情报学的研究范畴包括:

- 科学家与学者交流模式的研究(例如,共引分析);
- 改进信息分类方法的研究(例如计算机化的文献编目);
- 文献增长与分布的统计研究(例如所谓的文献计量学领域);
- 信息交流的新方法(如信息交流的政府制约、国际交流协定等);

• 信息系统与网络的建模与计算机模拟；

• 信息系统与服务的用户特征和行为；

• 人机系统设计中有关人的因素的研究，等等。[10]

美国《情报科学文摘》(ISA)主编 D. T. Hawkins 近来比较完整地考察了自 60 年代以来人们对情报学下的种种定义，并针对 ISA 提出了情报学的新定义：情报学是一门研究理论和实践问题的交叉学科领域，研究与知识传递相关的技术、法律和产业，信息源、信息的生成、组织、描述、加工、发布、交流和利用，以及用户之间的交流和寻求满足其信息需求时的行为。[11]

情报学的学科变革还突出表现在情报学教育课程的变化上。梁战平教授将这种变化总结为三个面向：面向前沿、面向应用和面向青少年。[12]的确，情报学教育在应用信息技术解决现实问题方面的变革是前所未有的。情报学正在突破传统的专业范畴，更加注重兼容并蓄，更加注重与科学技术的发展保持同步。但无论情报学学科结构如何变化，情报学都将仍然是情报学，既不能取消，也不能被代替。

三、情报学发展的趋向

情报学作为一门学科已存在和发展了 50 多年，它有自己的研究对象和研究方法。更重要的是，情报学仍是一门发展中的学科，能够积极适应科学技术的发展，不断地更新研究手段，丰富自己的学科内涵，拓展研究空间，谋求更广泛的社会认可。我们认为，从国际范围看，情报学正在显现出一些重要的发展趋向，预示情报学未来发展的一些特点，现分析、综合、归纳如下：

(1)技术推动正在使情报学的基本属性从自然科学变为技术科学

在传统的情报学中，自然科学的基本属性表现得似乎更多一些，尽管对此人们仍然有各种各样不同的看法。[13]情报学的核心方法，如布拉德福定律、齐夫定律等等，基本上是数理统计的应用和推广。尽管情报学较早地注意到计算机等技术的价值，但长期以来，情报学一直囿于定性和定量的分析研究范畴之中。有些人甚至把情报学当成纯科学(pure science)来研究，而不是作为应用科学(applied science)来研究，注重强调甚至赋予其哲理性，情报学的价值和作用没有得到充分的体现，影响力有限也就不足为怪了。

自 20 世纪 90 年代中期以来，随着信息技术的发展，情报学的技术科学属性体现得越来越充分。所谓信息管理、信息资源管理等试图包容情报学的学科范畴，顺应的正是将计算机技术、通信技术和网络技术应用到学科底层之中的大趋势。信息技术也正在成为情报学的学科基础，成为情报学的核心概念，成为情报学的核心研究对象。信息技术的渗透表明,应用性成为情报学的突出特征,情报学正在从自然科学向技术科学转移。

情报学的这种转移的依据是:

• 相关机构名称的改变。其中最为明显的是英国专业图书馆与信息机构协会(Aslib)改名为信息管理协会。

• 相关期刊刊名的改变。《美国情报科学学会学报》(JASIS)自2001年第1期起改名为《美国情报科学与技术学会学报》(JASIST)。这种改名不仅仅是增加了"技术"两个字,而是学科性质的一种嬗变。该刊的内容也突出地反映了这一特点。

• 相关研究重点的改变。情报学研究目前关注的与技术密切相关的重点是:计算机情报检索、数字图书馆、数据挖掘与知识发现、网络信息资源管理,等等。

• 相关研究人员的改变。过去情报研究人员的学科背景多为自然科学。而当前的情报学研究人员中,具有计算机技术背景的人越来越多。即使是以情报学为学科背景,也十分注重计算机技能的培养。

(2)面向学科将更加凸现情报学的应用性

情报学是以科学情报为研究对象的,因此也常常称为科技情报学。但今天的情报学不仅与科学有关,与经济、社会、文化、教育等都有密切的关系。情报学的这种特点决定了情报学往往与某一学科紧密地结合在一起,为各学科的发展提供支持。应用性是情报学的突出特点。无论是战略情报研究,还是战术情报研究,都带有强烈的学科特点。也就是说,情报学不像哲学那样研究信息的通性和一般性信息,而是针对某一个领域或共同领域。

如果说,从传统的情报学中分化出医学情报学、农业情报学、化工情报学等领域是情报学本身的必然要求的话,那么在情报学的今后发展中,以学科为单元,建设学科文献数据库、向用户提供信息推送服务、在网上建立学科门户、知识导航等等,就是情报学未来发展的必然趋势。随着技术的应用,情报学将更加深入到学科内部的知识单元,传递精粹情报。

但这并不意味着作为学科整体的情报学将让位于学科情报学。情报学的基本理论和基本方法仍然需要加强研究,为学科情报提供理论和方法指导。情报学是一个完整的学科体系,由理论、方法和应用等不同的层面所构成,起着不同的作用。

面对信息爆炸和更加无序,情报学肩负着充当信息时代的信息组织者、信息过滤者和知识导航者的责任。如果情报学不能遏止信息泛滥的势头,就是情报学的悲哀。控制信息向有序、可信、集萃、适用等方向流动,离不开面向学科的情报控制。尽管应用的手段、工具会有根本性的改变,但将情报学建立在众多学科的需求的基础上，这一点是不会改变的。各学科需要情报学，情报学也同样依赖于各学科。

(3)融合多学科成就将使情报学的综合性更加突出

情报学未来发展的另一个显著特点是它的更加综合性。这种综合性表现在情报学不断吸收和借鉴其他学科的成果，从传统情报学的数理统计到现代情报学的技术应用，无一不体现情报学注重对现代科学技术的跟踪，充分利用现代科学技术成果，充实情报学的学科内涵和研究工具。情报学也在这种借鉴和应用中，不断地巩固自己的学科基础，增强情报学作为基础学科的地位。

同许多其他的学科一样，情报学是在与其他学科的交叉融合中获得发展的机会。在现代科学技术条件下，没有一个学科能够离群索居，对其他学科的发展熟视无睹。任何一个学科都需要吸收和借鉴相关相邻学科的精粹，都带有综合性质，只不过这种综合性在情报学身上体现得更为明显。

情报学既重视自然科学、技术科学，也关注社会科学，这是由情报学直接面向应用所决定的。从自然科学来看，学科情报仍然是情报学的研究重点，为学科发展提供前瞻性、方向性研究，提高情报学为学科服务的能力；从技术科学来说，计算机技术、通讯技术、网络技术为情报学提供了新的手段和方法，提高了情报学处理复杂问题的能力，为情报学渗透到更广泛的领域提供了可能；从社会科学来说，认知科学、心理学、伦理学、行为科学、决策学、咨询学等等拓展了情报学的视野，突出了情报学的应用性，使情报学更加显现解决现实需求问题的能力。

情报学的综合性是情报学分化的另一个侧面。情报学有分有合，合是为了分，分更需要合。从现状发展看，情报学尤其需要加强综合性，充分利用其他学科的成果，巩固和发展情报学的理论基础，为情报学走向更进一步的应用提供可靠的保证，并逐步总结出情报学的核心概念、原理和方法，推动情报学向一门成熟的学科发展。

(4)信息产业正逐渐成为情报学的主战场

情报学发展的另外一个趋势是与信息产业的紧密关联。自从信息产业从一个概念发展到规模庞大的行业，不但计算机和通讯界充当了主力，情报界也在努力寻找自己在其中的位置。情报学在为多领域(包括科学研究)服务的同时，为信息产业服务正成为新的战场。国内外情报学教育近些年的变革，很重要的一点就是为信息产业培养人才。

1993年，美国加州大学伯克利分校图书情报学院在经历了一次严重的震荡后，毅然决然地将院名改为信息管理与系统，实际是将情报学从狭隘的领域引至信息产业的广阔市场。自90年代中期以后,美国各相关院系都程度不同地拓宽情报学,按照信息产业的需要培养学生。经过近10年的发展,情报学毕业生在市场的竞争中基本立稳了脚跟,甚至还颇为抢手。中国内地的情报学教育也正在出现类似的现象。情报学为庞大的信息产业服务,是找准了所归属、所依附的主要对象和强大对象,就像“毛”之牢固可靠地附于“皮”上一样;在此基础上正可充分施展“有的放矢”的服务。

情报学专业通常把信息资源管理和服务作为自己在信息产业市场上竞争的砝码。情报学毕竟不是计算机科学,不能在该项技术上与计算机人才一争高下,但我们在一定的技术背景下所具有的“资源”和“服务”意识与能力,则是我们敢于向竞争者挑战的优势。实践证明,情报学毕业生在信息资源组织和信息服务设计与提供方面确实略胜一筹,为情报学的发展赢得了更大的空间。

为信息产业培养人才,是情报学教育的一个重大转变,更是对情报学理论的重大发展。将情报学教育与信息产业的需要密切结合,不仅是情报学学科发展的需要,也是社会对情报学发展提出的客观要求。情报学应进一步强化自身的优势,不断巩固自己的地位,培养自己在信息社会中不可被替代的核心能力。

情报学发展趋势的以上四个特点并不是相互排斥的,而是可以并存的。这也表明了情报学发展的复杂性。情报学的发展不应该是单一的,而是多面的,不是孤立的,而是相互联系的。情报学既要为科学研究服务,又要为科技实践服务,既要解决学科发展中的情报学问题,又要解决信息产业中的信息服务问题。在信息、知识时代,情报学必将大有作为。

参考文献

[1]赖鼎铭.资讯科学的思考.(台)文华图书馆管理资讯股份有限公司,1999

[2]武衡.情报学.见:中国大百科全书(图书馆学情报学档案学).中国大百科全书出版社,1993:13-20

[3]沈丽容,倪波.新中国情报学论文分析.图书情报知识,2000(1):2-7

[4]Charles T. Meadow, Weijing Yuan. Measuring the Impact of information: Definition the Concepts. Information Processing and Management, 1997(6):697-714

[5]David Bawden. The shifting terminologies of information. Aslib Proceedings, 2001(3)

[6]肖东发主编.中国图书馆年鉴2001.北京图书馆出版社,2002:180

[7]严怡民.情报学理论研究.见:情报学进展(第一卷).中国国防科学技术信息学会,1995:1-17

[8]王进孝.20世纪90年代中期以来的美国情报学研究.资讯传播与图书馆学,2002(8)

[9]缪园.20世纪90年代以来日本情报科学与图书馆情报学的发展.资讯传播与图书馆学,2002(3)

[10]巢乃鹏.中国大陆情报学研究进展(1996－2000).资讯传播与图书馆学,2002(8)

[11] Rayward, W. Boyd. The History and Historiography of Information Science: Some Reflections. Information Processing and Management, 1996(1):3－17

[12]Hawkins,D.T. Information Science Abstracts:Tracking the Literature of Information Science. Part 1:Definition and Map. Journal of the American Society for Information Science and Technology, 2001(1):44－52

[13]梁战平.情报学的新发展.情报学报,2001(2):130－135

[14]孟广均,徐引篪主编.国外图书馆学情报学研究进展.北京图书馆出版社,1999:9－13

(原文载:《资讯传播与图书馆学》,2002(3))

著译目录

论文部分(未标注合著者,为独著):

1. 公共关系是图书馆管理的重要环节. 黑龙江图书馆,1987(2)
2. 西方图书馆管理研究述略. 图书馆学研究,1987(3)
1. 论图书馆管理中的公共关系策略. 周庆山,初景利. 图书情报工作,1988(6)
2. 论图书馆馆长的新模式. 图书情报工作,1988(6)
3. 馆长的沟通艺术. 图书情报工作(增刊十一),1989
4. 文献资源共享与现实选择. 图书与情报工作,1991(1)
5. 图书馆目标管理实践中的一些问题. 图书馆学刊,1991(3)
6. 北美情报产业对中国的影响. 王晓力,初景利译. 情报科学,1992(1)
7. 馆长与沟通.《怎样当好馆长》. 成都科技大学出版社,1992. 5
8. 管理与服务关系的本质——课堂讨论综述. 图书馆杂志,1992(6)
9. 在实践与理论之间架起桥梁. 大学图书馆学报,1992(6)
10. 第二次白宫图书情报工作会议及政策提案. 译. 情报资料工作,1992(6)
11. 国外关于馆藏经济问题的研究. 图书馆学研究,1993(1)
12. 我国图书馆公共关系的研究与实践. 初景利,那春光. 中国图书馆学报,1993(4)
13. 论图书馆管理思想从传统到现代的变革. 辽宁师范大学学报,1993(4)
14. 论图书馆管理思想的八大变革. 图书情报工作,1993(4)
15. 走向21世纪的图书馆中文目录. 译. 图书馆学刊,1993(6)
16. 鲍士伟与中国图书馆的发展. 译. 图书馆学刊,1993(6)
17. 试论图书馆的自我发展能力. 中国图书馆学报,1994(4)
18. 图书馆临时工的使用与管理. 初景利,文甲龙. 图书馆界,1994(1)
19. 辽宁省中学图书馆的现状与发展构想. 初景利,于保业. 图书馆学刊,1994(4)
20. 关于学校图书馆发展政策的联合声明. 译. 中小学图书情报世界,1994(4)
21. Self-development of Public Libraries in China: the Current Situation and Some Problems. LIBRARY REVIEW,1994(8)
22. 图书馆的生存挑战与变革. 中国图书馆学报,1995(1)
23. 八十年代以来美国学校图书馆的新发展. 中小学图书情报世界,1995(1)

24. 英国的学校图书馆. 中小学图书情报世界,1995(2)
25. 战后日本的学校图书馆. 中小学图书情报世界,1995(4)
26. 加拿大学校图书馆概况. 中小学图书情报世界,1995(5)
27. 论图书馆学专业的管理教育. 教育科学,1995(增)
28. 图书馆在为残疾人服务中的作用. 图书与情报工作,1996(1)
29. 澳大利亚中小学教师馆员. 中小学图书情报世界,1996(1)
30. 现代高校图书馆管理体系特征. 中国图书情报文库,中央编译出版社,1996
31. 国外三所大学图书馆学与信息专业改革透视. 初景利,杨沛超. 大学图书馆学报,1996(5)
32. 关于加强图书馆学专业学生专业思想教育的思考. 吴冬曼,初景利. 图书馆学刊,1997(1)
33. Public Relations of Libraries in China. LIBRARY REVIEW,1998(4)
34. 论制订《图书馆员职业道德准则》. 吴冬曼,初景利. 图书情报工作,1998(11)
35. 试评图书馆学系更名. 于鸣镝,初景利. 图书情报工作,1998(7)
36. CI 与图书馆的发展. 吴冬曼,初景利. 图书馆建设,1998(3)
37. 图书馆案例研究与案例教学. 缪国,初景利. 图书情报工作,1998(4)
40. 应用 SERVQUAL 评价图书馆服务质量. 大学图书馆学报,1998(5)
41. 关于信息管理专业教育若干问题的思考. 大学图书馆学报,1999(2)
42. 西方图书馆评价理论评介. 中国图书馆学报,1999(3)
43. 知识经济与图书馆发展战略. 图书馆学刊,1999(1)
44. 论图书馆的名牌战略. 图书馆杂志,1999(7)
45. 图书馆服务评价的新理论. 图书情报工作,1999(11)
46. 用户满意论. 情报资料工作,1999(4)
47. 从传统图书馆到数字图书馆:趋势与变革. 中国图书馆学会学术年会 1999 年论文集. 北京图书馆出版社,1999
48. 图书馆实施创新简论. 图书馆杂志,2000(7)
49. 变革中的西方图书情报学教育. 大学图书馆学报,2000(5)
50. 论信息识知标准与信息识知教育. 海峡两岸第五届图书资讯学学术研讨会.(2000.8 成都)
51. 复合图书馆的概念与发展构想. 全国图书馆学情报学研究生学术研讨会.(2000.10 北京)
52. Recent Changes in Information Science Education in Chinese Universities. LIBRARY

REVIEW,2001(1)
53. Library and Information Services in China(book review). LIBRARY REVIEW,2001(1)
54. Western Librarianship in China: the Spreading and the Influences. Library Management,2001(4/5)
55. The renaming of library schools in China and the effects. New Library World,2001(7/8)
56. 复合图书馆的概念与发展构想. 中国图书馆学报,2001(3)
57. 国外图书馆学情报学2000年研究进展(一). 大学图书馆学报,2001(1)
58. 国外图书馆学情报学2000年研究进展(二). 大学图书馆学报,2001(2)
59. 国外图书馆学情报学2001年研究进展(一). 初景利,林曦,巢乃鸣,缪园. 大学图书馆学报,2001(3)
60. 国外图书馆学情报学2001年研究进展(二). 初景利,林曦,巢乃鸣,缪园. 大学图书馆学报,2001(5)
61. 国外对数字图书馆概念的认识. 图书馆,2001(6)
62. 因特网不能代替图书馆的10个理由. 图书馆理论与实践,2002(1)
63. 国外图书馆学情报学2001年研究进展(三). 初景利,林曦,巢乃鸣,缪园. 大学图书馆学报,2002(1)
64. 国外图书馆学情报学2001年研究进展(四). 初景利,林曦,巢乃鸣,缪园. 大学图书馆学报,2002(4)
65. 网络环境下文献信息服务的若干创新点. 图书情报工作,2002(2)
66. 欧洲国家图书馆立法的指导思想. 图书馆工作与研究,2002(2)
67. 教育与科研要为知识创新工程保驾护航. 中外科技信息,2002(4)
68. 情报学的研究现状与发展趋势. 资讯传播与图书馆学,2002(3)
69. 信息资源管理从理论到应用的奠基石——评《企业战略信息管理》. 资讯传播与图书馆学,2002(3)
70. 努力成为出思想成果、出人才的基地. 图书情报工作,2002(6)
71. 数字化参考咨询服务的趋向与问题. 图书情报工作动态,2002(3)
72. 国际图书馆发展态势. 图书情报工作动态,2002(6)-2003(1)
73. 国外图书馆学情报学2002年研究进展. 初景利,高凡,宛玲,王欣,盛小平. 大学图书馆学报,2003(6)
74. 数字化参考咨询服务的发展与问题. 初景利,孟连生. 中国图书馆学报,2003(2)

75. 参考咨询工作的数字化挑战. 图书馆建设,2003(3)
76. 数字参考咨询的挑战与变革. 沈阳师范大学学报(中国科协年会专刊),2003
77. 国外图书馆学情报学近期研究热点. 初景利,常唯. 中国图书馆年鉴(2002 年卷),2003
78. 国际一流图书馆的若干特征. 初景利,陈定权,张久珍,皮介郑,王欣,张晓林. 图书情报工作动态,2003(3)
79. 国外图书馆学情报学 2003 年研究进展. 初景利,毛军,高凡,张学福,盛小平,王欣,郭德华,于媛,常唯. 大学图书馆学报 2004(5),(6)
80. 开放使用——一种新的学术交流模式. 图书情报工作动态,2004(8)
81. 建立数字参考咨询管理及运行机制. 初景利,王战林. 图书情报工作,2004(1)
82. Google Answers 与图书馆网上参考咨询. 杨永生,初景利. 图书情报工作,2005(2)
83. 美国图书馆员职业资格认证体系. 初景利,李麟. 国家图书馆学刊,2005(3)
84. 复合图书馆研究评述. 李麟,初景利. 中国图书馆学报,2005(4)
85. 开放获取出版模式研究. 李麟,初景利. 图书馆论坛,2005(6)
86. 复合图书馆建设目标与实施策略. 图书情报工作,2005(11)
87. 美国国家和机构开放获取政策研究报告(译). 图书情报工作动态,2005(3)
88. 国内外电子图书评价研究进展. 李平,初景利. 图书馆建设,2006(2)
89. 开放存取出版模式及发展策略. 李麟,初景利. 中国科技期刊研究,2006(3)
90. 国外图书馆电子资源建设政策及启示. 李平,初景利. 大学图书馆学报,2006(5)
91. 开放获取的发展与推动因素. 初景利. 图书馆论坛,2006(6)
92. 国外图书馆学情报学近期研究热点(2003—2004). 初景利,李麟. 中国图书馆年鉴(2005 年卷). 现代出版社,2006.6
93. 从 IFLA 第 72 届大会看国际图书馆界关注的问题. 图书情报工作动态,2006(9)
94. 新一代学科馆员的角色定位. 图书馆理论与实践,2007(3)
95. 从国家事业单位岗位设置改革看图书馆职业资格制度. 国家图书馆学刊,2007(3)
96. 用户需求嵌接、流程驱动、情景敏感型网络参考咨询服务. 周宁丽,初景利,张志雄. 图书情报工作,2007(11)
97. 面向泛在图书馆的学科化服务. 范广兵、初景利. 图书情报工作,2008(1)
98. 国外图书馆学情报学教育新发展与新特点(上、下). 图书馆论坛,2007(6);2008(1)

99. 引领图书馆学基础理论研究的持续创新——吴慰慈先生图书馆学思想探微. 新世纪图书馆, 2007(6)

100. 在变化的环境中寻求图书馆变革——国际图联 2007 年大会解读. 图书馆建设,2008(1)

101. 第二代学科馆员与学科化服务. 初景利,张冬荣. 图书情报工作,2008(2)

102. 论图书馆服务的泛在化. 初景利,吴冬曼,图书馆建设,2008(2)

103. 国外对图书馆员能力与核心能力的研究评述. 杨永生,初景利. 国外社会科学 2008(3)

104. 2007 年国外图书馆学研究综述——面向新信息环境的用户研究与服务创新. 中国图书馆学报,2008(3)

105. 自存储的需求分析. 何燕,初景利,张冬荣. 情报理论与实践, 2008(3)

106. 我国科研人员自存储态度调查——以中国科学院科研人员为例. 图书情报工作,何燕,初景利,张冬荣. 2008(5)

107. A Discourse on the Curricular Integration of Library and Information Science Educational Program with Professional Practicum ——A Case Study of National Science Library of CAS. Chinese Journal of Library and Information Science, 2008 (1)

108. 关于复合图书馆若干问题的再认识. 图书馆论坛,2008(6)

109. Innovation of Subject Librarian Services and its Implications for the Library. Chinese Journal of Library and Information Science, 2008(3)

110. 科技信息开放获取的内涵演变、责任意义和实施战略. 张晓林,刘兰,李麟,王丹丹,王秀华,刘细文,初景利. 图书情报工作,2009(5)

111. 科技信息开放获取的历史进程. 刘兰,李麟,王丹丹,王秀华,张晓林,初景利,刘细文. 图书情报工作,2009(7)

112. 国内外开放获取的新发展. 图书馆论坛,2009(6)

113. 国内外读者服务研究进展. 中国图书馆学报,2009(4)

114. 国际图书馆界开放获取的研究与实践. 数字图书馆论坛,2009(11)

115. 在新的信息与技术环境中感受图书馆的律动——2008 年的中外图书馆事业和理论研究. 范并思,李超平,俞传正,于良芝,肖希明,郭凌辉,初景利,刘炜,黄晨. 中国图书馆学报,2009(3)

116. 图书馆发展趋势调研报告(一、二、三、四). 初景利,吴冬曼. 国家图书馆学刊,2010(4)

117.《信息与文献 图书馆统计》国家标准解读. 李玲,初景利. 新世纪图书馆,2010(4)

118. 1998—2007 年国内外大学图书馆岗位变迁对比分析. 叶兰,初景利. 大学图书馆学报,2010(2)

119. 大学图书馆学术交流与机构库的岗位设置分析. 叶兰,初景利. 图书情报知识,2010(5)

120. A decade of job realignment movement at large Chinese and American academic libraries from 1998 to 2007. Ye Lian, Chu Jing Li. Chinese Journal of Library and Information Science, 2010(3):63 – 83

121. 国外新一代用户网络信息行为研究进展. 陈成鑫,初景利. 图书馆论坛,2010(6)

122. 以制度保障公共图书馆的读者权益. 李东来,蔡冰,蒋永福,程亚男,初景利,韩继章,熊剑锐. 中国图书馆学报,2010(4)

123. 公共图书馆基本服务研究. 蔡冰,熊剑锐,韩继章,李东来,蒋永福,程亚男,初景利. 中国图书馆学报,2010(6)

124. 约翰霍普金斯大学图书馆考察报告. 初景利. 数字图书馆论坛,2011(1)

125. 在变革的环境中寻求图书馆的创新变革——美国 7 大图书情报机构考察调研报告. 初景利,许平,钟永恒,杨志萍,秦聿昌,宋亦兵,薛慧彬,阎军,周津慧,张小云. 图书情报工作,2011(1)

126. 图书馆的未来与范式演变. 图书馆论坛,2011(6)

127. 在创新变革中实现图书馆的自我超越. 张志强,方曙,张智雄,初景利. 图书情报工作,2011(11)

128. 嵌入学位论文撰写过程的信息素质教育研究. 张玲,初景利. 图书情报工作,2011(13)

129. 图书馆信息服务研究进展. 初景利,吴冬曼,陈成鑫,刘丽,崔雁,弃冠楠. 中国科协学科发展报告(图书馆学卷). 科学技术出版社,2012.4

130. 新世纪 10 年中国的图书馆学研究. 初景利,刘丽,崔雁,杨志刚. 中国图书馆年鉴(2011). 国家图书馆出版社,2011.12

131. 加快推进公共图书馆普遍均等的公共服务. 数字图书馆论坛,2012(1 – 2)

132. 图书馆服务要实现战略重心转变. 城市图书馆研究,2012(1)

133. 学科服务的难点与突破. 中华医学图书情报杂志,2012(4)

著(译)作部分:

1.《高校图书馆管理》. 单行,于鸣镝,初景利著. 河南大学出版社,1991.7

2.《奇妙的视错觉——欣赏与应用》. 初景利,吴冬曼译. 世界图书出版公司,1992.3

3. 大连地区图书馆事业 50 年. 副主编. 大连出版社,1999.6

4. 数字参考咨询服务研究. 北京图书馆出版社,2004.7

5. 图书馆知识服务战略研究. 第一主编. 北京图书馆出版社,2004.10

6. 图书馆创新服务战略研究. 副主编. 北京图书馆出版社,2005.12

7. 国外科技期刊发展环境. 编撰. 社会科学文献出版社, 2007.9

8. 复合图书馆理论与方法. 上海交通大学出版社,2009.6

后　记

从1981年考入东北师范大学图书馆学系(理科专业)算起,我在图书馆学专业领域已经走过31个年头。从1987年在北京大学信息管理系攻读硕士学位期间在《黑龙江图书馆》(现《图书馆建设》)发表处女作《公共关系是图书馆管理的重要环节》算起,我从事图书馆学研究已有25个年头。今年我将年满50岁,在知天命之年将发表的130余篇文章整理成集,算作对自己职业生涯的总结和回顾,也是送给自己的一份特别的生日礼物。

1988年2月于北大硕士研究生毕业后,在单行先生的引荐下,我到新创办不久的辽宁师范大学图书馆学专业(当时挂靠在历史学系)任教,先后讲授"图书情报专业英语"、"图书馆管理"等课程。教学之余,写点儿小文章,做点儿小课题,12年间发表47篇文章,与单行先生、于鸣镝先生一起编著《高校图书馆管理》(河南大学出版社,1991年),还与妻子吴冬曼一起翻译了《奇妙的视错觉——欣赏与应用》(世界图书出版公司,1992年)。1993年被破格评审为副教授,1998年晋升为教授。先后担任系科研秘书、教研室主任、系副主任,还进入学校特聘二级教授人选,在本专业领域崭露头角,奠定了教学和科研的基础。

2000年,在科研教学12年之后,我以38岁高龄报考博士,此时儿子已经10岁了。可以说,这是我一生中最为重要的抉择之一。回到阔别12年的北京,如今在中科院学习和工作,度过了职业生涯中又一个12年。再也没有小地方的相对懒散和清闲,研究和工作进入快速发展轨道。2002年起,在中科院国家科学图书馆进入院知识创新工程试点工程之际,有幸应聘担任教育与研究发展部主任,边攻读博士学位,边承担部门的管理工作。2003年7月获得博士学位。2004年4月至9月赴美国Seton Hall大学图书馆做访问学者。2006年受命组建学科咨询服务部并担任主任,创立了第二代学科馆员服务模式,开辟了学科化服务的新天地。2005年开始任博士生导师。2010年6月又一次转型，应聘到编辑出版中心担任主任，随后担任全馆期刊出版协调组组长、中国科学院自然科学期刊研究会副秘书长，开始新的职业生涯，总体负责总分馆17种期刊的编辑出版工作。2011年6月1日，被任命担任《图书情报工作》主编，2012年1月1日再被任命担任《图书情报工作》杂志社社长(4月1日正式任命为法人)。承担了两个年度的《中国科协科技期刊发展报告》(中国科学技术出版社出版)的编制工作，并牵头完成《中国科协科技期刊"十二五"发展规划》的研究任务。

到中科院国家科学图书馆学习和工作，是我在图书馆学研究、教学、实践新的起点。这里有得天独厚的学术环境和氛围，有丰富而务实的实践土壤，有频繁高水准的国际学术交流活动，有可以切磋讨教的同行大家，但同样也要承受极大的工作压力和挑战。感到辛苦和疲劳的时候，有时会留恋在大学当老师的自由和轻松，但我更喜欢现在的日子。"痛，并快乐着"，也是生活的一种境界。当你感到付出是有价值的，贡献是可以感受的，成就是得到认可的，那么也就没有什么怨言和遗憾。没有完美的生活，有舍才有得。我更看重的是职业的价值和生命的意义。

图书馆学不是显学，很多人并不认为这是一门科学，甚至有些不以为然。但我认为，既然入了这个行当，就尽自己绵薄之力把它做好，为专业研究、学科发展和业务实践作出自己的贡献。在中科院的12年间共撰写文章86篇(包括合作)，都是利用业余时间完成的。实际上我也很少有自己的业余时间。晚上、周末和节假日经常不能休息。除了必要的休息，我的时间基本都给了工作——做部门管理工作、为硕士生和博士生授课、指导硕士生和博士生、做课题研究、撰写报告和论文、参加和组织院内外学术活动、期刊审稿、期刊经营，等等，就好像一列快速奔跑的列车，想停都停不下来。

回顾自己走过的路：在大学里教了12年的书，培养了上百名学生(专科生、本科生)；到中科院12年，做过教育与研究发展部、学科咨询服务部、编辑出版中心3个部门的主任，担任硕士生、博士生导师，迄今培养了13名硕士生、10名博士生，为硕士生讲授"现代图书馆学理论与方法”，为博士生讲授“用户研究与服务”，完成包括国家社科基金在内的多个研究课题，出版了《图书馆数字参考咨询服务研究》（北京图书馆出版社，2004）、《复合图书馆理论与方法》（上海交通大学出版社，2009）等多部著作，共发表论文130余篇。先后在图书馆公共关系、图书馆管理、图书情报学教育、图书馆服务评价、数字参考咨询、复合图书馆、开放获取、学科化服务、图书馆发展战略等方面形成自己的研究优势。主持出版了两项国家标准：《图书馆统计》（GB/T 13191—2009）和《图书馆绩效指标》（即将出版）。作为国家科学图书馆首任学科咨询服务部主任，在推动本馆和国内学科化服务实践上起到了重要作用，所发表的两篇相关论文“第二代学科馆员与学科化服务“（《图书情报工作》2008年第2期）和“论图书馆服务的泛在化——以用户为中心重构图书馆服务模式”（《图书馆建设》2008年第2期）被中国科技信息研究所编制的《中国高被引指数分析》（2011年版）统计为图书情报档案领域高被引论文TOP10。2011年11月，荣获“中国科学院文献情报工作创新服务优秀个人”称号。

如果说这些年的努力取得了一些成绩和进步，那是因为我将一切可以利用的时间用在了学习、研究和工作上，珍惜光阴，努力担当，没有放任自己。我要感谢多年来伴我同行的亲人、朋友、同行、同事和领导以及我的学生们。母亲已经于2006年去世，老人家含辛茹苦一辈子，是她在异常艰苦的条件下坚持供我读高中、上大学；感谢引领我走学术之路的老系主任单行先生、亦师亦友的杨沛超教授、硕导关懿娴先生、博导孟连生教授和师母王静珠老师，我职业生涯中的重要人物徐引篪研究馆员、张晓林馆长、张薇副馆长、孙坦副馆长、孟广均先生、周金龙社长等。感谢妻子吴冬曼及家人多年来对我的无私支持，陪我一起走过艰辛的岁月。感谢儿子初征从小就很独立懂事，靠自己的努力和能力创造一切。感谢的话永远也说不完。我是一个幸运的人，我相信“吉人自有天相”。每逢重要的人生关口，总有贵人相助，感谢我的所有贵人们。感谢所有给予我各种帮助和支持的领导、同事、我的朋友和学生们。

年已半百，不知不觉中已两鬓斑白。年龄不饶人，再过充满压力的生活,未免有时候会感到脚步沉重,很希望今后放慢生活和工作节奏,超脱一些,把事情交给年轻人做,注意调养身体,多些时间陪伴家人,平衡好工作、家庭、休闲的关系。但我也知道,我常常身不由己,也不完全是外界的压力,自己也总不想偷懒。也许这就是所谓的“命运”吧!

本论文集是从已发表的130多篇文章中选出的,共40篇,分为图书馆管理与发展战略、国外图书馆学及其借鉴、图书馆服务与评价、开放获取与学术信息交流4个部分,大致按照发表时间排序,是我独立完成或第一作者完成的部分论文,个人全部研究成果目录见本书附录。出版这本书是对自己学术生涯的一段记录,也是阶段性总结,更是对自己的激励和鞭策。我有信心继续研究与探索新的问题,扎扎实实走好人生每一段路。

感谢国家图书馆出版社慨然应允出版本书。欢迎读者和同仁不吝赐教。

初景利

2012年4月26日于中关村